审协湖北中心专利审查丛书

电学领域
专利审查实践

ELECTRICAL

国家知识产权局专利局专利审查协作湖北中心

组织编写

知识产权出版社
全国百佳图书出版单位
——北京——

图书在版编目（CIP）数据

电学领域专利审查实践 / 国家知识产权局专利局专利审查协作湖北中心组织编写．—北京：知识产权出版社，2021.8
ISBN 978-7-5130-7619-7

Ⅰ.①电… Ⅱ.①国… Ⅲ.①电学—专利权法—研究—中国 Ⅳ.①D923.424

中国版本图书馆 CIP 数据核字（2021）第 142629 号

内容提要

本书主要介绍了电学领域专利实质审查过程中涉及客体问题判断、创造性判断以及其他法条审查等难点问题，从算法模型、大数据应用、数学方法等九个方面，对相关领域中涉及客体判断的典型案件进行深入分析和探讨，并结合具体案例，从事实认定、技术问题认定、结合启示判断、公知常识认定共四个方面，深入解析了在创造性判断过程中可能出现的误区，分析了判断的难点和要点。本书还结合具体案例对涉及公开不充分、实用性、修改超范围及其他法条等问题在判断过程中可能存在的争议焦点进行剖析。本书对电学领域专利申请撰写、实质审查过程和专利布局均具有指导意义。本书可作为电学领域专利审查员、专利代理师及专利相关工作者的参考用书。

责任编辑：许　波　　　　　　　　　责任印制：孙婷婷

电学领域专利审查实践
DIANXUE LINGYU ZHUANLI SHENCHA SHIJIAN

国家知识产权局专利局专利审查协作湖北中心　组织编写

出版发行：知识产权出版社 有限责任公司	网　　址：http://www.ipph.cn
电　　话：010-82004826	http://www.laichushu.com
社　　址：北京市海淀区气象路 50 号院	邮　　编：100081
责编电话：010-82000860 转 8380	责编邮箱：xubo@cnipr.com
发行电话：010-82000860 转 8101	发行传真：010-82000893
印　　刷：北京虎彩文化传播有限公司	经　　销：各大网上书店、新华书店及相关专业书店
开　　本：720mm×1000mm　1/16	印　　张：23.75
版　　次：2021 年 8 月第 1 版	印　　次：2021 年 8 月第 1 次印刷
字　　数：386 千字	定　　价：98.00 元
ISBN 978-7-5130-7619-7	

出版权专有　侵权必究
如有印装质量问题，本社负责调换。

PREVIOUS REMARKS / 前 言

　　随着科学技术的进步，特别是互联网技术的迅速发展，电学领域的技术创新十分活跃，专利申请量快速增长，相关专利的审查工作也面临重重挑战。

　　对于涉及计算机程序的开发，如何判断其是否属于专利法保护的客体？在创造性的评判中，如何判断技术启示？权利要求还应当满足哪些其他法条才可以获得授权？类似的问题一直是审查员和专利代理师关注的焦点问题。

　　为了应对这些挑战，国家知识产权局专利局专利审查协作湖北中心作为审查业务部门，梳理了电学领域审查实践中发现的典型案例，提炼了案例的争议焦点，结合《中华人民共和国专利法》《中华人民共和国专利法实施细则》《专利审查指南》对案例进行了详尽的分析，并给出了案例启示。本书中《中华人民共和国专利法》为根据2018年12月27日第十一届全国人民代表大会常务委员会第六次会议《关于修改〈中华人民共和国专利法〉的决定》第三次修正后的版本。《中华人民共和国专利法实施细则》为根据2010年1月9日《国务院关于修改〈中华人民共和国专利法实施细则〉的决定》第二次修订后的版本。《专利审查指南》为《专利审查指南2010》2019年修订版。本书从2020年4月开始撰写，于2021年3月撰写完成，其中案例也为新法实施前案例，因此本书使用上述版本的《中华人民共和国专利法》《中华人民共和国专利法实施细则》《专利审查指南》。希望本书能为广大审查员和专利代理师提供一定的借鉴。

　　参与本书各章节编写人员分工如下：

　　第一章第一节到第四节由叶璇编写，第一章第五节、第三章第二节案例3-2-1由徐鹏编写，第一章第六节、第三章第三至四节由王萌编写，第一章第七至十节、第二章第二节案例 2-2-1 至 2-2-2 由饶俊编写，第二章第一节、第三章第一节、第四章第一节案例 4-1-1、第四章第四至五节由陈响编写，第二章第二节案例 2-2-3 至 2-2-4、第四章第三节案例 4-3-1 由何贝编写，第二章第三节案例 2-3-1、第三章第二节案例 3-2-2、第四章第三节案例 4-3-2 由胡赢编写，第二章第三节案例 2-3-2 至 2-3-9、第四章第一节案例 4-1-2 由李丽娜编写，第二章第三节案例 2-3-10 至 2-3-18 由胡徐兵编写，第二章第四至五节由徐盛辉编写，第四章第二节由熊菌编写。

本书统稿人员为胡徐兵、饶俊和李丽娜。

本书所采用的案例主要来源于湖北中心的质检案例和业务指导案例，在此对参与过这些案例研讨和指导的所有人员表示衷心的感谢！

CONTENTS / 目 录

1 | 第一章
不授予专利权客体的审查

4 | 第一节　涉及算法模型的客体判断

17 | 第二节　涉及大数据应用的客体判断

37 | 第三节　涉及数学方法的客体判断

53 | 第四节　涉及工业生产的客体判断

57 | 第五节　涉及图像处理的客体判断

67 | 第六节　涉及软件使用方法的客体判断

70 | 第七节　涉及商业方法的客体判断

86 | 第八节　涉及疾病的诊断和治疗方法的客体判断

103 | 第九节　涉及数据处理的客体判断

112 | 第十节　总　　结

115 | 第二章
创造性审查

117 | 第一节　现有技术的事实认定

155 | 第二节　发明实际解决的技术问题

177 | 第三节　技术启示的判断

292 | 第四节　公知常识的认定

304 | 第五节　总　　结

307 | 第三章
公开不充分、实用性和修改超范围的审查

309 | 第一节　公开不充分

320 | 第二节　实用性

329 | 第三节　修改超范围

337 | 第四节　总　　结

339 | 第四章
其他法条审查

341 | 第一节　权利要求应当清楚

349 | 第二节　权利要求应当得到说明书的支持

361 | 第三节　缺少必要技术特征

367 | 第四节　驳回时机

371 | 第五节　总　　结

372 | 参考文献

第一章

不授予专利权客体的审查

《专利审查指南》第二部分第一章第 2 节规定："专利法所称的发明，是指对产品、方法或者其改进所提出的新的技术方案，这是对可申请专利保护的发明客体的一般性定义，不是判断新颖性、创造性的具体审查标准。技术方案是对要解决的技术问题所采取的利用了自然规律的技术手段的集合。技术手段通常是由技术特征来体现的。未采用技术手段解决技术问题，以获得符合自然规律的技术效果的方案，不属于专利法第二条第二款规定的客体。"

《中华人民共和国专利法》（以下简称《专利法》）第二十五条规定了不授予专利权的客体："（一）科学发现；（二）智力活动的规则和方法；（三）疾病的诊断和治疗方法；（四）动物和植物品种；（五）用原子核变换方法获得的物质；（六）对平面印刷品的图案、色彩或者二者的结合作出的主要起标识作用的设计。对前款第（四）项所列产品的生产方法，可以依照本法规定授予专利权。"

对于涉及计算机程序的发明专利申请的审查基准参照《专利审查指南》第九章的规定。

如果涉及计算机程序的发明专利申请的解决方案执行计算机程序的目的是解决技术问题，在计算机上运行计算机程序从而对外部或内部对象进行控制或处理所反映的是遵循自然规律的技术手段，并且由此获得符合自然规律的技术效果，则这种解决方案属于《专利法》第二条第二款所说的技术方案。

相反，如果涉及计算机程序的发明专利申请的解决方案执行计算机程序的目的不是解决技术问题，或者在计算机上运行计算机程序从而对外部或内部对象进行控制或处理所反映的不是利用自然规律的技术手段，或者获得的不是受自然规律约束的效果，则这种解决方案不属于《专利法》第二条第二款所说的技术方案。

第一节　涉及算法模型的客体判断

在计算机领域，常常会遇到涉及算法的发明专利申请，在对于此类申请内容是否予以保护以及如何保护等方面一直以来争议较大。

一、基本原则

对于涉及算法的发明专利申请的审查标准主要考虑以下几点。一是涉及单纯算法的发明属于《专利法》第二十五条第一款第（二）项规定的智力活动的规则和方法，对其审查参见《专利审查指南》第二部分第九章第 3 节的例 1 和例 2（求解圆周率和求解滑动摩擦系数的例子）。而满足以下两个条件的涉及算法的发明属于《专利法》第二条第二款规定的技术方案：

（1）该算法应用到某一技术领域，并形成基于该算法的解决方案；

（2）基于该算法的解决方案采用了技术手段，并解决了该技术领域的技术问题，获得了相应的技术效果。

对于是否构成技术方案，此规定的重点在于两个方面：一是所述算法需要应用到某一技术领域，二是基于该算法的解决方案满足"技术三要素"的规定。

二、典型案例

案例 1-1-1：一种基于迭代的神经网络聚类方法

（一）相关案情

本申请主要用于解决机器学习中经典的聚类问题，使用方法涉及由人工神经网络改进的超限学习机算法。

1. 本申请的技术方案

人们对聚类问题的深入研究，不断有新的聚类方法被提取。传统聚类算法如 K 均值算法、最大期望算法以及层次聚类算法等，聚类速度快但仅适用于数据空间线性可分的情况。新兴的聚类算法如谱聚类算法、深度学习自编码器、非监督超限学习机等，可以解决数据空间高维且线性不可分的情况，但通常需要消耗较大的内存或需要较长的运行时间。对于大规模复杂数据的聚类，既需要聚类算法有处理高维线性不可分数据的能力，也需要解决内存与运行成本问题。本发明利用神经网络来解决聚类问题，使得该方法能够有效地处理高维非线性复杂数据。同时，本发明引入超限学习机模型来求解神经网络，大大提升了算法的运行速度。与传统神经网络优化的梯度下降算法不同，超限学习机的学习过程不需要迭代操作，这大大减少了它的训练时间。此外，本方法以 K 均值算法为基本框架，便于使用并行化的加速手段来减少聚类的时间消耗，并且使用超限学习机的神经网络模型以及仅用少量榜样集进行训练的策略，因此该方法只需要较短的计算时间与较少的内存消耗。

本申请基于传统聚类的框架，通过引入神经网络作为相似度衡量的依据，并通过不断优化网络结构得到更准确的相似度衡量标准，既解决了传统聚类方法不能很好处理高维非线性数据空间聚类的问题，又解决了新兴聚类算法内存消耗大和运行时间长的问题，使得本方法能够有效地处理大规模复杂数据的聚类问题。

具体的方案如下。

指定一个待聚类样本集，$D = \{X_i \mid X_i \in \mathbf{R}^X, i=1,2,\cdots,N\}$，以及所要聚成的类别个数 K，N 代表样本个数，X_i 是一个 d 维的特征向量，d 代表样本的特征维度，即 1 行 d 列的矩阵。以 UCI 中的 Iris 经典数据集作为待聚类样本集为例，所要聚成的类别个数 K 为 3，特征维度 d 为 4，样本个数 N 为 150，X_i 是一个 1 行 4 列的矩阵。

在步骤 1 中要完成初始化超限学习机必要参数的任务，步骤 1 共包括 2 个子步骤。步骤 1.1，设置超限学习机模型的隐层神经元个数 L、隐层的激活函数 $g(\theta)$ 以及正则项系数 γ。其中隐层神经元个数 L 的取值通常大于样本的特征维度 d，本方法中隐层神经元个数对最终聚类结果的影响不大，一般取 1000 或 2000 即可；隐层的激活函数 $g(\theta)$ 通常采用 Sigmoid 函数。步骤 1.2，随机初始化超限学习机模型中输入层到隐层的权值 W 以及偏置 b，其中由于超限学习机输入神经元个数与样本的特征维度相同为 d、隐层的神经元个数为 L，因此输入层到隐层的权值 W 是一个 d 行 L 列的随机矩阵，随机范围通常为 [-1, 1]；偏置 b 是一个 1 行 L 列的随机矩阵，随机范围通常为 [-1，1]，偏置 b 中的一列对应隐层中一个神经元的偏置。本例中输入层到隐层的权值 W 为取值范围 [1，1] 的 3 行 1000 列随机矩阵，偏置 b 是一个取值范围 [-1，1] 的 1 行 1000 列随机矩阵。

在步骤 2 中要得到超限学习机的初始模型。步骤 2 共包括 2 个子步骤。步骤 2.1，随机选取聚类个数个样本，即随机选取 K 个样本，其中每个样本都代表一个聚类，构成初始榜样集 E(0) 和对应的目标输出 T(0) 来训练超限学习机模型。需要注意的是，神经网络的训练需要给每个样本自动生成目标输出，通常的方法是将表示该类的所属类别位设为"1"，其他位设为"0"。步骤 2.2，计算隐层神经元的输出 H(0) 和超限学习机隐层到输出层的权重 β(0)，从而得到初始模型。

在步骤 3 中要利用上次迭代的超限学习机模型对样本进行聚类分组，步骤 3 具体可分为两个子步骤。步骤 3.1，本方法中使用的超限学习机模型，输入层到隐层的权值 W 以及偏置 b、激活函数 $g(\theta)$、隐层神经元个数 L 以及正则项系数 γ 在迭代中是固定不变的。只有隐层到输出层的权值 β 是随着迭代不断变化的。利用当前状态的模型参数计算样本 X_i 在输出层神经元上的输出值 O_i。步骤 3.2，根据样本在输出层神经元上的输出值，为样本进行分组聚类。输出层神经元的个数与所要聚类个数相等，分配的规则是：将样本分配给输出层神经元的输出值最高的那个神经元所对应的聚类分组中。

在步骤 3 中得到聚类分组的基础上，步骤 4 的任务是在每一个聚类分组中根据规则选取多个样本作为该聚类分组的榜样。步骤 4.1，根据步骤 3 中得到的聚类分组情况，计算每个聚类分组的均值。步骤 4.2，在各个聚类分组中，计算类样本到所属聚类中心的距离（欧式距离），并在选择 ρ 个距离聚类中心（聚类均值）最近的样本，构成当前迭代的榜样样本集 $E^{(m)}$。

在步骤 5 中，使用步骤 4 中得到各聚类分组的榜样样本集来更新超限学习机模型。

本案的聚类方法既解决了传统聚类方法不能很好处理高维非线性数据空间聚类的问题，又解决了新兴聚类算法内存消耗大和运行时间长的问题，使得该方法能够有效地处理大规模复杂数据的聚类问题。

2. 权利要求的相关内容

1. 一种基于迭代的神经网络聚类方法，其特征在于，包括以下步骤：步骤1，初始化超限学习机模型参数；步骤2，随机选取与所要聚类个数相同数量的样本，每个样本代表一个聚类，训练超限学习机以得到初始的隐层到输出层间权值；步骤3，利用当前的超限学习机模型对样本进行聚类分组；步骤4，对于每一个聚类分组，根据规则选取多个样本作为该聚类分组的榜样；步骤5，使用上个步骤中得到各聚类分组的榜样样本来重新训练超限学习机模型；步骤6，若满足结束条件则输出聚类分组结果，否则返回步骤3。

（二）争议焦点

本申请的争议焦点在于：权利要求1请求保护的方案是否属于《专利法》第二十五条第一款第（二）项规定的智力活动的规则和方法。

观点1

权利要求1要求保护一种基于迭代的神经网络聚类方法，实质上属于一种数学算法（即单隐层前馈神经网络的学习方法）的进一步改进，属于智力活动的规则和方法，属于《专利法》第二十五条第一款第（二）项规定的智力活动的规则和方法。

观点2

本申请利用了超限学习机，通过改进数据处理的技术不足，更好地解决了无监督数据的聚类问题，而且数据聚类和数据挖掘本身属于技术领域。因此，权利要求1不属于《专利法》第二十五条第一款第（二）项规定的智力活动的规则和方法。

（三）案例分析

根据《专利审查指南》第二部分第一章第4.2节规定："智力活动，是指人的思维运动，它源于人的思维，经过推理、分析和判断产生出抽象的结果，或者必须经过人的思维运动作为媒介，间接地作用于自然产生结果。智力活动的规则和方法是指导人们进行思维、表述、判断和记忆的规则和方法。由于其没有采用技术手段或者利用自然规律，也未解决技术问题和产生技术效果，因而不构成技术方案。它既不符合《专利法》第二条第二款的规定，又属于《专利法》第二十五条第一款第（二）项规定的情形。因此，指导人们进行这类活动的规则和方法不能被授予专利权。

在判断涉及智力活动的规则和方法的专利申请要求保护的主题是否属于可授予专利权的客体时，应当遵循以下原则：

（1）如果一项权利要求仅仅涉及智力活动的规则和方法，则不应当被授予专利权。

如果一项权利要求，除其主题名称以外，对其进行限定的全部内容均为智力活动的规则和方法，则该权利要求实质上仅仅涉及智力活动的规则和方法，也不应当被授予专利权。

（2）除上述（1）所描述的情形之外，如果一项权利要求在对其进行限定的全部内容中既包含智力活动的规则和方法的内容，又包含技术特征，则该权利要求就整体而言并不是一种智力活动的规则和方法，不应当依据《专利法》第二十五条排除其获得专利权的可能性。"

对于涉及算法的申请，应当注意相关的算法是从若干具体技术应用中抽象出来的逻辑的、数学的改进方法，还是适用于某一特定技术领域的、解决具体技术问题、获得相应技术效果的改进方法；特别是应当注意不是涉及处理数据就一定是有具体的技术领域，应当结合申请技术方案的整体来考虑，数据是否代表特定领域的物理含义，其处理方法是否与特定领域结合紧密。

具体到本案，本申请请求保护的"基于迭代的神经网络聚类方法"，尽管权利要求中提到样本数据，但权利要求中并没有明确限定该方法处理的数据是何种具体数据，同时也没有体现出任何应用领域；尽管提到了学习机模型参数，但对其中所用到的参数也没有明确记载其所代表的物理含义。就方案本身而言，是对神经网络聚类算法本身的优化，属于抽象的算法，属于《专利法》第二十五条第一款第（二）项的智力活动的规则和方法，不属于专利保护客体。

（四）案例启示

在涉及算法的专利申请的审查过程中，要关注算法中选取样本、具体的计算步骤能否体现出具体的技术领域。具体的技术领域不是只要权利要求的主题名称体现应用领域或者说明书中记载该算法可以应用到什么领域即可，而是需要在权利要求记载的方案中具体体现算法各步骤如何在具体领域应用，因此算法的应用应理解为算法在某一领域的适用过程，而不是简单的代数或使用过程。因此，对于涉及算法的专利申请，当算法中选取样本、具体的计算步骤不能体现出具体的技术领域，那么本申请属于《专利法》第二十五条第一款第（二）项的智力活动的规则和方法，不属于专利保护客体。

案例 1-1-2：基于贝叶斯分类的数据集获取方法及装置

（一）相关案情

本申请属于数据处理领域，尤其涉及一种基于贝叶斯分类的数据集获取方法及装置。

1. 本申请的技术方案

随着网络的发展，信息传播的数量越来越多，传播的周期也越来越短。为了尽快获取有用的信息，需要对数量众多的数据进行检索，而检索结果的准确率与预先确定的分类规则有关：分类规则越好，检索结果准确率越高；反之，则检索结果准确率越低。

目前，常用贝叶斯分类方法对样本进行分类，该方法是统计学的分类方法，其分类方法的特点是使用概率来表示所有形式的不确定性，学习或推理都要用概率规则来实现。然而，由于直接采用贝叶斯分类方法对样本进行分类，没有对样本进行预处理，因此导致确定的分类规则精确度较低。

本申请的方案对训练集进行了优化处理，保持特征明显的样本，删除特征不明显的样本，使训练集中各个分类的样本比例和总体分布的基本相同，在采用优化后的训练集去训练生成分类器，然后用该分类器对海量数据进行分类时，分类更精确。本申请提供了一种基于贝叶斯分类的数据集获取方法及装置，旨在解决现有方法没有对样本进行预处理，因此导致确定的分类规则精确度较低的问题。

本申请基于贝叶斯分类的数据集获取方法包括以下步骤：

步骤 S11，从样本数据库中随机选取样本；

该步骤中，从样本数据库中随机选取样本。比如，假设样本数据库中存储 N 个样本，则随机选取数量为 N/10 的样本。具体随机选取的样本数量可以预先设置，当然，若样本数据库存储的样本数量较少，则随机选取数量大于 N/10 的样本，具体根据实际情况确定，此处不作限定。

步骤 S12，将随机选取的样本划分到训练集和测试集中；所述训练集中的样本个数大于所述测试集中的样本个数；

由于需要对训练集进行优化处理（如删除训练集中类别划分错误的样本），因此，需要保证训练集的样本个数大于测试集中的样本个数。例如，假设步骤 S11 选取的样本数为 Sp，则将 Sp 的前 2/3 样本作为训练集 Sp_e，剩余的 1/3 的样本作为测试集 Sp_t，其中训练集以及测试集样本的数量为预先设定好的。

步骤 S13，确定测试集中的样本在训练集未优化前分类的正确率 r_1；

假设训练集划分的类别为两类：第一类和第二类，则采用测试集中的样本测试训练集划分的类的正确率。

可选地，所述确定测试集中的样本在训练集未优化前分类的正确率 r_1，具体包括：

A1. 确定误差率 $P(e)$：

$$P(e) = P(C_0)\int_{x_1} p(X|C_0)\mathrm{d}X + P(C_1)\int_{x_0} p(X|C_1)\mathrm{d}X$$
$$= P(C_0)\sum_{x_i \in X_1} p(x_i|C_0) + P(C_1)\sum_{x_i \in X_0} p(x_i|C_1)$$

其中：C_0 为训练集划分的第一类，C_1 为训练集划分的第二类，X 为预设的特征词空间，X 被划分为属于 C_0 的 X_0 和属于 C_1 的 X_1，$P(C_0)$ 为样本属于 C_0 的概率，$P(C_1)$ 为样本属于 C_1 的概率，$p(x_i|C_0)$ 为属于 C_0 的样本为 x_i 的概率，$P(x_i|C_1)$ 为属于 C_1 的样本为 x_i 的概率，$\sum$ 为求和的符号。

A2. 确定 $1-P(e)$ 以得到 r_1，其中：

$r_1 = 1-P(e)$。

步骤 S14，确定所述测试集中属于第一类的样本和属于第二类的样本的比例 k；

该步骤中，k 为测试集中属于第一类的样本的个数与属于第二类的样本的个数的比值。

步骤S15，根据所述r_1和k对训练集进行优化处理；

对训练集进行优化处理包括：删除特征不明显的样本，保留特征明显的样本；调整训练集中属于C_0的样本的个数和属于C_1的样本的个数，以使训练集的样本特征和随机选取的样本的总体分布大致相同。

其中，根据所述r_1和k对训练集进行优化处理，具体包括：

B1. 对训练集的每一个样本y_i，确定样本y_i分别属于C_0、C_1的概率$P(C_0/y_i)$、$P(C_1/y_i)$。

B2. 将$|P(C_0/y_i)-P(C_1/y_i)|$与预设的第j个有效值$e(j)$比较，$1 \leq j \leq 15$，$j = j+1$。其中，$|P(C_0/y_i)-P(C_1/y_i)|$中的"| |"表示绝对值，具体而言，假设预设的有效值为$e(j) = e/100$，则$e(j) = 15/100，16/100，17/100，\cdots，18/100，19/100，30/100$。

步骤S16，将训练集优化处理后的样本作为贝叶斯分类的数据集。

将随机选取的样本划分到训练集和测试集中，并确定测试集中的样本在训练集未优化前分类的正确率r_1，以及确定所述测试集中属于第一类的样本和属于第二类的样本的比例k，再根据所述r_1和k对训练集进行优化处理，最后将训练集优化处理后的样本作为贝叶斯分类的数据集。由于对训练集进行了优化处理，保持特征明显的样本，删除特征不明显的样本，且使训练集中各个分类的样本比例和总体分布的基本相同，使训练集没有发生偏斜，因此，在采用优化后的训练集去训练生成分类器，然后用该分类器对海量数据进行分类时，分类更精确。

2. 权利要求的相关内容

1. 一种基于贝叶斯分类的数据集获取方法，其特征在于，所述方法包括：从样本数据库中随机选取样本；将随机选取的样本划分到训练集和测试集中；所述训练集中的样本个数大于所述测试集中的样本个数；确定测试集中的样本在训练集未优化前分类的正确率r_1；确定所述测试集中属于第一类的样本和属于第二类的样本的比例k；根据所述r_1和k对训练集进行优化处理；将训练集优化处理后的样本作为贝叶斯分类的数据集，采用所述贝叶斯分类的数据集训练生成分类器，并采用所述分类器对检索数据进行分类，得到分类后的检索结果。

（二）争议焦点

本申请的争议焦点在于：权利要求 1 请求保护的方案是否属于《专利法》第二十五条第一款第（二）项规定的智力活动的规则和方法。

观点 1

权利要求 1 中"采用所述贝叶斯分类的数据集训练生成分类器，并采用所述分类器对检索数据进行分类，得到分类后的检索结果"，体现了基于贝叶斯分类的数据集获取方法与检索相结合，体现了具体应用领域，不属于《专利法》第二十五条第一款第（二）项规定的智力活动的规则和方法。

观点 2

基于贝叶斯分类的数据集获取方法仅仅是将分类方法应用于对检索数据的分类，技术方案整体还是对分类方法做出的改进，没有体现具体应用领域，属于《专利法》第二十五条第一款第（二）项规定的智力活动的规则和方法。

（三）案例分析

如上文所述，对于是否构成技术方案，重点在于两个方面：一是算法需要应用到某一技术领域，二是基于该算法的方案整体满足"技术三要素"的规定。

权利要求 1 虽然出现"采用所述贝叶斯分类的数据集训练生成分类器，并采用所述分类器对检索数据进行分类，得到分类后的检索结果"，但是"检索数据"并没有具体的应用领域，即本领域技术人员并不知道"检索数据"是涉及哪个领域的"数据"。因此，基于贝叶斯分类的数据集获取方法，没有体现出任何应用领域，属于《专利法》第二十五条第一款第（二）项的智力活动的规则和方法，不属于专利保护客体。

（四）案例启示

在涉及算法的专利申请的审查过程中，要关注算法中"数据"能否体现出具体的技术领域。例如，本申请中的"检索数据"是没有涉及具体应用领域的"数据"。进一步，如果将"贝叶斯分类"应用于飞机飞行数据的分类，来判断飞机飞行是否正常，飞行数据包括飞行速度、高度，等等，这样的专利申请的"数据"具有具体的应用领域，不属于《专利法》第二十五条第一款第（二）项的智力活动的规则和方法。因此，对于涉及算法的专利申请，当算法中"数据"不能体现出具体的技术领域，那么本申请属于《专利法》第二十五条第一款第（二）项的智力活动的规则和方法，不属于专利保护客体。

案例1-1-3：一种基于密度值动态变化的流数据聚类方法

（一）相关案情

本申请属于流数据聚类分析的技术领域，具体涉及一种基于密度值动态变化的流数据聚类方法。

1. 本申请的技术方案

现存的很多流数据聚类方法具有一定的片面性，存在一定的缺陷。这些算法虽然能够对流数据进行聚类分析，但是并没有达到流数据聚类分析的要求。聚类分析需要能够做到以下几点：对任意形状进行聚类，识别离群点（不属于任何聚类的点），检测聚类变化（合并和分裂）。例如，CluStream算法虽然可以对流数据进行聚类，但是该方法只适用于那些线性分割的数据，而对一些凹边形之类的非线性可分的数据聚类效果不理想。CluStream算法包括了两个阶段：一是数据在线提取阶段；二是数据离线聚类阶段。每次需要查看聚类结果时，都需要触发一个离线操作，当频繁查看聚类结果时，聚类效率会降低。D-Stream和DenStream算法采用基于密度的方法对数据进行抽取和聚类，这两个算法虽然能够对任意形状的流数据集进行聚类，但是，这两个算法仍然存在需要离线操作才能知道聚类状态是否变化的问题。E-Stream算法通过对坐标轴的统计，根据当前聚类情况，结合刚到达的数据改变聚类状态，并根据聚类状态的前后变化检测聚类结果变化，比如聚类的分裂与合并。虽然E-Stream算法无需离线操作就可以检测聚类状态变化，但是由于该算法是基于坐标统计，因此只能对线性可分的数据集进行聚类，而对任意形状的聚类结果却不太理想。

现有技术中的Stream和DenStream算法存在需要离线操作才能知道聚类状态是否变化；且E-Stream算法只能对线性可分的数据集进行聚类，而对任意形状的聚类结果却不太理想的问题。针对上述情况，本申请通过对任意形状的流数据进行聚类，发现流数据聚类过程中所发生的聚类生成、合并与分裂的变化，用户可以根据检测到的聚类结果变化。同时，该算法在执行聚类的过程中还能够检测出离群点，离群点往往是系统中产生的错误数据等，通过检测到的离群点可以判断系统是否发生故障，从而解决对任意形状的聚类结果不太理想的问题。

2. 权利要求的相关内容

1. 一种基于密度值动态变化的流数据聚类方法，其特征在于，包括以下步骤：

步骤1：采用历史流数据集 D 中所有点对之间的距离确定数据结构 CluCell 的半径 r；

步骤1.1：将历史缓存的 K 个流数据组成历史流数据集 D；

步骤1.2：计算历史流数据集 D 中各点对之间的距离；

步骤1.3：将历史流数据集 D 中各点对之间的距离值从小到大进行排序，选取前 $A\%$ 处的值作为数据结构 CluCell 的半径 r，其中 $1<A<2$。

步骤2：对于新增流数据，采用密度中心聚类算法建立基于密度值动态变化的流数据聚类模型；

步骤2.1：设定数据结构 CluCell 的个数阈值 M；

步骤2.2：接收当前到达的流数据点 p，判断当前是否存在数据结构 CluCell，若是，执行步骤2.3，否则，执行步骤2.5；

步骤2.3：根据当前时刻对当前所有数据结构 CluCell 进行密度衰减，寻找距离流数据点 p 最近的数据结构 CluCell C_k，并确定其距离 d_{pk}；

步骤2.4：判断距离 d_{pk} 与数据结构 CluCell 的半径 r 的大小关系，若 $d_{pk} \leq r$，则执行步骤2.6，若 $d_{pk}>r$，则执行步骤2.5；

步骤2.5：以流数据点 p 为中心建立数据结构 CluCell C_p，删除流数据点 p，执行步骤2.7；

步骤2.6：将距离流数据点 p 最近的数据结构 CluCell C_k 的密度值加1，删除流数据点 p，返回步骤2.2；

步骤2.7：统计当前数据结构 CluCell 的个数 N 是否达到数据结构 CluCell 的个数阈值 M，若是，执行步骤2.8，否则，返回步骤2.2；

步骤2.8：计算当前所有数据结构 CluCell 的斥群值，根据当前所有数据结构 CluCell 的密度值和斥群值绘制数据结构的决策图；

步骤2.9：根据数据结构的决策图确定密度中心点，将所有密度中心点的斥群值中的最小值作为最小斥群值δ_{min}；

步骤2.10：根据当前所有数据结构CluCell的斥群值的依附关系得到以密度中心点为根的树状结构，即聚类树，所有聚类树组成一个流数据聚类模型。

步骤3：根据新增流数据与数据结构CluCell的距离关系和新增数据与离群点的距离关系，更新流数据聚类模型，从而处理新增流数据；

步骤3.1：设定时间阈值Δt；

步骤3.2：接收当前到达的流数据点p'；

步骤3.3：根据当前时刻对当前所有数据结构CluCell进行密度衰减，并删除在时间阈值Δt内没有插入流数据的数据结构CluCell；

步骤3.4：寻找距离流数据点p'最近的数据结构CluCell C_k，并确定其距离$d_{p'k}$；

步骤3.5：判断距离$d_{p'k}$与数据结构CluCell的半径r和最小斥群值δ_{min}的大小关系，若$d_{p'k}\leq r$，则执行步骤3.6，若$r<d_{p'k}\leq\delta_{min}$，则执行步骤3.7，若$d_{p'k}>\delta_{min}$，则执行步骤3.8；

步骤3.6：将距离流数据点p'最近的数据结构CluCell C_k的密度值加1，删除流数据点p'，执行步骤3.11；

步骤3.7：以流数据点p'为中心建立数据结构CluCell $C_{p'}$，删除流数据点p'，执行步骤3.9；

步骤3.8：将流数据点p'插入到暂时存放离群点的离群点池中，执行步骤3.12；

步骤3.9：计算离群点池中各离群点到数据结构CluCell $C_{p'}$的距离$d_{p'o}$，若存在Z个$d_{p'o}\leq r$的离群点，则将数据结构CluCell $C_{p'}$的密度值加该Z个离群点的新鲜度，删除该Z个离群点，若存在Z'个$r<d_{p'o}\leq\delta_{min}$的离群点，则以该$Z'$个离群点为中心建立数据结构CluCell，删除该$Z'$个离群点；

步骤3.10：更新各数据结构CluCell的斥群值，并根据更新后的各数据结构CluCell的斥群值更新聚类树，返回步骤3.2；

步骤3.11：寻找流数据点p'最近的离群点o'，并确定其距离$d_{p'o'}$；

步骤3.12：判断距离$d_{p'o'}$与数据结构CluCell的半径r和最小斥群值δ_{min}的

大小关系，若$d_{p'o'}\leq r$，则执行步骤3.13，若$r<d_{p'o'}\leq\delta_{\min}$，则执行步骤3.14，若$d_{p'o'}>\delta_{\min}$，则返回步骤3.2；

步骤3.13：以流数据点p'为中心建立数据结构CluCell $c_{p'}$，将数据结构CluCell $c_{p'}$的密度值加上离群点o'的新鲜度，删除离群点o'和流数据点p'，返回步骤3.9；

步骤3.14：以流数据点p'为中心建立数据结构CluCell $c_{p'}$，以离群点o'为中心建立数据结构CluCell $c_{o'}$，删除离群点o'和流数据点p'，返回步骤3.9。

（二）争议焦点

本申请的争议焦点在于：权利要求1请求保护的方案是否符合《专利法》第二条第二款的规定。

观点1

流数据是抽象的通用数据，不属于具体的应用领域，流数据聚类方法的处理对象、过程和结果都不涉及与具体应用领域的结合，仅仅是抽象的聚类方法，因此不符合《专利法》第二条第二款的规定。

观点2

流数据是一组顺序、连续到达的数据序列，可随时间延续而无线增长的动态数据集合。可见流数据具有时间属性，是一种特定的数据集合，应当认为流数据属于具体的应用领域，流数据的聚类方法符合《专利法》第二条第二款的规定。

（三）案例分析

根据《专利审查指南》第二部分第一章第2节规定："专利法所称的发明，是指对产品、方法或者其改进所提出的新的技术方案，这是对可申请专利保护的发明客体的一般性定义，不是判断新颖性、创造性的具体审查标准。技术方案是对要解决的技术问题所采取的利用了自然规律的技术手段的集合。技术手段通常是由技术特征来体现的。未采用技术手段解决技术问题，以获得符合自然规律的技术效果的方案，不属于《专利法》第二条第二款规定的客体。气味或者诸如声、光、电、磁、波等信号或者能量也不属于《专利法》第二条第二款规定的客体。但利用其性质解决技术问题的，则不属此列。"

具体到本案，流数据是抽象的通用数据，不属于具体的应用领域，流数据聚类方法的处理对象、过程和结果都不涉及与具体应用领域的结合，仅仅是抽象的聚类方法。其采用的手段并非技术手段，且所要解决的问题是如何对任意形状的流数据进行聚类以及检测出离群点，并非技术问题，同时其所能达到的效果也不是技术效果，而是数学计算方法的改进带来的效果。因此，该方案不符合《专利法》第二条第二款的规定。

（四）案例启示

在涉及数据聚类分析的专利申请的审查过程中，要关注数据、具体的步骤能否体现出具体的技术领域。数据聚类分析不能体现出具体的技术领域时，不符合《专利法》第二条第二款的规定。同时，采用非技术手段、所要解决的问题不是技术问题的方案，也不符合《专利法》第二条第二款的规定。

第二节 涉及大数据应用的客体判断

近年来，随着信息技术的发展，大数据保持高速发展，在诸多领域得到了广泛的应用。2016 年，《中华人民共和国国民经济和社会发展第十三个五年规划纲要》提出"实施国家大数据战略"，把大数据作为基础性战略资源，全面实施促进大数据发展行动，加快推动数据资源共享开放和开发应用，助力产业转型升级和社会治理创新，具体包括：加快政府数据开放共享，促进大数据产业健康发展。

一、基本原则

《专利审查指南》第二部分第九章第 2 节规定，"如果涉及计算机程序的发明专利申请的解决方案执行计算机程序的目的不是解决技术问题，或者在计算机上运行计算机程序从而对外部或内部对象进行控制或处理所反映的不是利用自然规律的技术手段，或者获得的不是受自然规律约束的效果，则这种解决方案不属于专利法第二条第二款所说的技术方案,不属于专利保护的客体"。

对于在申请文件及权利要求中提及"用于大数据"或者采用了大数据技术的专利申请,大数据处理本身的使用并不必然构成技术手段,在判断其是否存在客体问题时,应该从权利要求请求保护的方案整体出发加以判断,辨别其是否采用了利用自然规律的技术手段,是否解决了技术问题,以及是否产生了技术效果。

二、典型案例

案例1-2-1:强变量提取方法及装置

(一)相关案情

本案属于计算机技术领域,具体涉及一种强变量提取方法和装置。

1. 本申请的技术方案

大数据时代的数据挖掘系统中,常要面临数量庞大、种类丰富的各种数据的筛选、处理和建模任务。通常情况下绝大多数的数据与待解决的目标问题或目标变量之间的直接相关性较弱,并且还存在大量数据之间互为冗余的情况,造成数据量大但有用信息少的情况。本案要解决从众多弱变量中提取出强变量,进而能够从大量无用信息中提取出有用信息的问题。

本申请涉及的名词和术语适用于如下的解释:

(1)变量:统计学中说明现象某种属性和特征的名称,它包括标志和指标。变量可分为类别变量和数值变量。变量可以是定性的也可以是定量的,变量也可分为离散变量和连续变量。这里的变量可以是一维的或多维的向量。

(2)弱变量:可以采集到的数据或可以人工构造的指标,对于所要解决的目标问题的鉴别能力较弱或者预测能力较弱,或者它们与目标变量的直接相关性较弱。

(3)强变量:可以采集到的数据或可以人工构造的指标,对于所要解决的目标问题的鉴别能力较(弱变量)强或者预测能力较(弱变量)强,或者与目标变量的直接相关性较(弱变量)强。

本申请提供的强变量提取方法及装置能够适用应用场景进行举例说明如下。

场景1——数据挖掘：从用户的各种行为日志、广告物料的文本描述等海量数据（每一项都是弱变量）中提取有效的、具有强预测力的信息（强变量）。各种电商网站的商品推荐系统，需要从用户的搜索、收藏、浏览和评论行为，商品的各种描述，以及商家的交易历史等海量数据（弱变量）中挖掘有价值的信息，预测当前用户潜在可能对哪些商品感兴趣（强变量）并推荐给该用户。

场景2——信用评估：从用户的各种数据如交易记录、信贷记录、银行流水、职业信息、收入信息以及社交网络应用（例如微信等）上的相关信息（弱变量）中提取出能够反映用户的还款能力、还款意愿的信息（强变量）等用于评定用户的信用评分（或信用等级）的信息。

图 1-1 示出了强变量提取的一个可选的架构示意图，以使用同一特征筛选模型进行迭代训练（如第 1 轮迭代训练、第 2 轮迭代训练……，以此类推）以提取强变量为例进行说明。

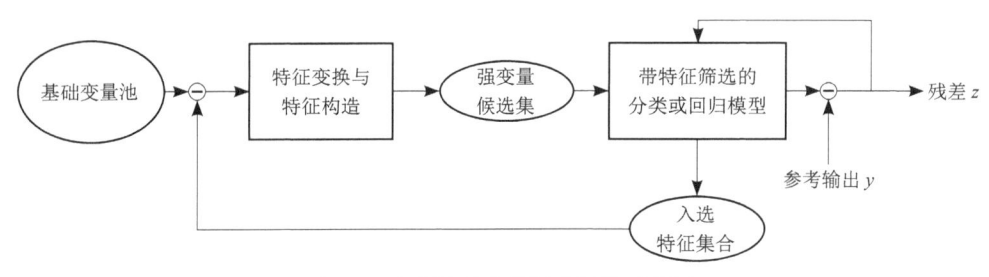

图 1-1 本申请强变量提取架构示意图

基于图 1-1 中示出的强变量提取的一个可选的架构示意图中进行第 1 轮迭代的一个可选的流程，包括以下步骤：

步骤 101，基于基础变量池中的基础变量构造强变量，形成用于第 1 轮迭代训练的强变量候选集；

步骤 102，基于强变量候选集对特征筛选模型进行第 1 轮迭代训练；

步骤 103，将特征筛选模型输出的特征并入入选特征集合；

步骤 104，基于第 1 轮迭代训练后特征筛选模型的残差，判断是否需要对特征筛选模型进行第 2 轮迭代训练，如需要，则执行步骤 105；否则，执行步骤 106；

步骤105，筛选基础变量池中用于构造入选特征集合中的特征所使用的基础变量；

步骤106，停止迭代训练，输出第1轮迭代训练的结果。

基于图1-1中示出的强变量提取的一个可选的架构示意图进行第 k 轮（$k>2$）迭代的一个可选的流程如下，直至，在进行第 k 轮迭代后，特征筛选模型对测验数据集的输出结果与参考输出结果之间的残差统计指标符合残差要求。

步骤201，基于基础变量池中的基础变量构造强变量，形成用于第 k 轮迭代训练的强变量候选集；

步骤202，基于强变量候选集对特征筛选模型进行第 k 轮迭代训练；

步骤203，将特征筛选模型输出的特征并入入选特征集合；

步骤204，基于第 k 轮迭代训练后特征筛选模型的残差，判断是否需要对特征筛选模型进行第 $k+1$ 轮迭代训练，如需要，则执行步骤205并返回步骤201进行第 $k+1$ 轮迭代；否则，执行步骤206；

步骤205，筛选基础变量池中用于构造入选特征集合中的特征所使用的基础变量；

步骤206，停止迭代训练，输出第 k 轮迭代训练的结果。

2. 权利要求的相关内容

1.一种强变量提取方法，其特征在于，应用于设备，所述方法包括：

基于基础变量池中的基础变量构造强变量，形成用于第 k 轮迭代训练的强变量候选集；

基于所述强变量候选集对特征筛选模型进行第 k 轮迭代训练，k 为取值依次增大的正整数，且 k 取值满足 $k \geq 1$；

将所述特征筛选模型输出的特征并入入选特征集合，所述输出的特征为对所述特征筛选模型进行第 k 轮迭代训练后所述特征筛选模型在所述强变量候选集中提取的强变量；

基于第 k 轮迭代训练后所述特征筛选模型的残差确定需要对所述特征筛选模型进行第 $k+1$ 轮迭代训练；

筛选所述基础变量池中用于构造所述入选特征集合中的特征所使用的基础变量。

（二）争议焦点

本申请的争议焦点在于：权利要求 1 请求保护的方案是否符合《专利法》第二条第二款关于保护客体的规定。

针对以上问题，存在两种不同的观点：

观点 1

本申请权利要求并未应用到具体应用领域，并未在权利要求中体现出"强变量""弱变量""基础变量"等具体的物理含义，因此，以现有权利要求来看，其仅仅是对一种数学运算规则的改进。虽然限定了"应用于设备"，但其并不是对计算机设备本身进行的改进，而是一种由计算机程序执行的数学计算方法。因此，本案不属于《专利法》规定的保护客体。

观点 2

本申请所解决的是如何从众多弱变量中提取出强变量从而能够从大量无用信息中提取出有用信息的问题，属于技术问题，整个处理过程不需要任何的人为参与，全部过程由设备自动实现，所实现的处理过程是符合自然规律的处理过程，因此，采用的是技术手段，获得的也是技术效果，因此，属于《专利法》保护的客体。

（三）案例分析

《专利审查指南》第二部分第一章第 2 节规定："发明，是指对产品、方法或者其改进所提出的新的技术方案。"

本申请中，权利要求请求保护一种强变量提取方法，结合说明书内容理解可知，该方案涉及大数据技术中的数据提取算法，虽然其利用了计算机技术，但是，计算机设备在方案中所起的作用仅仅是作为一种通用的计算设备，发挥其固有的数据处理能力。该方法没有与任何具体的应用领域相结合，处理的数据都是抽象的数据，构造强变量、进行迭代训练、筛选基础变量等一系列抽象的数据方法步骤，最后得到的结果也是抽象的强变量提取方法，因而未解决技术问题；说明书声称该方法能够获得"节省训练模型和使用模型进行预测等环节所消耗的时间"等效果也是由算法本身的改进所带来的效果，并不属于解决特定技术问题而获得的技术效果。因此，本申请的权利要求不属于技术方案，不属于《专利法》

保护的客体。

本申请如果将说明书中记载的具体的技术领域,如从包括用户的行为日志、广告物料的文本描述的弱变量中提取有效的、具有预测力的强变量,或者用于从包括用户的各种数据的弱变量中提取出能够反映用户的还款能力或还款意愿的强变量,加入权利要求中,则与具体的领域进行了结合,且对强变量进行限定。这样一来,基础变量和强变量本身具有具体的物理含义,不再是纯数学算法,而是采用技术手段解决了具体应用领域的具体技术问题,属于《专利法》保护的客体。

(四)案例启示

对于涉及算法的专利申请,在判断其是否符合《专利法》第二条第二款的规定时,需要判断其是否应用到具体领域。如果方案没有解决具体领域的问题,而仅仅是抽象的算法本身,则属于智力活动的规则与方法,不属于《专利法》保护客体。即使权利要求限定了该方法应用于计算机设备,也需要判断该方法能否带来计算机系统内部性能的改善,如果计算机性能的改善是由算法本身的优化带来的,则属于数学算法本身的改进,并未与计算机内部结构产生技术关联,仍然不属于《专利法》保护的客体。

案例1-2-2:一种基于大数据的人员价值计算方法

(一)相关案情

本申请属于大数据处理领域,涉及一种基于大数据的人员价值计算方法,旨在解决现有技术中无法对人员价值进行客观精准评估的问题。

1. **本申请的技术方案**

现实生活中,为一件商品定价是非常简单的,只需要核算商品的生产成本,计入原料费、物流费、人工费、场地费、设备损耗费,等等,再加上想要赚取的利润,就可以了。然而,确定一个人的价值是十分困难的,在招聘时应聘者普遍对自我没有准确的认知,当面对企业谈薪资的时候无所适从,企业也无法通过一个直观的数据对招聘的岗位进行精准的定价，企业或个人均无法对人员价值进行客观的评估。技术的进步使得数据的采集变得越来越容易，从而给人力资源、金融学、医学、信息学和统计学等诸多领域带来了海量、高维数据。然而，数据中往往存在大量冗余变量和冗余特征。因此，如何从海量、高维数据中提取重要的变量是面临的基本问题。然而，现有技术中尚没有一个针对人员薪资预估的完整标准和体系，无论是企业还是个人都无法对人员价值进行客观的评估，而只能是主观判断，亟须一种能够对人员价值进行客观精准计算的方法。

本申请通过从大批量简历中提取人员数据；根据打分体系对所提取的数据进行打分；构造具有组织结构先验的稀疏组结构惩罚函数，将打分后的字段代入函数模型，选择字段；使用打分后的字段，以预测薪资为目标，以选择的字段作为因变量，修订后的期望薪资作为自变量建立回归模型，计算各字段的系数；获取新的人员简历，根据得到的系数，计算得到该人员简历所对应的人员价值，如图 1-2 所示，具体步骤如下：

步骤一，从数据库中获取大批量简历数据，例如，提取了 1000 万份简历（所述简历包括其背后行为数据和心理学分析数据）。这些数据包括：

（1）基础信息：年龄、性别、地区、户口所在地、婚姻状况、求职状态。

（2）教育／工作经历：学历、专业、学科类别、学校、专业与从事行业的一致性、工作年限、公司、公司规模、公司类型、行业、部门、工作类型、职位、项目经验、职业发展路径、跳槽次数、最长一份工作年限、技能。

（3）行为数据及心理学分析数据：根据微博调研获取互联网用户行为数据，挖掘特征结合北大心理学系研究建立的棱镜模型，棱镜指数主要是为了衡量员工是否具有一定的岗位胜任力，根据 PRISM 模型对各个量表指标赋予一定的权重计算得来的。棱镜指数得分较低，工作胜任度较低，意味着目前的工作绩效还有不少提升的空间。该模型进行深入心理分析综合评定，给出各项软实力指标。

（4）薪酬数据，包括：期望薪酬及部分实际薪资。

步骤二，根据打分体系对步骤一所提取的基础信息、教育／工作经历数据进行打分。打分体系如下：

学校依据院校教育资源、985/211 等院校分类标准进行综合评分，共分为 5

个等级，按照 1～5 分别打分，普通非统招院校为 1 分，普通统招院校为 2 分，211 院校非 985 院校为 3 分，985 院校为 4 分，清华大学 / 北京大学为 5 分；

学历共分为 6 个等级，分别为高中以下、高中 / 职高 / 中技 / 中专、大专、本科、硕士、博士 /MBA/EMBA，得分由低到高分别为 0.8、1、2、3、4、5；

专业与所从事岗位专业性的一致性进行打分；职位按照不同职级进行打分，共划分为 130 种类别，如市场助理、市场专员、市场主管、市场经理、市场总监等，打分范围为 1～10 分；年龄、工作年限、跳槽频率、性别、婚姻状况、求职状态均根据实际数据处理后进行打分；

步骤三，构造具有组织结构先验的稀疏组结构惩罚函数，将打分后的字段代入函数模型，以实现残差、两个惩罚函数加和后的最小化为目标，从基础信息、教育 / 工作经历、行为数据及心理学分析数据中选择出影响因子较高的字段。具体而言，构造具有组织结构先验的稀疏组结构惩罚函数，以预测为指标，对于高维数据，自动选择出影响因子较高的字段，预选字段共计 24 个字段，将打好分数的字段代入模型，以实现残差、两个惩罚函数加和后的最小化为目标，最终选择 11 个影响因子，包含性别、婚姻状况、学历、学校、专业与从事行业的一致性、工作年限、公司、最近一份工作的职位、项目经验综合得分、职业发展路径综合得分、跳槽次数；其余几个维度通过稀疏 Group Lasso 模型，对应系数均趋近于零，所以自动淘汰，变量经过这样选择后，同时保证了变量组内和组间的稀疏性。

步骤四，使用最小二乘回归方法建立回归模型：使用打好分数的样本数据，以预测薪资为目标，上述选中的 12 个影响因子作为因变量，修订后的期望薪资作为自变量，使用最小二乘回归方法建立回归模型，最终计算出各字段的系数。

步骤五，从数据库中获取新的人员简历，提取各字段数据，代入打分体系中，根据模型中的系数进行计算，得到该人员简历所对应的人员价值。通过上述方式，本申请实现了从繁杂的文字简历中，提炼出真正有价值的简历要素，并以图形化的数据图表展现出来，一个人的各项素质都一目了然，并通过标准化的变量计算为一个人准确定价。

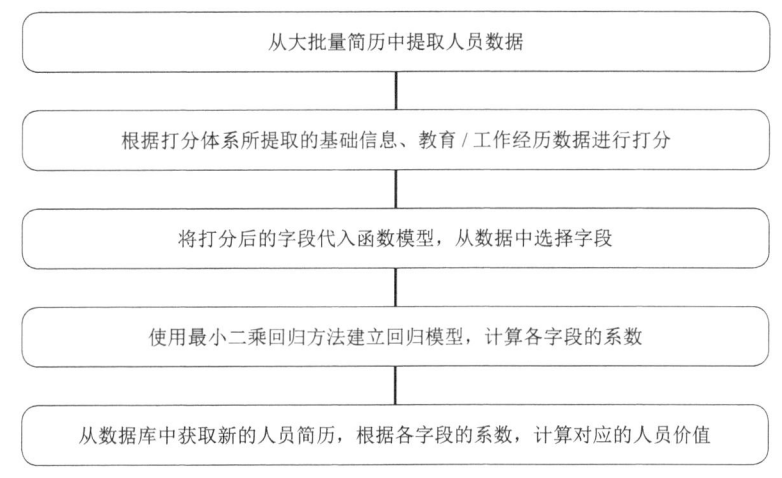

图 1-2　本申请基于大数据的人员价值计算方法

2. 权利要求的相关内容

1. 一种基于大数据的人员价值计算方法，包括以下步骤：

步骤一，从大批量简历中提取人员数据；

步骤二，根据打分体系对步骤一所提取的基础信息、教育/工作经历数据进行打分；

步骤三，构造具有组织结构先验的稀疏组结构惩罚函数，将打分后的字段代入函数模型，从基础信息、教育/工作经历、行为数据及心理学分析数据中选择字段；

步骤四，使用步骤二中打分后的字段，以预测薪资为目标，以步骤三选择出的字段作为自变量，修订后的期望薪资作为因变量，使用最小二乘回归方法建立回归模型，计算各字段的系数；

步骤五，从数据库中获取新的人员简历，提取各字段数据，代入打分体系进行打分，根据步骤四得到的系数，计算得到该人员简历所对应的人员价值。

（二）争议焦点

本申请的争议焦点在于：权利要求 1 是否属于《专利法》第二条第二款关于保护客体的规定。

观点 1

权利要求 1 所保护的方案中涉及大数据处理、从数据库中获取数据、提取字段，这些都属于技术手段，并且利用这些手段建模形成了数学模型，并最终解决了预测人员价值的问题。即本申请采用了技术手段解决了具体问题，并具有相应的效果，故属于《专利法》所保护的客体。

观点 2

权利要求 1 所保护的方案就整体而言，是利用人的基础信息、教育/工作信息来预测人员的价值，而人员价值本身是一个主观性的不可客观量化的对象。因此，本申请所声称的问题本身不属于技术问题，评价的手段并非是遵循自然规律的技术手段，也不能获得技术性的效果，因此，不属于《专利法》所保护的客体。

（三）案例分析

《专利审查指南》第二部分第一章第 2 节规定："专利法所称的发明，是指对产品、方法或者其改进所提出的新的技术方案，技术方案是对要解决的技术问题所采取的利用了自然规律的技术手段的集合。技术手段通常是由技术特征来体现的。未采用技术手段解决技术问题，以获得符合自然规律的技术效果的方案，不属于专利法第二条第二款规定的客体。"

由《专利审查指南》的规定可知，在判断一件发明申请是否属于《专利法》所保护的客体时，主要考虑该所要求保护的方案是否具备技术性。而方案的技术性主要体现在三个方面，即"技术问题、技术手段、技术效果"。三者之间依次关联。首先，现有技术中存在需要改进的技术问题；其次，本领域技术人员根据现有技术知识，采用符合自然规律的技术手段去解决该技术问题，并最终取得技术效果。

对于本申请，其声称解决的问题是：对人员价值进行客观精准计算的方法。然而，如何评价一个人员的价值属于企业管理问题，其并不是一个技术问题。进一步，在本申请的方案中，评价人员的价值依赖于对该人员教育、工作经历等数据的打分。而"打分"这一过程属于评价者主观意识的体现，即不同的评价者可能因为自己的社会经验不同对同一人员的工作经历给出不同的分数评价。因此，本申请虽然通过采集大量数据、分析数据、选择参数建立评价模型、根据模型计算评价人员的价值，然而，其解决问题的关键手段依赖于人们的社会生活经验以及评价者的主观意志，未利用自然规律，因此不属于技术手段。所以，上述手段也不会产生任何技术效果。由此可知，权利要求所保护的方案实质上不构成技术方案，不属于《专利法》保护的客体。

（四）案例启示

依据《专利审查指南》第二部分第一章的规定，在判断一件发明是否属于《专利法》保护的客体时，首先要明确该方案是否满足技术"三要素"的要求。对于涉及大数据处理、数学建模的方法，只有应用到具体的技术领域、采取了技术手段、解决技术问题并且达到技术效果才能构成技术方案。而当大数据处理、数学建模方法所解决的问题依赖于人们的社会生活的经验因素，实施步骤主要受到人为主观因素影响时，本领域技术人员知晓，这样的方法遵循的是社会规律，而非自然规律，故该方案未解决技术问题，没有采用利用自然规律的技术手段，也未获得技术效果，不构成技术方案，不属于《专利法》保护的客体。

案例1-2-3：一种基于网络支付可得性计算的在线支付推广方法

（一）相关案情

本申请属于在线支付推广领域，尤其是涉及一种基于网络支付可得性计算的在线支付推广方法，旨在解决现有技术中不能定量评价支付网络、推广方法不能基于支付网络动态调整的问题。

1. 本申请的技术方案

在线支付是指卖方与买方通过因特网上的电子商务网站进行交易时，银行为其提供网上资金结算服务的一种业务，其不仅帮助企业实现了销售款项的快速归集，缩短收款周期，也为个人网上银行客户提供了网上消费支付结算方式，使客户真正做到足不出户，网上购物。近年来随着电子商务的发展，在线支付也越来越重要，越来越多的在线支付方式开始出现，如网银支付、支付宝支付、微信支付等。然而，现有的在线支付方式推广方法多是通过宣传、优惠等方式，这些推广方法都是静态的推广方法，不能动态调整在线支付推广的策略。另外，也存在现有技术，其通过奖励的策略，增强在线支付的推广，然而，该策略仅仅基于支付的金额为用户提供相应的奖励，而未考虑支付网络本身的特性。由此可知，现有的在线支付推广策略考虑因素单一，不能全面指导在线支付推广。

本申请选取某一地区某一时期的常住人口数量、网络支付人数以及网络支付总额作为参数，对网络支付可得性进行定量评价与计算，并根据支付可得性状态及当次支付情况，动态调整在线支付推广策略，如图1-3所示。该方法能够全面、客观地评价一个地区的网络支付基础设施建设或应用水平，可以更好地指导在线支付推广策略。

```
┌─────────────────────────────────────────────────┐
│  S1. 获取某一地区某一时期的常住人口数量           │
└─────────────────────────────────────────────────┘
                        ↓
┌─────────────────────────────────────────────────┐
│  S2. 获取某一地区某一时期的网络支付人数           │
└─────────────────────────────────────────────────┘
                        ↓
┌─────────────────────────────────────────────────┐
│  S3. 获取某一地区某一时期网络支付总额             │
└─────────────────────────────────────────────────┘
                        ↓
┌─────────────────────────────────────────────────┐
│  S4. 基于常住人口数量、上网人数、网络支付总额，   │
│      计算支付可得性指数                           │
└─────────────────────────────────────────────────┘
                        ↓
┌─────────────────────────────────────────────────┐
│  S5. 根据支付可得性状态及当次支付情况，动态调整   │
│      在线支付推广策略                             │
└─────────────────────────────────────────────────┘
```

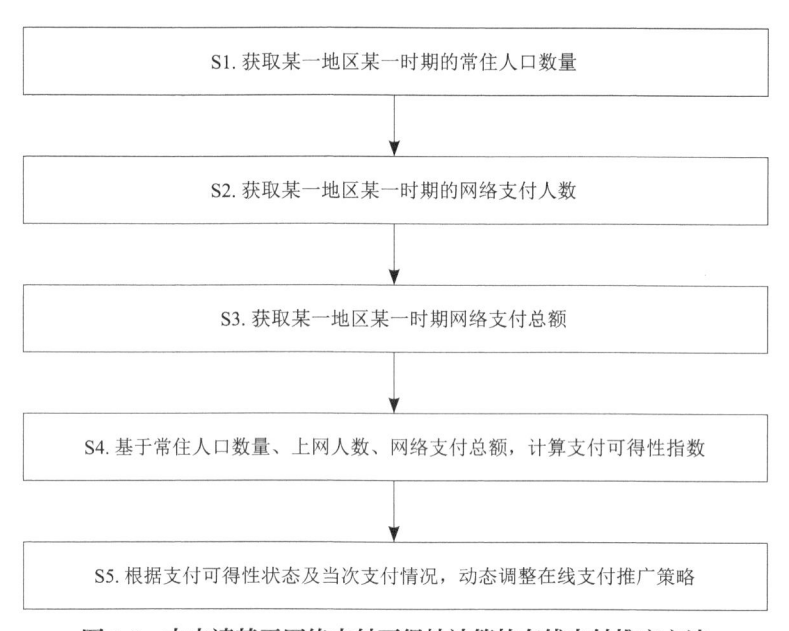

图1-3 本申请基于网络支付可得性计算的在线支付推广方法

2. 权利要求的相关内容

1. 一种基于网络支付可得性计算的在线支付推广方法，其特征在于，所述方法包括如下步骤：

S1. 获取某一地区某一时期的常住人口数量；

S2. 获取某一地区某一时期的网络支付人数；

S3. 获取某一地区某一时期网络支付总额；

S4. 基于所述步骤 S1～S3 所获取的某一地区某一时期所对应的常住人口数量、网络支付人数、网络支付总额，计算支付可得性指数；

S5. 根据支付可得性状态及当次支付情况，动态调整在线支付推广策略；

所述步骤 S5 中动态调整在线支付推广策略步骤具体为：

S5-1. 获得所述支付可得性指数的差值对比因子 α：

$$\alpha = D_p / D_h$$

其中，D_p 为所述支付可得性指数的实时差值，D_h 为所述支付可得性指数的近期加权平均差值；

所述 D_p 通过如下方式计算：

$$D_p = \text{NPAI}_{cur} - \text{NPAI}_{pre}$$

所述 D_h 通过如下方式计算：

$$D_h = \frac{1}{6}(\text{NPAI}_{pre3} - \text{NPAI}_{pre4}) + \frac{1}{3}(\text{NPAI}_{pre2} - \text{NPAI}_{pre3}) + \frac{1}{2}(\text{NPAI}_{pre} - \text{NPAI}_{pre1})$$

其中，NPAI_{cur}、NPAI_{pre1}、NPAI_{pre2}、NPAI_{pre3}、NPAI_{pre4} 分别为当期支付可得性指数、上一期支付可得性指数、两期前支付可得性指数、三期前支付可得性指数、四期前支付可得性指数；

S5-2. 基于所述支付可得性指数的差值对比因子 α 计算当期返现系数 β：

$$\beta = \log\left(1 + \frac{1}{\alpha}\right)$$

S5-3. 计算当次支付额度奖励因子：

$$\gamma = \begin{cases} \delta\left(1.1 + \log\dfrac{\text{PAN}}{\text{NPAA}/\text{NPPR}}\right) & \text{PAN} > 0.1\,\text{NPAA}/\text{NPPR} \\ 0.1\,\delta & \text{PAN} \leq 0.1\,\text{NPAA}/\text{NPPR} \end{cases}$$

其中，NPAA/NPPR 为网络支付每笔平均额度，δ 为调节因子，PAN 为某人当次支付额度，所述当次支付额度越多，补贴越多，以促进网络支付的推广；

S5-4. 基于所述当期返现系数、支付额度奖励因子、当次支付额度生成最终的支付推广补贴额度 SAN：

$$\text{SAN} = \beta \cdot \text{PAN} \cdot \gamma$$

所述步骤 S4 中支付可得性计算方法具体包括：

S4-1. 计算网络支付普及率 NPPR：

NPPR＝网络支付人数/常住人口；

S4-2. 计算平均网络支付额 NPAA：

NPAA＝某一时期网络支付总额/常住人口；

S4-3. 基于所述网络支付普及率及平均网络支付额，支付可得性指数 NPAI：

$$NPAI = \frac{NPPR_{cur} \cdot NPAA_{cur}}{NPPR_{bas} \cdot NPAA_{bas}}$$

其中，$NPPR_{cur}$ 和 $NPAA_{cur}$ 分别为当期网络支付普及率及当期平均网络支付额，$NPPR_{bas}$ 和 $NPAA_{bas}$ 分别为基期网络支付普及率及基期平均网络支付额。

（二）争议焦点

本申请的争议焦点在于：权利要求 1 是否属于《专利法》第二条第二款关于保护客体的规定。

观点 1

权利要求的方案中包括获取某一地区某一时期所对应的常住人口数量、网络支付人数、网络支付总额，上述参数是客观符合自然规律的数据，采用这些符合自然规律的参数进行分析，属于技术手段，故本申请属于《专利法》保护的客体。

观点 2

本申请的目的是进行返利推广，得出返利的金额，其解决实质是经济效率上的问题，而非技术问题。权利要求中的分析手段则是采用人为制定的处理规则对数据进行处理，以获得提高推广经济效率的效果。然而，该效果不属于技术效果，故上述手段也不属于技术手段，因此，本申请不属于《专利法》保护的客体。

（三）案例分析

《专利审查指南》第二部分第一章第 2 节规定："专利法所称的发明，是指对产品、方法或者其改进所提出的新的技术方案，技术方案是对要解决的技术问题所采取的利用了自然规律的技术手段的集合。技术手段通常是由技术特征来体现的。未采用技术手段解决技术问题，以获得符合自然规律的技术效果的方案，不属于专利法第二条第二款规定的客体。"

在大数据领域中，对于数据的建模计算并不必然构成技术手段，而是需要关注该建模计算过程中所利用的规律，如果未利用自然规律，则不能构成技术手段。本申请通过采集人口数据、支付能力和支付数额等大数据，进行可得性分析计算，其实质上属于一种建模方法。该模型可以依据输入的"人口数据、支付能力和支付数额"等数据进行计算，得到分析结果，以该结果评价一个地区的网络支付基础设施建设或应用水平，以便于可以更好地指导在线支付推广策略。那么，本申请是否属于《专利法》所保护的客体，就需要对该建模计算过程中所利用的规律进行分析。由权利要求1所记载的内容可知，对于所获取的常住人口数量、网络支付人数以及网络支付总额等参数，仅用于计算均值或普及率，而计算过程中可得性指数、返现系数、当次支付额度奖励因子、补贴额度等参数的计算方法均遵循的是经济学规律，并未利用自然规律。由此可见，本申请按照指定的金融指标体系和金融计算方法进行计算并分析，以最终获得特定的支付推广策略，并未采用技术手段，不构成技术方案，故不属于《专利法》保护的客体。

（四）案例启示

《专利审查指南》第二部分第一章第2节规定："技术方案是对要解决的技术问题所采取的利用了自然规律的技术手段的集合。"对于涉及大数据处理的发明，大数据处理或历史数据统计本身的使用并不必然构成技术手段，需整体地看解决的问题和为解决该问题而相应采用的手段是否是技术性的。通常，技术三要素（技术问题、技术手段、技术效果）三者之间是互相联系的，当方案所要解决的问题并非是技术问题时，其所取得的效果也自然不会是技术效果。此时，技术手段的集合并不构成技术方案，故该方案也不属于《专利法》保护的客体。

案例1-2-4：一种面向大数据聚集分析的近似计算方法

（一）相关案情

本申请涉及一种大数据分析计算方法，解决了现有大数据聚集分析中计算速度慢、开销大以及结果不够准确的问题。

1. 本申请的技术方案

云计算 (cloud computing) 是分布式计算的一种，指的是通过网络"云"将巨大的数据计算处理程序分解成无数小程序，然后，通过多部服务器组成的系统进行处理和分析这些小程序得到计算结果。随着云计算、移动通信和信息技术的迅猛发展，大量的企业数据得以积累。而如何从海量数据中快速分析出有用的信息，并提供有效的决策支持是提高企业经济效益和市场竞争力的一个主要手段。聚集分析能够通过复杂的数据查询语句来有效获取企业数据上的统计性指标，如SUM（求和）、AVG（求平均值）、COUNT（计数）等，使得它已成为近几年企业数据分析的一个重要工具。

现有技术中，提高聚集分析速度的主要技术有：

（1）构建适合数据分布的多维索引技术，如 B - 树、R - 树和网格；

（2）分布式计算技术，如基于 Hadoop 或 Spark 平台的 map-reduce 分布式计算框架；

（3）并行计算技术，如基于多核 GPU（Graphics Processing Unit）的并行化处理技术；

（4）物化视图技术，即通过预先存储大量中间结果来提高聚集分析的速度。

上述聚集分析技术在处理较小或中等规模的企业数据时，能够具有较快的速度和可接受的额外磁盘开销。然而在大数据环境下，聚集分析需要处理的数据除单个数据表数据量巨大之外，进行连接操作的数据表个数也将比较多，而且很有可能存在多层嵌套查询的情况，导致分析效率极其低下，而且需要巨大的额外磁盘开销来存储多维索引和中间输出结果。

为此，本申请提出了一种面向大数据聚集分析的近似计算方法，通过数据分割、渐进近似计算以及聚集增量更新三个步骤，解决了现有大数据聚集分析中计算速度慢、开销大以及结果不够准确的问题。如图 1-4 所示，具体步骤如下：

本申请主要由数据分割、渐进近似计算以及聚集增量更新三个模块组成。数据分割模块（模块1）首先将基础大数据顺序划分成多个不相交的数据片，并按一定的比例交换不同数据片中的数据元组。渐进近似计算模块（模块2）从第一个数据片开始，依次接收数据分割模块输入的数据片，并将所接收的数据片传送给聚集增量更新模块（模块3）后，等待聚集增量更新模块计算并返回给定个数的聚集分析结果采样值，然后，基于这些聚集分析结果采样值来求取它们的平均值、相对标准偏差以及置信区间，并将这三个值返回给终端用户。如果用户接受相对标准偏差和置信区间，那么分析过程停止，否则，从数据分割模块再输入一个数据片并进行后续的处理。

在数据分割模块（模块1）中，首先将基础大数据 D 等量分割成 ζ 份数据片 $D_1, D_2, \cdots, D_\zeta$，其中 ζ 为偶数，进而将这 ζ 份数据片分成 $\zeta/2$ 组，即 $[D_1, D_\zeta]$，$[D_2, D_{\zeta-1}]$，$\cdots$，$[D_{\frac{\zeta}{2}}, D_{\frac{\zeta}{2}+1}]$，然后对于其中的每一组数据片 $[D_i, D_j]$，在 D_i 和 D_j 中分别随机选出 $\sigma(0<\sigma<100)$ 个百分点的数据元组进行互换，从而得到新的 ζ 份数据片 $N_1, N_2, \cdots, N_\zeta$。

然后，渐进近似计算模块（模块2）主要通过如下6个步骤来进行数据处理：

步骤1：向数据分割模块请求并接收下一个数据片，从第一个数据片 N_1 开始；

步骤2：将当前接收的数据片 $N_l(1 \leq l \leq \zeta)$ 传送给聚集增量更新模块（模块3），等待该模块处理完毕后得到 k 个聚集分析结果的采样值 $v_1^{(l)}, v_2^{(l)}, \cdots, v_k^{(l)}$；

步骤3：计算 k 个聚集分析结果值的平均值 $\mathrm{av}^{(l)} = \sum_{i=1}^{k} v_i^{(l)} / k$；

步骤4：计算 k 个聚集分析结果值的相对标准偏差 $\mathrm{rsd}^{(l)} = \dfrac{\sqrt{\sum_{i=1}^{k}\left(v_i^{(l)} - \mathrm{av}^{(l)}\right)^2 / (k-1)}}{\mathrm{av}^{(l)}}$；

步骤5：计算 k 个聚集分析结果值的 $(1-\eta)\%$ 置信区间 $\left[v_b^{(l)}, v_t^{(l)}\right]$；

步骤6：将平均值 $\mathrm{av}^{(l)}$，相对标准偏差 $\mathrm{rsd}^{(l)}$ 以及 $(1-\eta)\%$ 置信区间 $\left[v_b^{(l)}, v_t^{(l)}\right]$ 返回给终端用户，如果用户接受标准偏差 $\mathrm{rsd}^{(l)}$ 和 $(1-\eta)\%$ 置信区间 $\left[v_b^{(l)}, v_t^{(l)}\right]$ 的取值，那么分析过程停止，否则，将回到步骤1做后续进一步的处理。

聚集增量更新模块（模块3）主要通过如下3个步骤进行具体实施：

步骤1：接收渐进近似计算模块传送过来的数据片 $N_l(1 \leq l \leq \zeta)$；

步骤2：如果 $l=1$，那么实施如下3个子步骤：

步骤2.1：从 N_l 中有放回地采样 k 个样本集 $S_1^{(l)}$，$S_2^{(l)}$，…，$S_k^{(l)}$，这 k 个样本集的大小与 N_l 相同，然后分别对这 k 个样本集进行全量聚集分析计算，从而得到 k 个聚集分析结果的采样值 $v_1^{(l)}$，$v_2^{(l)}$，…，$v_k^{(l)}$，并将这 k 个值返回给近似计算模块；

步骤2.2：对于聚集分析中的每个动态属性，将其取值划分为 λ 个区间，然后，对 N_l 中的每个数据元组，按照其动态属性取值所落入的区间，关联一个指向该区间的指针。对于聚集分析中参与比较运算的某个属性，如果该属性与嵌套子查询进行比较运算，那么称该属性为动态属性，否则称为静态属性。

步骤2.3：存储 k 个聚集分析结果的采样值 $v_1^{(l)}$，$v_2^{(l)}$，…，$v_k^{(l)}$ 以及所有嵌套子查询的结果值。

步骤3：如果 $l>1$，那么实施如下4个子步骤：

步骤3.1：对于 N_l 中的每个数据元组，按照其动态属性取值所落入的区间，关联一个指向该区间的指针；

步骤3.2：从 $\bigcup_{i=1}^{l} N_l$ 中通过有放回的方式采样 k 个样本集 $S_1^{(l)}$，$S_2^{(l)}$，…，$S_k^{(l)}$，这 k 个样本集的大小与 $\bigcup_{i=1}^{l} N_l$ 相同；

步骤3.3：对于每个样本集 $S_i^{(l)}$，首先获取 $S_i^{(l)}$ 的子集 $S\_S_i^{(l)}$，使得 $F\_S_i^{(l)} \subseteq \bigcup_{i=1}^{l-1} N_l$ 并且 $S\_S_i^{(l)} \subseteq N_l$，然后基于最近存储的嵌套子查询的结果值、$F\_S_i^{(l)}$ 所包含数据元组的数量以及 $S\_S_i^{(l)}$ 集合中的数据元组，增量计算并更新每个嵌套子查询的结果值。之后，对于 $S_i^{(l)}$ 中的每个数据元组，基于该元组在每个静态属性上的取值以及它在每个动态属性上取值所落入的区间，增量计算并更新聚集分析的结果，从而得到 $S_i^{(l)}$ 上的聚集分析结果的采样值 $v_i^{(l)}$。当所有样本集均处理完毕后，将这 k 个采样值返回给近似计算模块。

步骤3.4：存储 k 个聚集分析结果的采样值 $v_1^{(l)}$，$v_2^{(l)}$，…，$v_k^{(l)}$ 以及所有嵌套子查询的结果值。

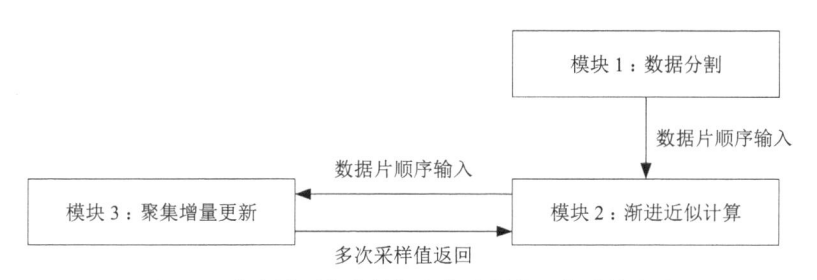

```
                    ┌──────────────────┐
                    │ 模块 1：数据分割  │
                    └──────────────────┘
                              │
                              │ 数据片顺序输入
                              ▼
┌──────────────┐ 数据片顺序输入 ┌──────────────────┐
│模块 3：聚集增量更新│◄──────────────│模块 2：渐进近似计算│
└──────────────┘  多次采样值返回 └──────────────────┘
```

图 1-4　本申请面向大数据聚集分析的近似计算方法

2. 权利要求的相关内容

1. 一种面向大数据聚集分析的近似计算方法，其特征在于，包括如下步骤：

数据分割步骤（1）：首先将基础大数据顺序划分成多个不相交的数据片，并按一定的比例交换不同数据片中的数据元组；

渐进近似计算步骤（2）：从第一个数据片开始，依次接收数据分割步骤（1）输入的数据片，并将所接收的数据片传送给聚集增量更新步骤（3）之后，等待聚集增量更新步骤（3）计算并返回给定个数的聚集分析结果采样值，然后，基于这些聚集分析结果采样值来求取它们的平均值、相对标准偏差以及置信区间，并将这三个值返回给终端用户；如果用户接受相对标准偏差和置信区间，那么分析过程停止，否则，从数据分割步骤（1）再输入一个数据片并进行后续的处理；

聚集增量更新步骤（3）：接收渐进近似计算步骤（2）传送过来的数据片，将该数据片与历史处理过的所有数据片进行合并，然后在合并后的全局数据片上进行给定次数的有放回采样，并在每次采样后的数据样本集上增量计算并更新聚集分析的结果，从而得到该样本集上的聚集分析结果采样值。当所有样本集均处理完毕后，将这些聚集分析结果采样值返回给近似计算步骤（2）。

（二）争议焦点

本申请的争议焦点在于：权利要求 1 是否属于《专利法》第二条第二款关于保护客体的规定。

观点 1

本申请中通过将基础大数据划分为数据片，再分别对每一个数据片进行增量计算以更新聚集分析结果，从而得到聚集分析结果采样值，最后计算该采样值的平均值、相对标准偏差和置信区间以便用户判断分析过程是否停止,可以看出,本申请仅仅是对大数据进行了分割、计算、更新等分析处理,没有与具体应用领域相结合,没有解决技术问题,不属于技术方案。

观点2

对大数据进行分割、计算、更新等分析处理存在特定的分类号"G06F17/00:特别适用于特定功能的数字计算设备或数据处理设备或数据处理方法",故该大数据处理方法具备了技术领域,可以认为其属于可授权的客体。

(三)案例分析

国际分类表是国际通用的专利文献分类和检索工具,其分类号可以表征某一领域。依据《专利审查指南》第一部分第四章第2节的规定:"对每一件发明专利申请或者实用新型专利申请的技术主题进行分类,应当给出完整的、能代表发明或实用新型的发明信息的分类号,并尽可能对附加信息进行分类;将最能充分代表发明信息的分类号排在第一位。"可见,每一件发明专利申请都会至少具备一个分类号,以表明其所属的领域类别。但实际上,并非所有的发明专利申请都属于《专利法》所保护的客体。《专利审查指南》第二部分第一章第2节规定:"专利法所称的发明,是指对产品、方法或者其改进所提出的新的技术方案,技术方案是对要解决的技术问题所采取的利用了自然规律的技术手段的集合。技术手段通常是由技术特征来体现的。未采用技术手段解决技术问题,以获得符合自然规律的技术效果的方案,不属于专利法第二条第二款规定的客体。"由上可知,在对于《专利法》所保护的客体的判别时,主要考虑其所要保护的方案是否具备技术性,而与其所具备的分类号无关。

本申请权利要求所要保护的方案中包含了数据分割、渐进近似计算以及聚集增量更新等多步骤,其方案实际上是一种数据处理方法。在判断这一类发明申请是否是《专利法》保护的客体时,需要考虑数据处理以及其中用到的算法是否应用到某一技术领域,解决了该技术领域的技术问题,以及对该数据的处理或者算法是否利用了自然规律,取得了相应的技术效果。对于本申请而言,对大数据进行了分割、计算、更新等分析处理并没有与具体应用领域相结合,采用的手段是按照人为制定的近似计算方式和增量更新策略,也未利用自然规律,因此不属于技术手段，获得的效果也仅仅是提高了分析速度、准确度，这些效果是由算法本身的改进而带来的，并非技术效果。因而，本申请所要保护的方案不是技术方案，不属于《专利法》第二条第二款规定的客体。

(四) 案例启示

发明申请具备技术领域是判断一项发明申请是否属于《专利法》第二条第二款所要保护的客体的必要条件。对于涉及大数据处理的发明申请，并不能因为其具备相关的国际分类号而认为其具备技术领域，而应当关注其方案是否与具体的应用领域相结合。

同时，《专利审查指南》第二部分第一章第 2 节规定"技术方案是对要解决的技术问题所采取的利用了自然规律的技术手段的集合"，而对于数据的分割、计算等处理，并不必然构成技术手段，须辨别其所采用的手段是否利用了自然规律，若其采用的手段为人为制定的规则或策略，而非符合自然规律的技术手段，那么其方案则不属于《专利法》第二条第二款保护的客体。

第三节 涉及数学方法的客体判断

学方法本身属于科学研究中的基础理论，由于这些基础理论是所有应用学科的研究基础，如果对其进行专利保护，则将使得专利权人获得某种基础原理的独占权，从而对所有需要采用该基础原理的应用学科的技术创新与发展带来不利影响。

一、基本原则

任何国家或地区的专利法，都会对可专利的对象进行限定，这些限定无一例外地都排除了对抽象概念或智力活动规则进行授权。而数学方法与原理本身是一种典型的人类智力活动的规则和方法的延伸，也是一种抽象的概念和理论，因而，主要国家和地区在专利审查中都对这类申请不给予专利保护。

此外，对于仅涉及数学方法或原理的专利申请来说，不会因为把数学方法或原理放到通用计算机等运算工具上实现而将其归入可授予专利权的范畴。也就是说，即便权利要求中限定了数学方法的运算工具，也不会使本不属于保护客体的数学算法转换为保护客体。另外，也不会因为仅在权利要求的主题中涉及所应用的技术领域就简单地将其归入可授权的范畴。

对于涉及数学方法的发明专利申请的审查标准主要考虑以下两点。一是数学方法处理的对象是否具有特异性，即数学方法处理的对象是无特别含义的抽象数据，还是涉及解决某一具体领域的、具有具体含义的数据的处理问题；二是该数学方法，对计算机性能有什么特异性效果。即怎么体现该解决方案与特定结构/架构计算机的有机结合，从而影响了计算机的处理性能。

二、典型案例

案例 1-3-1：计算机系统中随机数的生成方法及装置

（一）相关案情

本申请涉及随机数发生，要解决的问题是随机数分布并不完全随机，因此，设计一种生成随机数的方法使指定个数的随机数分布更均匀，具体有对于确定需要生成的随机数的个数和随机数总和，使得生成的随机数分布相对平均，避免出现生成的某个随机数过小，某个随机数过大的情况，例如应用在发红包中。

1. 本申请的技术方案

传统技术中，在生成指定个数的随机数时，往往通过调用随机函数来随机生成该指定个数的随机数，然而因为上述随机数是随机生成的，所以无法对其进行有效的控制（如，控制在某一范围内），由此会导致生成的指定个数的随机数分布不均匀的问题。比如，在实现"红包"的发送的场景中，支付服务端随机生成的"红包金额"可能会非常大，也可能会非常小（如 0.01），这会给用户带来较差的体验。本申请描述了一种计算机系统中随机数的生成方法及装置，可以实现对生成的随机数进行有效的控制。

一方面，提供了一种计算机系统中随机数的生成方法，该方法包括：接收第一请求，所述第一请求包括待生成的随机数的总和以及个数；根据所述总和以及所述个数，确定平均数；将待生成的所述个数的随机数划分为多个子集合，其中，每个子集合包括一个或两个随机数，当子集合包括两个随机数时，所述两个随机数之和为所述平均数的两倍，且所述两个随机数之商为预设阈值，确定所述多个子集合中每个子集合中的一个或两个随机数，从而得到所述个数的随机数。

另一方面，提供了一种计算机系统中随机数的生成装置，该装置包括：接收单元，用于接收第一请求，所述第一请求包括待生成的随机数的总和以及个数；确定单元，用于根据所述接收单元接收的所述总和以及所述个数，确定平均数；划分单元，用于将待生成的所述个数的随机数划分为多个子集合，其中，每个子集合包括一个或两个随机数，当子集合包括两个随机数时，所述两个随机数之和为所述平均数的两倍，且所述两个随机数之商为预设阈值；所述确定单元，还用于确定所述多个子集合中每个子集合中的一个或两个随机数，从而得到所述个数的随机数。

本申请提供的计算机系统中随机数的生成方法及装置，在接收到第一请求时，首先将待生成的随机数划分为多个子集合，并在子集合包括两个随机数时，规定两个随机数之和为平均数的两倍，两个随机数之商为预设阈值；之后再依次确定各个子集合中包括的一个或两个随机数，从而得到指定个数的随机数；由此实现了对生成的随机数进行控制的目的。

2. 权利要求的相关内容

1. 一种计算机系统中随机数的生成方法，其特征在于，该方法包括：

接收第一请求，所述第一请求包括待生成的随机数的总和以及个数；

根据所述总和以及所述个数，确定平均数；

将待生成的所述个数的随机数划分为多个子集合，其中，每个子集合包括一个或两个随机数，当子集合包括两个随机数时，所述两个随机数之和为所述平均数的两倍，且所述两个随机数之商为预设阈值；

确定所述多个子集合中每个子集合中的一个或两个随机数，从而得到所述个数的随机数。

（二）争议焦点

本申请的争议焦点在于：本申请涉及一种计算机系统中随机数的生成方法，随机数发生器有国际分类号 G06F7/58，即相当于随机数发生器有技术领域，但不清楚本案中权利要求限定的方案是否可以算作采用了利用自然规律的技术手段解决了技术问题，是否符合《专利法》第 2 条第 2 款关于保护客体的规定。针对以上问题，存在两种不同的观点：

观点 1

国际分类号 G06F7/58 下不仅包括随机数生成器的装置，而且包括随机数生成方法，可以认定权利要求 1 请求保护的方案有技术领域，是技术方案，属于《专利法》保护的客体。

观点 2

权利要求 1 请求保护的方案解决的是使指定个数的随机数分布更均匀，即随机数分布并不完全随机，这个问题不是技术问题，其采用的手段也主要是约定随机数生成的过程中需满足人为设定的约束条件，并没有利用自然规律。因此，该方案不是技术方案，不属于《专利法》保护的客体。

（三）案例分析

《专利审查指南》第二部分第一章第 2 节规定，技术方案是对要解决的技术问题所采取的利用了自然规律的技术手段的集合。技术手段通常是由技术特征来体现的。未采用技术手段解决技术问题，以获得符合自然规律的技术效果的方案，不属于专利法第二条第二款规定的客体。

虽然在国际分类表中，与随机数发生器相关的内容具备相应的分类号 G06F7/58。然而，判断这一类发明申请是否是《专利法》保护的客体，需要考虑两个问题。一是数学方法处理的对象是否具有特异性，即数学方法处理的对象是无特别含义的抽象数据，还是涉及解决某一具体领域的、具有具体含义的数据。二是该数学方法对计算机性能有什么特异性效果，即怎么体现该解决方案与特定结构/架构计算机的有机结合，从而影响了计算机的处理性能。对于本申请而言，本申请的方案并非利用符合自然规律的电路设计或其他技术手段来改进随机数的生成方式，而是利用人为设定的规则去约束随机数的分布范围，没有针对具体领域的、具有具体含义的数据，其实质上是一种人为规定的数学方法，没有对计算机性能有什么特异性效果，从而并未解决技术性的问题，也没有达到技术性的效果。因此，其方案不属于《专利法》第二条第二款规定的保护客体。

(四) 案例启示

对于涉及数值计算方面的发明专利申请，在判断其是否符合《专利法》第二条第二款的规定时，首先需要判断其实质上解决的是数学问题还是技术问题，并且判断其是否采用了符合自然规律的技术手段，而不是人为设定的规则，是否获得了技术效果，从而得出其是否属于《专利法》第二条第二款规定的技术方案的结论。

案例 1-3-2：基于素数标记的有圈图小枝存在性查询方法

(一) 相关案情

图论以图为研究对象，图是由若干给定的点及连接两点的线所构成的图像，是解决复杂工程问题常用的数学理论和工具。图论中，用点代表事物，用连接两点的线表示相应两个事物间具有的关系。

基于区间标记的方法是树形结构图中用的较广的方法。其思想是对树 T 中的每个节点标记一个区间 $[s,e]$。根据前序遍历法所构建的区间有一个重要的特点，即如果节点 u 可达节点 v，则 u 的区间 $[su,eu]$ 包含 v 的区间 $[sv,ev]$。然而区间标记法不支持有圈图。

素数标记法也可以支持小枝存在性查询。其思想是为图中的每个节点赋一个素数或素数的乘积，使得若节点 u 是节点 v 的祖先，u 的素数标记可以被 v 的素数标记整除。素数标记法可以支持有圈图的查询，但要求用到大量的素数。而众所周知，大素数生成是非常耗时的，因此效率较低。

DataGuide 方法构建一个模型来描述 G 中所有的路径。DataGuide 的思想是把图 G 看做一个不确定性自动机，并根据自动机理论用多个确定性自动机来描述一个不确定性自动机。然而 DataGuide 需要指数数量的确定性自动机来准确描述一个不确定自动机。

Straight-Line Grammar 构建语法树来支持存在性查询。Straight-Line Grammar 是上线文无关文法的特殊形式。Straight-Line Grammar 的思想是用通配符来表达文法中的非终结符。然而该方法的效率较低。

XSketch 是构建 G 的一个概要图。XSketch 的思想是找出 G 中重复出现的部分，将多个部分合并成一个，这样能节省查询时的重复计算，降低计算量。然而 XSketch 仅支持无分支路径查询。

故，现有的查询方法不支持有圈图查询或不支持小枝查询，而且查询效率十分低下。

本发明涉及一种基于素数标记的有圈图小枝存在性查询方法。图论以图为研究对象，图是由若干给定的点及连接两点的线所构成的图像，是解决复杂工程问题常用的数学理论和工具。图论中，用点代表事物，用连接两点的线表示相应两个事物间具有的关系。现有的查询方法不支持有圈图查询或不支持小枝查询，而且查询效率十分低下。本发明所提出的素数标记法所需要的素数大大小于现有的素数标记法，一方面大大减少了素数标记的空间开销，另一方面大大减少了素数生成所需的时间开销。

本发明的有益效果是：本发明的基于素数标记的有圈图小枝存在性查询方法，首先将有圈图转化为有向无圈图，再利用"叶子节点赋一个不同的素数、父亲节点赋孩子素数乘积或孩子素数与新素数乘积"的形式对有向无圈图中各节点进行素数标记；在小枝查询的过程中，首先根据小枝节点中节点的类别查询出符合要求的节点，再根据小枝中单跳边、多跳边以及孩子节点、父亲节点对节点类别的要求，进行进一步筛选，以判断有圈图中是否存在所要查找的小枝，解决了现有的查询方法不支持有圈图查询或不支持小枝查询的问题。

1. 本申请的技术方案

本发明的基于素数标记的有圈图小枝存在性查询方法，通过以下步骤来实现：a) 标记有圈图、小枝；b) 将有圈图转换为无圈图；c) 素数标记；d) 根据类别信息查找匹配节点；e) 根据小枝 T 中边的要求进行筛选。本发明的有圈图小枝存在性查询方法，首先将有圈图转化为有向无圈图，再对有向无圈图中各节点进行素数标记；在小枝查询的过程中，首先根据小枝节点中节点的类别查询出符合要求的节点，再根据小枝中单跳边、多跳边以及孩子节点、父亲节点对节点类别的要求，进行进一步筛选，以判断有圈图中是否存在所要查找的小枝，解决了现有的查询方法不支持有圈图查询或不支持小枝查询的问题。

2. 权利要求的相关内容

1. 一种基于素数标记的有圈图小枝存在性查询方法，其特征在于，通过以下步骤来实现：

a）标记有圈图、小枝，将有圈图标记为 G，设有圈图 G 中的节点数为 n，n 个节点分别标记为 v_1, v_2, …, v_n，其类别分别标记为 $kindv_1$, $kindv_2$, …, $kindv_n$；将待查询的小枝标记为 T，设小枝 T 中的节点数为 k，k 个节点分别标记为 u_1, u_2, …, u_k，其类别分别标记为 $kindu_1$, $kindu_2$, …, $kindu_n$，k、n 均为正整数；不同节点可为同一类别；

b）将有圈图转换为无圈图，按照"有圈图 G 中的一个强连通分量变为有向无圈图中的一个节点，且变为节点的类别为强连通分量中各节点类别的并集"的原则，从有圈图 G 中提取强连通分量，把有圈图 G 转换为一个有向无圈图 G'；设转换后的有向无圈图 G' 有 m 个节点，m 个节点分别为 $v_{1'}$, $v_{2'}$, …, $v_{m'}$，m 为正整数，$m<n$；

c）素数标记，先对有向无圈图 G' 中的节点进行素数标记，然后在根据"有圈图 G 的同一个强连通分量的节点赋相同素数标记"的原则对有圈图 G 中的节点进行素数标记；

d）根据类别信息查找匹配节点，根据小枝 T 中节点 u_i 的类别 $kindu_i$，从有向无圈图 G' 中查找出与类别 $kindu_i$ 一致的节点，并将节点 u_i 与查找出的节点建立对应；直至小枝 T 中所有节点查找完毕；

e）根据小枝 T 中边的要求进行筛选，按照小枝 T 中各单跳边、多跳边以及孩子节点、父亲节点对有向无圈图 G' 中节点类别的要求，判断步骤 d）中查找的节点是否满足要求，如果满足要求，则表明有圈图 G 中存在小枝 T；如果不满足要求，则表明有圈图 G 中不存在小枝 T。

（二）争议焦点

本申请的争议焦点在于：本案涉及一种基于素数标记的有圈图小枝存在性

查询方法，方案中的算法未结合到具体领域，是否属于《专利法》第二十五条第一款第（二）项规定的智力活动的规则和方法。

针对以上问题，存在两种不同的观点：

观点 1

该算法不涉及具体应用领域，算法的各个步骤也没有体现和具体应用领域中处理对象的结合，仅仅是一个涉及数据结构的算法，属于《专利法》第二十五条第一款第（二）项规定的智力活动的规则和方法。

观点 2

有主题类似的案件采用了三性评述，而且查询也算是一种具体的应用领域，不属于《专利法》第二十五条第一款第（二）项规定的智力活动的规则和方法。

（三）案例分析

根据《专利审查指南》第二部分第一章第 4.2 节规定："智力活动，是指人的思维运动，它源于人的思维，经过推理、分析和判断产生出抽象的结果，或者必须经过人的思维运动作为媒介，间接地作用于自然产生结果。智力活动的规则和方法是指导人们进行思维、表述、判断和记忆的规则和方法。由于其没有采用技术手段或者利用自然规律，也未解决技术问题和产生技术效果，因而不构成技术方案。它既不符合专利法第二条第二款的规定，又属于专利法第二十五条第一款第（二）项规定的情形。因此，指导人们进行这类活动的规则和方法不能被授予专利权。"

在判断涉及智力活动的规则和方法的专利申请要求保护的主题是否属于可授予专利权的客体时，应当遵循以下原则：

（1）如果一项权利要求仅仅涉及智力活动的规则和方法，则不应当被授予专利权。

如果一项权利要求，除其主题名称以外，对其进行限定的全部内容均为智力活动的规则和方法，则该权利要求实质上仅仅涉及智力活动的规则和方法，也不应当被授予专利权。

（2）除上述（1）所描述的情形之外，如果一项权利要求在对其进行限定的全部内容中既包含智力活动的规则和方法的内容，又包含技术特征，则该权利要求就整体而言并不是一种智力活动的规则和方法，不应当依据《专利法》第二十五条排除其获得专利权的可能性。

本申请的方案涉及图论，然而，图论是一种数学理论，本申请要解决的问题仅仅是图论中算法存在的问题，采用的手段也仅是对图论中算法的改进。因此，权利要求1的全部内容实质上为一种数学图论算法，且没有将其应用到具体的应用领域，没有解决技术问题，属于智力活动的规则和方法，属于《专利法》第二十五条第一款第（二）项规定的不授予专利权的客体。

（四）案例启示

在涉及算法的专利申请的审查过程中，要关注算法中选取样本、具体的计算步骤能否体现出具体的技术领域。具体的技术领域不是只要权利要求的主题名称体现应用领域或者说明书中记载该算法可以应用到什么领域即可，而是需要在权利要求记载的方案中具体体现算法各步骤如何在具体领域应用，因此算法的应用应理解为算法在某一领域的适用过程，而不是简单的代数或使用过程。因此，对于涉及算法的专利申请，当算法中选取样本、具体的计算步骤不能体现出具体的技术领域，那么本申请属于《专利法》第二十五条第一款第（二）项智力活动的规则和方法，不属于专利保护客体。

案例1-3-3：一种数据建模方法

（一）相关案情

本申请涉及数据建模技术领域，具体涉及一种数据建模方法。

1. 本申请的技术方案

随着大数据技术的发展，数据建模也衍生出一些数据建模工具。例如，微软 Azure 的机器学习工具。这些机器学习工具能够从众多数据中找出和目标事件关联性最强的因子，建立模型，并对新事件进行预测。典型的例子有机器学习可以通过分析用户的各类线上线下行为，建立价值模型，识别高价值的用户，提高对这类用户的跟进程度，发放适当的促销广告，实现用户价值的最大体现和营销的最高效率。机器学习的重要性已日益明显，所要解决的问题和解决思路也较为明确，即要从全体中识别出特殊群体，并掌握如何识别出该群体的方法，以提高对新群体进行预测的准确率。典型的应用场景是识别优、劣质用户，执行相应的业务政策。

但是利用机器学习工具进行数据建模对用户的计算机、统计学专业技能的要求较高，例如需要用户有较强的技术背景、熟悉数据分析、数理统计等专业知识，并且要求用户对建模有丰富经验、懂得数据建模的典型流程和各类参数的配置和优化方法。

本申请提供一种数据建模方法，包括以下步骤：

S11，获取数据源。

S12，根据第二预设规则从所述数据源中的字符串中提取子串，将所述子串作为用于识别原始变量的数据源。一般情况下，数据源包括很多字符串，对所述数据源中的字符串根据第二预设规则从数据源中的字符串中提取子串，将所述子串作为用于识别原始变量的数据源，以在后续步骤中能够识别出更多的原始变量。该步骤也可以看作是对数据源中的字符串进行业务处理。作为示例，所述对数据源中的字符串进行业务处理可以为姓名拆分等处理，以便于后续从中提取姓名中的姓。

S13，从数据源中识别原始变量。具体可以为：按照第一预设规则从数据源中识别原始变量。作为示例，原始变量可以为 IP 地址、日期。

在本申请实施例中，第一预设规则可以为：识别只存在数字，以数字开头和结尾的，中间包括 3 个半角句号的字符串。需要说明，若识别原始变量之前对数据源中的字符串进行业务处理后，本步骤具体为：按照第一预设规则从字符串经过业务处理后的数据源中识别原始变量。作为示例，本发明提供的数据建模方法能够自动识别例如 IP 地址、日期等原始变量内容。作为示例，自动识别 IP 地址的具体方法可以为：通过正则表达式，识别只存在数字，以数字开头和结尾的，中间包括 3 个半角句号的字符串，即为 IP 地址。

S14，根据预设的规则库，获取与所述原始变量对应的衍生变量；所述预设的规则库中存储有原始变量与衍生变量间的对应关系。作为示例，本发明实施例可以根据识别到的 IP 地址生成对应的物理位置。

S15，选定预设置的分类模型，配置数据建模参数：所述配置数据建模参数包括配置随机种子以及训练集和测试集比例；其中，所述随机种子的配置具体可以为：随机测试多个种子，对多个种子的预测性能取平均值。

S16，根据所述数据建模参数、所述原始变量及其对应的衍生变量利用所述预设置的分类模型进行数据建模，具体可以为：将原始变量作为输入变量，将该原始变量对应的衍生变量作为输出变量，根据数据建模参数利用预设置的分类模型进行数据建模。

在本申请实施例中，所述数据建模可以包括：缺失值自动处理、样本不平衡处理和数据类型优化处理中的至少一种处理过程。其中，数据类型优化处理主要是对数据类型优化，例如将连续数据转换为离散数据。这是因为：一些分类模型对离散数据的处理性能更好，因此，优化数据类型可以是根据分类模型对连续数据是否转换为离散的数据的处理。

本申请提供的数据建模方法和装置从数据处理、数据建模参数配置到数据建模的整个建模流程，用户不用自行完成这些步骤，而是通过产品的引导逐步完成整个流程，所以，本申请提供的数据建模方法和装置能够提供端到端的建模服务，降低建模的技术门槛，从而降低了利用机器学习工具进行数据建模对用户的技术要求。

2.权利要求的相关内容

1.一种数据建模方法，其特征在于，包括：

获取数据源；

从所述数据源中识别原始变量；

根据预设的规则库，获取与所述原始变量对应的衍生变量；所述预设的规则库中存储有原始变量与衍生变量的对应关系；

选定预设置的分类模型，配置数据建模参数；

根据所述数据建模参数、所述原始变量及其对应的衍生变量利用所述预设置的分类模型进行数据建模。

（二）争议焦点

本申请的争议焦点在于：权利要求1请求保护的方案是否符合《专利法》第二条第二款的规定？

观点 1

数据源是通用的数据，不属于具体的应用领域，数据建模方法的处理对象、过程和结果都不涉及与具体应用领域的结合，仅仅是抽象的数学建模方法，因此不符合《专利法》第二条第二款的规定。

观点 2

数据建模所需的数据建模参数、原始变量及其对应的衍生变量均是自动获取的，提高了数据建模效率，因此，该数据建模方法与具体应用领域相结合，符合《专利法》第二条第二款的规定。

（三）案例分析

《专利审查指南》第二部分第一章第 2 节规定："专利法所称的发明，是指对产品、方法或者其改进所提出的新的技术方案，技术方案是对要解决的技术问题所采取的利用了自然规律的技术手段的集合。技术手段通常是由技术特征来体现的。未采用技术手段解决技术问题，以获得符合自然规律的技术效果的方案，不属于专利法第二条第二款规定的客体。"

具体到本案，权利要求 1 请求保护一种数据建模的方法，其根据原始变量与衍生变量的对应关系，获取与原始变量对应的衍生变量，配置数据建模参数对选定的预设置的分类模型进行建模。所述建模方法为通用的数学建模方法，并未应用到具体的技术领域。该权利要求解决的是：如何提供一种端到端的建模服务，降低建模的技术门槛，从而降低建模对用户的技术要求，其并非《专利法》意义上的技术问题。而解决前述问题的手段仅涉及人为设定的规则或约定以及分类模型，并不构成利用自然规律的技术手段，相应方案的实施也未产生技术效果。因此，该方案不符合《专利法》第二条第二款的规定。

然而，本申请说明书中记载了"数据源包括 IP 地址，从所述数据源中识别原始变量；原始变量包括 IP 地址，根据预设的规则库，获取与所述原始变量对应的衍生变量；所述预设的规则库中存储有原始变量与衍生变量的对应关系；所述衍生变量包括地理位置；所述原始变量与衍生变量的对应关系包括 IP 地址与地理位置之间的对应关系"，如将该部分内容加入权利要求 1 中，此时，修改后的权利要求 1 提供的数据建模方法的大部分执行步骤涉及的数据均是与 IP 地址相关的数据，并利用规则库进行相应数据的查询操作，使得数据建模方法与IP地址的分析处理过程密切相关，体现了具体的应用领域，采用技术手段解决了技术问题，并且取得了相应的技术效果，因此，修改后的方案符合《专利法》第二条第二款的规定。

（四）案例启示

在涉及数据建模的专利申请的审查过程中，要关注数据建模方法能否体现出具体的技术领域。当数据建模方法中的数据具有具体物理含义，该方法与具体的数据分析处理过程密切相关时，该数据建模方法才体现了具体的应用领域。然后再进一步分析，基于该建模方法的解决方案是否满足技术方案的定义，即判断该方案是否采用了技术手段，并解决了该技术领域的技术问题，获得了相应的技术效果，如果是，则该方案属于《专利法》第二条第二款规定的《专利法》保护的客体，否则，就不属于《专利法》第二条第二款规定的《专利法》保护的客体。

案例1-3-4：一种数据空间节点的分析方法及装置

（一）相关案情

本发明涉及计算机技术领域，特别涉及一种数据空间节点的分析方法及装置。

1. 本申请的技术方案

随着计算机操作系统与应用软件的日趋复杂，以及信息存储量的几何级增长，各种数据处理的方法已经难以满足这种海量数据间进行逻辑性分析的需要。目前，采用二维空间来处理节点之间的逻辑关系。但这种数据分析方法仍然不足以满足复杂度较高的逻辑处理需求，这是因为在处理计算节点间位置关系时，我们能够使用的手段仍然不够丰富，因此节点交互无法达到一种相对稳定的平衡态，从而无法对复杂的逻辑关系进行处理。

有鉴于此，本申请提供一种数据空间节点的分析方法及装置，以使节点间的交互达到一种相对稳定的平衡态，加强计算机对复杂逻辑关系的处理能力。

本申请提供了一种数据空间节点的分析方法，将各个操作对象抽象为数据空间中的节点，每一个节点具有在所述数据空间中的坐标值，所述数据空间中的维度包括重力维度，包括：获取所述数据空间中各个节点之间的当前位置关系以及每个节点在所述数据空间中的当前坐标值；分别计算所述数据空间中每个节点在重力维度上产生的空间曲率；将每个节点所对应的空间曲率载入所述数据空间中，以对数据空间中每个节点进行重力作用；重新计算每个节点在所述数据空间中的坐标值，并根据重新计算的每个节点在所述数据空间中的坐标值，对所述数据空间中各个节点之间的位置关系进行调整。

本申请实施例提供了一种数据空间节点的分析方法及装置，由于数据的维度数量直接决定了单位长度的数据内容的承载量，其中，每增加一个可操作维度，其所能包含的信息量就会以几何级别的倍数增长。因此提供一种三维的数据空间，并将各个操作对象抽象化为数据空间中的节点，从而完成了操作对象之间的复杂逻辑关系映射为了数据空间中节点的位置关系。另外，进一步在数据空间中增加一个维度，即重力维度，该重力维度可以对数据空间中的节点起到重力作用，从而需要根据每个节点在重力维度上产生的空间曲率，重新计算每个节点的坐标值，进而更新各个节点之间的位置关系，完成重力维度在数据空间中进行叠加的过程，从而使得节点间的交互达到一种相对稳定的平衡态，加强计算机对复杂逻辑关系的处理能力。

2. 权利要求的相关内容

1. 一种数据空间节点的分析方法，其特征在于，将各个操作对象抽象为数据空间中的节点，每一个节点具有在所述数据空间中的坐标值，所述数据空间中的维度包括重力维度，包括：

获取所述数据空间中各个节点之间的当前位置关系以及每个节点在所述数据空间中的当前坐标值；

分别计算所述数据空间中每个节点在重力维度上产生的空间曲率；

将每个节点所对应的空间曲率载入到所述数据空间中，以对数据空间中每个节点进行重力作用；

重新计算每个节点在所述数据空间中的坐标值，并根据重新计算的每个节点在所述数据空间中的坐标值，对所述数据空间中各个节点之间的位置关系进行调整。

（二）争议焦点

本申请的争议焦点在于：本案涉及一种数据空间节点的分析方法，该方法是否属于《专利法》第二十五条第一款第（二）项规定的智力活动的规则和方法？

针对以上问题，存在两种不同的观点：

观点1

该方法针对的对象是数据空间中的节点，属于计算机相关技术领域，其包括了对节点进行计算的步骤，解决了计算机无法对复杂逻辑关系进行处理的问题，提高了计算机的处理能力，不属于《专利法》第二十五条第一款第（二）项规定的智力活动的规则和方法。

观点2

该方法不涉及具体应用领域，方法的各个步骤也没有体现和具体应用领域中处理对象的结合，仅仅是一个数学运算方法，属于《专利法》第二十五条第一款第（二）项规定的智力活动的规则和方法，不属于专利保护的客体。

（三）案例分析

根据《专利审查指南》第二部分第一章第4.2节规定："智力活动，是指人的思维运动，它源于人的思维，经过推理、分析和判断产生出抽象的结果，或者必须经过人的思维运动作为媒介，间接地作用于自然产生结果。智力活动的规则和方法是指导人们进行思维、表述、判断和记忆的规则和方法。由于其没有采用技术手段或者利用自然规律，也未解决技术问题和产生技术效果，因而不构成技术方案。它既不符合专利法第二条第二款的规定，又属于专利法第二十五条第一款第（二）项规定的情形。因此，指导人们进行这类活动的规则和方法不能被授予专利权。"

在判断涉及智力活动的规则和方法的专利申请要求保护的主题是否属于可授予专利权的客体时，应当遵循以下原则：

（1）如果一项权利要求仅仅涉及智力活动的规则和方法，则不应当被授予专利权。

如果一项权利要求，除其主题名称以外，对其进行限定的全部内容均为智力活动的规则和方法，则该权利要求实质上仅仅涉及智力活动的规则和方法，也不应当被授予专利权。

（2）除上述（1）所描述的情形之外，如果一项权利要求在对其进行限定的全部内容中既包含智力活动的规则和方法的内容，又包含技术特征，则该权利要求就整体而言并不是一种智力活动的规则和方法，不应当依据《专利法》第二十五条排除其获得专利权的可能性"。

权利要求 1-5 请求保护的是一种数据空间节点的分析方法，该方法实际上并未应用于具体的技术领域，解决具体某个领域中的具体的技术问题，所使用的参数也不是具有物理意义的参数。因而，权利要求所要求保护的对象仅仅是一种数学运算方法，其并未应用于具体的技术领域，通过数学运算方法使节点交互达到一种相对稳定的平衡态，没有采用技术手段解决技术问题，所能获得的效果也不是遵循自然规律的技术效果，本质属于人的抽象思维方式，因此权利要求 1 属于《专利法》第二十五条第一款第（二）项规定的智力活动的规则和方法，不属于专利保护的客体。

（四）案例启示

在涉及数据分析的专利申请的审查过程中，要关注数据分析中选取对象、具体的计算步骤能否体现出具体的技术领域。选取的对象是要具有物理意义的参数，而不仅仅是通用数据，具体的技术领域不是只要权利要求的主题名称体现应用领域或者说明书中记载该方法可以应用到什么领域即可，而是需要在权利要求记载的方案中具体体现方法各步骤如何在具体领域应用，因此方法的应用应理解为方法在某一领域的适用过程，而不是简单的数据计算过程。因此，对于涉及数据分析的专利申请，当方法中选取对象、具体的计算步骤不能体现出具体的技术领域，那么本申请属于《专利法》第二十五条第一款第（二）项的智力活动的规则和方法，不属于专利保护客体。

第四节　涉及工业生产的客体判断

在工业生产过程中，通常需要对产品的生产过程进行管理或者对产品的可靠性进行评估，上述领域相关的申请是否构成技术方案，同样是该领域审查的难点之一。

一、基本原则

根据《专利审查指南》第二部分第九章第 2 节规定："如果涉及计算机程序的发明专利申请的解决方案执行计算机程序的目的是为了实现一种工业过程、测量或测试过程控制，通过计算机执行一种工业过程控制程序，按照自然规律完成对该工业过程各阶段实施的一系列控制，从而获得符合自然规律的工业过程控制效果，则这种解决方案属于《专利法》第二条第二款所说的技术方案，属于专利保护的客体。"

如果方案仅涉及通用的算法，并未体现其具体应用于什么技术领域，未采用符合自然规律的技术手段，解决的并非技术问题，获得的也并非技术效果，则不属于专利保护的客体。

二、典型案例

案例 1-4-1：一种基于 LWPT-DTW 的间歇过程不等长时段同步化的方法

（一）相关案情

本发明涉及一种间歇过程不等长时段同步化方法，属于间歇过程建模及监测技术领域。本发明的目的在于提高间歇过程不等长时段同步化精度，利用提升小波包变换（LWPT）提出一种基于 LWPT-DTW 的间歇过程不等长时段同步化的方法。

1. 本申请的技术方案

间歇过程是现代工业中重要的生产方式，在精细化工、制药及食品等领域有着广泛的应用。间歇过程具有复杂的过程特性，多时段是间歇过程的固有特征，若将单批次的多时段间歇过程当作一个整体进行过程建模及监测，将导致所建过程模型难以准确描述间歇过程，并造成较高的间歇过程监测误报率和漏报率；同时间歇过程的不同批次对应子时段的操作时间因生产原料的质量差异、初始条件的设置差异等出现不同步，也难以满足基于 MPCA 的间歇过程监测对过程数据长度一致性的要求，因此解决间歇过程不等长时段同步化问题，能够为基于 MPCA 的间歇过程监测提供可靠的过程数据。

动态时间规整（Dynamic Time Warping，DTW）可根据两轨迹之间的局部特征对轨迹进行动态压缩、扩张，进而使两轨迹的长度一致，然而 DTW 算法计算量大，效率低，制约着其实际应用；DTW 与离散小波变换构建的 MSDTW（Multi-scale DTW）虽然能提高 DTW 算法的运行速度，但 MSDTW 算法仅仅是对信号的低频部分进行多级分解，没有挖掘高频部分的有用信息，且使用离散小波变换在处理具有突变点的信号时会出现吉布斯现象，增加了信号的合成误差，使得 MSDTW 算法具有一定的局限性；因此，DTW、MSDTW 算法均难以应用于间歇过程，实现其不等长时段同步化。

本发明的目的在于提高间歇过程不等长时段同步化精度，利用提升小波包变换（Lifting Wavelet Package Transform，LWPT）提出一种基于 LWPT-DTW 的间歇过程不等长时段同步化的方法，包括以下步骤：

步骤一：采集间歇过程的批次过程数据，通过 K 均值聚类算法进行子时段的划分；

步骤二：利用 LWPT 对各批次过程数据对应的子时段进行高低频的多级分解，得到子时段不同频段的系数矩阵；

步骤三：利用 DTW 对不同子时段对应的频段系数矩阵进行同步化；

步骤四：通过提升小波包逆变换（InverseLWPT，ILWPT）对经过 DTW 同步化后的频段系数矩阵进行合成，得到间歇过程等长的子时段；

步骤五：通过计算同步化精确率选择使同步化精确率达到最高的小波基函数和分解级数，获得同步化精度最高的间歇过程不等长子时段同步化结果。

本发明对间歇过程经 K 均值聚类算法获得的不等长时段进行高低频的多级分解，得到子时段不同频段的系数矩阵，利用 DTW 对频段系数矩阵进行同步化，并通过 ILWPT 进行合成，获得同步化后的等长时段。本发明能够对间歇过程原始时段全部信息进行充分提取，降低了吉布斯现象对信号合成的影响，实现了间歇过程不等长时段的同步化并提高了同步化精度，运算快速且稳定，为间歇过程不等长子时段建模及监测提供可靠的数据支撑。

2. 权利要求的相关内容

1. 一种基于 LWPT-DTW 的间歇过程不等长时段同步化的方法，其特征在于，该方法包括以下步骤：

步骤一：采集间歇过程的批次过程数据，通过 K 均值聚类算法进行子时段的划分；

步骤二：利用 LWPT 对各批次过程数据对应的子时段进行高低频的多级分解，得到子时段不同频段的系数矩阵；

步骤三：利用 DTW 对不同子时段对应的频段系数矩阵进行同步化；

步骤四：通过提升小波包逆变换对经过 DTW 同步化后的频段系数矩阵进行合成，得到间歇过程等长的子时段；

步骤五：通过计算同步化精确率选择使同步化精确率达到最高的小波基函数和分解级数，获得同步化精度最高的间歇过程不等长子时段同步化结果。

（二）争议焦点

本申请的争议焦点在于：本案权利要求1请求保护的方案是否符合《专利法》第二条第二款的规定，特别是"间歇过程的批次过程数据"是否限定了具体应用领域？

针对以上问题，存在两种不同的观点：

观点1

权利要求1中"间歇过程的批次过程数据"体现了其用于工业数据，处理的数据是具体领域的有实际物理含义的参数，涉及具体应用领域，因此该方案是技术方案，属于《专利法》保护的客体。

观点2

权利要求1的方案仅涉及通用的算法，即使其中提到了"间歇过程的批次过程数据"，但其仅是对数据的简单描述，并未体现其具体应用于何种技术领域，因此该方案不是技术方案，不属于《专利法》保护的客体。

（三）案例分析

《专利审查指南》第二部分第一章第 2 节规定，"发明，是指对产品、方法或者其改进所提出的新的技术方案"。如果涉及计算机程序的发明专利申请的解决方案执行计算机程序的目的是实现一种工业过程、测量或测试过程控制，通过计算机执行一种工业过程控制程序，按照自然规律完成对该工业过程各阶段实施的一系列控制，从而获得符合自然规律的工业过程控制效果，则这种解决方案属于《专利法》第二条第二款所说的技术方案，属于专利保护的客体。如果方案仅涉及通用的算法，并未体现其具体应用于什么技术领域，未采用符合自然规律的技术手段，解决的并非技术问题，获得的也并非技术效果，则不属于专利保护的客体。

对于本申请而言，本申请涉及工业生产领域，本申请的目的在于提高间歇过程不等长时段同步化精度，利用提升小波包变换提出一种基于 LWPT-DTW 的间歇过程不等长时段同步化的方法。该方法处理的数据是间歇过程的批次过程数据，无论是根据本领域通常具有的含义，还是根据说明书背景技术中的说明，均可以知晓权利要求中"间歇过程"的含义是指工业生产领域过程中的生产方式，并非抽象含义，"间歇过程的批次过程数据"是上述生产方式中的工业数据。因此，权利要求已经体现了工业生产领域这一具体应用领域，解决了工业生产中间歇过程的精细化同步的技术问题，属于《专利法》第二条第二款规定的技术方案。

（四）案例启示

对于涉及算法方面的发明专利申请，在判断其是否符合《专利法》第二条第二款的规定时，首先需要判断其实质上解决的是不是技术问题，技术问题又与数据对象和具体应用领域密切相关，判断算法执行的数据对象是否具有实际物理意义，可以通过数据对象来判断是否应用到了具体应用领域，当一件专利申请实质上解决的是技术性的问题时，再判断其是否采用了符合自然规律的技术手段，是否获得了技术效果，并得出其是否符合《专利法》第二条第二款有关客体规定的结论。

第五节　涉及图像处理的客体判断

利用计算机程序实现图像处理的算法，从而解决图像处理过程中去除噪声、提高清晰度、识别图像内容等问题，是算法领域常见的一类分支。

一、基本原则

在《专利审查指南》中，对涉及计算机程序的发明专利申请的审查基准进行了详细的规定，如果一项发明权利要求的内容明确了算法的各步骤中处理的数据均为图像数据以及各步骤如何处理图像数据，体现出算法与图像信息处理密切相关，且该解决方案所解决的是如何克服现有技术中图像处理存在的弊端，采用了具体的算法流程来处理图像数据的手段，利用的是遵循自然规律的技术手段，获得了相应的技术效果，则显然符合《专利法》规定的客体要求。

此外，《专利审查指南》第二部分第九章第 2 节规定"如果一项权利要求除其主题名称之外，对其进行限定的全部内容仅仅涉及一种算法或者数学计算规则，或者程序本身，或者游戏的规则和方法等，则该权利要求实质上仅仅涉及智力活动的规则和方法，不属于专利保护的客体"。

图像的本质就是具有特定结构和性质的数据的集合，由像素点及其颜色信息决定。针对涉及图像处理的申请而言，当一项权利要求中，本领域技术人员能够知晓处理的数据对象具体是何种数据，并且在采用具体算法进行计算的时候能够获知或推断出该数据如何与算法流程进行了结合，则可以认为该算法与图像处理领域进行了深度、紧密的结合，知晓该图像处理算法解决了图像处理领域的特定技术问题，利用了遵循自然规律的技术手段，并达到了相应的技术效果，因此属于《专利法》保护的客体。

二、典型案例

案例 1-5-1：一种向量化降维方法

（一）相关案情

本申请涉及对图像数据进行降维的技术领域。

1. 本申请的技术方案

本申请涉及一种数据降维的方法。在现有技术中，多模态数据和高维数据在现代计算机视觉的研究中随处可见，高维数据的使用增加了算法的复杂性和运算开销，也降低了算法在实际应用中的广泛性，因此找到高维观测数据在低维空间中的一种映射关系已成为机器学习领域的重要问题。现有的高维数据降维方法中，主成分分析法需要首先将数据向量化，而向量化不仅会产生维度灾难的问题，而且还会破坏高维数据的内在结构，从而忽略高维数据中的空间信息，高阶张量数据降维方法对张量的每个维度降维，并且是通过对一个张量数据降维得到，会得到较低阶张量或破坏原始张量数据的内部结构，从而识别率较低。基于现有技术存在的上述缺陷，本申请提出了一种向量化降维方法，具体方法如下：

1. 构建张量数据贝叶斯方法的向量化降维模型

（1）根据公式（1）的向量化降维模型，将灰度图像的张量数据表示成若干个基张量的线性组合。

$$Y_i = \omega \times_3 h_i + E_i, \quad i = 1, 2, \cdots, M \tag{1}$$

（2）将灰度图像的张量数据直接降维到一个向量数据。

（3）假设噪声满足矩阵高斯分布 $\mathcal{N}(0, \sigma I, \sigma I)$，$E_i$ 的每个元素 $e_{d_1, d_2}^{(i)}$ 满足正态分布 $\mathcal{N}(0, \sigma^2)$，为了应用以上模型，进一步给定隐变量一个先验分布，并对于给定的样本 y，极大化似然函数等价于极大化似然函数的对数值。

2. 求解模型参数 W 使得似然函数极大

（1）迭代更新 h_i 的后验分布。

（2）迭代更新 ρ 的后验分布。

进而可以将二阶数据的模型推广到高阶张量数据的降维中。

在具体实施方式中，该方法被用于对灰度图像进行处理，从而得到降维后的图像数据。

2.权利要求的相关内容

1.一种向量化降维方法，其特征在于，所述方法用于图像处理，包括以下步骤：

（1）根据公式（1）的向量化降维模型，将灰度图像的张量数据表示成若干个基张量的线性组合。

$$Y_i = \omega \times_3 h_i + E_i, \quad i = 1,\cdots,M \tag{1}$$

其中给定样本集 $\{Y_i | Y_i \in \boldsymbol{R}^{D_1 \times D_2}, i=1,2,\cdots,M\}$ 包含 M 个独立同分布的样本，这些样本可以组成一个三阶张量 $y \in \boldsymbol{R}^{D_1 \times D_2 \times M}$ 此张量 y 的每一面是一个样本 Y_i，$\mathcal{W} \in \boldsymbol{R}^{D_1 \times D_2 \times K}$，$n = \{h_i\}_{i=1}^{M}$，$h_i \in \boldsymbol{R}^k$，$K$ 表示降维后的维度；

（2）将灰度图像的张量数据直接降维到一个向量数据。

$$Y_i = \sum_{k=1}^{K} h_k^{(i)} w_k + E_i \tag{2}$$

公式（2）中 $h_k^{(i)}$ 表示 h_i 的第 k 个元素，w_k 是张量 $\boldsymbol{W}$ 的第 k 个面，将样本 Y_i 重新写成投影基底 $w_k(k=1,2,\cdots,K)$ 的线性组合，投影基底 w_k 与样本 Y_i 有相同的维度，得到2D数据的向量化的降维；

（3）假设噪声满足矩阵高斯分布 $\mathcal{N}(0,\sigma \boldsymbol{I},\sigma \boldsymbol{I})$，$E_i$ 的每个元素 $e_{d_1,d_2}^{(i)}$ 满足正态分布 $\mathcal{N}(0,\sigma^2)$，为了应用以上模型，根据公式（3）给定隐变量一个先验分布。

$$p(h_i) = \mathcal{N}(h_i|0,I_K) = \left(\frac{1}{2\pi}\right)^{K/2} \exp\left(-\frac{1}{2}h_i^T h_i\right) \tag{3}$$

假设 $\rho = \frac{1}{\sigma^2}$ 满足 Gamma 分布：

$$P_\sigma(\rho) = \Gamma(\rho|a,b) = \frac{b^a}{\Gamma(a)} \rho^{a-1} \exp\{-b\rho\}$$

对于公式（1），假设 h 和 ρ 是模型的隐变量，$\mathcal{W}$ 是参数；根据公式（4）对于给定的样本 y，极大化似然函数等价于极大化似然函数的对数值，

$$\mathcal{L}(\mathcal{W}) = \log p(\mathcal{Y}|\mathcal{W}) = \log \int p(\mathcal{Y}, \mathbf{h}, \rho|\mathcal{W}) \mathrm{d}\mathbf{h}\mathrm{d}\rho \tag{4}$$

其中联合分布为

$$p(\mathcal{Y},\mathbf{h},\rho|\mathcal{W}) = \prod_{i=1}^{M} \mathcal{N}(\mathbf{Y}_i - \mathcal{W} \times_3 h_i | 0, \sigma I, \sigma I) \mathcal{N}(h_i | 0, I_K) p_\sigma(\rho)$$

其中，Y_i 代表第 i 个样本，$\mathcal{W} \in \mathbf{R}^{D_1 \times D_2 \times K}$ 是降维基底，$h_i \in \mathbf{R}^K$ 是样本 Y_i 在降维基底下的系数。

（二）争议焦点

本申请的争议焦点在于：权利要求 1 请求保护的方案是否符合《专利法》第二条第二款关于保护客体的规定。

针对以上问题，存在两种不同的观点：

观点 1

权利要求 1 虽然限定了图像处理领域，但权利要求的实质是一种向量降维方法，该算法中并未将图像与算法进行紧密结合，本领域技术人员不清楚算法中的相应物理量与图像领域的关系，因此该权利要求 1 不属于《专利法》保护的客体。

观点 2

权利要求 1 限定了该向量降维方法用于图像处理领域，本领域技术人员知晓该方法即是用于对图像进行降维，并能够知晓该向量降维方法中的相关物理量在图像处理领域的具体含义，因此该权利要求 1 属于《专利法》保护的客体。

（三）案例分析

根据《专利审查指南》第二部分第九章第 2 节的规定："如果涉及计算机程序的发明专利申请的解决方案执行计算机程序的目的是解决技术问题，在计算机

上运行计算机程序从而对外部或内部对象进行控制或处理所反映的是遵循自然规律的技术手段，并且由此获得符合自然规律的技术效果，则这种解决方案属于专利法第二条第二款所说的技术方案，属于专利保护的客体"。

权利要求 1 的方案将向量化降维方法应用到了图像处理领域中，相对于现有技术，其解决了如何减小图像重构误差，提高识别率的技术问题。虽然权利要求中未限定如何提取灰度图像的张量数据，但对于本领域技术人员来说，其知晓图像的张量应当如何获取，进一步，本领域技术人员能够获知在针对图像处理的向量降维过程中，该算法涉及的其他物理量的具体含义，即上述权利要求 1 的方案体现了算法和应用领域的紧密结合，可以认为其属于算法在具体应用领域的应用。因此，上述权利要求 1 属于《专利法》保护的客体。

（四）案例启示

涉及图像处理的算法类案件指的是应用在图像处理领域，采用某种数据处理算法对图像数据进行处理的申请。在这类案件的客体判断过程中，即使仅在输入及输出步骤中提到了与图像相关的数据，但本领域技术人员能够推断得到算法中涉及的参数和步骤在图像处理过程中表示的具体含义，即该数据处理算法的步骤构成了处理图像数据的技术手段，解决了技术问题，那么该方案属于《专利法》保护的客体。

案例 1-5-2：一种量子拉普拉斯特征映射方法

（一）相关案情

本申请涉及一种量子拉普拉斯特征映射方法。

1. 本申请的技术方案

机器学习与数据分析在降维，预测和分类中扮演着越来越重要的角色。在许多例子中原有的数据在高维的特征空间，如一张有 n 平方像素的图片（每个像素作为一个特征）。所以为了分析这些高维度的特征数据，需要将自然结构视为低维流形嵌入高维空间的数据降维。

为了将高维的数据降维，无论选择哪种方式，都需要考虑所需要的时间。一个设计良好的量子算法可以极大的改善经典算法。劳埃德等人提出量子版本的 PCA，可以指数级的提高算法速度。丛（cong）等人泛化了 HHL 算法，使之可以应用于量子判别式分析。尽管如此，这里依旧没有非线性的量子版本的降维方法。

本发明提供一种量子拉普拉斯特征映射方法，应用了共轭链以及矩阵运算，解决非线性的降维问题，指数级地加快原有的拉普拉斯特征算法。具体方案如下：

对于经典拉普拉斯特征映射算法：拉普拉斯特征映射算法为假设在高维空间中的数据有对应的低维结构。利用数据的位置信息建立一个图 G，顶点 V 是数据，边 E 是不同领域数据的相似性。

为了使数据降维，首先通过下面的方程最小化目标函数 $J(u)$：

$$J(Y) = \sum_{i,j}\left(y_i - y_j\right)^2 w_{ij} = 2Y^\mathrm{T} L Y$$

其中，y_i 是数据点 x_i 的低维表现，w_{ij} 对应 x_i 与 y_i 的权重，L 代表图 G 的拉普拉斯矩阵；

而对于优化 $\min\left(2Y^\mathrm{T} L Y\right)$ 的问题可以转化为一个广义特征值问题：

$$L_V = \lambda D v$$

D 是一个对角矩阵，$D_{ii} = \sum_j W_{ij}$，W_{ij} 对应 x_i 与 y_i 的权重，λ 表示特征值。

最后特征向量 v 的最小非零特征值可以构造出数据的低维表示 Y。

而本发明的量子拉普拉斯特征映射方法，将拉普拉斯矩阵视为数据集的协方差矩阵，则可以简便地得到一个密度矩阵，即 $L = I \cdot I^\mathrm{T}$，其中 I 是图 $G=(V, E)$ 的关联矩阵。关联矩阵存储每个节点及其连接边之间的关系。如果一个有向边 j 从点 i 出发，则 $I_{ij}=1$，如果在点 i 结束，则 $I_{ij}=-1$，否则 $I_{ij}=0$（边 j 与点 i 之间没有连接）。

最终的特征向量问题可以转换为：

$$D^{-1} I \cdot I^\mathrm{T} v = \lambda_V$$

本申请将拉普拉斯矩阵转换为密度矩阵，并采用具体的步骤 S4～S9 解出上面的方程。

2. 权利要求的相关内容

申请人提交复审请求时，对权利要求1进行了修改，修改后的权利要求1如下：

1. 一种量子拉普拉斯特征映射方法，用于对具有 n 平方像素的图片数据进行降维，每个像素作为一个特征数据，其特征在于，包括以下步骤：

S1：利用数据的位置信息建立一个图 G，顶点 V 是数据，边 E 是不同领域数据的相似性；为了使数据降维，需要最小化目标函数 $J(Y)$：

$$J(Y) = \sum_{i,j} \left(y_i - y_j \right)^2 w_{ij} = 2Y^T L Y$$

式中，y_i 是数据点 x_i 的低维表现，w_{ij} 对应 x_i 与 y_i 的权重，L 代表图 G 的拉普拉斯矩阵；

S2：将目标函数 $\min\left(2Y^T L Y\right)$ 求解转化为广义特征值求解：

$$L v = \lambda D v$$

式中，D 是一个对角矩阵，$D_{ii} = \sum_j W_{ij}$，特征向量 v 的最小非零特征值构造出数据的低维表示 Y，λ 表示特征值；

S3：将拉普拉斯矩阵 L 视为数据集的协方差矩阵，得到一个密度矩阵，即 $L = I \cdot I^T$；其中 I 是图 $G = (V, E)$ 的关联矩阵；所述的关联矩阵 I 存储每个节点及其连接边之间的关系，如果一个有向边 j 从点 i 出发，则 $I_{ij} = 1$，如果在点 i 结束，则 $I_{ij} = -1$，否则 $I_{ij} = 0$；

S4：将步骤 S2 中的广义特征值求解转换为：

$$D^{-1} I \cdot I^T v = \lambda v$$

S5：将关联矩阵 I 和对角矩阵 D 转化为可以在量子随机存储器 QRAM 中输入的形式，a_i 为关联矩阵 I 的列，d_i 为对角矩阵 D 的列；

S6：访问 QRAM 以得到关联矩阵 I 和对角矩阵 D 的量子态：

$$0(|i\rangle|0\rangle|0\rangle) \rightarrow |i\rangle|d_i\rangle|d_i\rangle$$

$$0(|i>|0>|0>) \rightarrow |i>|a_i>||a_i|>$$

S7：通过 QRAM 构造 $|\psi_1>$ 和 $|\psi_2>$ 的状态：

$$|\psi_1> = \frac{1}{\sqrt{\sum_i^m |a_i|^2}} |a_i|| i>|a_i>|| a_i|>$$

$$|\psi_2> = \frac{1}{\sqrt{\sum_i^m |d_i|^2}} |d_i|| i>|d_i>|| d_i|>$$

式中，I 是 $|\psi_1>$ 的密度矩阵，D 是 $|\psi_2>$ 的密度矩阵，m 表示为列的数量；

S8：得到对应量子态的密度矩阵，由于 $|\psi_1>$ 的第二个寄存器中的密度矩阵 $|a_i>$ 与 I、以及 $|\psi_2>$ 的第二个寄存器中的密度矩阵 $|d_i>$ 和 D 都是呈正比的，因此：

$$I = \frac{1}{\sum_i^m |a_i|^2} \Sigma_i |a_i|^2 |a_i><a_i|$$

$$D = \frac{1}{\sum_i^m |d_i|^2} \Sigma_i |d_i|^2 |d_i><d_i|$$

S9：由于 D 和 I 都是半正定的厄米算符，令：

$$u = I^{-1/2} v$$

于是，步骤 S4 中的求解转换为

$$I^{1/2} D^{-1/2} D^{-1/2} I^{1/2} u = \lambda u$$

令 $L = I^{1/2} D^{-1/2} D^{-1/2} I^{1/2}$ 采用共轭链式乘法，转化

$$I^{1/2} D^{-1/2} D^{-1/2} I^{1/2} = [f_2(I) f_1(D)][f_2(I) f_1(D)]^+$$

其中：

$$f_2(X) = X^{-1/2}$$

$$f_1(X) = X^{1/2}$$

S10：采矩阵运算技术，并应用量子相位估计得到 |φ> 的状态：

$$|\phi> = \sum_{i}\lambda_i |u_i><u_i|\otimes|\lambda_i><\lambda_i|$$

式中，φ 表示最终的结果态；通过对 |φ> 的取样，得到特征向量 *u*，并进一步得到特征向量 *v* 与 *L*。

(二) 争议焦点

本申请的争议焦点在于：修改后的权利要求 1 请求保护的方案是否符合《专利法》第二条第二款关于保护客体的规定。

针对以上问题，存在两种不同的观点：

观点 1

本申请在复审阶段加入特征"用于对具有 *n* 平方像素的图片数据进行降维，每个像素作为一个特征数据"，体现出所述量子拉普拉斯特征映射方法是应用于具体的图像降维领域，并且进一步限定了将每个像素作为一个特征数据，那么本领域技术人员从方案整体上考虑，所述映射算法的输入就是高维图像数据，输出为低维图像数据。因此，算法和领域结合紧密，属于《专利法》第二条第二款规定的技术方案。

观点 2

本申请仅涉及一种算法，复审阶段加入的特征"用于对具有 *n* 平方像素的图片数据进行降维，每个像素作为一个特征数据"，其并未对如何将所述量子拉普拉斯特征映射方法应用于图像降维中进行具体的限定，即本领域技术人员无法知晓权利要求 1 的算法中各参数的物理含义，因此新加入的图像处理领域并未与权利要求 1 中的算法紧密结合，方案整体上仍不属于《专利法》第二条第二款规定的技术方案。

(三) 案例分析

根据《专利审查指南》第二部分第九章第 6.1.2 节的规定："对一项包含算法特征或商业规则和方法特征的权利要求是否属于技术方案进行审查时，需要整体考虑权利要求中记载的全部特征。如果该项权利要求记载了对要解决的技术问题采用了利用自然规律的技术手段，并且由此获得符合自然规律的技术效果，则该权利要求限定的解决方案属于专利法第二条第二款所述的技术方案。例如，如果权利要求中涉及算法的各个步骤体现出与所要解决的技术问题密切相关，如算法处理的数据是技术领域中具有确切技术含义的数据，算法的执行能直接体现出利用自然规律解决某一技术问题的过程，并且获得了技术效果，则通常该权利要求限定的解决方案属于专利法第二条第二款所述的技术方案。"

本申请修改后的权利要求 1 进一步限定了数据处理的对象是图像，将图像的像素作为特征图像，解决了图像降维过程中非线性的降维问题，属于技术问题；基于进一步限定的内容，本领域技术人员能够知晓，权利要求 1 步骤 S1 的参数 V 为图片的像素点，边 E 为像素点的相似性，进一步，本领域技术人员能够在利用该数据处理方法处理图像的过程中，知晓该算法中相关参数在图像处理领域的具体物理含义；因此该过程体现出了算法与图片数据的紧密结合，该算法处理的数据是图像处理领域中具有确切技术含义的数据，该算法的执行体现出采用了利用自然规律的技术手段解决技术问题，并达到了符合自然规律的技术效果，因此权利要求 1 的方案属于《专利法》第二条第二款规定的技术方案。

（四）案例启示

涉及图像处理的算法类案件指的是应用在图像处理领域，采用某种数据处理算法对图像数据进行处理的申请。在这类案件的客体判断过程中，即使仅在输入及输出步骤中提到了与图像相关的数据，但本领域技术人员若能够基于此，推断得到算法中涉及的其他参数和步骤在图像处理过程中表示的具体含义，即能够确认该算法处理的数据及各步骤是技术领域中具有确切技术含义的数据和步骤，则可以认为算法与所要解决的技术问题是紧密相关的，该数据处理算法的步骤构成了处理图像数据的技术手段，解决了技术问题，因此该方案属于《专利法》保护的客体。

第六节　涉及软件使用方法的客体判断

在涉及计算机程序的专利申请中，会存在以类似软件使用方法的方式撰写的权利要求，这类方法权利要求与"仪器和设备的操作说明"在形式上类似。在对这类情形进行客体判断时，应当主要从技术三要素的角度进行把握。

一、基本原则

根据《专利审查指南》第一部分第一章第 4.2 节的规定："如果一项权利要求，除其主题名称以外，对其进行限定的全部内容均为智力活动的规则和方法，则该权利要求实质上仅仅涉及智力活动的规则和方法，也不应当被授予专利权。例如：仪器和设备的操作说明。"这类涉及软件使用方法的案件，需要考虑是否利用了符合自然规律的技术手段解决技术问题，达到了技术效果，如果该方法仅解决例如软件如何使用或者程序操作的具体步骤等问题，采用了具体的操作步骤等手段，达到用户了解软件或程序的使用步骤的效果，则可以认为其属于智力活动的规则和方法；而如果其解决了检测数据完整性、提高处理效率等具体的技术问题，并采用了符合自然规律的方法步骤解决上述问题，取得了相应的技术效果，则可以认为其整体已经构成了技术方案，属于《专利法》保护的客体。下面通过案例来介绍一下涉及软件使用方法的客体相关案件如何判断。

二、典型案例

案例 1-6-1：一种检查不同类型库单元正确性及一致性的方法

（一）相关案情

本申请涉及集成电路设计领域

1. 本申请的技术方案

本发明涉及 EDA 设计领域。现有的库检查的 EDA 工具，往往针对某一种类型检查，缺乏不同类型库单元之间的横向检查和比较。当库单元的数目非常多的时候，缺乏清晰有效的管理；成百上千条的规则很难让使用者理解，从检查结果中也不容易发现真正的问题。本发明提出一种检查不同类型库单元正确性及一致性的方法，其具体步骤如下：

1）准备所有类型的库文件作为输入，可以包括描述标准单元物理信息的 LEF 库；描述版图信息的 GDS 库；描述网表信息的 Verilog 库；描述仿真信息的 CDL 库；描述时序信息的 Timing liberty 库等；

2）打开 EDA 工具，在当前工作目录下建立 workspace；

3）在 workspace 下建立各个 session，以对应不同的库版本，例如 session_v_0_1；

4）在 session 下导入各个单元并建立相应的 view，例如 LEF/GDS/CDL/Verilog/Timing liberty 等；

5）在某一 view 类型下建立不同的 corner，例如在 Timing liberty 类型下建立 corner_fast 和 corner_slow 两个 corner；

6）导入所有输入库单元文件，运行"self-check"检查库单元的正确性，运行"cross-check"检查库单元之间的一致性，运行"compare"比较库单元之间的性能差异。

7）查看检查报告。

本申请的上述方法利用 workspace/session/view/corner 等概念，可以将众多的库单元文件进行层次化管理。针对具体的库单元文件，可以进行自我检查、对比检查、性能比较等操作，并给出报告和图形化显示结果。方便使用者检查库单元设计的正确性、一致性和完整性。

2. 权利要求的相关内容

1. 一种检查不同类型库单元正确性及一致性的方法，其特征在于，包括以下步骤：

1）对所有库单元文件进行保存，所述库单元文件，包括不同版本下的不同类型的库信息；

2）保存每一套库的整体信息，并与其版本的库相对应；

3）对每一库单元，按照该库单元类型的设计规则进行正确性检查；

4）在不同类型的库单元之间，对比检查库所包含的内容是否一致；

5）在相同类型的库单元之间，对库单元定义的指标参数进行性能差异的比较。

（二）争议焦点

本申请权利要求 1 的方案是否属于智力活动的规则和方法？

观点 1

本申请是对 EDA 软件（Qualib）的操作使用说明，属于 EDA 软件（Qualib）的使用说明书，因而属于《专利法》第二十五条第一款第（二）项所述的智力活动的规则和方法的范围，不能被授予专利权。

观点 2

本申请有具体的技术领域：EDA 设计领域，采用了技术手段："3）对每一库单元，按照该库单元类型的设计规则进行正确性检查；4）在不同类型的库单元之间，对比检查库所包含的内容是否一致；5）在相同类型的库单元之间，对库单元定义的指标参数进行性能差异的比较"，通过该手段，解决了保证库单元设计的正确性、一致性和完整性的技术问题，因此认为该技术方案属于专利保护的客体，不属于智力活动的规则和方法。

（三）案例分析

根据《专利审查指南》第一部分第一章第 4.2 节的规定："如果一项权利要求，除其主题名称以外，对其进行限定的全部内容均为智力活动的规则和方法，则该权利要求实质上仅仅涉及智力活动的规则和方法，也不应当被授予专利权。例如：仪器和设备的操作说明。"但对于本案而言，其有具体的应用领域：EDA 设计领域，采用了具体技术手段"步骤 1）～5）"，即采用对所有库单元文件及其整体信息进行保存、对每个库检测正确性、对不同库检测一致性、对相同类型的库进行参数比较的过程，通过上述手段，能够方便使用者检查库单元设计的正确性、一致性和完整性，即该方案解决了保证库单元设计的正确性、一致性和完整性的技术问题，取得了相应的技术效果，因此认为该权利要求就整体而言并不是一种单纯的仪器或者设备的操作说明，而整体已经构成了技术方案，因此属于专利保护的客体，不属于智力活动的规则和方法。

（四）案例启示

在对案件是否是《专利法》保护的客体的判断过程中，不能仅从撰写形式来判断可能不属于《专利法》保护的客体，需要整体考虑把握发明的实质，客观地确定发明解决的问题是否属于技术问题，是否采取的利用了自然规律的技术手段来解决该技术问题，从而达到相应的技术效果，从而能够准确地判断是否属于不授权的客体。

第七节　涉及商业方法的客体判断

商业方法相关专利申请有两类。一是商业方法发明专利申请，其是单纯以商业经营、管理等方法与策略为保护内容的申请，或者除主题名称外，所限定的全部内容仅仅涉及商业经营、管理等方法与策略的申请。例如，市场营销方法、记账方法或办公室的管理方法等。二是涉及商业方法的发明专利申请，主要是利用计算机及网络技术实施商业方法为保护内容的申请利用计算机及网络技术运行、处理和实现涉及商业方法模式的专利申请，在审查实践和申请文件撰写方面，其是否存在客体问题是判断的难点。

一、基本原则

对于商业方法发明专利申请，目前来说，各国对这类申请的审查具有共识，认为实际上保护的是基本原则和抽象的思维活动，而基本原则和抽象的思维活动是科学发展和技术发展的基本要素，是人类共有的知识，如果这类申请获得专利权的保护，则将禁锢人的思维活动，不利于促进科学技术进步和经济社会发展，因此，这一类申请均不予保护。

对于涉及商业方法的发明专利申请，由于这类申请的权利要求既包含商业规则和方法的内容，又包含技术特征，则不应当依据《专利法》第二十五条排除其获得专利权的可能性。因为涉及商业方法的发明专利申请具备依赖于计算机程序实施的这一特点，我们在审查这类申请的客体问题时，应当采用《专利审查指南》第二部分第九章"关于涉及计算机程序的发明专利申请审查的若干规定"中记载的涉及计算机程序的发明专利申请的审查基准。即如果涉及计算机程序的发明专利申请的解决方案执行计算机程序的目的是解决技术问题，在计算机上运行计算机程序从而对外部或内部对象进行控制或处理所反映的是遵循自然规律的技术手段，并且由此获得符合自然规律的技术效果，则这种解决方案属于《专利法》第二条第二款所说的技术方案。

具体而言，在判断一件专利申请是否符合《专利法》第二条第二款的规定时，需要注意其是否采用了符合自然规律约束的技术手段。如果采用的手段利用了自然规律或者受自然规律约束，解决了技术问题，并取得了技术效果，则该解决方案构成技术方案。对于涉及商业方法的案件，需要判断其具体的应用领域是技术领域还是经济领域，其解决的是经济问题还是技术问题，在判断的时候要区分清楚自然规律、经济规律和社会规律，后两者不属于自然规律，采用的不是技术手段，不构成技术方案。

二、典型案例

案例1-7-1：一种基于联盟博弈的多控制性水库梯级电站补偿效益分摊方法

（一）相关案情

本申请涉及水电调度运行领域，特别涉及一种基于联盟博弈的多控制性水库梯级电站补偿效益分摊方法。

1. 本申请的技术方案

随着流域电站产权多元化的发展，控制性水库投产对下游梯级电站产生的补偿效益作为一种正外部性需要得到合理分摊。梯级水电站群补偿效益分摊的目的是为了均衡协调不同发电主体的利益，提高水电投资者建设控制性水库的积极性，利于整个流域的梯级开发和调度运行效益的提升。目前，考虑控制性水库投产的补偿效益分摊方法研究较少，只有7∶3分配法和5∶5分配法，这两种方法的分摊结果受分摊顺序影响很大,无法直接应用于多个控制性水库。

本申请将上游水库投产前后下游梯级多年平均年发电效益的增量作为补偿效益,采用联盟博弈理论,计算每个电站单独投产(不合作)、所有电站全部投产(大联盟)和部分电站投产(小联盟)情况下的发电效益,建立了基于Shapley值的补偿分摊方法,并应用联盟核心和分裂倾向(PTD)对多种分摊方案进行稳定性评价,以得到合理的效益分摊结果。

各阶段的具体操作方法按照下述思路(a)~(c)予以实现:

(a) 补偿效益的量化

补偿效益分摊以补偿效益的量化为前提,首先采用梯级水电站群优化调度模型确定各种投产组合形式下的梯级多年平均年发电效益,求解步骤主要分为以下两步。

第一步:确定所有投产状态组合

假设某流域梯级规划开发 n 座水电站,其中有多座年调节以上的控制性水库,需要将控制性水库投产对下游梯级产生的补偿效益进行分摊。应用 n 人联盟博弈理论,局中人集合 **N** 为梯级规划投产的 n 座水电站组成的集合,**N**={1, 2, $\cdots$, n};对任意一个子联盟 $S \in \mathbf{N}$,特征函数 $v(S)$ 表示只有联盟 S 内的水电站投产的梯级多年平均年发电效益。

以电站为对象,电站的投产与否为状态,所有电站的状态组合可构成多个联盟,假设梯级有 5 座电站,则一共有 $C_5^1 + C_5^2 + C_5^3 + C_5^4 + C_5^5 = 2^5 - 1 = 31$ 种组合形式。

第二步:计算每种投产状态的发电效益

将已投产的梯级水电站群作为一个整体联合运行,以梯级多年平均年发电效益最大为优化目标。

(1) 目标函数 $\max E(S) = \sum_{i=1}^{|S|} \sum_{j=1}^{T} C_{i,j} A_i Q_{i,j} H_{i,j} \Delta T_j$

式中:S 为已投产的水电站的集合,$S \subseteq \{1,2,3,\cdots,n\}$;$n$ 为梯级水电站的总数;i 为水电站编号;$E(S)$ 为 S 内的水电站在调度期(T 个时段)内总发电效益(元);j、T 为调度期内时段(月)编号及时段总数;$C_{i,j}$ 为第 i 个水电站 j 时段平均电价(元/kW·h),反映了丰、平、枯水期的电价;A_i 为水电站的出力系数;$Q_{i,j}$、$H_{i,j}$ 分

别为水电站 i 在时段 j 的发电流量 (m³/s) 和净水头 (m);ΔT_j 为时段 j 的小时数 (h)。

（2）约束条件

①水量平衡约束

$$V_{i,j+1} = V_{i,j} + 3600 \times \left(I_{i,j} - Q_{i,j} - S_{i,j}\right)\Delta T_j$$

其中，$I_{i,j} = q_{i,j} + \sum_{l_i \in \Omega_i} \left(Q_{l_i,j} + S_{l_i,j}\right)$

式中，$V_{i,j}$ 为水库 i 在时段 j 的库容 (m³)，$q_{i,j}$、$S_{i,j}$ 分别为水库 i 在时段 j 的区间流量和弃水流量 (m³/s)，l_i 为水库 i 的第 l 个直接上游水库，Ω_i 为水库 i 的直接上游水库集合，对于龙头水库有 $\Omega_i = \varnothing$。

②其他约束包括库容曲线约束、水库蓄水位约束、下游水位流量关系约束、水电站水头约束、电站出力约束、水电站最大过流能力约束、出库流量约束、初始与终止库水位约束等。

（3）求解方法

耦合 POA 结合 DDDP 算法进行模型求解。首先采用 POA 将多阶段决策问题分解为若干两阶段子问题，在两阶段问题内部寻优时采用 DDDP 减少离散状态，两种算法结合可有效缓解维数灾。

（b）补偿效益分摊方法

在上述求解基础上，采用 Lloyd Shapley 提出的 Shapley 值进行效益分摊。它反映了局中人在进入联盟的所有顺序中，对联盟所做边际贡献的期望值：

$$X_i = \sum_{S \subseteq N\{i\}} \frac{(|S|)!(|N|-|S|-1)!}{|N|!} \left(V\left(S \cup \{i\}\right) - V(S)\right)$$

式中，X_i 为联盟博弈中第 i 个局中人所分配到的收益，$V(S)$ 表示联盟 S 的总收益，

$$V(S) = \begin{cases} 0 & S = \varnothing \\ \max E(S) & S \neq \varnothing \end{cases}$$

对任一水电站 $i \in \mathbf{N}$，Shapley 值考虑了梯级电站投产的所有顺序，计算在各种投产顺序下，电站 i 对已投产电站产生库容补偿的边际效益，并将这些边际效

益进行算数平均,得到期望值,防止后投产的控制性水库由于边际效益递减原理而得到的返还效益少。相较于7∶3分配法和5∶5分配法,Shapley值法能有效消除不同分摊顺序对分摊结果的影响。

(c) 分摊结果稳定性评价

(1) 联盟博弈的核心

以下3个条件构成联盟博弈核心(即联盟博弈的所有可能稳定分摊方案的集合):

a. $X_i \geq V(i)$ $\forall i \in N$

b. $\sum_{i \in S} X_i \geq V(S)$ $\forall S \subseteq N \setminus \{\varnothing\}$

c. $\sum_{i \in N} X_i = V(N)$

式中:$V(i)$为第i个局中人单独投产(不参与联盟)时的收益;$V(N)$是包括所有局中人的大联盟的总收益。

公式(a)表示个人理性,即梯级电站全部投产各电站所得收益均大于等于其单独投产时的收益;公式(b)表示群体理性,即梯级电站全部投产后任意若干座电站的总收益大于等于这若干座电站小范围联合投产的总收益;公式(c)表示有效性,即梯级电站全部投产后增加的补偿效益在各电站中完全分配。因此若某个方案处于核心内,则分摊结果从理论上是稳定的,该分摊方案是可能被接受的。

但是,核心只确定了各个局中人分摊到的收益的合理上限,下限却不合理。对于核心中的某个分配,可能部分局中人分摊到的补偿效益极少,则该分摊方案明显不公平,不会被接受。

(2) 定量的稳定性评价方法

分裂倾向(Propensity to disrupt,PTD)是评价合作博弈分摊结果稳定性的一种常用的定量方法,是在某种分摊结果下大联盟失去局中人i所遭受的损失与局中人i离开大联盟自身遭受的损失两者之比:$\text{PTD}_i = \dfrac{\sum_{j \neq i} X_i - V(N - \{i\})}{X_i - V(i)}$

在某种分摊方案下,局中人i的PTD值越大,则它分得的收益相较于它对联盟所做的贡献越小,它越倾向于离开联盟,同时它对大联盟的较大贡献使它有较强的谈判能力要求分得更多的收益；相反，PTD 值越小，则局中人 i 越倾向于留在大联盟中。若各个电站的 PTD 值均较接近且较小，表明该分摊方案下各个电站的谈判能力接近，且都倾向于留在大联盟中，即该方案为接受度最高的分摊方案。

2. 权利要求的相关内容

1. 一种基于联盟博弈的多控制性水库梯级电站补偿效益分摊方法，其特征包括如下步骤：

（1）设置初始计算条件，包括梯级规划开发 n 座水电站的运行条件和约束，以及各电站丰平枯期的电价系数；

（2）以电站的投产与否为状态，采用 n 人联盟博弈理论确定 n 座电站的所有状态组合，具体见式（1）

$$C_5^1 + C_5^2 + C_5^3 + C_5^4 + C_5^5 = 2^5 - 1 = 31 \tag{1}$$

（3）以式（2）为目标，采用 POA 和 DDDP 耦合降维搜索算法，计算每个电站单独投产（不合作）、所有电站全部投产（大联盟）和部分电站投产（小联盟）情况下的多年平均年发电效益，并输出所有组合状态下的发电效益

$$\max E(S) = \sum_{i=1}^{|S|} \sum_{j=1}^{T} C_{i,j} A_i Q_{i,j} H_{i,j} \Delta T_j \tag{2}$$

（4）采用 Shapley 方法进行效益分摊，以反映任一电站在进入联盟的所有顺序中，对联盟所做边际贡献的期望值：

$$X_i = \sum_{S \subseteq N\{i\}} \frac{(|S|)!(|N|-|S|-1)!}{|N|!} \left(V(S \cup \{i\}) - V(S) \right) \tag{3}$$

式中，X_i 为联盟博弈中第 i 个局中人所分配到的收益，$V(S)$ 表示联盟 S 的总收益，采用式（4）确定

$$V(S) = \begin{cases} 0 & S = \varnothing \\ \max E(S) & S \neq \varnothing \end{cases} \tag{4}$$

（5）确定联盟博弈联盟博弈中所有可能稳定分摊方案的集合，见式（5）；

$$\begin{cases} X_i \geq V(i) & \forall i \in N \\ \sum_{i \in S} X_i \geq V(S) & \forall S \subseteq N \setminus \{\varnothing\} \\ \sum_{i \in N} X_i = V(N) \end{cases} \quad (5)$$

（6）用分裂倾向法 $PTD_i = \dfrac{\sum_{j \neq i} X_i - V(N-\{i\})}{X_i - V(i)}$ 评价所有方案的稳定性，并选取接受度最高的分摊方案，作为梯级水电站群的效益合理分摊方案；其中，某电站 i 对应的 PTD 值越大，则它分得的收益相较于它对联盟所做的贡献越小；反之，则电站 i 倾向于留在大联盟中；若各个电站的 PTD 值均较接近且较小，表明该分摊方案下各个电站的谈判能力接近，且都倾向于留在大联盟中，即该方案为接受度最高的分摊方案。

（二）争议焦点

本申请的争议焦点在于：本申请涉及一种多控制性梯级电站补偿效益分摊方法，是否符合《专利法》第二条第二款关于保护客体的规定。

针对以上问题，存在两种不同的观点：

观点 1

本申请应用于电站领域，权利要求中记载了设置初始条件，包括梯级规划开发 n 座水电站的运行条件和约束条件以及各电站丰平期的电价系数，这些都属于技术手段，采用了 POA 和 DDDP 耦合降维搜索算法以及 Shapley 方法进行效益分摊，将算法应用到了具体的电站技术领域，因此，属于《专利法》保护的客体。

观点 2

本申请的实质在于梯级电站补偿效益的分摊方法，该方法所要解决的问题是确定梯级水电站中各水电站的利益分配，而利益分配的本质是一种根据人的思维结果而制定的分配规则，完全不受自然规律的约束，因此，本案解决的不是技术问题，即使权利要求中存在运行条件和约束等手段，但其本质仍然是一种效益的分摊方法，不属于《专利法》保护的客体。

（三）案例分析

《专利审查指南》第二部分第一章第 2 节规定，"发明，是指对产品、方法或者其改进所提出的新的技术方案"。如果涉及计算机程序的发明专利申请的解决方案执行计算机程序的目的是解决技术问题，在计算机上运行计算机程序从而对外部或内部对象进行控制或处理所反映的是遵循自然规律的技术手段，并且由此获得符合自然规律的技术效果，则这种解决方案属于《专利法》第二条第二款所说的技术方案。具体而言，在判断一件专利申请是否符合《专利法》第二条第二款的规定时，需要注意其是否采用了符合自然规律约束的技术手段。如果采用的手段利用了自然规律或者受自然规律约束，解决了技术问题，并取得了技术效果，则该解决方案构成技术方案。

本申请中，补偿效益分摊是在对不同范围内梯级电站参与投产所产生效益的计算的基础上进行的，而梯级电站投产的效益受到实际运行条件的约束，其包含水电站自身的运行条件约束，以及上游电站投产对下游电站产生影响，即本申请中算法涉及的参数与条件均具有实际的物理含义，并非人为规定的数值。本案所要保护的方案结合了梯级水电站的联合调度来计算补偿效益分摊，目的在于对水电站群规划建设及联合调度进行优化，并基于优化后的发电站集合计算得到分摊方案，解决了水电站群联合调度的技术问题，设置初始条件，包括梯级规划开发 n 座水电站的运行条件和约束条件以及各电站丰平期的电价系数，均属于符合自然规律的技术手段，并获得了接受度最高的分摊方案，属于技术效果，因此，本案符合《专利法》第二条第二款关于保护客体的规定。

本申请表面看上去解决的是补偿效益分摊的经济性问题，但是其通过设置约束条件，计算发电效益，并补偿效益分摊，对分摊结果进行稳定性评价，其最终获得的是接受度最高的分摊方案，并以此进行水电站群的规划建设和联合调度。其实质上解决的是水电站群联合调度的技术问题，并且其中约束条件的设置采用了符合自然规律的技术手段，获得了技术性的效果，因此，符合《专利审查指南》关于"技术三要素"的规定。

（四）案例启示

对于涉及经济效益方面的发明专利申请，在判断其是否符合《专利法》第二条第二款的规定时,不能仅通过申请中包括经济问题的考量而轻易得出不是《专利法》保护客体的结论,而是要透过经济问题考虑是否还解决了什么技术问题。因此,首先需要判断其实质上解决的是经济问题还是技术问题,当判断出一件专利申请实质上解决的是技术性的问题时,再判断其是否采用了符合自然规律的技术手段,是否获得了技术效果,并得出其是否符合有关客体的规定的结论。

案例1-7-2:企业联盟利益分配区间值合作对策最小二乘快速求解方法

(一)相关案情

本申请涉及求解联盟特征值表示为区间值的合作对策的快速、有效模型与算法,特别是一种企业联盟利益分配区间值合作对策最小二乘快速求解方法。

1. 本申请的技术方案

由于管理决策环境与条件的不确定性、信息的不完备性与不准确性、局中人利益的多元化与目标的多样性、知识经验与能力的局限性,局中人联盟的特征(或支付)函数通常用模糊值而非精确值来表示。联盟特征函数用区间值来表示的合作对策就是联盟值具有不确定性的合作对策的一种重要形式,常简称为区间值合作对策。

然而,目前尚未见到有关运用最小平方法来求解区间值合作对策的研究和报道。为此,本申请着力于研究一种基于最小平方距离的区间值合作对策的有效求解方法。该方法利用区间值距离公式和最小平方法,建立以联盟分配与联盟支付平方和为最小的数学优化模型,据此求解确定每个局中人的区间值分配方案,即获取快速求解的解析公式,有效地避免了传统区间值合作对策求解过程中使用区间值减法带来的局中人区间值分配值放大与分配所得为负值等不合理现象。

本申请提供一种企业联盟利益分配区间值合作对策最小二乘快速求解方法,包括以下步骤:

步骤S1:通过采用区间值距离概念和最小平方法,建立以联盟分配与联盟支付值平方和为最小的数学优化模型,并求解确定每个局中人的区间值分配方案,即获取快速求解的解析公式;

步骤 S2：对所述联盟分配与联盟支付值平方和为最小的数学优化模型进行拓展，建立新的辅助数学优化模型，使求解确定的局中人区间值分配方案满足诸如集体合理性约束条件等有效性要求。

相较于现有技术，本申请具有以下有益效果：本申请所提出的方法原理简单、计算量小、易于计算机编程实现，并且由于计算过程中未直接使用区间值的减法运算，可有效地避免区间值减法带来的局中人区间值分配值不确定性放大以及局中人区间值分配值可能为负值等不合理现象，可为区间值合作对策问题提供一种新的有效解决途径，有望在经济、社会、管理、商业、金融等多个领域得到广泛应用。

2. 权利要求的相关内容

1. 一种企业联盟利益分配区间值合作对策最小二乘快速求解方法，其特征在于，按照如下步骤实现：

步骤 S1：通过采用区间值距离概念和最小平方法，建立以联盟分配与联盟支付值平方和为最小的数学优化模型，并求解确定每个局中人的区间值分配方案，即获取快速求解的解析公式；

步骤 S2：对所述联盟分配与联盟支付值平方和为最小的数学优化模型进行拓展，建立新的辅助数学优化模型，使求解确定的局中人区间值分配方案满足约束条件的要求。

（二）争议焦点

本申请的争议焦点在于：本申请提出一种企业联盟利益分配区间值合作对策最小二乘快速求解方法，将最小二乘法应用在了企业联盟利益分配区间值的计算中，其是否属于《专利法》保护的客体？

针对以上问题，存在两种不同的观点：

观点 1

本申请所解决的技术问题是企业联盟利益分配的问题，是经济问题，并非技术问题，因此不属于保护客体。

观点 2

本申请将一种计算模型应用在了具体的企业联盟利益分配区间值计算领域

中，解决了该领域中传统求解方法不合理的问题，解决的是技术问题，克服了客体问题，因此属于《专利法》保护的客体。

（三）案例分析

《专利法》第二条第二款规定："发明，是指对产品、方法或者其改进所提出的新的技术方案。"《专利审查指南》第二部分第一章第 2 节规定："技术方案是对要解决的技术问题所采取的利用了自然规律的技术手段的集合。技术手段通常是由技术特征来体现的。未采用技术手段解决技术问题，以获得符合自然规律的技术效果的方案，不属于《专利法》第二条第二款规定的客体"。

本申请通过采用区间值距离概念和最小平方方法，建立以联盟分配与联盟支付值平方和为最小的数学优化模型，求解确定每个局中人的区间值分配方案，该方法所要解决的问题是如何确定企业联盟的利益分配，该问题不属于技术问题。分配利益的本质是一种根据人的思维结果而制定的分配规则，不受自然规律的约束，因此，本申请也没有采用技术手段，获得的效果仅仅是快速求解区间值合作对策，也不是技术效果。综上，本申请不属于《专利法》第二条第二款规定的客体。

本申请与前述案例 1 "梯级电站补偿效益分摊方法"的区别在于，案例 1 虽然也涉及补偿效益分摊的经济问题，但是，其采用了设置约束条件的手段，包括水量平衡约束和库容曲线约束、水库蓄水位约束、下游水位流量关系约束等，均属于符合自然规律的技术手段，最终获得的是接受度最高的分摊方案，获得了技术效果，解决了技术问题，克服了客体问题。而本申请中仅仅涉及利益分配，厂商之间利益的分配属于基于共同制定和遵循的规则而参与金融活动所产生的数据，其参与运算的厂商利益和获得的利益分配是人为设定的规则，并未采用利用了自然规律的技术手段。因此，本申请中的数学模型、联盟分配、联盟支付值等仅仅是算法本身的运算步骤，算法中涉及的参数是厂商的利益，得到的结果也是厂商之间利益的分配方案，也就是说，本申请的方案基于的、参与运算的以及获得的结果均是厂商的利益，而利益的分配并不遵循《专利法》意义上的自然规律，不属于具体的技术领域。因此，本申请不属于《专利法》保护的客体。

（四）案例启示

当某个方案是将一种算法应用在具体领域时，为了判断其是否克服了客体问题，我们需要判断其应用的具体领域是否为技术领域，如果仅仅是应用在经济学领域，那么其解决的并不是技术性的问题，采用的手段也不是利用自然规律的技术手段，获得的效果不是符合自然规律的技术效果，并不属于保护客体。

案例 1-7-3：一种投资仓位风险控制方法和系统

（一）相关案情

本申请涉及金融投资领域中高风险及杠杆交易的投资仓位风险控制。

1. 本申请的技术方案

近年来，迅速发展的量化投资，出现了一个新问题，就是量化模型在执行程序化交易时常有爆仓事件发生，其原因在于没有考虑仓位风险计量，忽视了仓位控制所致。本申请设计了一套仓位风险控制系统，在投资交易时筛选出风险适宜的仓位。

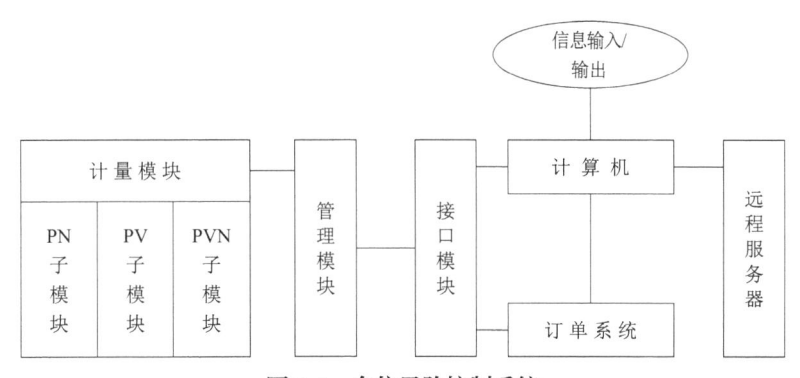

图 1-5　仓位风险控制系统

系统的整体组成如图 1-5 所示，其中计量模块和管理模块是系统的核心部分，通过接口模块与订单系统连接（或嵌入），共同运行于计算机操作系统之上，订单系统通过计算机接入互联网与远程交易所会员公司服务器连接。用户通过计算机控制系统，以信息输入/输出方式实现系统功能。

其中，计量模块负责测算风险适宜的仓位，由3个子模块组成，分别是PV子模块，PN子模块和PVN子模块，每个子模块由一个具有金融学意义的数理模型构成，每个数理模型包含一组计算方法。

（1）PV子模块由PV模型构成，PV模型用于描述市场行情运行环境给出的交易条件下风险收益与仓位的关系，从而以此求解出交易条件下最优风险-收益比的仓位值V_0。

$V_0=gR_0/r$，其中，R_0表示交易条件下潜在亏损幅度的最优值，$R_0=P-(1-P)/\alpha$，g为合约保证金比例，r为合约止损幅度，$r=$ | 现价r_0－止损价r_- | /现价r_0，P为准确率，α为盈亏比，$\alpha=$ | 止赢价r_+－现价r_0 | / | 现价r_0－止损价r_- | 。

（2）PN子模块由PN模型构成，用于描述不同投资者的个性风险偏好不同对投资仓位的影响或限制作用，从而据此计算相应的偏好系数n。

$n=L/P$，其中，L为亏损限制，P为准确率。

（3）PVN子模块由PVN模型构成，是以上两个模型的叠加组合，用于描述不同投资者在不同风险偏好下对于不同交易条件的最优风险—收益比仓位V算法，即PN模型约束下的PV模型，其含义为以资金的部分承担风险波动从而平滑资金总体的波动率，模型表述为：$V=nV_0$，V简称最佳仓位。其形象化的物理寓意为将PV模型的波动率压缩在PN模型限定的通道范围内，通道范围可以根据偏好系数弹性调节。如此实现了在有限度的且可调节的亏损风险范围内的最大收益率。

综上所述的计量模块，实质上是一组具有金融学意义的数理模型所包含的一系列计算方法或步骤的组合，其表现形式是以三个模型为基础的三个子模块；其作用是运用数学工具做为技术手段来实现金融意义，即筛选风险适宜的仓位的数量值。

系统运行流程为：

步骤一，当订单系统处于在线登陆状态时启动系统，管理模块引导至信息输入页面；

步骤二，输入个性偏好参数值：亏损限制L与准确率P，此时系统的管理模块将数据信息赋予计量模块，计量模块调用PN子模块运用PN模型计算出偏好系数$n=L/P$，同时将结果数据赋予PVN子模块；此时管理模块通过接口模块激活订单系统，为以下的数据调用及订单执行做好准备；

步骤三，选择交易合约，管理模块通过接口模块访问订单系统，提供可交易合约的信息供用户选择，用户选择后输入交易条件参数值：止赢位 r_+ 与止损位 r_-，此时管理模块通过接口模块向订单系统请求数据：合约当前价格 r_0 与保证金比例 g，并将数据一并赋予计量模块，计量模块调用 PV 子模块运用 PV 模型首先计算出合约止损幅度 $r=|r_0-r_-|/r_0$，及盈亏比 $\alpha=|r_+-r_0|/|r_0-r_-|$，其次计算出潜亏系数 $R_0=P-(1-P)/\alpha$，最后计算出仓位系数 $V_0=gR_0/r$，同时将结果赋予 PVN 子模块；

步骤四，PVN 子模块收到数据后运用 PVN 模型计算出最佳仓位值 $V=nV_0$，同时将结果赋予管理模块；

步骤五，管理模块通过接口模块读取订单系统内合约最大可交易手数 S_0 数据，然后将最佳仓位值 V 换算成具体合约交易手数 $S=VS_0$；

步骤六，管理模块输出信息：生成交易执行页面，显示出风险适宜的最佳交易手数 S；

步骤七，用户点击确认则订单生成，通过接口模块进入订单系统执行交易；或点击取消则放弃返回。

2. 权利要求的相关内容

1. 一种投资仓位风险控制方法，其特征为处理仓位风险的控制过程包括以下步骤：

步骤一，设置偏好参数值：亏损限制 L 与准确率 P，运用 PN 模型计算出偏好系数 $n=L/P$；

步骤二，设置交易参数值：止赢位 r_+ 与止损位 r_-，运用 PV 模型作如下计算：

首先计算出合约止损幅度 $r=|r_0-r_-|/r_0$，其中 r_0 表示合约当前价格；其次计算盈亏比 $\alpha=|r_+-r_0|/|r_0-r_-|$；再次计算出潜亏系数 $R_0=P-(1-P)/\alpha$；最后计算出仓位系数 $V_0=gR_0/r$，其中 g 表示交易合约保证金比例；

步骤三，运用 PVN 模型计算出最佳仓位值 $V=nV_0$；

步骤四，将最佳仓位值 V 换算成具体合约交易手数 $S=VS_0$；其中 S_0 表示最大可交易手数；

步骤五，将 S 值导入订单系统，以此达成交易。

（二）争议焦点

本申请的争议焦点在于：权利要求 1 请求保护的方案是否符合《专利法》第二条第二款关于保护客体的规定？

针对以上问题，存在两种不同的观点：

观点 1

本申请权利要求 1 符合《专利法》第二条第二款的规定。权利要求 1 为了有效控制仓位风险，采用数学模型计算出最佳仓位值，并进行交易。其中，采用的模型是具有金融学意义的数学模型，采取金融工程的技术手段来量化处理，它们并非简单的数学公式，而是基于一定的经济学原理经过复杂的公式变换而得到的。本申请通过将这些模型深度结合到金融领域中，解决了仓位控制的技术问题，并且将上述仓位控制方法与订单系统对接，以完成交易，采用了技术手段，同时也达到了在防止爆仓的同时实现有限风险范围内的最佳收益的技术效果。因此，该权利要求符合《专利法》第二条第二款的规定，属于专利保护的客体。

观点 2

本申请权利要求 1 不符合《专利法》第二条第二款的规定。权利要求 1 要求保护一种投资最佳仓位值的计算方法，其采用的方法是基于 PN 模型计算出偏好系数 n，运用 PV 模型计算仓位系数 V_0，最后运用 PVN 模型计算出最佳仓位值 V，并将交易手数导入订单系统进行交易。上述方法所解决的问题仅仅是为投资者提供了一种控制投资风险的交易策略，并不构成技术问题；所采用的手段本质上是金融管理领域的经验性的风险管理方式，而不是利用了自然规律的技术手段，虽然采用了各种模型，但是上述模型也只是一种经济模型；所达到的效果仅仅是降低投资者的金融交易风险，不是符合自然规律的技术效果。因此，该权利要求不符合《专利法》第二条第二款的规定，不属于专利保护的客体。

（三）案例分析

《专利审查指南》第二部分第一章第 2 节规定："技术方案是对要解决的技

术问题所采取的利用了自然规律的技术手段的集合。技术手段通常是由技术特征来体现的。未采用技术手段解决技术问题，以获得符合自然规律的技术效果的方案，不属于专利法第二条第二款规定的客体。"

经济学是研究价值的生产、流通、分配、消费的规律的理论，其本身是为了满足人类物质文化生活的需要、通过人类对于物质交换和贸易规则的制定而得到的一套复杂的体系，其中所遵循的规律是源于人类最初对资源归属和交换所制定出的关于人类活动的基本原则，其并不同于《专利法》意义上的自然规律。股票等金融产品是基于上述人类活动的基本原则所衍生出的产品，其中的亏损值、止盈位、止损位等数据属于人类基于共同制定和遵循的规则而参与金融活动所产生的数据，其投入和收益是基于人自身的意志的，其本质上也是人为设定的。

因此，本申请权利要求1请求保护的方案所采用的手段是基于金融学意义的数理模型来计算风险适宜的仓位，模型中各个参数的定义和计算公式反映的是人的金融投资活动，属于人为制定的规则，并没有利用自然规律，因此不属于技术手段；所解决的问题是为投资者提供了一种控制投资风险的交易策略，并不构成技术问题；所达到的效果是降低投资者的金融交易风险，也不是符合自然规律的技术效果。

综上，本申请的权利要求1不符合《专利法》第二条第二款的规定，不属于专利保护客体。

（四）案例启示

在判断一件专利申请是否符合《专利法》第二条第二款的规定时，需要注意其是否采用了符合自然规律约束的技术手段。如果采用的手段利用了自然规律或者受自然规律约束，则该解决方案构成技术方案。经济学规律不属于自然规律，如果仅仅是采用了经济学的模型解决经济和投资方面的问题，则不受自然规律约束，不构成技术方案，不符合《专利法》第二条第二款的规定。

第八节　涉及疾病的诊断和治疗方法的客体判断

疾病的诊断和治疗方法是指以有生命的人体或动物体为直接实施对象，进行识别、确定或消除病因或病灶的过程。

一、基本原则

按照《专利法》第二十五条第一款第（三）项的规定，对疾病的诊断和治疗方法，不授予专利权。出于人道主义的考虑和社会伦理的原因，医生在诊断和治疗过程中应当有选择各种方法和条件的自由。另外，疾病的诊断和治疗方法直接以有生命的人体或动物体为实施对象，无法在产业上利用，不属于《专利法》意义上的发明创造，因此，不能被授予专利权。

需要说明的是，虽然不能授予疾病的诊断和治疗方法专利权，但是用于实施疾病诊断和治疗方法的仪器或装置，以及在疾病诊断和治疗方法中使用的物质或材料都可以给予专利保护。

（一）疾病的诊断方法

疾病的诊断方法是指为识别、研究和确定有生命的人体或者动物体病因或病灶状态的过程。判断涉及疾病诊断方法的权利要求时，应当关注两点：对象和直接目的，即判断该方法的对象是否为有生命的人体或动物体，以及该方法的直接目的是否是为了获得疾病的诊断结果和健康状况。如果上述两个条件同时满足，那么该权利要求属于疾病的诊断方法。

（二）疾病的治疗方法

疾病的治疗方法是指为使有生命的人体或者动物体恢复或获得健康或减少痛苦，进行阻断、缓解或者消除病因或病灶的过程。

疾病的治疗方法包括以治疗为目的或者具有治疗性质的各种方法。

随着医疗专业化和自动化的发展，电学领域经常会涉及计算机与医学结合的专利申请。在这类专利申请中可能会涉及疾病的诊断和治疗方法。下面结合案例对电学领域涉及疾病诊断和治疗方法的几种情形进行说明，以使读者加深对《专利法》第二十五条第一款第（三）项法条应用的理解。

二、典型案例

案例 1-8-1：一种关联规则最优曲线模型的构建方法

（一）相关案情

本发明涉及一种曲线模型的构建方法，特别是关于一种关联规则最优曲线模型的构建方法。

1. 本申请的技术方案

对易发病人群的共性指标进行定期监测和风险预测是非流行性疾病防控的通用策略。这类疾病的事实发病风险通常与人口统计学特征、生活习惯等多个风险指标相关。为了准确预测发病风险，根据同一个临床统计连续型数据，套用不同策略可以统计、归纳拟合得到多个风险预测模型，多个风险预测模型相互之间的优劣性一般是通过调整模型参数，得到预测准确度和特异性构成的曲线下面积大小来度量。但是，风险预测指标的常见数据形式通常是二分类型数据，如是否吸烟，是否喝酒，等等。一旦根据此类数据构建出预测模型，无参数可调整，因而不适用准确度和特异性曲线下面积的度量方法，优劣性比较非常困难。

针对上述问题，为了根据同一个临床统计连续型数据准确预测发病风险，本发明的目的是提供一种操作简单、可同时有效地比较具有不同置信度、支持度的关联规则优劣的关联规则最优曲线模型的构建方法。

本发明由于采取以上技术方案，其具有以下优点：本发明由于采用根据疾病的二分类型统计数据计算得到关联规则中每种危险因素组合的支持度和置信度，将危险因素组合按照其置信度 $conf(Y|X)$ 自高到低的顺序排列后，依次合并前 i 种危险因素组合形成 n 种危险因素复合组合 R_i，然后根据危险因素复合组合 R_i 的支持度和置信度构建关联规则的最优曲线模型，得到在支持度一定的情况下的最优的置信度，有助于我们比较具有不同置信度、支持度的规则的优劣。综上所述，本发明可以广泛应用于关联规则最优曲线模型的构建中。

2.权利要求的相关内容

1.一种关联规则最优曲线模型的构建方法,包括以下步骤:

(1)确定一种疾病的若干个危险因素,获得参与人群含有的危险因素及患有该疾病的二分类型统计数据,其中,二分类型统计数据中每个危险因素的数据内容根据参与人群是否含有该危险因素确定为"是"或者"否";

(2)对该疾病的若干个危险因素进行任意组合获得 n 种危险因素组合,其中,n 为正整数;将每个危险因素组合作为关联规则 $X \Rightarrow Y$ 中的先导 X,将该疾病作为关联规则 $X \Rightarrow Y$ 中的后继 Y,计算每个危险因素组合在获得的二分类型统计数据中的支持度和置信度;

(3)将危险因素组合按照其置信度自高到低的顺序排列后,依次合并前 i 种危险因素组合形成 n 种危险因素复合组合,其中 i 为正整数,取值范围从 1 到 n;

(4)计算每种危险因素复合组合在二分类型统计数据中的支持度和置信度;

(5)以支持度为横坐标,置信度为纵坐标建立支持度—置信度直角坐标系,在支持度—置信度直角坐标系中作出与危险因素复合组合的置信度和支持度相对应的点,并采用平滑曲线连接,该平滑曲线即为在支持度一定的情况下置信度最优的关联规则最优曲线。

(二)争议焦点

本申请的争议焦点在于:

本案涉及预测发病风险,是否属于《专利法》第二十五条第一款第(三)项规定的疾病的诊断与治疗方法?

如果本案不属于《专利法》第二十五条第一款第(三)项规定的疾病的诊断与治疗方法,那么权利要求 1 中的方法是否采用了技术特征,是否属于《专利法》第二条第二款规定的客体?

观点 1

本案是获取人群的患病统计数据,对发病风险进行预测,以获得人的健康状况为目的,因此属于疾病的诊断与治疗方法。

观点 2

本案虽然是对发病风险进行预测,但是并没有以有生命的人体为直接实施对象，因此不属于疾病的诊断与治疗方法。

权利要求 1 请求保护的关联规则最优曲线模型的构建方法，最后构建的是关联规则最优曲线，其没有解决技术问题，因此权利要求 1 请求保护的方案不属于《专利法》第二条第二款规定的技术方案。

观点 3

本案虽然是对发病风险进行预测，但是并没有以有生命的人体为直接实施对象，因此不属于疾病的诊断与治疗方法。权利要求 1 请求保护的关联规则最优曲线模型的构建方法，限定了具体的应用领域为疾病的预测，客观上解决了技术问题，具有技术三要素，克服了客体问题，属于《专利法》第二条第二款规定的技术方案。

（三）案例分析

《专利审查指南》第二部分第一章第 4.3 节对疾病的诊断和治疗方法作了规定："疾病的诊断和治疗方法，是指以有生命的人体或者动物体为直接实施对象，进行识别、确定或消除病因或病灶的过程。"

《专利法》第二条第二款规定："发明，是指对产品、方法或者其改进所提出的新的技术方案。"《专利审查指南》第二部分第一章第 2 节规定："技术方案是对要解决的技术问题所采取的利用了自然规律的技术手段的集合。技术手段通常是由技术特征来体现的。未采用技术手段解决技术问题，以获得符合自然规律的技术效果的方案，不属于专利法第二条第二款规定的客体。"

对于涉及疾病的诊断和治疗方法的发明专利申请的审查标准主要考虑以下几点。一是是否以有生命的人或动物体为对象，二是是否以获得疾病诊断结果或健康状况为直接目的。不满足以上任意一点，都不属于疾病的诊断和治疗方法的范畴。

而满足以下两个条件的涉及模型构建的发明属于《专利法》第二条第二款规定的技术方案：

（1）该模型应用到某一技术领域，并形成基于该模型的解决方案；

（2）基于该模型的解决方案采用了技术手段，并解决了该技术领域的技术问题，获得了相应的技术效果。

对于本案，分析其是否构成技术方案、是否属于疾病的诊断和治疗方法，主要看其构建的模型是否应用到某一技术领域，并形成基于该模型的解决方案，并基于该模型的解决方案是否满足技术问题、技术手段、技术特征这"技术三要素"的规定；以及本案是否是以有生命的人体为直接实施对象。

通过分析可知，（1）权利要求1请求保护的关联规则最优曲线模型的构建方法中，限定了具体的应用领域为疾病的预测，采用的手段是建立在技术性约束的基础上的，属于技术手段，解决了构建关联规则最优曲线模型的技术问题，达到了提高预测准确性的技术效果。因此该方案构成技术方案，属于《专利法》规定的保护客体；（2）本案是对发病风险进行预测，并没有以有生命的人体为直接实施对象，不属于指南规定的疾病的诊断与治疗方法。

（四）案例启示

在涉及疾病的诊断和治疗方法类专利申请的审查过程中，要关注该方法中是否以人体或动物体为直接实施对象，其次要关注是否以获得疾病的诊断结果或健康状况为直接目的。缺少其中任一条件都不属于《专利法》第二十五条第一款第（三）项规定的疾病的诊断与治疗方法的范畴。此外，在涉及模型构建的专利申请的审查过程中，要关注模型中选取数据、具体的计算步骤能否体现出具体的技术领域。具体的技术领域不是只要权利要求的主题名称体现应用领域或者说明书中记载该模型可以应用到什么领域即可，而是需要在权利要求记载的方案中具体体现构建模型各步骤如何在具体领域应用。因此，模型的构建应理解为模型在某一领域的适用过程，而不是简单的数学计算过程。对于涉及模型构建的专利申请，若该模型应用到某一技术领域，并形成基于该模型的解决方案；并且基于该模型的解决方案采用了技术手段，并解决了该技术领域的技术问题，获得了相应的技术效果，就构成了《专利法》第二条第二款规定的技术方案，属于《专利法》规定的保护客体。

案例1-8-2：一种判断心脏病突发方法、装置以及系统

（一）相关案情

本申请涉及计算机技术领域，特别涉及一种判断心脏病突发方法、装置以及系统。

1. 本申请的技术方案

随着经济和社会不断发展，人们生活节奏变快，生活压力变大，从而导致心脏病的发病率逐年上升。与其他疾病相比，心脏病由于具有突发、危重、猝死率高等特点，在各种疾病对人们的危害中居于首位。

目前，患者只有感觉到身体明显不适时，才确定自身心脏病突发，然后根据自身情况服药或就医。但是，由于心脏病从突发到被患者感知到时，可能已经失去了服药和就医的能力，以致患者不能及时得到救治，从而危及或失去生命。因此，目前并不能及时确定人们是否为心脏病突发。

本发明提供了一种判断心脏病突发方法、装置以及系统，可以及时确定人们是否为心脏病突发。

（1）本发明提供了一种判断心脏病突发方法

该方法包括：设置决策树分类算法；采集待监测对象的至少一个心率；根据所述至少一个心率，判断所述待监测对象是否存在心脏病突发风险；当判断出所述待监测对象存在心脏病突发风险时，则通过所述决策树分类算法以及所述至少一个心率，确定所述待监测对象是否突发心脏病；当确定所述待监测对象突发心脏病时，上报至外部的云服务器。

优选地，所述根据所述至少一个心率，判断所述待监测对象是否存在心脏病突发风险，包括：根据所述至少一个心率，计算平均心率；判断所述平均心率是否位于预先设定的第一心率区间内。如果是，则判断出所述待监测对象不存在心脏病突发风险；否则，则判断出所述待监测对象存在心脏病突发风险。优选地，当采集所述待监测对象的至少两个心率时，所述根据所述至少一个心率，判断所述待监测对象是否存在心脏病突发风险，包括：在所述至少两个心率中，判断是否存在至少两个相邻的所述心率均不位于预先设定的第二心率区间内；如果是，则判断出所述待监测对象存在心脏病突发风险；否则，则判断出所述待监测对象

不存在心脏病突发风险。优选地，所述预先设定心率区间，包括：获取所述待监测对象的属性信息，其中，所述属性信息包括：年龄、体重、身高；根据所述属性信息中包括的年龄、体重以及身高，利用（1）公式，确定第一心率下限值，以及利用公式（2），确定第一心率上限值；根据所述第一心率下限值和所述第一心率上限值设定心率区间；

$$N_1 = (k_1A + k_2B + k_3C)\alpha + T \qquad (1)$$

$$N_2 = (k_1A + k_2B + k_3C)\beta + T \qquad (2)$$

其中，所述 N_1 表征所述第一心率下限值；所述 N_2 表征所述第一心率上限值；所述 k_1 表征体重系数；所述 k_2 表征身高系数；所述 k_3 表征年龄系数；所述 A 表征所述待监测对象的体重；所述 B 表征所述待监测对象的身高；所述 C 表征所述待监测对象的年龄；所述 α 表征第一系数；所述 β 表征第二系数；所述 T 表征所述待监测对象的年龄对应的基准心率。

优选地，所述预先设定心率区间，包括：根据外部输入的第二心率上限值和第二心率下限值，设定心率区间。优选地，所述设置决策树分类算法，包括：定期从所述云服务器中下载第一决策树分类算法，并将下载的所述第一决策树分类算法设置为当前决策树分类算法。优选地，所述设置决策树分类算法，包括：获取外部输入的第二决策树分类算法，并将所述第二决策树分类算法设置为当前决策树分类算法。优选地，所述上报至外部的云服务器，包括：将所述待监控对象的属性信息、所述待监测对象突发心脏病时的心率上报至所述云服务器，以使所述云服务器根据所述属性信息以及所述突发心脏病时的心率进行相应的异常处理，且以使所述云服务器根据所述属性信息以及所述突发心脏病时的心率更新存储的决策树分类算法。优选地，进一步包括：当确定所述待监测对象突发心脏病时，报警。

（2）本发明提供了一种判断心脏病突发装置

该装置包括：设置模块，用于设置决策树分类算法；采集模块，用于采集待监测对象的至少一个心率；判断模块，用于根据所述采集模块采集的所述至少一个心率，判断所述待监测对象是否存在心脏病突发风险；确定模块，用于当所述判断模块判断出所述待监测对象存在心脏病突发风险时，则通过所述决策树分类算法以及所述至少一个心率，确定所述待监测对象是否突发心脏病；上报模块，用于当所述确定模块确定所述待监测对象突发心脏病时，上报至外部的云服务器。

优选地，所述判断模块，包括：计算子模块和第一判断子模块；所述计算子模块，用于根据所述采集模块采集的所述至少一个心率，计算平均心率；所述第一判断子模块，用于判断所述计算子模块计算的所述平均心率是否位于预先设定的第一心率区间内，如果是，则判断出所述待监测对象不存在心脏病突发风险；否则，则判断所述出待监测对象存在心脏病突发风险。优选地，所述判断模块，包括：第二判断子模块；所述第二判断子模块，用于当采集所述待监测对象的至少两个心率时，在所述至少两个心率中，判断是否存在至少两个相邻的所述心率均不位于预先设定的第二心率区间内；如果是，则判断出所述待监测对象存在心脏病突发风险；否则，则判断出所述待监测对象不存在心脏病突发风险。优选地，所述判断子模块，包括：获取子单元、计算子单元和第一设定子单元；所述获取子单元，用于获取所述待监测对象的属性信息，其中，所述属性信息包括：年龄、体重、身高；所述计算子单元，用于根据所述获取子单元获取的所述属性信息中包括的年龄、体重以及身高，利用公式（1），确定第一心率下限值，以及利用公式（2），确定第一心率上限值；所述第一设定子单元，用于根据所述第一心率下限值和所述第一心率上限值设定心率区间；

$$N_1=(k_1A+k_2B+k_3C)\alpha+T \qquad (1)$$

$$N_2=(k_1A+k_2B+k_3C)\beta+T \qquad (2)$$

其中，所述 N_1 表征所述第一心率下限值；所述 N_2 表征所述第一心率上限值；所述 k_1 表征体重系数；所述 k_2 表征身高系数；所述 k_3 表征年龄系数；所述 A 表征所述待监测对象的体重；所述 B 表征所述待监测对象的身高；所述 C 表征所述待监测对象的年龄；所述 α 表征第一系数；所述 β 表征第二系数；所述 T 表征所述待监测对象的年龄对应的基准心率。优选地，所述判断子模块，包括：第二设定子单元；所述第二设定子单元，用于根据外部输入的第二心率上限值和第二心率下限值，设定心率区间。优选地，所述设置模块，用于定期从所述云服务器中下载第一决策树分类算法，并将下载的所述第一决策树分类算法设置为当前决策树分类算法。优选地,所述设置模块,用于获取外部输入的第二决策树分类算法,并将所述第二决策树分类算法设置为当前决策树分类算法。优选地,所述上报模块,用于将所述待监控对象的属性信息、所述待监测对象突发心脏病时的心率上报至所述云服务器,以使所述云服务器根据所述属性信息以及所述突发心脏病时的心率进行相应的异常处理,且以使所述云服务器根据所述属性信息以及所述突发心脏病时的心率更新存储的决策树分类算法。优选地,进一步包括:报警单元;所述报警单元,用于当所述确定模块确定所述待监测对象突发心脏病时,报警。

(3)本发明提供了一种判断心脏病突发系统

该系统包括:上述任一所述的判断心脏病突发装置以及云服务器;所述云服务器,用于接收所述判断心脏病突发装置的上报。优选地,所述云服务器,用于接收所述判断心脏病突发装置上报的待监控对象的属性信息、待监测对象突发心脏病时的心率,根据所述属性信息以及所述突发心脏病时的心率进行相应的异常处理,且根据所述属性信息以及所述突发心脏病时的心率更新存储的决策树分类算法。

优选地,进一步包括:至少一个客户端;每一个客户端对应至少一个所述待监控对象的属性信息;所述云服务器,用于根据所述待监控对象的属性信息、所述待监测对象突发心脏病时的心率,生成报警信息,并将所述报警信息发送至与所述属性信息对应的客户端;每一个所述客户端,用于接收所述云服务器发送的所述报警信息。

本申请实施例提供了一种判断心脏病突发方法、装置以及系统,采集待监测对象的心率。当根据采集到的各个心率,判断出待监测对象存在心脏病突发风险时,通过设置的决策树分类算法和采集到的各个心率确定待监测对象是否突发心脏病。当确定待监测对象突发心脏病时,将待监测对象突发心脏病的情况上报至云服务器。通过上述过程可知,本方案可以根据待监测对象的心率及时判断出待监测对象是否突发心脏病,并当待监测对象突发心脏病时,上报至云服务器,以使待监测对象及时得到救治。因此,本发明提供的方案可以及时确定人们是否心脏病突发。

2. 权利要求的相关内容

1. 一种判断心脏病突发方法，其特征在于，包括：

设置决策树分类算法；

采集待监测对象的至少一个心率；

根据所述至少一个心率，判断所述待监测对象是否存在心脏病突发风险；

当判断出所述待监测对象存在心脏病突发风险时，则通过所述决策树分类算法以及所述至少一个心率，确定所述待监测对象是否突发心脏病；

当确定所述待监测对象突发心脏病时，上报至外部的云服务器；

所述根据所述至少一个心率，判断所述待监测对象是否存在心脏病突发风险，包括：

根据所述至少一个心率，计算平均心率；

判断所述平均心率是否位于预先设定的第一心率区间内，

如果是，则判断出所述待监测对象不存在心脏病突发风险；

否则，则判断出所述待监测对象存在心脏病突发风险；

或，

当采集所述待监测对象的至少两个心率时，

所述根据所述至少一个心率，判断所述待监测对象是否存在心脏病突发风险，包括：

在所述至少两个心率中，判断是否存在至少两个相邻的所述心率均不位于预先设定的第二心率区间内；

如果是，则判断出所述待监测对象存在心脏病突发风险；

否则，则判断出所述待监测对象不存在心脏病突发风险；

所述预先设定心率区间，包括：

获取所述待监测对象的属性信息，其中，所述属性信息包括：年龄、体重、身高；

根据所述属性信息中包括的年龄、体重以及身高，利用第一公式，确定第一心率下限值，以及利用第二公式，确定第一心率上限值；

根据所述第一心率下限值和所述第一心率上限值设定心率区间；

所述第一公式包括：

$$N_1=(k_1A+k_2B+k_3C)\alpha+T$$

所述第二公式包括：

$$N_2=(k_1A+k_2B+k_3C)\beta+T$$

其中，所述 N_1 表征所述第一心率下限值；所述 N_2 表征所述第一心率上限值；所述 k_1 表征体重系数；所述 k_2 表征身高系数；所述 k_3 表征年龄系数；所述 A 表征所述待监测对象的体重；所述 B 表征所述待监测对象的身高；所述 C 表征所述待监测对象的年龄；所述 α 表征第一系数；所述 β 表征第二系数；所述 T 表征所述待监测对象的年龄对应的基准心率；

或，所述预先设定心率区间，包括：

根据外部输入的第二心率上限值和第二心率下限值，设定心率区间；

所述设置决策树分类算法，包括：

定期从所述云服务器中下载第一决策树分类算法，并将下载的所述第一决策树分类算法设置为当前决策树分类算法；

或，所述设置决策树分类算法，包括：

获取外部输入的第二决策树分类算法，并将所述第二决策树分类算法设置为当前决策树分类算法；

和/或，所述上报至外部的云服务器，包括：

将所述待监控对象的属性信息、所述待监测对象突发心脏病时的心率上报至所述云服务器，以使所述云服务器根据所述属性信息以及所述突发心脏病时的心率进行相应的异常处理，且以使所述云服务器根据所述属性信息以及所述突发心脏病时的心率更新存储的决策树分类算法；

和/或，进一步包括：

当确定所述待监测对象突发心脏病时，报警。

（二）争议焦点

本申请的争议焦点在于：利用算法对健康数据进行分析从而进行疾病判断的这一类型申请是否属于《专利法》第二十五条第一款第（三）项规定的疾病诊断方法？

观点 1

其一，本申请中的方法提高了判断心脏病的及时性，该申请根据平均心率/至少一个心率/至少两个心率是否位于设定区间内，以判断待监测对象是否存在心脏病突发风险，其中心率区间根据年龄、体重、身高计算得到，然后在采用决策树分类算法判断监测对象是否突发心脏病，医生还可以采用除了该申请的其他方法进行心脏病判断。上述方案的存在，不会导致医生无法对帕金森症、心脏病的判断。

其二，采用该申请得出"监测对象是否存在心脏病突发风险和是否突发心脏病"，该判断结果只能为医生更准确地判断是否突发心脏病以对治疗方法的规划和病情分析提供参考，并不能据此直接得出具体病人或对象疾病的诊断结果。在实际医疗活动中，需要医生汇总各种检查数据，才能给出确定的诊断结果。

因此，疾病判断这一类型申请不属于《专利法》第二十五条第一款第（三）项规定的疾病诊断方法。

观点 2

其一，采用该申请得出"监测对象是否存在心脏病突发风险和是否突发心脏病"，可见该申请的方法为一种患病风险度评估方法，根据《专利审查指南》第二部分第二章第4.3节的规定，患病风险度评估方法是并不能授权专利权的方法。

其二，出于人道主义的考虑和社会伦理的原因，医生在诊断和治疗过程中应当有选择各种方法和条件的自由。由于本申请方案的存在，会限制医生选择各种方法和条件的自由。

其三，可以根据该申请的方案得出监测对象是否存在心脏病突发风险和是否突发心脏病出突发心脏病为利用该方案得出的诊断结果，满足（1）以有生命的人体或动物体为对象；（2）以获得疾病诊断结果或健康状况为直接目的。

因此，疾病判断这一类型申请属于《专利法》第二十五条第一款第（三）项规定的疾病诊断方法。

（三）案例分析

《专利审查指南》第二部分第一章第4.3节对疾病的诊断和治疗方法做了规定：疾病的诊断和治疗方法，是指以有生命的人体或者动物体为直接实施对象，进行识别、确定或消除病因或病灶的过程。

对于涉及疾病的诊断和治疗方法的发明专利申请的审查标准，主要考虑两点：一是是否以有生命的人或动物体为对象，二是是否以获得疾病诊断结果或健康状况为直接目的。不满足以上任意一点，都不属于疾病的诊断和治疗方法的范畴。《专利审查指南》第二部分第一章第4.3.1.2节关于"不属于诊断方法的发明"中列举了不属于诊断方法的例子包括"直接目的不是获得诊断结果或健康状况，而只是从活的人体或动物体获取作为中间结果的信息的方法，或处理该信息（形体参数、生理参数或其他参数）的方法"。

本申请通过分析用户心率数据来评估用户突发心脏病的风险，并在高风险时告警。本申请请求保护的方法均是从人体的运动参数、生理参数中提取特征值，经由计算机执行的分类算法得到分类结果，再根据分类结果进行相关操作。本申请虽然涉及了具体的疾病，但是其实质上是计算机系统执行的对生物特征的模式识别，其识别结果本身不能够直接得出疾病的诊断结果，其目的是为医生或其他用户提供参考，所获得的结果是信息处理参数的"中间结果"，不是以获得疾病诊断结果或健康状况为直接目的，不属于《专利法》第二十五条第一款第（三）项规定的疾病诊断方法。

本申请请求保护的方法全部由计算机实施，而在实践中上述方法的实施依赖于医疗设备或医疗辅助分析软件，不会妨碍医生的自由选择权。

（四）案例启示

随着人类逐渐进入数字化医疗时代，计算机技术被越来越多地应用于医疗领域，极大地促进了诊断的准确性，提高了医疗的效率。计算机提供的结果，往往是利用大数据和/或人工智能分析和比较的结果，目的在于为医生更准确地诊断疾病和制订治疗方案提供参考。对具体病人或对象来说，如果没有医生的专业分析和确认，一般情况下不能仅仅依据计算机提供的结果直接得出疾病的诊断结论或确定其健康状况。

需要注意的是，对于与疾病诊断相关的方法，如果其步骤由计算机或相关设备实施，通常应当在权利要求中写明，除非本领域技术人员能够确认该方法的步骤必然由计算机或相关设备实施。

另外，直接以有生命的人体或动物体为实施对象的基本诊断方法无法在产业上利用，不属于《专利法》意义上的发明创造，因此不属于专利法的保护客体。但是，如果申请要求保护的方法是全部步骤由计算机实施、对健康数据进行分析处理的方法，其目的是为医生或其他用户提供参考，所获得的结果是信息处理参数的"中间结果"，并不是以获得疾病诊断结果或健康状况为直接目的，则属于专利法保护的客体。

案例1-8-3：一种基于深度神经网络的MRI脑肿瘤自动识别方法

（一）相关案情

本发明涉及一种核磁共振图像数据处理技术。

1. 本申请的技术方案

从脑部核磁共振图像中精确分割出肿瘤区域，对治疗方案规划和病情发展分析意义重大；然而，由于脑肿瘤形态各异、大小不一，而且病变广泛弥漫、没有特征性，因此，脑肿瘤区域的自动精确分割一直以来都面临挑战。

随着近些年深度学习的迅猛发展，基于深度学习的分割方法逐渐被研究人员所关注，由于其具有自主学习的特点，成为当前脑肿瘤分割中普遍应用的方法；一些基于深度卷积神经网络的脑肿瘤分割方法已经被提出，在这些方法中，包括深度特征融合的方法、基于图像块的识别方法、基于语义的识别方法和基于级联结构的识别方法。

在脑肿瘤的分割中，由于肿瘤水肿区域边界弥散，是分割任务中的难点。肿瘤边界的精准分割，在临床诊断中的重要性不言而喻。

但以上分割方法存在一些缺陷，如基于图像块的方法只对有限的空间上下文特征进行了探索，包含许多冗余卷积计算；多任务肿瘤分割网络中，都没有考虑到每项分割任务的重要性差异，训练阶段也没有考虑各个任务之间的联系。

针对背景技术中的问题，本发明提出了一种基于深度神经网络的MRI脑肿瘤自动识别方法，具有一定的创新性。本发明所述MRI脑肿瘤自动识别方法包括：神经网络对脑部核磁共振图像进行处理后，输出新的脑部核磁共振图像，新的脑部核磁共振图像上标示有脑肿瘤区域。

2. 权利要求的相关内容

1. 一种基于深度神经网络的 MRI 脑肿瘤图像自动优化方法，其特征在于：所述 MRI 脑肿瘤图像自动优化方法包括：神经网络对脑部核磁共振图像进行处理后，输出新的脑部核磁共振图像，新的脑部核磁共振图像上标示有边界优化后的脑肿瘤区域；

所述神经网络包括四个卷积模块、四个反卷积模块、联合反卷积模块、第一融合模块和第二融合模块；

神经网络对脑部核磁共振图像进行处理时，初始图像数据通过第一卷积模块的输入端进入神经网络；第一卷积模块处理后，将处理结果分别输出至第一反卷积模块和第一融合模块；第一反卷积模块处理后，将处理结果输出至第二卷积模块；第二卷积模块处理后，将处理结果分别输出至第二反卷积模块和第一融合模块；第二反卷积模块处理后，将处理结果输出至第三卷积模块；第三卷积模块处理后，将处理结果分别输出至第三反卷积模块和第一融合模块；第三反卷积模块处理后，将处理结果输出至第四卷积模块；第四卷积模块处理后，将处理结果分别输出至第四反卷积模块和第一融合模块；第四反卷积模块处理后，将处理结果输出至第二融合模块；

第一融合模块能对四个卷积模块输出的数据进行特征融合，得到中间图像数据，然后将中间图像数据输出至联合反卷积模块；联合反卷积模块处理后，将处理结果输出至第二融合模块；第二融合模块能对第四反卷积模块和第一融合模块输出的数据进行特征融合，得到新的脑部核磁共振图像；

所述脑部核磁共振图像中的多个像素点分属于五类图像标签，这五类图像标签分别为：背景标签 BG、水肿组织标签 ED、增强组织标签 EC、非增强组织标签 NE、坏疽组织标签 NC；

所述四个卷积模块的卷积层数相同，所述四个反卷积模块的反卷积层数相同；所述反卷积层数与卷积层数的数量相同；

第一卷积模块和第一反卷积模块的分割目标是将 BG 对应的像素点分割出来，第二卷积模块和第二反卷积模块的分割目标是将 BG 和 ED 各自对应的像素点分割出来，第三卷积模块和第三反卷积模块的分割目标是将 BG、ED 和 NE

各自对应的像素点分割出来，第四卷积模块和第四反卷积模块的分割目标是将BG、ED、NE、NC和EC各自对应的像素点全部分割开来；联合反卷积模块的分割目标是将BG、ED、NE、NC和EC各自对应的像素点全部分割开来。

（二）争议焦点

本申请的争议焦点在于：本申请是否属于《专利法》第二十五第一款第（3）项规定的疾病诊断方法。

针对以上问题，存在两种不同的观点。

观点1

在本申请权利要求1中记载了"神经网络对脑部核磁共振图像进行处理后，输出新的脑部核磁共振图像，新的脑部核磁共振图像上标示有边界优化后的脑肿瘤区域"。权利要求1未明确记载脑部核磁共振图像中是否包含肿瘤，当输入一幅未知是否含有脑肿瘤的核磁共振图像，采用权利要求1中的方法，若得到新的脑部核磁共振图像上有标示有脑肿瘤区域，则说明做脑部核磁共振的患者属于不健康；若得到新的脑部核磁共振图像上没有标示脑肿瘤区域，则说明做脑部核磁共振的患者属于健康。可见，采用本申请目前的方法可以说明做脑部核磁共振的患者的健康状况，即本申请满足（1）以有生命的人体或动物体为对象；（2）以获得疾病诊断结果或健康状况为直接目的。其次，根据《专利审查指南》第二部分第一章第4.3.1节中对于"诊断方法"的定义为"为识别、研究和确定有生命的人体或动物体病因或病灶状态的过程"，脑部核磁共振图像上标示有边界优化后的脑肿瘤区域属于确定病灶状态的过程。最后，本申请的方法可以辅助医生快速的找到肿瘤区域，从立法本意上来说，本申请的方法干涉或影响到"医生在诊断和治疗过程中应当有选择各种方法和条件的自由"。综上，本申请属于疾病的诊断方法。

观点2

其一，根据本申请的背景技术，为解决现有技术中脑肿瘤图像的分割的缺陷，本申请采用神经网络对脑部核磁共振图像进行分割，得到背景标签BG、水肿组织标签ED、增强组织标签EC、非增强组织标签NE、坏疽组织标签NC的分割结果，因此本申请实质上为图像分割方法。其二，本申请处理的脑部核磁共振图像已经含有脑肿瘤的位置和区域信息，即输入的图像是已知健康状态的，因此，利用本申请的方法是将已知有脑肿瘤的图像进行区域的边界分割。综上，本申请不属于疾病的诊断方法。

（三）案例分析

《专利审查指南》第二部分第一章第 4.3.1.1 节"属于诊断方法的发明"规定"判定一项与疾病诊断有关的方法如果同时满足以下两个条件"，则属于疾病的诊断方法，不能被授予专利权：

（1）是指以有生命的人体或者动物体为对象；

（2）以获得疾病诊断结果或健康状况为直接目的。

《专利审查指南》第二部分第一章第 4.3.1.2 节关于"不属于诊断方法的发明"中列举了不属于诊断方法的例子包括"直接目的不是获得诊断结果或健康状况，而只是从活的人体或动物体获取作为中间结果的信息的方法，或处理该信息（形体参数、生理参数或其他参数）的方法"。

就本案而言，本申请权利要求 1 请求保护一种基于深度神经网络的 MRI 脑肿瘤图像自动优化方法，在其特征部分明确限定了处理对象为"脑部核磁共振图像"，经神经网络对其进行图像处理，处理的输出结果为"新的脑部核磁共振图像，新的脑部核磁共振图像上标示有边界优化后的脑肿瘤区域"。

其一，从该方法的内容可以看出，其步骤由计算机实施，实质上是一种信息处理方法，通过神经网络算法对脑部核磁共振图像进行图像处理，整个过程并没有也不需要医生的参与。其二，该方法的处理结果"新的脑部核磁共振图像上标示有边界优化后的脑肿瘤区域"只能为医生更准确地从核磁图像中分割出肿瘤区域以对治疗方法的规划和病情分析提供参考，并不能据此直接得出具体病人或对象疾病的诊断结果。在实际医疗活动中，医生需要汇总各种检查数据，才能给出确定的诊断结果。因此，可以认为该方法是通过计算机对核磁图像进行处理以辅助医生诊断脑部肿瘤，其直接目的不是获得诊断结果或健康状况，而是为了获得处理信息参数的"中间结果"，不属于《专利法》第二十五条第一款第（3）项规定的疾病诊断方法。

（四）案例启示

现在越来越多的计算机技术被用于医疗领域，极大地促进了诊断的准确性，提高了医疗的效率。计算机提供的结果，往往是利用大数据、人工智能或图像处理技术进行处理、分析和比较，获得的结果目的在于为医生提供更准确地诊断疾病和制定治疗方案提供参考。对于具体病人或对象来说，如果没有医生的专业分析和确认，一般情况下不能仅仅依据计算机提供的结果直接得出疾病的诊断结论或确定其健康状况。因此，如果一项发明，其本质是一种利用计算机进行信息处理的方法，在实施过程中并不需要医生的参与，那么其得出的处理结果仅能够被认为是获得辅助医生进行诊断的"中间结果"，而不能被认定为最终的疾病的诊断结果。

第九节 涉及数据处理的客体判断

随着计算机技术的不断发展，产生了大量的数据，对这些数据的处理影响着社会生产和社会生活的各个领域。数据处理就是从大量杂乱无章的数据中抽取出有价值、有意义的数据。数据处理技术的发展及其应用，对社会的发展起到了关键的作用。因此，涉及数据处理的专利申请也越来越多。

一、基本原则

《专利审查指南》第二部分第一章第2节的规定：未采用技术手段解决技术问题，以获得符合自然规律的技术效果的方案，不属于《专利法》第二条第二款规定的客体。

对于在申请文件及权利要求中涉及"数据处理"的专利申请，不能直接根据数据处理本身判断权利要求记载的方案是否属于专利保护的客体，而是应结合权利要求记载的方案从整体上进行考量，判断方案中提及的手段是否是技术手段，是否产生了技术效果，是否使方案解决了技术问题。

二、典型案例

案例1-9-1：数据处理方法和系统

（一）相关案情

本申请涉及数据处理技术领域，尤其涉及一种数据处理方法和系统。

1. 本申请的技术方案

通常对数据进行处理时，数据是连续产生的，但处理却是离散的。相关技术中，是将连续的数据切成段，对每一段独立地进行处理，每个时间周期内仅处理当前时间周期的数据，但是，这种方式会导致处理结果不准确。

本申请要解决现有数据处理结果不准确的技术问题。

本申请提供一种数据处理方法，包括以下步骤：

S11：获取当前处理的数据，所述当前处理的数据包括已结束时间周期产生的待定数据和当前时间周期的数据，其中，所述待定数据是在已结束时间周期内未得到确定状态的连续性数据。

本实施例以离散处理为例，因此，在进行数据处理时是以每个时间周期为单位进行处理。

每个时间周期例如是一天。

以时间周期是一天为例，假设当前时间周期是今天，已结束时间周期包括昨天以及昨天之前的时间。以已结束时间周期是昨天为例，则在今天进行处理时，可以获取昨天产生的待定数据以及今天的数据。

本实施例以连续性数据为例，连续性数据是指在不同的时间周期内进行连续记录的数据。以已结束时间周期是上一时间周期为例，例如，对应当前时间周期和上一时间周期，记录的数据21是连续性的。

待定数据是指未得到确定状态的数据。例如，以计算车辆超速时长为例，由于在没有遇到不超速的数据之前，不能确定超速时长，因此，如果昨天记录的数据（时间点及时间点上的车速采样）包括 (T_1, V_1)、(T_2, V_2)、…(T_n, V_n)，假设在昨天最后记录的数据 (T_n, V_n) 内都没有遇到不超速的车速，则 (T_1, V_1)、(T_2, V_2)、…(T_n, V_n) 属于待定数据。上一时间周期中可能存在部分数据是待定数据22。

S12：对所述当前处理的数据进行数据处理，将所述当前处理的数据与预设的待检测模式进行匹配。本实施例中，以进行数据处理的模块称为数据处理模块，且数据处理模块接收数据调度模块发送的数据为例。因此，数据处理模块可以具体采用如下方式获取当前处理的数据：数据处理模块接收数据调度模块发送的当前处理的数据，其中，所述数据调度模块根据当前处理的数据流的标识，从存储模块中读取与当前处理的数据流的标识对应的数据作为当前处理的数据。

例如，在计算车辆超速时长时，可以对应每个车辆计算对应的车辆超速时长。此时，可以对应每个车辆分配一个数据流的标识，同一车辆的数据具有相同的数据流的标识，不同车辆的数据具有不同的数据流的标识。在存储模块中，可以对应存储数据流的标识与数据。假设当前要计算车辆A的车辆超速时长，则数据调度模块可以根据车辆A的数据流的标识从存储模块中读取到车辆A的数据，并将读取的数据发送给数据处理模块，由数据处理模块进行处理，以得到车辆A的车辆超速时长。

数据调度模块在发送数据时，可以根据当前处理的数据确定对应的数据处理模块，将所述当前处理的数据发送给对应的数据处理模块。例如，当前处理的数据是待定数据时，确定待定数据对应的数据处理模块，或者，当前处理的数据是当前时间周期的数据，将每个数据处理模块确定为对应的数据处理模块。

另外，数据调度模块可以根据每条当前处理的数据的产生时间，依次将每条当前处理的数据发送给对应的数据处理模块。

数据处理模块在处理数据时，不区分上一时间周期的待定数据还是当前时间周期的数据，当数据处理模块接收到数据调度模块发送的数据后，就按照数据处理模块自身的处理逻辑进行处理。数据处理模块在按自身的处理逻辑进行处理时，例如将当前处理的数据与预设的待检测模式进行匹配。其中，待检测模式可以根据需要设置，例如，在需要检测车辆超速时长时，可以将待检测模式设置为超速的速度阈值。

当获取到当前处理的数据时，可以将当前处理的数据中的车速与设置的速度阈值进行比较，得到匹配结果。例如，如果当前处理的数据中的车速大于或等于速度阈值，则得到的匹配结果是当前处理的数据是符合待检测模式的数据；如果当前处理的数据中的车速小于速度阈值，则得到的匹配结果是当前处理的数据是不符合待检测模式的数据；

S13：在匹配得到符合待检测模式的数据时，缓存符合待检测模式的数据。例如，匹配得到包括超速的数据时，则缓存包括超速的数据；

S14：在当前时间周期结束时，没有匹配得到不符合待检测模式的数据，将缓存中的数据确定为当前时间周期的新产生的待定数据，并将所述新产生的待定数据作为下一时间周期的待处理的数据。例如，在当前时间周期结果，没有匹配得到不超速的数据，则将缓存中保存的包括超速的数据确定为当前时间周期新产生的待定数据，并作为下一时间周期的待定数据。

本申请通过获取已结束时间周期产生的待定数据，可以在当前时间周期内进行数据处理时，将当前时间周期与已结束时间周期进行结合，切断的信息又被连接起来，从而可以使用完整的数据进行处理，提高处理结果的准确性。

2. 权利要求的相关内容

1. 一种数据处理方法，其特征在于，包括：

获取当前处理的数据，所述当前处理的数据包括已结束时间周期产生的待定数据和当前时间周期的数据，其中，所述待定数据是在已结束时间周期内未得到确定状态的连续性数据；

对所述当前处理的数据进行数据处理，将所述当前处理的数据与预设的待检测模式进行匹配；

在匹配得到符合待检测模式的数据时，缓存符合待检测模式的数据；

在当前时间周期结束时，没有匹配得到不符合待检测模式的数据，将缓存中的数据确定为当前时间周期的新产生的待定数据，并将所述新产生的待定数据作为下一时间周期的待处理的数据。

（二）争议焦点

本申请的争议焦点在于：权利要求1请求保护的方案是否符合《专利法》第二条第二款关于保护客体的规定。

针对以上问题，存在两种不同的观点：

观点1

本申请权利要求属于《专利法》第二条第二款规定的客体。在权利要求中已经限定采用了"将所述当前处理的数据与预设的待检测模式进行匹配""缓存符合待检测模式的数据"的特征，该特征利用了计算机对数据进行处理，属于技术手段。因此，本案属于《专利法》第二条第二款规定的保护客体，其利用了自然规律对带有时间属性的数据进行匹配处理，并能够达到对完整的数据进行处理以提高处理的准确性的技术效果。

观点2

本申请权利要求不属于《专利法》第二条第二款规定的客体。权利要求1中虽然采用了"缓存"等手段，但其仅是利用计算机作为载体进行的数据处理，并未对计算机的外部对象或者内部对象的处理方式有所改进，其针对的外部对象仅限定为带有时间属性的数据，而并未限定具体应用的领域。因此，其并未解决具体的技术问题，属于不授权的客体。

（三）案例分析

根据《专利审查指南》第二部分第一章第 2 节的规定：未采用技术手段解决技术问题，以获得符合自然规律的技术效果的方案，不属于《专利法》第二条第二款规定的客体。

本申请权利要求限定的技术方案属于数据处理领域，其能够解决现有技术中连续数据采用离散的方式进行处理，处理结果不准确的问题，属于技术问题，且在权利要求中采用了"将所述当前处理的数据与预设的待检测模式进行匹配""缓存符合待检测模式的数据"的技术手段，因此整体利用了自然规律去解决技术问题，达到了对数据进行完整处理，提高处理准确性的技术效果，因此本申请权利要求属于《专利法》第二条第二款规定的客体。

（四）案例启示

在判断权利要求请求保护的方案是否属于《专利法》第二条第二款规定的客体时，要准确判断权利要求限定的方案是否限定了具体的应用领域，在判断是否采用技术手段解决技术问题时，要根据权利要求整体限定的方案进行考量。

案例1-9-2：一种基于散点图的数据质量检测方法及系统

（一）相关案情

本申请涉及数据领域，尤其涉及一种基于散点图的数据质量检测方法及系统。

1. 本申请的技术方案

散点图又称散点分布图，是以一个变量为横坐标，另一变量为纵坐标，利用散点（坐标点）的分布形态反映变量统计关系的一种图形。其特点是能直观表现出影响因素和预测对象之间的总体关系趋势；其优点是能通过直观醒目的图形方式反映变量间关系的变化形态，以便决定用何种数学表达方式来模拟变量之间的关系。散点图不仅可传递变量间关系类型的信息，而且能反映变量间关系的明确程度。简单的散点图只能表征少量的数据，在数据量巨大情况中会遇到显示的点太多，响应速度异常慢等一系列问题。同时简单的散点图只是个展示工具，没有交互功能，不能查看数据的具体情况，也不具备数据纠错的能力。因而需要一种基于散点图展示二维数据分布情况，并具对异常数据进行分析、纠错功能的方法。

本申请提供一种基于散点图的数据质量检测方法，包括以下步骤：

步骤S110：定义数据格G_{xy}，并对多种趋势线进行拟合；

步骤S111：定义数据格G_{xy}，对数据源进行扫描；

在本发明实施例中，为了解决简单散点图只能表征少量数据的分布形态，且当简单散点图展示数据量巨大时无法在一个图形中展示出所有的点，因此本发明将对散点图进行扩展，扩展后的散点图中的某一个点将不再对应一个具体的记录点，而是满足$\{x_1 \leq x < x_2, y_1 \leq y < y_2\}$的所有记录点的集合：数据格$G_{xy}$。对数据格$G_{xy}$进行如下定义：

定义$G_x\{x_1, x_2\}$为$G\{(x,y)|x_1 \leq x < x_2\}$，简称$G_x$，即所有满足$x_1 \leq x < x_2$的点$(x, y)$；

定义$G_y\{y_1, y_2\}$为$G\{(x,y)|y_1 \leq y < y_2\}$，简称$G_y$，即所有满足$y_1 \leq y < y_2$的点$(x, y)$；

定义数据格 G_{xy} 为 $G\{G_x, G_y\}$，即同时满足 G_x 和 G_y 的点；

步骤 S112：对数据源进行读取，并分析存储的数据，修正 X 轴展示刻度。

对数据进行读取前需要对数据源进行配置，包括配置数据来源依据自变量 X 和因变量 Y。然后扫描数据源，获取 Y 值的分布情况和变量 X、Y 的最小值和最大值，计算出 X、Y 的取值区间，依据取值区间对最小值、最大值进行修整，依据 X 的取值区间计算出 X 轴的 4 种展示刻度。根据每条记录的 X、Y 值 x 和 y，计算出 x、y 对应所处的数据格 G_{xy}，并且分析存储的数据，修正 X 轴展示刻度，如果某个小级别的刻度中有效的 G_x 数量（G_x 中记录数大于 0 则称该 G_x 有效）小于上级的有效 G_x 数量的 2 倍，则删除该刻度。删除该刻度的原因是当放大到该级别时，信息增加的并不多，实际数据明细并没有得到有效的放大。确定保留的有效展示刻度中最大的为初始展示的刻度；

步骤 S113：对每个有效展示刻度的每个有效数据格 G_{xy}，依据总记录数和总和计算出 X、Y 平均值。

步骤 S114：对每个有效展示刻度的每个 G_x，计算 X 的总平均值和所有 G_y 总的平均值，并根据总平均值对每种趋势线进行拟合；

趋势线种类包括：

直线：$y=a+bx$；

对数曲线：$y=a+b\ln(x+1)$；

指数曲线：$y=k+ab^x$；

二次曲线：$y=a+bx+cx^2$；

龚柏兹曲线：$y=kab^x)$；

逻辑曲线：$y=1/(k+ab^x)$；

周期曲线：$y=ax+b\sin(cx+d)$。

步骤 S120：采用散点图展示数据，根据数据的实际趋势选择趋势线进行展示；

在本发明一个实施例中，用散点图的方式来展示处理后的数据，处理后的数据中每个数据格代表散点图中的一个点，对于数据格 $\{[x_1, x_2], [y_1, y_2]\}$，点的位置为 $\{(x_1+x_2)/2, (y_1+y_2)/2\}$，点的大小依据该数据格内包含的记录数而定。采用散点图展示数据信息至少包括：数据散点信息、所有 G_x 均值线和拟合出的趋势线等。在本发明一个实施例中，根据数据的实际趋势选择趋势线包括：在散点图上显示趋势线的种类，根据数据实际趋势进行选择；当拟合出的趋势线参数不满足当前数据显示时，可进行手工调整趋势线的参数；其中，调整方式可在散点图中直接修改趋势线公式或者对每个参数支持鼠标拖动修改，可在散点图中实时展示鼠标拖动修改时趋势线变化情况；

步骤S130：根据确定好的趋势线类型和参数生成数据质量规则。

在本发明一个实施例中，生成数据质量规则包括：假设趋势线为$y=f(x)$，即对某个x值，根据趋势线可计算出目标值y；给目标值设定一个阀值生成数据质量规则；其中，阀值的设定可为绝对值或者百分比方式。假设趋势线为$y=f(x)$，即对某个x值，根据趋势线可计算出目标值y，给目标值一个合理的浮动范围（阀值），则构成数据质量规则。浮动范围有两种定义方式，一种是绝对值，如定义上限为50，下限为40，则当目标值为200时，实际值在区间[160,250]内都是合理的。另一种方式是百分比，如上下限都是20%且目标值为200时，实际值在区间[160,240]内都是合理的。数据规则定义好后可以保存到规则库中，以后需要时可直接从规则库中取出相应的规则使用；

步骤S140：选取适当的数据质量规则，根据阀值进行数据质量检测。

在本发明一个实施例中，数据质量检测包括：根据散点图中数据展示的实际情况选取合适的数据质量规则，针对每个输入数据(x, y)，根据所述规则的趋势线技术计算出x对应的目标值y'；设定阀值的大小或者百分比，计算出目标值的合理区间进行判断实际值y的数据质量情况。假设数据规则的趋势部分为$y=37.9+20x/1000$，阀值部分为百分比20%。对于输入数据（10000, 213），可计算出目标值为37.9+20×10/1000=237.9，合理区间为[237.9×0.8,237.9×1.2] = [190.32, 285.48]，实际值213属于该区间，则数据（10000,213）是合理数据。同理可判定（32000,511）是异常数据；

本申请通过定义数据格G_{xy}来存储数据，并利用散点图来展示数据，并根据已确定的趋势线来生成数据质量规则，进而根据该规则设定阀值进行数据质量检测，实现了数据量巨大情况下对数据的展示和异常数据分析、数据纠错等应用。

2. 权利要求的相关内容

1. 一种基于散点图的数据质量检测方法，其特征在于，所述方法包括以下步骤：

定义数据格 G_{xy}，并对多种趋势线进行拟合；其中，通过设定散点图所在坐标系中横纵坐标值的范围，将散点图中坐标值落入设定范围内的点的集合作为所述数据格 G_{xy}；

采用散点图展示数据，根据数据的实际趋势选择趋势线进行展示，在散点图上显示趋势线的种类，根据数据实际趋势进行选择，当拟合出的趋势线参数不满足当前数据显示时，进行手工调整趋势线的参数；其中，调整方式是在散点图中直接修改趋势线公式；

根据确定好的趋势线类型和参数生成数据质量规则；

选取适当的数据质量规则，根据阈值进行数据质量检测。

（二）争议焦点

本申请的争议焦点在于：权利要求 1 请求保护的方案是否符合《专利法》第二条第二款关于保护客体的规定？

针对以上问题，存在两种不同的观点：

观点 1

本申请权利要求不属于《专利法》第二条第二款规定的客体。方案本身涉及数据处理，并未有具体的应用领域，因此其领域并非是技术领域。虽然权利要求中存在"手工调整趋势线的参数"等特征，但是该方案整体上并未解决技术问题，当前权利要求 1 不符合《专利法》第二条第二款关于保护客体的规定。

观点 2

本申请权利要求属于《专利法》第二条第二款规定的客体。在权利要求中已经限定采用了"定义数据格""手工调整趋势线的参数"等特征，属于技术手段，并能够达到扩展显示点、检测异常数据的技术效果，因此本申请权利要求属于《专利法》第二条第二款规定的客体。

（三）案例分析

根据《专利审查指南》第二部分第一章第 2 节的规定：未采用技术手段解决技术问题，以获得符合自然规律的技术效果的方案，不属于《专利法》第二条第二款规定的客体。

"数据领域""数据处理领域"是否属于技术领域，不能简单、机械地判断，而是应结合权利要求记载的方案从整体上进行考量。对于算法相关发明专利申请，应避免对于作为基础性工具的数学方法和数据理论进行授权，导致数学方法和数据理论的无边界性垄断，从而限制了其在各个领域的应用。

对此类案件在进行客体判断时，不应仅依据方案中出现的个别技术词汇就机械认定包含这些技术词汇的手段属于技术手段，而是要从方案整体上去理解发明，判断方案中提及的各手段在实现方案的过程中是否产生了技术效果，是否使方案解决了技术问题。

本申请要解决的问题是现有散点图只能处理少量数据且无法进行异常数据分析和纠错，属于技术问题；采用了定义数据格、手动调整参数等技术手段，达到了扩展显示点、检测异常数据的技术效果。因此，本申请请求保护的方案属于技术方案。

（四）案例启示

在判断权利要求限定的方案是否限定了具体的应用领域，应结合权利要求记载的方案从整体上进行考量，不能简单从权利要求的字面意思上直接判断方案没有具体的应用领域，避免错误得出方案不符合《专利法》第二条第二款关于保护客体的规定。

第十节　总　　结

以上九节分别从算法模型、大数据、数学方法、工业生产、图像处理、软件使用、商业方法、疾病的诊断与治疗、数据处理等多个典型方面，以实际案例为基础，探讨了在评判方案是否符合专利法保护的客体要求时，不同领域需要考量的原则和要素。而上述九个部分仅列举了在客体判断实践过程中的常见类型，对于不同领域、不同类型的专利申请案件，将秉承《专利法》第二条第二款、第五条、第二十五条的规定，遵照《专利审查指南》有关技术三要素的相关规定，依法进行评判。

第二章

创造性审查

发明专利申请的创造性判断一直以来是发明专利实质审查实践中最为重要，也是最为难以解决的问题。《专利法》第二十二条第三款规定了："创造性，是指与现有技术相比，该发明具有突出的实质性特点和显著的进步。"《专利审查指南》则在第二部分第四章进一步明确了"发明有突出的实质性特点"，是指对所属技术领域的技术人员来说，发明相对于现有技术是非显而易见的。如果发明是所属技术领域的技术人员在现有技术的基础上仅仅通过合乎逻辑的分析、推理或者有限的试验可以得到的，则该发明是显而易见的，也就不具备突出的实质性特点。"发明有显著的进步"，是指发明与现有技术相比能够产生有益的技术效果。例如，发明克服了现有技术中存在的缺点和不足，或者为解决某一技术问题提供了一种不同构思的技术方案，或者代表某种新的技术发展趋势。

在实质审查实践中，为了使得创造性的评判标准尽可能客观，《专利审查指南》第二部分第四章第 3.2.1.1 节指出，判断要求保护的发明相对于现有技术是否显而易见，通常可按照以下三个步骤（俗称"三步法"）进行：（1）确定最接近的现有技术；（2）确定发明的区别特征和发明实际解决的技术问题；（3）判断要求保护的发明对本领域的技术人员来说是否显而易见。本章将沿以"三步法"的判断思路，分别从"现有技术的事实认定、发明实际解决的技术问题的确定、技术启示的判断以及公知常识的认定"等方面来探讨在判断发明是否具备创造性时，应当考虑的因素。

第一节　现有技术的事实认定

对现有技术的事实认定，是创造性评判的起始点。具体用以评判创造性的现有技术称之为对比文件。

一、基本原则

《专利审查指南》第二部分第三章第 2.3 节规定，"引用对比文件判断发明或者实用新型的新颖性和创造性等时，应当以对比文件公开的技术内容为准。该技术内容不仅包括明确记载在对比文件中的内容，而且包括对于所属技术领域的技术人员来说，隐含的且可直接地、毫无疑义地确定的技术内容。对比文件中包括附图的，也可以引用附图。但是，审查员在引用附图时必须注意，只有能够从附图中直接地、毫无疑义地确定的技术特征才属于公开的内容，由附图中推测的内容，或者无文字说明、仅仅是从附图中测量得出的尺寸及其关系，不应当作为已公开的内容"。

二、典型案例

案例 2-1-1：太阳能电池模块

（一）相关案情

本案涉及一种太阳能电池模块。

1. 本申请的技术方案

现有的一种太阳能模块，向外部提取太阳能电池的电力的端子盒被安装到太阳能电池模块的外壳的后表面。在该盒体中，容纳连接到太阳能电池模块的输出导体的端子台座和连接到端子台座以向外部部分提取电力的电缆的端侧。在太阳能电池模块的输出导体连接到端子台座之后，盒体充注密封材料。

在端子盒在外壳的后表面的方向上打开的状态下安装通常的端子盒。相应地，在设置在外壳中的太阳能电池模块的输出导体通过在外壳的后表面和端子盒的相对表面中形成的开口部分而被引导到外壳的后侧中的端子盒的内部部分之后，输出导体需要连接到端子台座。此外，在全部外壳朝向后侧的状态下执行密封材料的充注操作，是一件比较麻烦的事情。如上所述，存在改进端子盒通常安装操作的空间。

本申请涉及一种太阳能电池模块，其通过对端子盒的开口结构进行改进，使得在盒体安装到外壳的状态时，盒体的端子容纳部的开口（图2-1所示，第二开口）通过外壳的安装开口部（图2-1所示，第一开口）面向外壳的内部部分，进而使得封装材料注射到端子容纳部中时，注射操作和太阳能电池模块的输出导体到端子接头的连接操作能够从同一方向执行，提高作业的便利性。

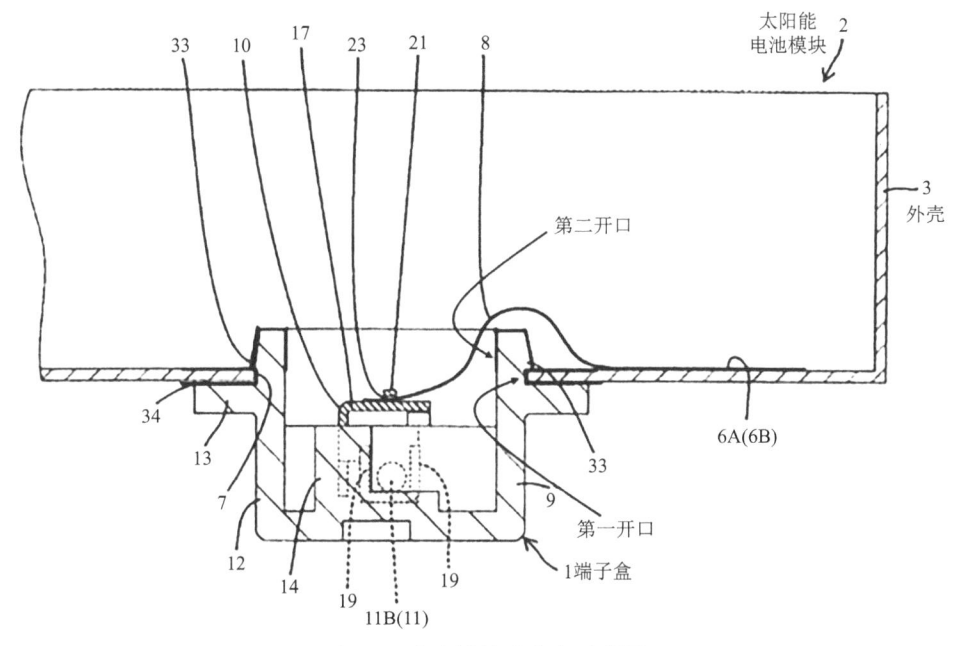

图2-1 本申请技术方案示意图

太阳能电池模块2设置有外壳3，所述外壳利用金属制成的薄板材料来形成。外壳3形成为向上开口、并且在上表面侧中打开的方盒形状。外壳3的上表面开口被图中未示出的聚光板关闭。聚光板包括太阳光在其上会聚的多个菲涅耳透镜。

外壳3的底板上布置有多个太阳能电池4。太阳能电池4分别被排列布置在通过聚光透镜来会聚太阳光的位置处。此外，太阳能电池4的电极分别被多条导电路径5连接到一起，所述导电路径5排列为在同一方向上延伸。导电路径5的两端分别被电极板6A和6B连接到一起，该电极板6A和6B在以直角与导电路径5交叉的方向上延伸。

在外壳 3 的底板上，在各个导电路径 5 的布置方向上的、更靠近电极板 6A 和 6B 的中央部处，设置有用于安装端子盒 1 的一对安装开口部 7，并且所述一对安装开口部 7 形成为穿过外壳 3 的后表面侧。更具体地，这两个安装开口部 7 在被夹持于相邻的导电路径 5 之间的位置处打开。此外，如图 2-1 中所示，输出导体 8 从电极板 6A 和 6B 一体地延伸，以允许其端部侧突出到安装开口部 7。

端子盒 1 中的一个用作连接到作为阳极侧的电极板 6A 的正侧端子盒 1。端子盒中的另一个用作连接到作为阴极侧的电极板 6B 的负侧端子盒 1。任何端子盒 1 均包括盒体 9、容纳在盒体 9 中的端子接头 10 和电缆 11，所述电缆 11 具有容纳在盒体 9 中的端部，并且从盒体 9 拉出。

盒体 9 利用合成树脂形成，并且形成为朝着上表面侧（与外壳 3 的底板的外表面对向的一侧）打开。盒体 9 与矩形管状的端子容纳部 12 和凸缘边 13 一体形成，端子容纳部 12 容纳端子接头 10 和电缆 11 的端部，凸缘边 13 形成为在端子容纳部 12 的外壁表面上突出。端子台 14 一体形成为在端子容纳部 12 中的底表面上突出。

端子接头 10 与导电金属板一体地形成。端子接头 10 包括用于连接到电缆 11 的电缆连接部 15、用于安装到端子台 14 的安装部 16 和用于连接到输出导体 8 的导体连接部 17。安装部 16 形成为矩形板状，并且在纵向方向（沿着板表面的方向）上插入端子台 14。安装部 16 通过连接件 18 连续地连接到电缆连接部 15。连接件 18 从安装部 16 的侧边缘朝向电缆 11 侧突出，然后基本以直角弯曲，以便以直角与电缆 11 的轴线交叉，并且从其下边缘朝向电缆 11 侧基本以直角弯曲，并且连接到电缆连接部 15。

对竖立件 19 形成为彼此对向，并且从电缆连接部 15 的两个侧边缘竖立。在电缆 11 的端部露出的芯线 11B 在两个竖立件 19 之间受到引导，并且通过焊接连接在两个竖立件 19 之间。在本示例性实施例中，在电缆连接部 15 的两个侧边缘上的、与两个竖立件 19 相邻的位置处沿着宽度方向分别形成有一对切口槽 20。所述两个切口槽 20 被设置为在挤压加工时易于使得两个竖立件 19 立起。

导体连接部 17 从安装部 16 的上边缘基本以直角弯曲，以具有基本水平位置。在导体连接部 17 的中央部，形成有用于连接到输出导体 8 的插入件 21。插入件 21 形成为在基本以直角与输出导体 8 的延伸方向交叉的方向上延伸的双臂

形 (inboard shape)。即，插入件 21 以如下方式形成：使得在导体连接部 17 的中央部处被切开的一对狭缝 22 之间的部分从下表面侧向上伸出。因此，在端子接头 10 的侧视图中，输出导体 8 能够插入其中的插入孔 23 形成在导体连接部 17 的上表面和插入件 21 之间。

2. 权利要求的相关内容

1. 一种太阳能电池模块，包括：外壳，所述外壳包括壁；树脂盒体，所述盒体安装到所述外壳，并且包括端子容纳部，端子台一体地形成为在所述端子容纳部的底表面上突出；电缆，所述电缆被构造成与外部部分相连，所述电缆的端部延伸进入所述盒体；和端子接头，所述端子接头被容纳在所述端子容纳部中，并且连接到所述电缆和输出导体，所述端子接头的安装部插入到形成在所述端子台的上表面上的插入凹槽中，在所述插入凹槽的两个彼此相对的侧表面上形成有沿着所述端子接头的插入方向突出并且延伸的肋，所述肋在平面图中形成为三角形且具有尖端；在所述插入凹槽的底表面上，形成有以规定间隔突出的支撑突起，其中：所述外壳的所述壁具有用于从所述外壳的外表面侧安装所述盒体的第一开口；所述端子容纳部包括第二开口，所述第二开口被设置在所述端子容纳部的面向所述外壳的所述壁的壁表面上，所述第二开口紧邻所述壁；并且当所述盒体安装到所述外壳时，所述第二开口通过所述第一开口面向所述外壳的内部，并且所述端子容纳部的围绕所述第二开口的一部分通过所述第一开口突入到所述外壳中。

3. 对比文件的技术方案

对比文件 1 公开了一种用于太阳能电池模块的端子盒，如图 2-2 所示，端子盒 1 安装于太阳能电池模块 7，通过对电缆和端子接头连接部的改进，使输出电缆连接紧固，安装方便。

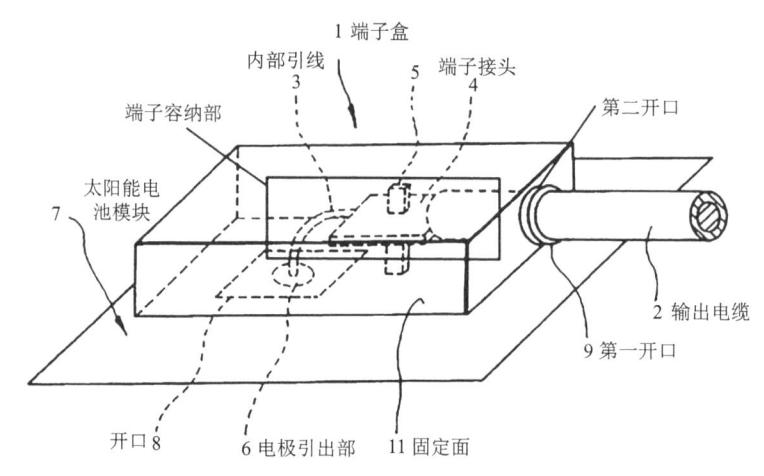

图 2-2　对比文件 1 技术方案示意图

（二）争议焦点

本申请涉及一种太阳能电池模块，其通过对端子盒的开口结构进行改进，使得在盒体安装到外壳的状态时，盒体的端子容纳部的开口（图 2-1 所示，第二开口）通过外壳的安装开口部（图 2-1 所示，第一开口）面向外壳的内部部分，进而使得封装材料注射到端子容纳部中时，注射操作和太阳能电池模块的输出导体到端子接头的连接操作能够从同一方向执行，提高作业的便利性。对比文件 1 的开口 9，其是位于端子盒 1 上侧，用于从端子盒 1 的外面安装输出电缆 2。本申请的争议焦点在于：对比文件 1 中端子盒的第一开口 9 是否对应于权利要求 1 的第一开口，将紧邻开口 9 和端子盒 1 的部件是否对应于权利要求 1 的第二开口？

（三）案例分析

对比文件 1 的开口 9，其是位于端子盒 1 上侧，用于从端子盒 1 的外面安装输出电缆 2，并非位于太阳能电池模块的外壳的壁，也不能用于从外壳的外表面侧安装盒体。也就是说开口 9 的位置和作用与本申请的第一开口均不相同，不能视为权利要求 1 的第一开口。

图 2-2 所示紧邻开口 9 和端子盒 1 的部件，虽然也设置在端子容纳部上，但其是位于端子容纳部的用于安装输出电缆的壁表面（图 2-2 所示的端子盒 1 的侧

壁），而不是位于端子容纳部面向太阳能电池模组 7 的外壳的壁表面（图 2-2 所示端子盒 1 的底壁），而且端子容纳部的围绕该部件的一部分（图 2-2 所示的端子盒 1 的侧壁的一部分）没有通过开口 9 突入到太阳能电池模组 7 的外壳中。紧邻开口 9 和端子盒 1 的部件的位置和作用与权利要求 1 的第二开口均不相同。实际上，对比文件 1 并没有公开第二开口。

此外，本申请正是通过第一开口和第二开口的设置，使在安装状态时，接线盒的端子容纳部的开口（即第二开口）通过安装开口部（即第一开口）面向外壳的内部部分，当封装材料注射到端子容纳部中时，注射操作和太阳能电池模块的输出导体到端子接头的连接操作能够从同一方向执行，提高作业的便利性，解决了端子盒安装操作不方便的技术问题。

可见，对比文件 1 并没有公开本申请权利要求 1 的第一开口和第二开口，也不能解决如何使注射操作和太阳能电池模块的输出导体到端子接头的连接操作从同一方向执行，提高作业优良性的技术问题，也没有给出解决该技术问题的任何教导或启示。

（四）案例启示

进行三性评判时，要在充分理解本申请与对比文件的技术方案的基础上，通过对结构组成和工作原理进行仔细分析后，再做出客观的事实认定结论，避免过多的带入主观因素进行特征的简单比对和认定，从而造成事实认定错误。

案例 2-1-2：用于感应耦合等离子体腔室的气体注入装置

（一）相关案情

本申请涉及半导体刻蚀技术领域，尤其涉及一种用于感应耦合等离子体腔室的气体注入装置。

1. 本申请的技术方案

在半导体刻蚀制程中，会使用等离子体对晶元进行处理，而 ICP（inductively couple plasma）感应耦合等离子体处理是一种比较常用的方法，图 2-3 是通常的感应耦合等离子体腔室的结构示意图,线圈 2 连接高频电源 4,真空泵 5 排气使反应腔 100 成为真空腔,气体源 3 通过输气管道 104 将反应气体输送给气体注入器 102,气体注入器 102 嵌设在陶瓷的射频窗(RF window)101 内,气体注入器 102 上开设若干联通输气管道 104 的气孔 103,反应气体通过气孔 103 注入反应腔 100,高频电源 4 对线圈 2 施加高频电压,反应腔内的反应气体发生离子化,产生等离子体,对放置在载片台 6 上的晶元 1 进行处理。在等离子环境中,为了隔离气体注入器 102,需要在气体注入器 102 的四周设置金属屏蔽层 105,而气体注入器 102 本身的尺寸大小,也限制了气体输送区域的大小,容易造成气体输送不均匀。

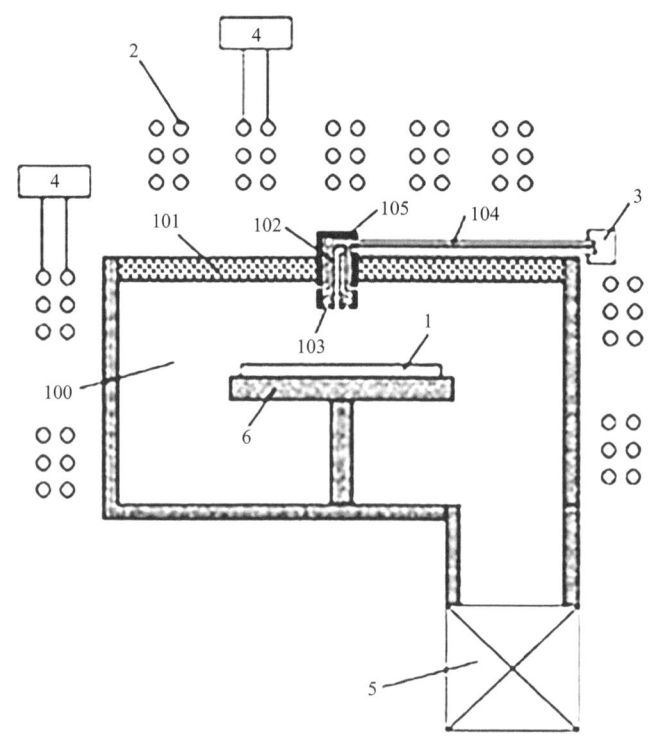

图 2-3　现有技术中感应耦合等离子体腔室结构示意图

本申请提供了一种用于感应耦合等离子体腔室的气体注入装置,气体输送区域更宽,气体输送更均匀,获得了更好的清洗效果,且无须使用金属屏蔽层,节省了工序,降低了成本。

具体结构如图2-4所示，感应耦合等离子体腔室包含反应腔100和设置在反应腔100顶部的气体注入装置，该气体注入装置通过输气管道104连接气体源3，反应腔100内设置有载片台6，载片台6用于放置待处理的晶元，反应腔100连接真空泵5，该感应耦合等离子体腔室上方和侧壁还设置线圈2，以及连接线圈2的高频电源4。其中，反应腔侧壁采用铝等金属材料，并且电接地以屏蔽反应腔内的射频电磁场。

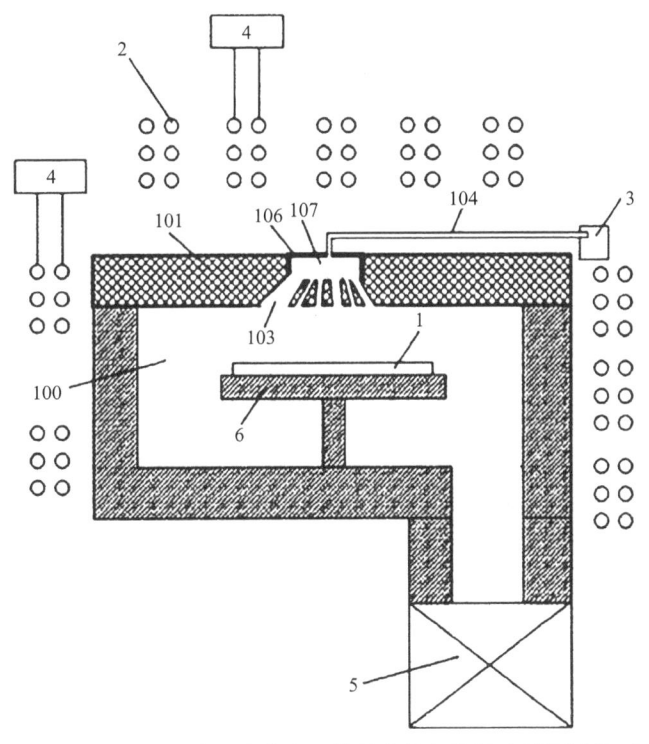

图 2-4　本申请用于感应耦合等离子体腔室的气体注入装置结构示意图

该气体注入装置包含射频窗101以及设置在射频窗下表面的气孔阵列组，该气体注入装置还包含设置在射频窗上表面的一个与所述气孔阵列组联通的气体扩散空间107，利用气密板106对气体扩散空间107进行密封，气体源3通过输气管道104穿过所述气密板106向所述气体扩散空间107供应反应气体，该气孔阵列组包含若干气孔阵列，该气孔阵列包含若干气孔103。其中，射频窗101采用陶瓷材料如氧化铝或者氧化硅，在密封反应腔的同时使射频电磁场能够穿透射频窗进入反应腔，进而使通入反应腔的反应气体电离形成等离子体，气密板106采用与射频窗类似的绝缘陶瓷材料，或者聚合物绝缘材料在实现气密的同时不会影响射频电磁场能量馈入反应腔室。

本申请省略了气体注入器，直接在射频窗上开气孔，气体输送区域更宽，气体输送更均匀，获得了更好的清洗效果，且无须使用金属屏蔽层，节省了工序，降低了成本。

2. 权利要求的相关内容

1. 一种用于感应耦合等离子体腔室的气体注入装置，该气体注入装置设置在感应耦合等离子体腔室顶部，该感应耦合等离子体腔室包含反应腔（100）和设置在反应腔（100）顶部的气体注入装置，该气体注入装置通过输气管道（104）连接气体源（3），反应腔（100）内设置有载片台（6），载片台（6）用于放置待处理的晶元，反应腔（100）连接真空泵（5），该感应耦合等离子体腔室上方或侧壁还设置线圈（2），以及连接线圈（2）的高频电源（4），其特征在于：

该气体注入装置包含射频窗（101）以及设置在射频窗下表面的第一气孔阵列，射频窗（101）采用陶瓷材料，在密封反应腔（100）的同时使射频电磁场能够穿透射频窗（101）进入反应腔（100），第一气孔阵列以直接在射频窗（101）上开孔的方式形成，该气体注入装置还包含设置在射频窗上表面的一个与所述第一气孔阵列联通的第一气体扩散空间（107），利用第一气密板（106）对第一气体扩散空间（107）进行密封，气体源（3）通过输气管道（104）穿过所述第一气密板（106）向所述第一气体扩散空间（107）供应反应气体，该第一气孔阵列包含若干气孔（103）。

3. 对比文件的技术方案

针对本申请检索到两篇对比文件，即对比文件1和对比文件2。

对比文件1公开了一种电浆刻蚀装置，其要解决的技术问题是如何克服现有技术中包括上下两个腔室的电浆刻蚀装置无法实现均一的对任何基板进行刻蚀的问题。

具体结构如图2-5所示。电浆蚀刻装置1包括：具有闭塞空间的处理腔室11；基台16，其配置于处理腔室11内，且载置有作为蚀刻对象的基板K；气体

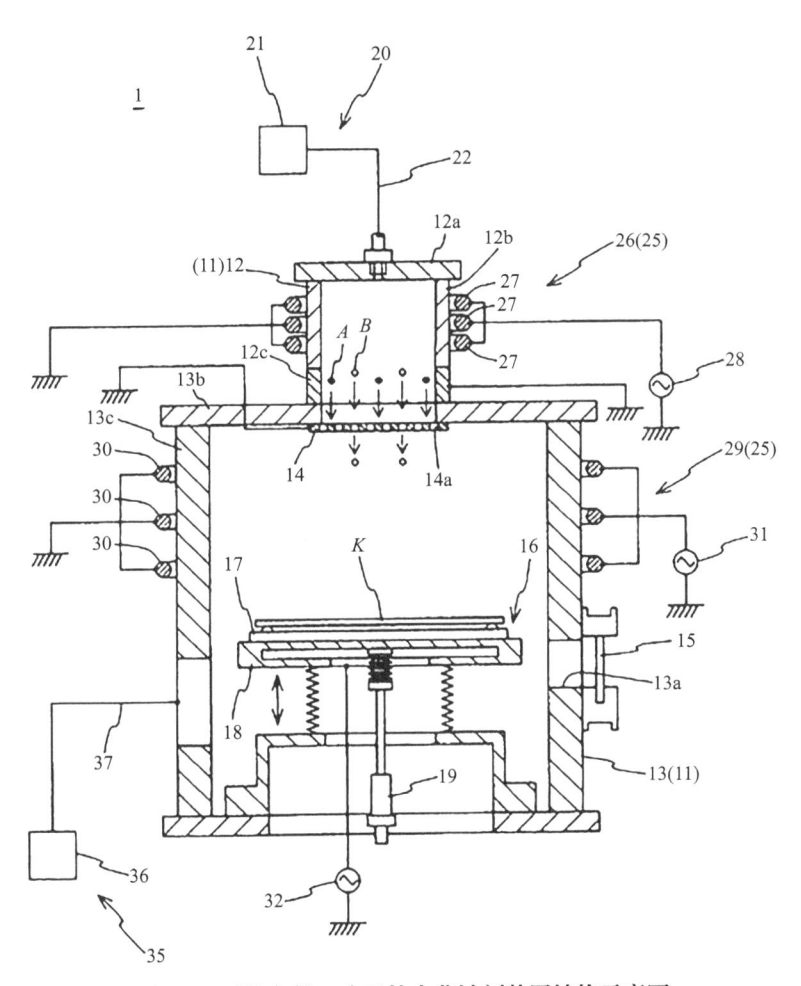

图 2-5 对比文件 1 公开的电浆蚀刻装置结构示意图

供给装置 20，其将蚀刻气体（处理气体）供给至处理腔室 11 内；电浆生成装置 25，其将供给至处理腔室 11 内的蚀刻气体电浆化；高频电源 32，其将高频电力供给至基台 16；以及对处理腔室 11 内的压力进行减压的排气装置 35。处理腔室 11 通过上腔室 12 以及下腔室 13 而形成为上下两部分的构成，上腔室 12 的下表面形成开口，下腔室 13 的上表面形成开口，上腔室 12 及下腔室 13 的内部空间相互连通。上腔室 12 的外径形成得小于下腔室 13 的外径，该上腔室 12 配设于下腔室 13 的上表面中央部。于上述下腔室 13 的顶板面设置有接地的平板状构件（离子除去构件）14，该平板状构件 14 将处理腔室 11 的内部空间分隔为上腔室 12 侧的空间与下腔室 13 侧的空间，该平板状构件 14 包括贯通于表背的多个贯通孔 14a，且例如由铝等金属构成。气体供给装置 20 由供给蚀刻气体的供给部 21、与供给管 22 构成，该供给管 22 的一端连接于供给部 21、另一端连接于上腔室 12 的上部，上述气体供给装置 20 将蚀刻气体自供给部 21 经由供给管 22 而供给至上腔室 12 内。电浆生成装置 25 由第 1 电浆生成部 26 与第 2 电浆生成部 29 构成，于该电浆生成部 26、29 中，当通过高频电源 28、31 而将高频电力供给至线圈 27、30 时，于各腔室 12、13 内形成磁场，通过该磁场所引起的电场而将各腔室 12、13 内的蚀刻气体电浆化，从而生成自由基、离子及电子等。所供给的蚀刻气体的一部分经电浆化而自上腔室 12 内朝下腔室 13 内流动，经由平板状构件 14 的各贯通孔 14a 流入至下腔室 13 内，且扩散，但此时，蚀刻气体（电浆）中的离子 A 与平板状构件 14 接触而消失，未经电浆化的蚀刻气体及电浆中的自由基 B 流入至下腔室 13 内。继而，于下腔室 13 内，与上腔室 12 内同样地，将流入的蚀刻气体的一部分电浆化。另一方面，载置于下腔室 13 内的基台 16 上的基板 K 与下腔室 13 内的电浆中的自由基发生化学反应，或通过偏压电位而使电浆中的离子入射至基板 K，由此，对该基板 K 进行蚀刻。如上所述，当经电浆化的蚀刻气体通过平板状构件 14 时，蚀刻气体（电浆）中的离子与平板状构件 14 接触而消失，自由基不会消失而是直接流入至下腔室 13 内。此外，上腔室 12 的外径小于下腔室 13 的外径，上腔室 12 设置于下腔室 13 的上表面中央部。因此，于下腔室 13 内，由于自上腔室 12 内流入的自由基，基板 K 的中央部侧的自由基密度升高，而且，由于流入有上腔室 12 内的蚀刻气体，故而下腔室 13 内的电浆密度（离子密度）不发生变化。因此，若于下腔室 13 内所生成的电浆密度及自由基密度均一，则在电浆密度保持固定的状态下，可使基板 K 的中央部侧的自由基密度较基板 K 的外周部侧仅提高与自上腔室 12 内移动至下腔室 13 内的自由基相当的量。由此，于作为蚀刻对象的基板 K 主要通过自由基的化学反应而蚀刻的情形时，可将基板 K 的中央部的蚀刻速度提高至与利用负载效应的基板 K 的外周部的蚀刻速度相同的程度为止，其结果，可均一地对基板 K 的整个面进行蚀刻。另一方面，于作为蚀刻对象的基板 K 主要通过离子入射而蚀刻的情形时，可通过均一地分布的离子而以均一的蚀刻速度，均一地对基板 K 的整个面进行蚀刻。

对比文件 2 公开了一种电感耦合的电浆反应器系统，并公开了一种用于电浆处理系统中的气体注入装置，具体结构如图2-6所示。

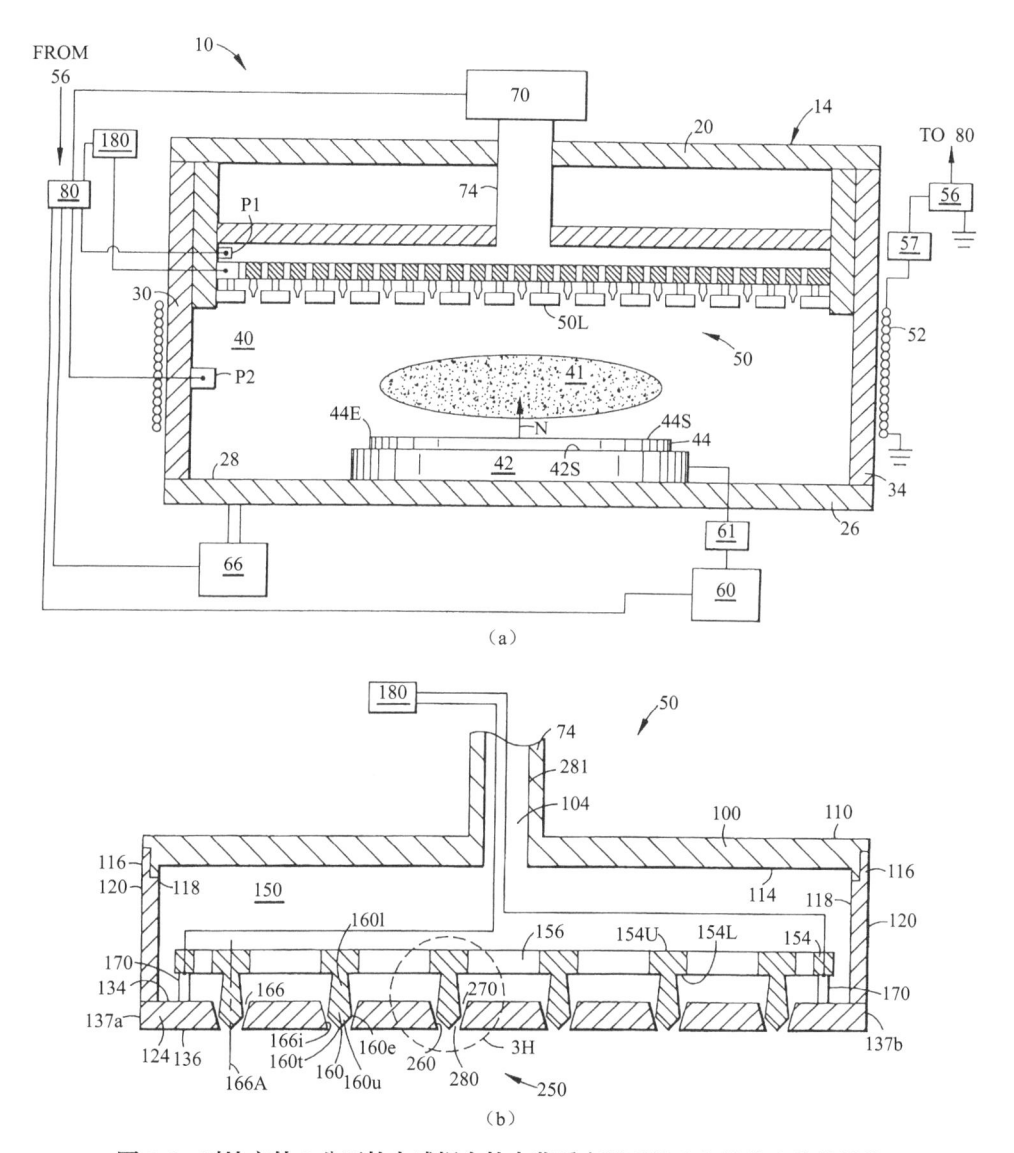

图2-6 对比文件2公开的电感耦合的电浆反应器系统及气体注入歧管结构

电感耦合的电浆反应器系统10包含电浆反应器室14，其具有上壁20，下壁26，侧壁30、34及能够容纳电浆41的室内区域40。还包括用于支撑半导体晶圆44的晶圆托盘42和气体注入歧管50。该歧管50被放置在内部区域40内，并与托盘42表面大致平行。系统10还包括RF线圈天线52，其缠绕在反应室

14 的周围且经由配接网络 57 电气连接至 RF 来源 56，用来激发并维持电浆。该系统 10 进一步包括 RF 功率来源 60，其经由配接网络 61 电气连接至晶圆托盘 42，用来偏压晶圆 44。系统 10 还包括真空帮辅系统 66 及节流阀，用来控制室内区域 40 的气体压力。此外，系统 10 还包括气体供应系统 70，其经由气体供应管路 74 与气体注入歧管 50 气动地相连通。气体注入歧管 50 包含背板 100、圆柱形的端壁 116 以及注入板 124；注入板 124 可被高能量离子所蚀刻。因此，注入板 124 的材质必需能够与特定处理相容。注入板 124 可由氧化铝或石英的介电材质制造。背板 100 的下表面及注入板 124 的上表面 134 一起界定可加压的风室 150，在风室 150 中，气体注入歧管 50 包含可自由移动的插塞板 154，其被安排在与背板 100 及注入板 124 平行且间隔开。插塞板 154 具有上表面 154U 和下表面 154L，其中，上表面 154U 面向背板 100 的下表面 114，下表面 154L 面向注入板 124 的上表面 134。插塞板 154 为大致平坦的板子且包含多个孔 156 和多个喷嘴 160，气体可通过孔 156；喷嘴 160 具有底部 160l、上部 160u 以及介于底部 160l 和上部 160u 之间的边缘部 160e。喷嘴 160 延伸至注入板 124 的孔 166 中。插塞板 154 主要用于连接所有的喷嘴 160 至共同的、坚硬的媒介，其在相对于注入板 124 移动时以相同的量来移动所有的喷嘴 160，且不会阻碍到气体在风室 150 内的运动，即压力在风室 150 内是平衡的。在操作时，气体从气体供应系统 70 经由气体供应管路 74 通过多个孔 104 而被供应至风室 150。风室 150 中的气体在压力作用下被导入且经由多个可调整的喷嘴单元 250 以可控制的方式进入电浆反应器室的室内区域 40，且被引导朝向晶圆 44 的表面。从喷嘴单元 250 流入室内区域 40 中的气体是由被控制单元 180 所控制的位移动作器 170 的动作来控制的。位移动作器 170 借由相对于注入板 124 移动插塞板 154 来改变喷嘴 160 伸入孔 166 的程度。喷嘴 160 沿着孔轴 166A 相对于喷嘴孔 166 的轴向移动可在气体出口区 280 保持相同的面积之下产生喉部 260 的面积的改变，可在保持固定的喉部 260 面积之下产生出口区 280 面积的改变，或同时产生喉部 260 面积及出口区 280 面积的改变。通过喷嘴 160 在喷嘴孔 166 内的位移所达成的上述喷嘴特征的调整可以借由调整气体质量流率及 / 或通过喷嘴单元 250 相对于邻近的喷嘴单元的气体膨胀来实现。气体出口区 280 的面积与喉部 260 的环形面积之间比率 R 界定了出口马赫数 M（局部速度对局部音速的比率）。如图 2-7 所示，喷嘴 160

的位置使得对应的面积比率 R 可以让从风室 150 流经喷嘴单元 250 至室内区域 40 的气体膨胀,此为"压力相匹配"的条件。在此压力相匹配的条件下,从气体出口区 280 出来的气体具有超音速(M 大于 1),并成为在大致平行于孔 166 的中心轴 166A 的方向上的气体喷射束 320。气体以超音速的方式引导朝向晶圆 44 时,此种气流对于将气体原子或分子移动至与晶圆表面正交且与晶圆处理期间相互作用的或然率最大化是有益的。

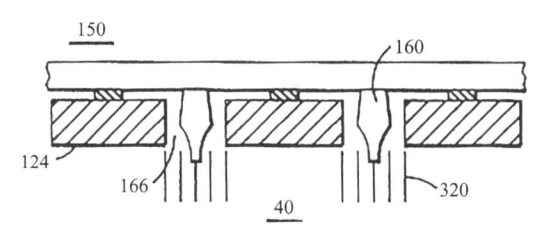

图 2-7　对比文件 2 中喷嘴所在位置的气体流示意图

(二)争议焦点

本申请通过直接在射频窗上开气孔,省略气体注入器,使得气体输送区域更宽、更均匀;而对比文件 1 是通过将分隔上下腔室的平板状构件设置为离子去除构件,使平板状构件吸收上腔室产生的电浆中的离子,仅让未经电浆化的蚀刻气体和电浆中的自由基流入至下腔室,以使下腔室内的自由基和电浆密度均一;对比文件 2 是通过对气体注入装置结构的改进实现调节气流大小和压力以适应于 CVD 反应。本申请的争议焦点在于:本申请请求保护的技术方案相对于对比文件 1 结合对比文件 2 是否具备创造性?

(三)案例分析

根据《专利审查指南》第二部分第四章 3.2.1.1 节的规定,判断要求保护的发明相对于现有技术是否显而易见,通常按照三个步骤进行(即通常所说的"三步法"):(1)确定最接近的现有技术;(2)确定发明的区别特征和发明实际解决的技术问题;(3)判断要求保护的发明对本领域的技术人员来说是否显而易见。

在进行三性评判时,要在充分理解本申请与对比文件的技术方案的基础上,准确认定申请文件和对比文件的技术事实，考虑最接近的现有技术是否能够作为本发明的技术起点，是否存在改进动机。

具体到本申请，本申请为了解决气体输送区域小、输送不均匀的问题，将气体注入装置以开孔的方式直接设置在反应腔室顶部的射频窗上。而对比文件 1 是通过将分隔上下腔室的平板状构件 14 设置为离子去除构件（材料为金属），使平板状构件 14 吸收上腔室 12 产生的电浆中的离子，仅让未经电浆化的蚀刻气体和电浆中的自由基流入至下腔室 13，以使下腔室 13 内的自由基和电浆密度均一，这样无论基板为何种类型，也即无论是在利用自由基的化学反应而刻蚀或利用离子入射而刻蚀的情形，都可以均一地对基板的整个表面进行蚀刻。对比文件 2 虽然也涉及电浆反应系统中的气体注入装置，其是通过对气体注入装置 50 结构的改进实现调节气流大小和压力以适应于 CVD 反应，而且该气体注入装置是设置在反应腔室内部并非反应腔室顶部的射频窗上。

从改进动机来看，对比文件 1 的技术方案是通过在上腔室底部设置金属的平板状构件来去除上腔室电浆中的离子，仅使离子和未经电浆化的蚀刻气体流入下腔室，从而使下腔室内的自由基和电浆密度均一，达到无论蚀刻对象的基板为何种基板，无论是利用自由基还是离子，都可以均匀地对基板的整个表面进行蚀刻。可见，将平板状构件 14 设置为金属以吸收离子是对比文件 1 解决其技术问题的关键技术手段。即使对比文件 2 公开了感应耦合等离子体腔室的射频窗是采用陶瓷材料以使射频电磁场穿透射频窗，本领域技术人员也没有动机将对比文件 1 的平板状构件 14 的材料由金属变为陶瓷，因为一旦变为陶瓷，就无法吸收离子，无法使下腔室的自由基和电浆密度均一，无法解决对比文件 1 本身要解决的技术问题，这与对比文件 1 的发明目的是相悖的。也即，对比文件 1 给出了反向教导，以对比文件 1 作为最接近的现有技术时，本领域技术人员没有动机将对比文件 1 的平板状构件从金属材料变为陶瓷材料。

（四）案例启示

进行三性评判时，要在充分理解本申请与对比文件的技术方案的基础上，深入分析结构组成和工作原理，准确认定申请文件和对比文件的技术事实，避免片面主观的理解造成机械比对特征，并注意基于客观事实整体，考虑最接近的现有技术是否能够作为本发明的技术起点,是否存在改进动机。

案例 2-1-3:一种便于各国公民出入境登记的协助系统

(一)相关案情

本申请涉及一种便于各国公民出入境登记的协助系统。

1. 本申请的技术方案

出国后遇到的第一件事,通常是要填写前往国的入境登记表;旅游结束要回国时,还必须要填写出境登记表。目前许多国家的出入境登记表都是他们本国的语言。对于只懂单种语言的公民来讲,如何方便快速地填写各国的出入境登记表,是目前出国经常遇到的难题。尤其当飞机转机或临时降落非目的地时的入境,在无准备的情况下,更会碰到不会填写入境登记表的尴尬。为解决以上难题,需发明一种操作简单,填写方便及可简单翻译的软件。

为了让各国公民出国时方便快速地填写前往国的出入境登记表,本申请提出了一种便于各国公民出入境登记的协助系统,首先将各国的出入境登记表搜集并进行多种语言交叉翻译,用户预先将护照上的个人信息及其他与系统相应的个人信息输入系统,系统将这些信息保存到数据库中。当用户在系统中通过菜单选择要去的国家时,该国家的出入境登记表将立即出现在屏幕上,同时把数据库中用户的信息调出,自动彩色显示在表格中的相关位置处,用户熟悉的语言用蓝字表示(蓝色字属对比翻译语言),应填写部分用红字或其他颜色表示,用户把应填写部份的内容抄写在出入境国的登记表中,用户也可依据系统给出的其他信息进行填写。若用户要去第二、第三或更多的国家时,用户不需要再次输入护照上的个人信息,该协助系统会自动将数据库中用户的信息调出,第二、第三或更多的国的出入境登记表都将自动彩色显示用户预先填好的基本信息,当用户在去目的地国家途径其他国转机或临时降落非目的地时,填写出入境登记卡时只要选择当地国家,该协助系统会自动将登记卡填写。用户同样依据应填部份进入填写。同时,该系统软件便于数据修改和升级,也可以制成芯片或单机。该系统软件可以安装在便捷电子终端上,如手机、电脑等。该系统安装后无须网络支持,便可采集软件中的各种信息，也可依据软件内设定的其他个人信息进行多国语言对比翻译，方便易操作。

2. 权利要求的相关内容

1. 一种便于各国公民出入境登记的协助系统，其特征在于：它将各国的出入境登记表搜集并进行多种语言交叉翻译，用户只要选择自己熟悉的语种输入相应的基本信息，系统可以生成入境国入境单，并用彩色显示应填部分信息，同时该系统软件便于数据修改和升级，也可以制成芯片或单机；该系统软件能够安装在便捷电子终端，该系统安装后无须网络支持，便可采集软件中的各种信息，也可依据软件内设定的其他个人信息进行多国语言对比翻译，当用户在系统中通过菜单，选择要去的国家时，该国家的出入境登记表将立即出现在屏幕上，同时数据库中用户的信息调出，自动用彩色显示在表格中的相关位置处，用户熟悉的语言用蓝字表示，应填写部分用红字或其他颜色表示，用户把应填写部分的内容对应抄写在出入境国的登记表中。

3. 对比文件的技术方案

对比文件1涉及一种对电子文档中文本信息的即时双语注释的系统，所解决的技术问题是如何帮助用户阅读除母语之外的其他语言的网站。

技术方案如下：

计算机屏幕109上浏览第一语言电子文档的用户可在任何时间激活多语注释校正引擎LACE，此处，第一语言通常指代客体语言。电子文档可以是任何形式的文档，诸如Microsoft Word、Microsoft Excel、Microsoft PowerPoint、PDF和JPEG等等。当激活多语LACE时，用户可在语言设置117中设置注释所用的第二语言，第二语言通常指代主体语言，语言设置117可以是包含一个下拉列表或多个图标的图形用户界面单元，每个图标表示一种选项。在本申请书的上下文中，"主体语言"指除了目标或客体文档中使用的语言之外，用户希望用于对在目标或客体文档中的信息进行注释所采用的语言。相应地，"客体语言"指除了主体语言之外，用户阅读或浏览的文档中所使用的语言。例如，用户选择简体中文作为主体语言。在标注设置118上，用户可以设置构成和设计显示双语注释所用的标注的参数，标注通常称为标注泡。这些参数包括但不局限于风格、形状、字体风格和大小，以及背景颜色。与语言设置 117 类似，标注设置 118 可以包含一个下拉列表或多个图标的 GUI 单元，每个图标表示一种选项。在一种方案中，语言设置 117 和标注设置 118 结合在一个 GUI108 中。在另一种方案中，语言设置 117 和标注设置 118 以便利的方式与一个显示的标注相关联。例如，这些设置一般隐藏不显示，但是用户可以通过在标注上点击鼠标右键进行设置；在用户改变这些设置之前，它们的值是默认值或用户上次选择的结果。

翻译模块 114 将校正后的查询条件作为其输入，并通过查找多语数据库 115 对其进行基于 AI 的翻译，该多语数据库遵循多个预先设定的逻辑、语言规则和语法规则。由于数据库 115 和翻译规则反映了机器翻译领域的最新发展，并且可以不断更新，因此翻译模块 114 做出的翻译应该非常接近于职业翻译人员所做出的翻译。

显示模块 116 是一个多功能单元。它接收用户在标注设置 118 上设置的标注设置喜好。它还可以根据用户的喜好和字符串长度来计算双语注释标注的大小，该双语注释包含校正单元 113 发来的经过校正的客体语言查询条件以及翻译单元 114 发来的查询条件翻译。显示模块 116 将查询条件及其翻译（和 / 或其他帮助阅读的信息）"装入"标注，并根据鼠标指针的位置限定出标注的位置、大小和其他参数。然后，显示模块 116 向计算机屏幕发送数据和元数据，在屏幕上向用户显示双语注释标注 119。

（二）争议焦点

本申请的争议焦点在于：对比文件 1 能否评述本申请的创造性？

针对以上问题，存在两种不同的观点：

观点 1

对比文件 1 可以评述本申请的创造性。理由在于：对比文件 1 公开了一种对电子文档中文本信息的即时双语注释的系统，具体公开了用户可在语言设置中设置注释所用的第二语言。其中第一语言、第二语言可以是中文、英文、日文等多种语言。用户可以选取要翻译成哪种语言，如将英文翻译成中文，在屏幕上移动鼠标指针选取待翻译的文字，多语校正引擎进行屏幕抓词，翻译模块查找多语数据库对选取的文字进行翻译，显示模块在屏幕上向用户显示双语注释标注。

权利要求 1 所要求保护的技术方案与对比文件 1 的区别在于：（1）本申请采集针对各国的出入境登记表，用户选择输入语种、输入基本信息从而形成翻译后的入境单，并彩色显示应填部分信息；当用户在系统中通过菜单，选择要去的国家时，该国家的出入境登记表将立即出现在屏幕上，同时数据库中用户的信息调出，自动彩色显示在表格中的相关位置处，用户熟悉的语言用蓝字表示，应填写部分用红字或其他颜色表示，用户把应填写部分的内容对应抄写在出入境国的登记表中；（2）该系统软件便于数据修改和升级，也可以制成芯片或单机；该系统软件能够安装在便捷电子终端上，该系统安装后无须网络支持，便可采集软件中的各种信息，也可依据软件内设定的其他个人信息进行多国语言对比翻译。基于上述区别技术特征，本申请实际上要解决的技术问题是如何实现出入境单的实时翻译。

针对区别技术特征（1），由于出入境登记表可以用本领域常用的电子文档形式来实现，对登记表进行翻译是本领域的惯用技术手段；而在用户和系统进行交互时，首先用户采用母语录入基本信息，并对数据库中的信息进行翻译，将信息按条目填写到表格相应位置，设置不同的颜色进行显示，用户基于显示结果进行表格填写这都是本领域技术人员的惯用手段。

针对区别技术特征（2），而在计算机软件设计的过程中根据需求设计软件便于修改数据和升级，并设计软件可制成芯片或单机并根据需求设计软件可安装在便捷电子终端都是本领域技术人员的惯用手段。同时在计算机软件设计的过程中根据需求设计软件安装后无须网络支持便可采集软件中的各种信息，也可依据软件内设定的其他个人信息进行多国语言对比翻译也是本领域技术人员的惯用手段。

因此，在对比文件 1 的基础上，结合公知常识可以得到本申请的技术方案。

观点 2

对比文件 1 不能评述本申请的创造性。理由在于：

对比文件 1 实际解决的技术问题是，如何提供一种对用户屏幕上显示的电子文档中的第一语言文本信息进行双语注释的系统。这与权利要求 1 解决的技术问题"如何提供一种在实现简单翻译的同时提高其操作效率，为公民填写出入境登记表带来了极大便利的出入境登记协助系统"是没有任何联系的。

对比文件1提供了一种人工智能的双语注释系统，能即时获得翻译结果，而本申请权利要求1中公开的是一种便于各国公民出入境登记的协助系统，考虑到对于只懂单种语言的公民来讲，如何方便快速地填写各国的出入境登记表，是目前各国公民出国所经常遇到的难题，所以，本申请提供一种操作简单、填写方便即可简单翻译的软件。可见，在本申请中并不仅仅涉及翻译，本申请的目的是：在实现简单翻译的同时能帮助各国公民快速读懂登记表，高效率、高正确率填写登记表，进而为公民填写出入境登记表带来极大便利，可见，对比文件1与本申请权利要求1想要达到的目的是有所不同的，对比文件1中仅仅公开了一种双语即时翻译系统，并没有给出本申请中在实现简单翻译的同时能帮助各国公民快速读懂登记表，高效率、高正确率填写登记表，进而为公民填写出入境登记表带来极大便利的相关技术启示。

（三）案例分析

根据《专利审查指南》第二部分第四章第3.2.1.1节的规定："最接近的现有技术，是指现有技术中与要求保护的发明最密切相关的一个技术方案，它是判断发明是否具有突出的实质性特点的基础。最接近的现有技术，例如可以是，与要求保护的发明技术领域相同，所要解决的技术问题、技术效果或者用途最接近和／或公开了发明的技术特征最多的现有技术，或者虽然与要求保护的发明技术领域不同，但能够实现发明的功能，并且公开发明的技术特征最多的现有技术。应当注意的是，在确定最接近的现有技术时，应首先考虑技术领域相同或相近的现有技术。"

本申请所要解决的技术问题是当用户前往语言不通的国家填写出入境登记表时面临语言障碍、不方便快速填写的问题。为解决该问题，申请人提出的技术方案中包含有关键技术手段"将各国的出入境登记表搜集并进行多种语言交叉翻译，用户只要选择自己熟悉的语种输入相应的基本信息，系统可以生成入境国入境单"，所能达到的技术效果是用户能够很方便地根据系统生成的带有填写完成基本信息的入境国入境单来填写实际的入境国入境单。

对比文件1公开了一种对电子文档中文本信息的即时双语注释的系统，其所解决的技术问题是如何帮助用户阅读除母语之外的其他语言的网站，其技术方案为通过一个囊括了多种语言的翻译引擎，实现对于电子文档上的文字的抓屏翻译（类似于金山词霸在线取词翻译功能）。对比文件1与本申请的技术领域不同，其仅仅是帮助用户方便的实时获取电子文档中文字的翻译结果，并未根据不同语言的电子文档的模板自动生成翻译后的电子文档。本申请的发明构思明显不同于对比文件1，本领域技术人员在对比文件1的基础上容易得到的技术方案是对电子的出入境登记表上的文字进行抓屏实时翻译，但是并不容易得到本申请权利要求1中的技术方案。

基于以上理由，对比文件1不能评述本申请的创造性。

（四）案例启示

发明的技术领域、解决的技术问题、为解决技术问题所提出的关键技术手段都是创造性评判中需要考虑的重要因素，若对比文件与发明的技术领域不同，解决的技术问题不同，且未提出相同或相似的技术手段以解决相同的技术问题，则不适于作为进行创造性评述的对比文件。

案例2-1-4：一种信息处理方法和电子设备

（一）相关案情

本申请涉及电子技术领域，尤其涉及一种信息处理方法和电子设备。

1. **本申请的技术方案**

随着电子设备功能的日益丰富，电子设备能够为用户提供越来越多的服务，例如转账、申请贷款、医疗服务等。与此同时，用户在电子设备上交互的个人隐私信息也越来越多。因此，在用户操作电子设备的时候容易被偷窥到个人隐私信息。

本申请提供了一种信息处理方法和电子设备，用于解决如何提高用户隐私的技术问题，包括以下步骤：

S101：电子设备检测到一操作体与触控显示单元接触。

S102：在所述触控显示单元显示区域中所述操作体未接触的区域内显示待

显示信息。

步骤 S101 中，触控显示单元具体为检测到一操作体与触控显示单元接触，如图 2-8 所示，并且获取操作体与触控显示单元的接触点坐标。

在具体实现过程中，由于用户是为了通过操作体遮挡住触控显示单元，进而避免显示在触控显示单元上的信息被偷窥，所以，操作体与触控显示单元接触的接触点可能为多个。换言之，用户更有可能会遮挡住触控显示单元的一部分，而不是类似于点击操作，仅有一个触控点或数量较少且分布集中的几个触控点。

图 2-8 本申请技术方案示意图

当电子设备检测到一操作体与触控显示单元接触时，如图 2-9 所示，将待显示信息显示在操作体未接触的区域。换言之，当触控显示单元被遮挡，电子设备则将待显示信息显示在未遮挡的区域中。

图 2-9 本申请待显示信息

具体来讲，S102 可以包括如下过程：

基于所述操作体接触所述触控显示单元的接触点坐标，确定所述显示区域中所述操作体接触的第一区域。

从所述第一区域以外的所述显示区域中确定出第二区域；其中，所述第二区域的面积小于等于所述显示区域的面积。

在所述第二区域中显示所述待显示信息。

举例来说，假设检测到手掌与触控显示单元的接触点坐标为（0，0）、（0，1）、（0，2）、…、（0，49）、（1，0）、（1，1）、（1，2）、…、（49，49）。则，（0，0）、（0，1）、（0，2）、…、（0，49）、（1，0）、（1，1）、（1，2）、…、（49，49）这 2500 个点所在的区域就是第一区域。

然后，从第一区域以外的显示区域中确定出第二区域。在本申请实施例中，第二区域可以确定为第一区域以外的全部显示区域，也可以确定为第一区域以外的部分显示区域。所以，第二区域的面积小于等于显示区域的面积。

举例来说，假设显示区域的面积为62平方厘米。基于触控点坐标（0,0）、（0,1）、（0,2）、…、（0,49）、（1,0）、（1,1）、（1,2）、…、（49,49）确定第一区域为面积31平方厘米的矩形区域。进而，可以确定第一区域以外的31平方厘米的矩形区域均为第二区域，也可以例如从第一区域以外的31平方厘米的矩形区域中确定面积为20平方厘米的圆形区域为第二区域。

确定出第二区域后，进而在第二区域中显示待显示信息。

如图2-8所示，电子设备具体为一手机。当电子设备将要显示密码输入虚拟键盘时，用户用自己的手掌将触控显示单元遮挡住。进而，电子设备确定未遮挡区域的部分区域为第二区域，并且在第二区域中显示密码输入虚拟键盘。

在第二区域中显示待显示信息，包括：确定所述待显示信息中的隐私信息；将所述隐私信息显示在所述第二区域中。

电子设备仅显示待显示信息中的隐私信息。具体来讲，隐私信息例如为支付密码、用户身份信息、医疗信息、存款信息等。

待显示信息如图2-9所示。由于用户遮挡触控显示单元的目的在于避免偷窥者偷窥到将要输入的密码，所以在图2-9所示的待显示信息中，密码输入虚拟键盘为最隐私的信息。所以基于待显示信息，电子设备确定密码输入虚拟键盘为隐私信息。进而在第二区域中如图2-10显示隐私信息。

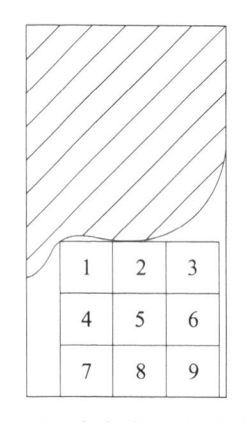

图2-10 本申请显示隐私信息

2. 权利要求的相关内容

1. 一种信息处理方法，包括：

电子设备检测到一操作体与触控显示单元接触；

在所述触控显示单元显示区域中所述操作体未接触的区域内显示待显示信息；其中，在所述触控显示单元显示区域中所述操作体未接触的区域内显示待显示信息，包括：

基于所述操作体接触所述触控显示单元的接触点坐标，确定所述显示区域中所述操作体接触的第一区域；

从所述第一区域以外的所述显示区域中确定出第二区域；其中，所述第二区域的面积小于等于所述显示区域的面积；

在所述第二区域中显示所述待显示信息；

在所述第二区域中显示所述待显示信息，包括：

确定所述待显示信息中的隐私信息；

将所述隐私信息显示在所述第二区域中。

3. 对比文件的技术方案

对比文件 1 公开了一种显示处理方法，其能够使得用户通过自然、符合操作习惯和认知习惯的方式，查看自己的隐私内容，从而有效地保护用户查看私人信息而不被周围的人看见。具体技术方案如下所示：

在步骤 S101，所述显示处理方法获取显示内容。所述显示内容尤其可以是与用户隐私相关的内容，诸如用户的个人信息、通讯录等。

在步骤 S102，所述显示处理方法检测是否有操作体与所述触摸显示区域接触。所述操作体例如为用户的手掌。

在检测到操作体与所述触摸显示区域接触时，所述显示处理方法进行到步骤 S103，判断所述操作体的特定部分是否离开所述触摸显示区域。具体来讲，在所述操作体为用户的手掌的情况下，所述显示处理方法例如判断用户手掌的特定部分（如大拇指对应的部分）是否离开所述触摸显示区域。

当判断所述特定部分离开所述触摸显示区域时，所述显示处理方法进行到步骤 S104，并确定所述触摸显示区域中的目标显示区域。

所述显示处理方法可以确定所述操作体与所述触摸显示区域之间的初始接触区域。此后，当检测到所述特定部分离开所述触摸显示区域时，所述显示处理方法确定所述操作体除所述特定部分之外的剩余部分与所述触摸显示区域之间的当前接触区域，并基于所述初始接触区域与所述当前接触区域，确定所述目标显示区域。具体来讲，所述显示处理方法可以将所述初始接触区域中除所述当前接触区域以外的区域确定为所述目标显示区域。

在另一示例中，所述显示处理方法可以通过如摄像头等元件，确定用户的手掌与触摸显示区域之间当前的角度，并基于初始接触区域与所述角度确定所述目标显示区域。具体来讲，所述显示处理方法可以将所述手掌当前投影到所述触摸显示屏上的投影区域确定为所述目标显示区域。在另一示例中，进一步地，所述显示处理方法还可以基于所述投影区域以及用户的手掌与触摸显示屏之间当前的接触区域来确定目标显示区域。例如，所述显示处理方法可以将所述投影区域除去所述当前接触区域之后的区域确定为目标显示区域。

在确定了目标显示区域之后，在步骤 S105，所述显示处理方法将所述显示内容显示在所述目标显示区域中。

如图 2-11 所示，用户在希望显示个人的隐私内容、并不被他人看到时，可以在要执行显示时首先用操作体（如用户的手掌 201）整体覆盖在电子设备的触摸显示区域 200 上。所述显示处理方法在检测到用户的手掌与触摸显示区域的接触时，判断用户的手掌的特定部分（如大拇指对应的部分）是否离开触摸显示区域。当检测到用户的拇指部分离开触摸显示区域时（如图 2-12 所示），所述显示处理方法通过参照上述步骤的处理确定目标显示区域，如图 2-12 中的区域 202，并将用户的隐私内容 "XXXX" 显示在所述目标显示区域。

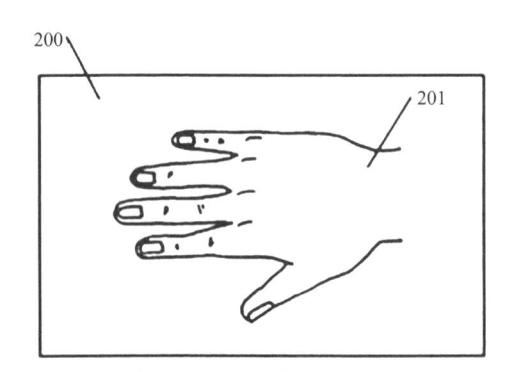

图 2-11　对比文件 1 操作体整体覆盖触摸显示区域

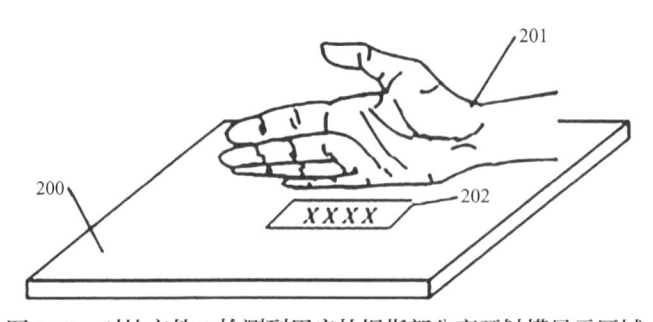

图 2-12　对比文件 1 检测到用户的拇指部分离开触摸显示区域

（二）争议焦点

本申请的争议焦点在于：在对比文件 1 的基础上，结合公知常识是否可以得到本申请的技术方案？

针对以上问题，存在两种不同的观点：

观点 1

对比文件 1 与本申请解决的技术问题一样，都是在电子设备中如何提高用户隐私的技术问题，具体公开了检测是否有操作体与所述触摸显示区域接触，将初始接触区域中除当前接触区域以外的区域确定为所述目标显示区域，将用户的隐私内容显示在所述目标显示区域。其中，当前接触区域相当于所述操作体接触的第一区域，确定目标区域相当于从所述第一区域以外的所述显示区域中确定出第二区域，且从图中可以看出所述第二区域的面积小于等于所述显示区域的面积，在所述第二区域中显示所述待显示信息。

权利要求 1 所要求保护的技术方案与对比文件 1 的区别在于：权利要求 1 限定了第一区域是基于所述操作体接触所述触控显示单元的接触点坐标确定的。然而，对于本领域技术人员来说，通过摄像头或是传感器来获得用户在触摸屏上的接触区域是本领域的公知常识，进而为了能准确得到用户的接触区域，通过接触点的坐标来获得是本领域技术人员容易想到的。因此，在对比文件 1 的基础上，结合公知常识可以得到本申请的技术方案。

观点 2

对比文件 1 中虽然公开了基于手掌与触摸屏进行接触的情况来确定目标显示区域，但是，其是根据手掌（操作体）的变化来判断目标显示区域。即，检测操作体与触摸显示区域接触时，判断操作体的特定部分是否离开了触摸显示区域，从而根据变化确定当前显示区域，进而根据当前显示区域来进一步确定目标显示区域。而本申请中，检测到操作体与触控显示单元接触后，基于操作体接触所述触控显示单元的接触点坐标，判断操作体所遮挡的第一区域，而且第一区域并不发生变化，也就是说操作体并不发生变化，再从第一区域以外的区域确定出第二区域。因此，两者采用的技术手段并不相同，同时，上述技术特征并非本领域的公知常识，因此，对比文件 1 结合公知常识无法得到本申请的技术方案。

（三）案例分析

根据《专利法》第二十二条第三款的规定，审查发明是否具备创造性，应当审查发明是否具有突出的实质性特点，同时还应当审查发明是否具有显著的进步。

《专利审查指南》第二部分第四章第 3.1 节创造性审查原则中规定："在评价发明是否具备创造性时，审查员不仅要考虑发明的技术方案本身，而且还要考虑发明所属技术领域、所解决的技术问题和所产生的技术效果，将发明作为一个整体看待。"

在创造性评判的过程中，容易机械套用"三步法"，只注重技术特征的比对，而忽略对发明实质的整体把握，进而对发明的创造性高度估计偏低，导致不能客观地评价发明的技术贡献。具体到本申请，虽然对比文件 1 中隐私信息最后是显示在了未接触的区域，但其隐私信息的显示区域是根据用户操作体从接触到未接触的过程中动态确定的，而权利要求 1 中的隐私信息的显示区域是根据接触点坐标确定出第一区域，再确定第二区域。观点 1 在进行创造性评述时，将对比文件 1 的技术方案进行了拆分，没有将其作为一个整体来看待。综上，两者采用的技术手段并不相同，同时，上述技术特征并非本领域的公知常识，因此，对比文件 1 结合公知常识无法得到本申请的技术方案。

（四）案例启示

创造性评判时需要整体考量请求保护的技术方案和现有技术公开的技术内容，不能只考虑技术特征本身，还要考虑技术特征在整个技术方案中所能解决的技术问题和所产生的技术效果，准确把握发明实质，立足于权利要求和对比文件技术方案的客观事实，全面理解发明，确定发明的智慧贡献，要避免只看技术特征而忽略了整体，避免机械地进行特征比对，对发明的创造性高度估计偏低。

案例 2-1-5：BIOS 的配置保存方法和配置保存装置

（一）相关案情

本申请涉及一种 BIOS 的配置保存方法和配置保存装置。

1. 本申请的技术方案

计算机中的 BIOS(Basic Input Output System) 配置文件通常保存在计算机主板的 BIOS NVRAM(Non-volatile Random Access Memory) 区域。电脑在启动后都会从 BIOS NVRAM 中获取并运行 BIOS 的配置文件数据，来为计算机提供底层的硬件设置和控制。计算机用户往往会根据个人需求对 BIOS 配置文件的默认设置进行更改。在升级 BIOS 的时候，如果新版本的 BIOS 配置文件变化非常大，例如，增加或减少了多个 BIOS 设置选项，那么之前版本的 BIOS 配置文件将不适用，而只能使用新版本的 BIOS 配置文件。这样，用户之前对 BIOS 配置文件的设置数据进行的更改将会丢失，如此将不可避免地给用户带来极大的损失或不便。

本申请提供了一种 BIOS 的配置保存方法，包括以下步骤：

在步骤 S101 中，接收用户对 BIOS 配置文件的 BIOS 选项的设置。根据本发明的一个示例，在每个计算机出厂后，BIOS 的配置文件中每个选项都具有默认设置，用户可以使用默认设置，也可以根据个人需要对一个或多个选项的默认设置进行修改。当用户对选项进行修改后，系统将接收该修改数据。

在步骤 S102 中，根据用户设置的数据对 BIOS 配置文件进行设置并将设置得到的 BIOS 设置数据存储到第一存储器中。根据本发明的一个示例，使用在步骤 S101 中接收到的用户设置数据对 BIOS 配置文件的对应选项进行设置，并将设置数据和 / 或未修改的默认数据都存储到第一存储器中。根据本发明的一个示例，以每个 BIOS 配置文件的设置选项为单位，将 BIOS 设置数据保存到第一存储器中。例如，建立 BIOS 配置文件中的选项和设置数据列表，保存在第一存储器中，从而确保用户的设置数据不至于因为 BIOS 版本的升级而丢失。

根据本发明的一个示例，BIOS 设置数据主要包括：BIOS 默认的设置数据，即在电子设备出厂时 BIOS 的配置文件的默认设置，以及用户根据需要对默认数据进行更改而生成的 BIOS 用户设置数据。在步骤 S102 根据用户的设置数据对 BIOS 配置文件进行了设置，并将设置得到的 BIOS 设置数据存储到第一存储器中之后，电子设备可以使用 BIOS 默认设置数据和 / 或 BIOS 用户设置数据生成 BIOS 配置文件，以供电子设备启动时调用。例如，如果用户仅仅对配置文件的部分选项的设置数据进行了修改，则可以将未修改的选项的默认数据与修改选项的修改后数据结合起来,生成 BIOS 配置文件,并将所生成的 BIOS 配置文件存储到第二存储器中。如果用户对配置文件的全部设置进行了修改,则可以根据全部选项的用户设置数据生成新的 BIOS 配置文件,并将所生成的 BIOS 配置文件存储到第二存储器中。这样,每次电子设备启动时,均可以从第二存储器中读取根据用户设置数据设置的 BIOS 配置文件,来启动电子设备。

在步骤 S103 中,获取 BIOS 升级文件,通过升级文件对 BIOS 进行升级以生成升级 BIOS 初始配置文件。例如,升级文件可以从本地获取,也可以通过有线或无线方式从其他设备中获取。根据本发明的一个示例,当需要对 BIOS 进行升级时,在步骤 S103 中,首先获取 BIOS 升级文件,然后根据升级文件对 BIOS 之前版本进行升级,以生成升级后的 BIOS 配置文件,将该配置文件作为升级 BIOS 初始配置文件。升级后的 BIOS 初始配置文件中包含有各个参数的默认设置数据。

在步骤 S104 中,从第一存储器中读取 BIOS 设置数据,根据 BIOS 设置数据对升级 BIOS 初始配置文件的默认设置数据进行修改以生成升级 BIOS 配置文件。根据本发明的一个示例,在步骤 S104 中,首先获取第一存储器的地址,然后从该地址中读取用户之前存储在其中的 BIOS 设置数据,使用该 BIOS 设置数据对升级 BIOS 初始配置文件的相应选项的默认数据进行改写,从而生成升级后的 BIOS 配置文件。

根据本发明的一个示例,电子设备通过升级 BIOS 初始配置文件的指示从第一存储器中读取 BIOS 设置数据。例如,在 BIOS 升级完成后,升级 BIOS 初始配置文件将提示信息显示在显示屏幕上,以提示用户利用第一存储器中之前存储的设置数据对配置文件的相应选项的默认设置进行修改。根据本发明的另一个示例,在 BIOS 升级完成后,升级程序可以发送指令指示升级 BIOS 初始配置文件从第一存储中读取之前存储的用户设置数据对配置文件的相应选项的默认设置进行修改。从而提高配置文件更新的效率。

在步骤 S105 中,将升级 BIOS 配置文件写入到第二存储器中。根据本发明的一个示例,将步骤 S104 中生成的升级 BIOS 配置文件写入到第二存储器中,这样,电子设备每次启动后,都可以从第二存储器中读取最新版本的 BIOS 配置数据以实现对底层硬件的控制。

本发明的上述实施例，将 BIOS 配置文件的用户设置数据备份到服务器的基板管理控制器的存储区域中，当 BIOS 版本更新后，新版本 BIOS 配置文件从该存储区域中读取 BIOS 的用户设置数据来更新最新版本 BIOS 配置文件，从而使用户的个人设置数据不至于因为 BIOS 版本的升级而丢失。

2. 权利要求的相关内容

1. 一种 BIOS 的配置保存方法，所述方法用于电子设备，所述电子设备包括基板管理控制器，所述基板管理控制器包括第一存储器；所述电子设备还包括第二存储器，所述第二存储器用于存储 BIOS 配置文件，其中，所述方法包括：

接收用户对所述 BIOS 配置文件的 BIOS 选项的设置；根据所述用户设置的数据对 BIOS 配置文件进行设置并将设置得到的 BIOS 设置数据存储到所述第一存储器中；

获取 BIOS 升级文件，通过所述升级文件对 BIOS 进行升级以生成升级 BIOS 初始配置文件；从所述第一存储器中读取所述 BIOS 设置数据，根据所述 BIOS 设置数据对所述升级 BIOS 初始配置文件的默认设置数据进行修改以生成升级 BIOS 配置文件；

将所述升级 BIOS 配置文件写入到所述第二存储器中。

3. 对比文件的技术方案

对比文件 1：一种计算机配置文件的带外修改方法及计算机

技术问题：现有的配置文件的修改方法无法实现批量修改，所以其修改效率低。

技术方案：

一种计算机配置文件的带外修改的方法，该方法包括：101. 计算机启动时，BIOS 从 flash 取出配置文件；102. BIOS 将配置文件发送给 BMC；103. BMC 将配置文件发送给远程设备；104. BMC 接收远程设备返回的配置文件的修改文件；上述远程设备修改配置文件的方法具体可以为，在远程设备的用户界面上显示该配置文件，然后接收用户输入的该系统配置文件的修改指令，依据该修改指令将配置文件的系统配置文件进行修改形成系统配置文件的修改文件；105. BMC 将配置文件的修改文件发送给 BIOS；106. BIOS 将 flash 存储的配置文件替换成所述修改文件。

对比文件 2：一种修改系统配置的方法和装置

技术问题：现有技术无法实现自动修改系统的配置，且无法通过脚本语言进行调用，工作效率低。

技术方案：

一种修改系统配置的方法，包括：步骤 S101，存储基本输入输出系统的启动选项副本；在存储基本输入输出系统的启动选项副本时，可以由基板管理控制器存储启动选项副本；步骤 S103，接收修改启动选项副本的命令并对启动选项副本进行修改；步骤 S105，将存储的启动选项副本和基本输入输出系统的原启动选项进行比较；步骤 S107，根据比较结果，对基本输入输出系统的原启动选项进行修改。

借助于本发明的上述技术方案，通过存储基本输入输出系统的启动选项副本，接收修改启动选项副本的命令，并对启动选项副本进行修改，将存储的启动选项副本和基本输入输出系统的原启动选项进行比较，然后，根据比较结果，对基本输入输出系统的原启动选项进行修改。因此，该方案能实现脚本语言调用，高度实现自动化，提高了计算机的工作效率。例如，本发明主要在 BIOS 中实现，BMC 起到辅助和存储 BIOS 启动选项副本的功能。在脚本中通过 IPMI 命令来通知 BMC 使其更改 BIOS 启动选项副本，重新启动后 BIOS 将通过 KCS 接口去访问存储于 BMC 中的启动选项副本并且与本地启动选项进行比较，如果发现两者不相同，则根据对应关系将本地相对应选项更新，并且重置系统。该方案的程序放入普通的 BIOS 中后，可以同时在 Linux 和 Windows 的任何版本中配置BIOS 选项，经过单元以及压力测试无问题。类似地，对于除 BIOS 之外的其他类型的系统，同样可以按照上述方式进行配置修改。

（二）争议焦点

本申请的争议焦点在于：对比文件 1 结合对比文件 2 能否评述本申请的创造性。

针对以上问题，存在两种不同的观点：

观点1

对比文件1结合对比文件2可以评述本申请的创造性。理由在于：

对比文件1通过将BIOS配置文件发送给BMC，BMC将配置文件发送给远程设备，在远程设备进行修改，BMC接收远程设备返回的配置文件的修改文件，BMC将配置文件的修改文件发送给BIOS，BIOS将flash存储的配置文件替换成所述修改文件。

权利要求1所要求保护的技术方案与对比文件1的区别在于：获取BIOS升级文件，通过所述升级文件对BIOS进行升级以生成升级BIOS初始配置文件；且权利要求1中是根据所述BIOS设置数据对所述升级BIOS初始配置文件的默认设置数据进行修改以生成升级BIOS配置文件，而对比文件1公开的是将BIOS将flash存储的配置文件替换成所述修改文件。

对比文件1公开了"BMC将配置文件的修改文件发送给BIOS，BIOS将flash存储的配置文件替换成所述修改文件"、对比文件2公开了"将存储的启动选项副本和基本输入输出系统的原启动选项进行比较，根据比较结果，对基本输入输出系统的原启动选项进行修改"，本领域技术人员能够想到当需要BIOS升级时，获取BIOS升级文件，通过所述升级文件对BIOS进行升级以生成升级BIOS初始配置文件，从所述第一存储器中读取所述BIOS设置数据，根据所述BIOS设置数据对所述升级BIOS初始配置文件的默认设置数据进行修改以生成升级BIOS配置文件，将所述升级BIOS配置文件写入到所述第二存储器中。

因此，在对比文件1的基础上，结合对比文件2以及公知常识可以得到本申请的技术方案。

观点2

对比文件1结合对比文件2不能评述本申请的创造性。理由在于：

对比文件1为解决现有的配置文件的修改方法无法实现批量修改、修改效率低的问题，通过基板管理控制器BMC与远程设备通信获取修改文件，可以使得远程设备同时连接多台计算机的BMC，实现批量修改，BMC所起的作用是对配置文件在远程设备和计算机之间进行中转，其未公开采用BMC单独存储BIOS配置文件的用户设置数据。对比文件2同样未公开采用BMC单独存储BIOS配置文件的用户设置数据。

（三）案例分析

根据《专利审查指南》第二部分第四章第3.2.1.1节的规定：在审查中应当客观分析并确定发明实际解决的技术问题。为此，首先应当分析要求保护的发明与最接近的现有技术相比有哪些区别特征，然后根据该区别特征在要求保护的发明中所能达到的技术效果确定发明实际解决的技术问题。从这个意义上说，发明实际解决的技术问题，是指为获得更好的技术效果而需对最接近的现有技术进行改进的技术任务。

具体到本申请，本申请为了解决在 BIOS 升级时，原来的用户设置数据对升级后的 BIOS 配置文件不再适用，用户之前对 BIOS 配置文件的设置数据进行的更改将会丢失，从而将 BIOS 配置文件的用户设置数据备份到服务器的基板管理控制器的存储区域中，当 BIOS 版本更新后，新版本 BIOS 配置文件从该存储区域中读取 BIOS 的用户设置数据来更新新版本 BIOS 配置文件，也即将 BIOS 配置文件的用户设置数据与 BIOS 配置文件分开存储的方法。

对比文件1中通过 BMC 与远程设备通信获取修改文件，可以使远程设备同时连接多台计算机的 BMC，可以实现批量修改，虽然其中涉及基板管理控制器 BMC，但 BMC 所起的作用是对配置文件在远程设备和计算机之间进行中转，并没有采用 BMC 单独存储 BIOS 配置文件的用户设置数据。

对比文件2通过基板管理控制器 BMC 存储启动选项副本，解决的技术问题是实现脚本语言调用，高度实现自动化，且提高了计算机的工作效率，与本申请所要解决的技术问题不同，因此对比文件2未给出采用 BMC 单独存储 BIOS 配置文件的用户设置数据的技术启示。

基于以上理由，对比文件1结合对比文件2不能评述本申请的创造性。

（四）案例启示

在审查过程中应深入理解发明，准确确定本申请权利要求与最接近的现有技术的区别，并基于该区别确定本申请实际要解决的技术问题，如果对比文件解决的技术问题与区别技术特征实际解决的技术问题不一致，则不能认为对比文件给出了相应的技术启示。

案例 2-1-6：网页推荐方法以及推荐装置

（一）相关案情

本发明涉及一种网页推荐的方法。

1. 本申请的技术方案

本申请针对现有的网站推荐仅仅是根据当前大多数用户常用的网站来向用户进行推荐，并不能满足用户的个性化需求、改善用户体验感差等技术问题，提出一种网页推荐方法，获取用户输入的网页地址信息，根据网页地址信息获取网页地址信息所对应网页的网页类型以及根据网页类型获取至少一个推荐网页，并将至少一个推荐网页的网页地址信息提供给所述用户，从而实现了实时地在浏览器中将推荐网页展示给用户，实现了用户输入场景的实时网页推荐。

例如用户可以输入网页的 URL 地址，在得到网页地址信息之后，可根据该网页地址信息获取该网页地址信息所对应网页的标识信息，并根据该标识信息从预设的网页类型知识库中查找出与该标识信息匹配的网页类型，如标识信息 taobao.com 对应的网页类型为购物，标识信息 163.com 对应的网页类型为新闻、邮箱等。随后，根据该网页类型在网页地址信息存储数据库中进行搜索，以获取属于该网页类型的网页，并将属于该网页类型的网页作为推荐网页，之后可将该推荐网页的网页地址信息提供给用户，如获取到用户输入的网页地址信息所对应的网页类型是海外、购物，则可向用户推荐符合"海外""购物"类型的网页，并且将这些推荐网页的网页地址信息提供给用户。其中，此处的网页地址信息可包括网页名称、网页的 URL 地址、网页 LOGO 等，如图 2-13 所示。

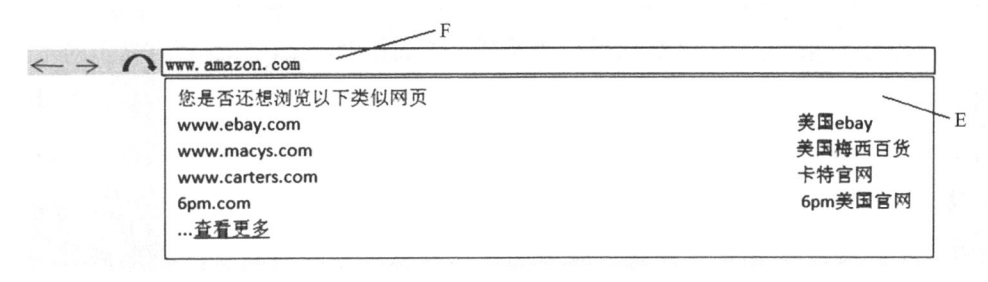

图 2-13 本申请方案示意图

通过根据网页类型向用户推荐可能还会喜欢浏览哪些相同类型特征的网页，提高了推荐的精确度，并使得推荐的网页更加符合用户的个性化需求，提升了用户体验。

2. 权利要求的相关内容

1. 一种网页推荐方法，其特征在于，包括以下步骤：

获取用户输入的网页地址信息；

根据所述网页地址信息获取所述网页地址信息所对应网页的网页类型；以及根据所述网页类型获取至少一个推荐网页，并将所述至少一个推荐网页的网页地址信息提供给所述用户；

其中，将所述至少一个推荐网页的网页地址信息提供给所述用户，具体包括：

在浏览器的地址栏下方的下拉菜单中提供所述至少一个推荐网页的网页地址信息、网页名称和网页标识LOGO。

3. 对比文件的技术方案

对比文件1公开了一种显示网址的方法，为了克服现有技术中对于网址URL的显示是全部，而没有对网址URL进行分级分段的显示和提示所造成的用户体验不方便的技术问题。其提出一种显示网址的方法，实现在地址栏中对于顶级域名、二级域名等各级域名进行分段显示，以及同类别各级域名的推荐显示，通过用户输入的选择实现跳转，由此解决了现有技术中没有网址进行分级、分段的显示和推荐的问题，达到了增强用户体验的技术效果。

举例来说，如图2-14所示，对于网址：http://mil.news.sina.com.cn/2012-09-07/0953700282.html，以铭牌的形式在地址栏中按照域名等级显示该网址中各级域名的网址段：新浪+新闻+军事+2012-09-07/0953700282.html。根据上文的描述，还可以同时显示对于各级域名表及同类表的搜索结果，如左下方显示的是对于顶级域名"新浪"进行同类搜索得到的搜索结果：雅虎、搜狐、网易、凤凰等；下方中部显示的是对于二级域名"新闻"进行站内搜索（域名表搜索）和站外搜索（同类表搜索）得到的搜索结果：财经、科技、体育……资讯（雅虎）等，当用户输入选择"新闻"时，则浏览器直接跳转至"新浪新闻"所对应的页面。

| 铭牌 | 新浪（顶级域名） | 新闻（二级域名） | 军事（三级域名） | 2012-09-07/0953700282.htm |

雅虎	财经
搜狐	科技	……
网易	体育
凤凰	……
……	资讯(雅虎)
……	……

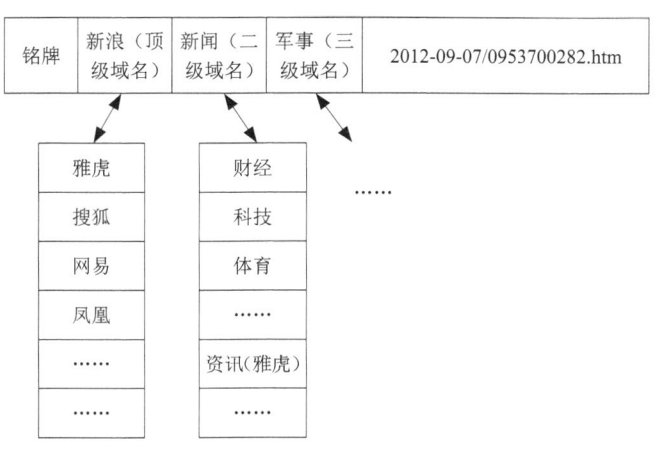

图 2-14　对比文件 1 的方案示意图

可以看出，对比文件 1 与本申请同样是实时地在浏览器中将推荐网页展示给用户，实现了用户输入场景的实时网页推荐，并且根据网页类型向用户推荐网页，从而提高了推荐精确度，符合用户个性化需求，提升了用户体验。

（二）争议焦点

本申请涉及根据用户输入的网页地址，确定网页的类型，再通过下拉菜单的方式向用户推荐该特性对应的相关网址，以提高网页地址推荐的精度，而对比文件 1 公开了根据用户输入的网址确定每级域名对应的类型，显示类型相关的推荐标签，用户通过点击推荐标签进入推荐网页。本申请的争议焦点在于：本申请请求保护的技术方案相对于对比文件 1 是否具备创造性？

（三）案例分析

对比文件 1 公开了一种显示网址的方法，并公开了如下技术特征：网址由用户在地址栏中输入或者当用户进行网页浏览时点击其中的链接而在地址栏中加载显示；显示网址的方法还包括搜索同类表以得到与所述网址同类的网址的各级域名的步骤，其中，所述同类表为包括不同类别的多个网站的顶级域名和 / 或与各顶级域名对应的标题和 / 或与各顶级域名对应的网址段的表；因此搜索同类表时可进一步得到与所述网址同类的网址的各级域名所对应的中文标题和 / 或网址段；在地址栏中按照域名等级显示所述搜索得到的所述网址中的各级域名的网址段时，可以以按钮的形式或者铭牌的形式显示所述各级域名的网址段；若所述各级域名的网址段为按钮的形式，则当用户输入选择与某一网址段对应的按钮时，显示所述搜索得到的与相应的网址段对应的中文，当所述网址段对应的域名为三级或更低级域名时，直接显示所述网址段；网址：http://mil.news.sina.com.cn/2012-09-07/0953700282.html，图 2-14 以铭牌的形式在地址栏中按照域名等级显示该网址中各级域名的网址段：新浪＋新闻＋军事＋2012-09-07/0953700282.html，进一步地，根据上文的描述，还可以同时显示对于各级域名表及同类表的搜索结果；例如左下方显示的是对于顶级域名"新浪"进行同类搜索得到的搜索结果：雅虎、搜狐、网易、凤凰等；下方中部显示的是对于二级域名"新闻"进行站内搜索（域名表搜索）和站外搜索（同类表搜索）得到的搜索结果，如财经、科技、体育、资讯（雅虎）等；对于三级或更下级域名的搜索结果显示与上类似，在此不作赘述；根据所述网址中的二级或者低于二级的域名所对应的中文（如"军事""体育"等）进行检索，得到其他同类别网站中相应级别域名所对应的网址段，并对其进行加载显示，以实现对于用户的网址推荐，方便用户进行选择和跳转。

因此，对比文件 1 的上述内容实质公开了一种网页推荐方法，并公开了：获取用户输入的网页地址信息；根据网页地址信息获取网页地址信息所对应网页的网页类型；以及根据网页类型获取至少一个推荐网页；并且将至少一个推荐网页的网页地址信息提供给所述用户；其中，将所述至少一个推荐网页的网页地址信息提供给所述用户，具体包括：提供至少一个推荐网页的网页地址信息及网页名称。

权利要求 1 中，浏览器的地址栏下方的下拉菜单中提供推荐信息，而对比文件 1 公开的是在地址栏显示输入网址的同时提供推荐信息；并且权利要求 1 还向用户提供网页标识 LOGO。基于上述区别技术特征，该权利要求所要求保护的技术方案实际解决的技术问题是：如何使用户准确快速获知推荐信息。但对比文件 1 已经公开了在地址栏显示输入网址的同时提供网页推荐信息，也就是说对比文件 1 是用户输入场景的实时网页推荐，而地址栏下拉菜单是常见的与地址栏实现同时显示的区域，本领域技术人员有动机设置在浏览器的地址栏下方的下拉菜单中提供推荐信息。另外，使用户准确快速获知推荐信息是推荐领域的常见需求，网页标识 LOGO 是常见的网页标识方式，为了提高信息获取的速度和准确度，本领域技术人员有动机设置还需要提供至少一个推荐网页的网页标识 LOGO。

由此可见，在对比文件 1 的基础上结合本领域公知常识，得到该权利要求所要求保护的技术方案，对本领域技术人员而言是显而易见的。因此，该权利要求不具有突出的实质性特点和显著的进步，不具备创造性。

（四）案例启示

在进行创造性评判的过程中，要注意把握本发明解决其需要解决的技术问题的实质性手段，即本申请的发明点，基于该技术内容在本申请的技术领域及其相关技术领域进行针对性的检索，从而找到最接近的现有技术。在判断区别技术特征是否是本领域的公知常识时，需要站位本领域技术人员，客观看待在该手段在解决其实际解决的技术问题时，是否能够仅利用本领域公知常识，或者是采用本领域技术人员的惯用手段来解决该问题，从而客观判断创造性。

第二节　发明实际解决的技术问题

创造性审查"三步法"中的第二步是"确定发明的区别特征和发明实际解决的技术问题"，其在"三步法"中起到承上启下的作用。发明实际解决的技术问题是本领域技术人员在第三步中重塑发明的推动力，并为技术启示的寻找指明方向。

一、基本原则

《专利审查指南》第二部分第四章第 3.2.1.1 节（2）规定在确定了发明与最接近的现有技术之间的区别特征后，需要基于该区别特征确定发明实际解决的技术问题，具体内容为："在审查中应当客观分析并确定发明实际解决的技术问题"；"根据该区别技术特征所能达到的技术效果确定发明实际解决的技术问题"；"发明实际解决的技术问题，是指为获得更好的技术效果而需对最接近的现有技术改进的技术任务"；"作为一个原则，发明的任何技术效果都可以作为重新确定技术问题的基础，只要本领域的技术人员从本申请说明书中记载的内容能够得知该技术效果即可"。

上述规定首先表明客观性是确定发明实际解决的技术问题的根本原则，发明实际解决的技术问题是客观分析确定的，不是主观认定的；然后指出确定技术问题的依据是技术效果，而不是其他；最后明确了作为重新确定技术问题的基础的技术效果的范围，对前两个层次的原则进行补充和完善。在审查实践中，为了保证客观性，确定发明实际解决的技术问题时应当基于所属领域技术人员的视角，根据区别技术特征在发明中能够达到的技术效果进行分析。

2019 年对《专利审查指南》第二部分第四章第 3.2.1.1 节（2）"确定发明的区别技术特征和发明实际解决的技术问题"部分进行了两处修改：（1）明确了"区别技术特征所能达到的技术效果"是"在要求保护的发明中"所能达到的技术效果；（2）在该节最后增加"对于功能上彼此相互支持、存在相互作用关系的技术特征，应整体上考虑所述技术特征和它们之间的关系在要求保护的发明中所达到的技术效果"。

上述修改强调了应当整体考虑确定发明实际解决的技术问题。在确定发明实际解决的技术问题时，不应仅仅基于区别技术特征本身固有的功能或作用，而是应当根据区别技术特征在要求保护的整个方案中所能达到的技术效果，同时考虑特征之间的联系，来确定发明实际解决的技术问题。

二、典型案例

案例 2-2-1：触摸屏的书写区域处理方法和系统

（一）相关案情

本申请涉及一种触摸屏的书写区域处理方法和系统。

1. 本申请的技术方案

现有技术中，在使用触摸屏进行书写时，书写页面上往往会显示很多的类似于调色板的工具栏，这些工具栏往往会遮挡一部分区域，当用户书写到这些工具栏所在的区域时，往往需要用户通过拖动操作将这些工具栏移动到其他位置。然而，随着书写的不断继续，用户可能又书写到了工具栏移动后位置处，又需要重新移动工具栏，特别是当书写页面上存在多个工具栏时，需要一一移动各个工具栏，不但会打断当前的书写操作，降低用户的书写效率，同时操作方式都较为烦琐，处理效果差。

本申请提供一种触摸屏的书写区域处理方法，包括以下步骤：

步骤 S101：获取触摸屏上当前时刻的触摸点位置，根据所述触摸点位置确定当前时刻的书写区域，进入步骤 S102；在用户书写时，实时监听触摸屏上输入的触摸事件，检测出用户书写时按下的触摸点，记录触摸点的位置，获取当前时刻的触摸点位置。所述触摸点位置是指当前时刻的触摸点在触摸屏上的坐标；在获取到所述触摸点位置后，可以基于该触摸点位置以及预设的书写区域划分方式确定当前时刻的书写区域。

步骤 S102：检测当前页面中的工具栏是否与所述书写区域存在重叠区域，若是，进入步骤 S103；具体地，可以分别将书写区域与当前页面上的各工具栏的边界进行碰撞检测，如果有碰撞，则说明书写区域与相应的工具栏有重叠区域，也就是说，对于每一个工具栏，都可以分别检测工具栏的边界上的各点是否位于所述书写区域内，若检测带某一个点或者某几个点位于所述书写区域内就可以停止检测，并确定书写区域与相应的工具栏存在重叠区域，而不需要全部检测完工具栏的边界上的所有点。其中，可以获取工具栏的系统属性信息，根据该系统属性信息确定工具栏的当前位置、长度、宽度等信息，并根据工具栏的这些当前位置、长度、宽度等信息确定工具栏的边界。

步骤 S103：将与所述书写区域存在重叠区域的工具栏移动至所述书写区域外；其中，本实施例中的书写区域外包括工具栏与书写区域相邻或者相离两种情况，相邻是指工具栏边界与书写区域的边界有至少一部分重叠，相离是指工具栏边界和书写区域的边界无重叠，但较佳的方式是采用工具栏和书写区域相离的方式，这样可以减少工具栏被移动的次数。

本申请是自动、实时获取触摸屏上当前时刻的触摸点位置，基于该触摸点位置确定当前时刻的书写区域，并检测当前页面中的工具栏是否与该书写区域存在重叠区域，若是，则将与该书写区域存在重叠区域的工具栏移动至该书写区域外，这样实现了将工具栏自动地移动到书写区域外，以使工具栏所处位置不会影响到用户的书写。由于不需要用户任何的手动操作就可以实现将工具栏移动到不影响到用户书写的位置，用户可流畅地进行书写，实现了对书写区域的自适应、自动的处理，减少了用户对书写区域的处理流程，处理效果较好。

2. 权利要求的相关内容

1. 一种触摸屏的书写区域处理方法，其特征在于，包括如下步骤：

获取触摸屏上当前时刻的触摸点位置，根据所述触摸点位置确定当前时刻的书写区域；检测当前页面中的工具栏是否与所述书写区域存在重叠区域；若是，则将与所述书写区域存在重叠区域的工具栏移动至所述书写区域外；

其中，所述将与所述书写区域存在重叠区域的工具栏移动至所述书写区域外的步骤包括步骤：

将与所述书写区域存在重叠区域的工具栏按照第一方向移动至所述书写区域外；

若所述工具栏在移动后超出所述当前页面所对应的区域，则将与所述书写区域存在重叠区域的工具栏按照第二方向移动至所述书写区域外，其中，所述第二方向与所述第一方向反向。

3. 对比文件的技术方案

对比文件 1：一种电子信息板设备

技术问题：现有技术中使用触摸屏进行书写时，工具栏所处位置会影响到用户的书写。

技术方案：当判断监测到的坐标在手写区域内时，坐标数据处理部件通过手写输入执行绘制处理，接着判断坐标数据处理部件是否检测到常驻显示内容周围的预设区域内的输入坐标，当检测到坐标在常驻显示内容周围的预设区域内时，显示改变部件改变常驻显示内容的显示。

（二）争议焦点

本申请的争议焦点在于：对比文件 1 能否评述本申请的创造性？

针对以上问题，存在两种不同的观点。

观点 1

对比文件 1 可以评述本申请的创造性。理由在于：

对比文件 1 是在工具栏周围确定一预设区域，判断工具周围的预设区域与触摸点是否存在重叠，如果重叠则将工具栏移动。本申请是判断工具栏与书写区域是否存在重叠，如果重叠则将工具栏移动至书写区域外。概括而言，对比文件 1 中将"工具栏"设为一个"面"，触摸点是一个"点"，判断触摸"点"是否与工具栏的"面"相交；本申请将触摸点的书写区域设为一个"面"，然后在工具栏边缘取"点"，判断书写的"面"是否与工具栏边缘的"点"相交。

对比文件 1 与本申请触发移动的条件虽然不同，但是当判断两个对象的坐标位置是否满足一预设距离时，对其中任意一个对象设置预设距离的宽度形成预设区域，判断另一个对象的坐标是否与该预设区域重叠，是本领域的公知常识。因此，本领域技术人员容易想到该预设距离可以设置在书写区域上，判断书写"面"与工具栏的"点"是否相交。

对比文件 1 没有公开具体的移动规则，即未公开"将工具栏按照第一方向移动；若所述工具栏在移动后超出所述当前页面所对应的区域，则将与所述书写区域存在重叠区域的工具栏按照第二方向移动至所述书写区域外，其中所述第二方向与所述第一方向反向"。然而，这种移动方式属于常规的个性化设置，并未产生有益的技术效果。

观点 2

对比文件 1 不能评述本申请的创造性。理由在于：

本领域技术人员没有动机改变"面"的设置方式，将对比文件 1 中的判断触摸"点"与工具栏的"面"是否相交转化为判断书写"面"与工具栏的"点"是否相交。并且，"将工具栏按照第一方向移动；若所述工具栏在移动后超出所述当前页面所对应的区域，则将与所述书写区域存在重叠区域的工具栏按照第二方向移动至所述书写区域外，其中所述第二方向与所述第一方向反向"这种移动方式不是本领域的公知常识。

（三）案例分析

根据《专利审查指南》第二部分第四章第 3.2.1.1 节的规定：要从最接近的现有技术和发明实际解决的技术问题出发，判断要求保护的发明对本领域的技术人员来说是否显而易见。判断过程中，要确定的是现有技术整体上是否存在某种技术启示，即现有技术中是否给出将上述区别特征应用到该最接近的现有技术以解决其存在的技术问题（即发明实际解决的技术问题）的启示，这种启示会使本领域的技术人员在面对所述技术问题时，有动机改进该最接近的现有技术并获得要求保护的发明。如果现有技术存在这种技术启示，则发明是显而易见的，不具有突出的实质性特点。

具体到本申请，虽然对比文件 1 与本申请触发移动的条件不同，但是上述两种方法均属于判断点与面位置关系的常规技术手段，本领域技术人员容易想到该预设距离可以叠加到当前手写输入的坐标上形成预设区域即书写区域，至于上述改变引起了从判断点与面的关系到判断面与点的关系的改变，这种改变也是本领域技术人员能够预料得到的，且"面与点""点与面"在算法上实现上并无技术难度。

对于具体的移动规则，参见图 2-15 和图 2-16，对比文件 1 隐含公开了上述实施例工具栏均未移出显示区域。因此，本领域技术人员为了保障工具栏移动后可见，容易想到当工具栏将移出显示区域时，则改变移动方向。至于改变后的移动方向的选择属于本领域技术人员的公知常识。

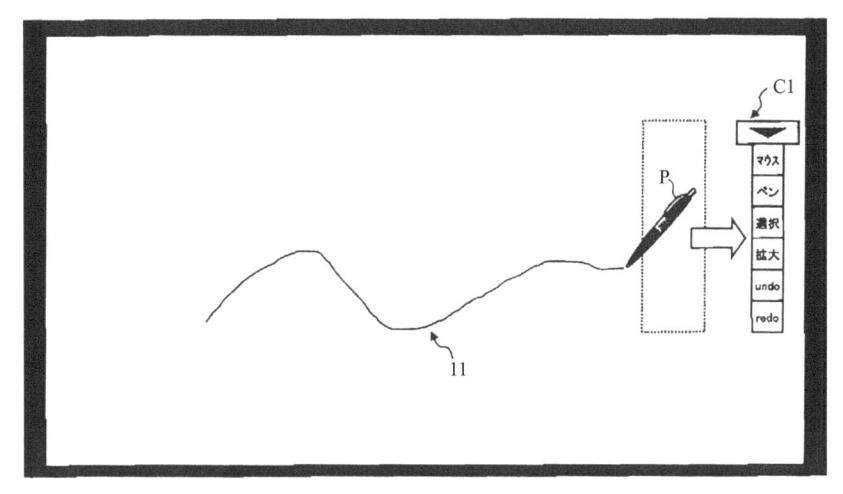

图 2-15 对比文件 1 实施方式的示意图

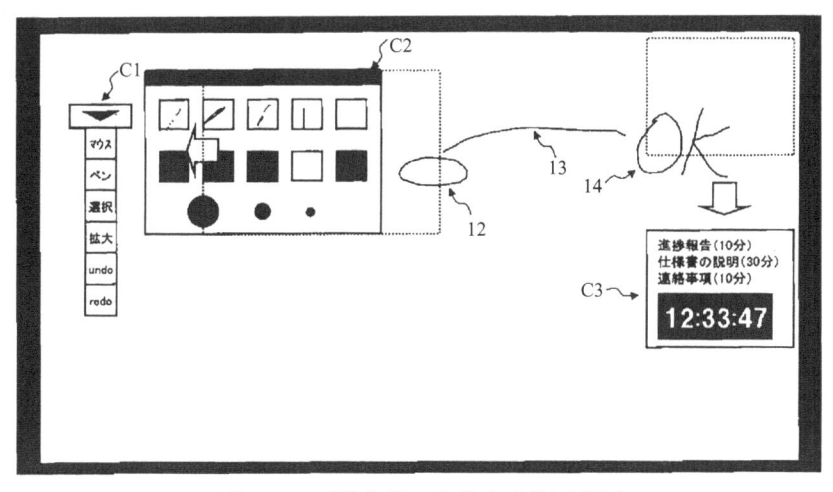

图 2-16 对比文件 1 实施方式的示意图

另外，由于并不能预期用户继续书写的方向，即可能用户进一步的书写方向是与第一方向相反的方向，因此将第二方向设置为与第一方向相反的方向可能会造成工具栏的继续移动，并不能得到申请人所声称的技术效果"第二方向与所述第一方向反向，由于第二方向已经书写过了，因此，避免了由于继续书写可能造成的继续移动"。

权利要求 1 要求保护的技术方案与对比文件 1 公开的内容相比，区别技术特征是：（1）根据触摸点位置确定一预设区域（即书写区域），判断工具栏与该预设区域是否存在重叠，如果重叠则将工具栏移动至预设区域外；对比文件 1 是在工具栏周围确定一预设区域，判断工具周围的预设区域与触摸点是否存在重叠，如果重叠则将工具栏移动；（2）将工具栏按照第一方向移动；若所述工具栏在移动后超出所述当前页面所对应的区域，则将与所述书写区域存在重叠区域的工具栏按照第二方向移动至所述书写区域外，其中所述第二方向与所述第一方向反向。

基于前面的分析，基于上述区别技术特征可以确定权利要求 1 相对于对比文件 1 实际解决的技术问题是：（1）如何设置预设区域；（2）如何保障工具栏移动后可见。

针对区别技术特征（1），对比文件 1 中在工具栏设置预设区域的作用是提前对手写输入的坐标与工具栏的坐标进行位置关系判断，当手写输入的坐标与工具栏的坐标存在一预设区域的距离时则判断工具栏可能会对手写输入产生影响，进而将工具栏移动到其他位置。因此，本领域技术人员容易想到该预设区域可以是基于工具栏的坐标，也可以是基于手写输入的坐标，进而容易想到根据触摸点位置确定预设区域（即当前时刻的书写区域）。

针对区别技术特征（2），本领域技术人员容易想到工具栏移动后如果超出显示区域，则会影响用户对工具栏的使用，且对比文件 1 图 2-15 公开了工具栏 C1 朝向右方向移动，与书写位置保持一定距离，图 2-16 公开了日程控件 C3 朝向下方向移动，与书写位置保持一定距离，可见对比文件 1 公开的上述实施例工具栏均未移出显示区域。因此，本领域技术人员为了保障工具栏移动后可见，容易想到当工具栏将移出显示区域时，则改变移动方向。对于改变后的移动方向的选择属于本领域技术人员的公知常识。

基于以上理由，对比文件 1 可以评述本申请的创造性。

（四）案例启示

创造性评述过程中应准确理解发明构思，分析对比文件是否存在改进动机，分析区别技术特征相对于对比文件实际要解决的技术问题，从实际要解决的技术问题出发,站位本领域技术人员进行创造性考量。

案例 2-2-2：一种用于振动能量回收的压电振荡器结构

（一）相关案情

本申请涉及一种用于振动能量回收的压电振荡器结构，属于电力领域。

1. 本申请的技术方案

本申请涉及一种用于振动能量回收的压电振荡器结构，本申请的说明书描述的现有技术中压电振荡器存在的缺陷是：回收频带窄，能量回收效率低。为了解决上述技术问题，本申请提出了一种改进的技术方案，具体结构参见图2-17，其解决技术问题的关键技术手段以及取得的技术效果包括：

（1）增加了限幅结构并在限幅结构上设置压电元件，用于回收冲击振动能量，并能保护内部的悬臂梁结构不会因为振幅过大而损坏；

（2）第一、第二变截面梁是非对称结构，以使两个变截面梁的振动方向不再一致，整个发电器结构因此能回收垂直于中性线的二维平面内的多个方向上振动能量；

（3）各变截面梁为非对称非线性悬臂梁结构，成对布置，以增加工作频带；

（4）各变截面梁采用变截面设计，在不改变压电元件形状的基础上，使得压电元件在梁长方形上具有相等的应变，提高了结构机电耦合系数。

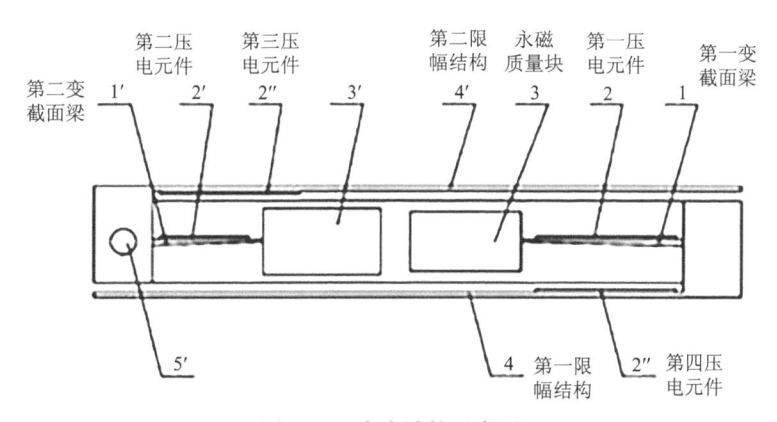

图 2-17 本申请的示意图

2. 权利要求的相关内容

1. 一种用于振动能量回收的压电振荡器结构，包括基础结构和固定在所述基础结构上的压电机电耦合发电单元，其特征在于，所述的压电机电耦合发电单元包括至少一对压电机电耦合发电器，其中，第一机电耦合发电器包括第一变截面梁（1）、第一永磁体质量块（3）和集成在第一变截面梁（1）表面的第一压电元件（2），所述的第一永磁体质量块（3）固定在第一变截面梁（1）的自由端，第一变截面梁（1）根部固定在所述的基础结构上，第一变截面梁（1）自由端厚度小于另一端的厚度；第二机电耦合发电器包括第二变截面梁（1'）、第二永磁体质量块（3'）和集成在第二变截面梁（1'）表面的第二压电元件（2'），所述的第二永磁体质量块（3'）固定在第二变截面梁（1'）自由端，第二变截面梁（1'）根部固定在所述的基础结构上，第二变截面梁（1'）自由端厚度小于另一端的厚度；所述的第一永磁体质量块（3）和第二永磁体质量块（3'）相对面极性相同并留有间隙；还包括两个由不导磁材料制成的第一、第二限幅结构（4、4'），其朝向压电机电耦合发电单元的表面设置有第三、第四压电元件（2″、2‴）；所述的第一变截面梁（1）、第二变截面梁（1'）和基础结构由不导磁材料制成；所述的一对压电耦合发电器是非对称结构，即所述的第一永磁体质量块（3）和第二永磁体质量块（3'）具有不同的质量，所述的第一变截面梁（1）和第二变截面梁（1'）轴向长度不同。

3. 对比文件的技术方案

对比文件1公开了一种二级振动式宽屏带能量采集器，其结构如图2-18所

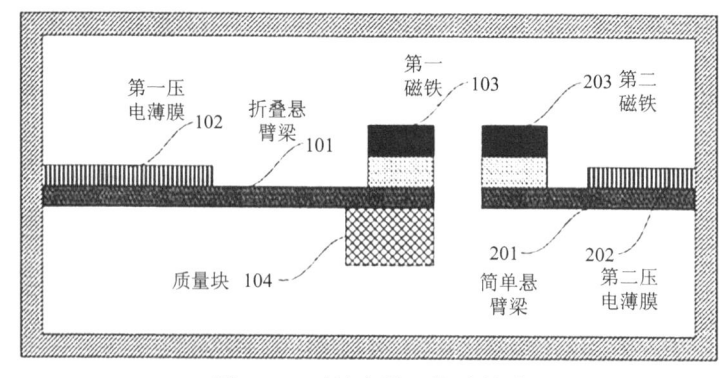

图2-18 对比文件1的示意图

示，对比文件 1 的二级振动式宽屏带能量采集器包括由非对称的第一级低频振子和第二级高频振子构成的压电机电耦合发电单元，增加了工作频带。

对比文件 2 公开了一种变截面悬臂梁形压电振动能量收集装置，其通过将悬臂梁设置为变截面形状，提高了发电能力，其结构如图 2-19 所示。

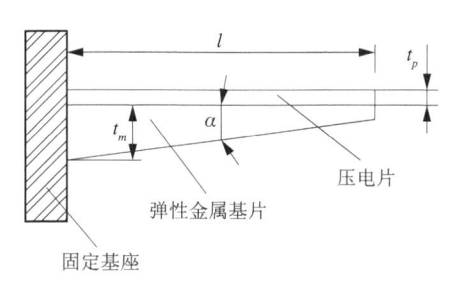

图 2-19　对比文件 2 的技术方案

（二）争议焦点

本申请的争议焦点在于：权利要求 1 的技术方案与对比文件 1 相比，其区别特征主要为：压电振荡器还包括两个由不导磁材料制成的第一、第二限幅结构，其朝向压电机电耦合发电单元的表面设置有第三、第四压电元件。如何基于该区别特征确定发明实际解决的技术问题？如何判断本申请的技术方案是否显而易见？

观点 1

基于上述区别特征确定权利要求 1 实际要解决的技术问题是：如何防止振幅过大导致压电发电单元结构破坏并充分利用振动发电。然而，对于所属领域技术人员而言，在振动方向设置限幅结构以限制振幅过大是本领域的公知常识，为了防止对带磁元件的干扰选择非导磁材料以及压电元件可以放置在任何可能产生振动的位置以提高能量回收效率是本领域的常规选择。因此，本领域技术人员容易根据需要设置两个由不导磁材料制成的第一、第二限幅结构，其朝向压电机电耦合发电单元的表面设置有第三、第四压电元件。

观点 2

基于上述区别特征确定权利要求 1 实际要解决的技术问题是：拓宽工作频带，提高能量回收效率。说明书记载了，当永磁铁质量块撞击限幅结构时，除了部分能量会以声音、热等形式耗散掉，大部分冲击能量还是留在了变截面梁和限幅结构内部，碰撞结束后，限幅结构会在一阶共振频率处做有阻尼的高频自由振荡。通过这种设计，巧妙地将实际应用中难以收集的低频大冲击振动能量转化成了较易收集的高频振动能量。也就是说，本申请的限幅结构不仅能起到防止振幅过大导致压电机电耦合发电单元受损，还能起到类似于悬臂梁的作用，能够有效地回收振荡器结构带来的冲击振动能，进一步拓宽了主振荡器结构的工作频带，提高了能量回收效率。其中，第一、第二限幅结构和第三、第四压电元件两者相互配合，共同解决了提高振动能量回收效率的技术问题，第一、第二限幅结构和第三、第四压电元件两者不可分割。对比文件1和对比文件2没有提到压电振荡器结构中振子自身的振荡具有能量损失，该技术问题在现技术中也不是容易发现的，本领域技术人员没有动机去回收振子自身振荡的能量损失，更不会想到设置限幅结构，并在限幅结构上设置压电元件，将质量块的低频冲击振动能量转换为较易收集的高频振动能量，以回收冲击振动能量。直接将本申请回收冲击振动能量，提高能量回收效率的关键技术手段认为是本领域技术人员容易想到的是不合适的。

（三）案例分析

《专利审查指南》第二部分第四章第3.2.1.1节（2）"确定发明的区别技术特征和发明实际解决的技术问题"部分进行了两处修改：（1）明确了"区别技术特征所能达到的技术效果"是"在要求保护的发明中"所能达到的技术效果；（2）在该节最后增加"对于功能上彼此相互支持、存在相互作用关系的技术特征，应整体上考虑所述技术特征和它们之间的关系在要求保护的发明中所达到的技术效果"。也就是说，在确定发明实际解决的技术问题时，不应仅仅基于区别特征本身固有的功能或作用，而是应当根据区别特征在要求保护的整个方案中所能达到的技术效果，同时考虑特征之间的联系，来确定发明实际解决的技术问题。

具体到本申请，增加第一、第二限幅结构及其上的第三、第四压电元件，虽然利用了限幅结构能够限制振幅和压电元件能够转换能量的固有属性，但其在本申请的技术方案中具体解决的技术问题是，一方面是保护内部的悬臂梁结构不会因为振幅过大而损坏，另一方面是用于回收冲击振动能量，实现低频到高频转换。具体而言，当永磁质量块撞击限幅结构时，限幅结构会在一阶共振频率处做有阻尼的高频自由振荡，通过这种设计，巧妙地将实际应用中难以收集的低频大冲击能量转换成了较易收集的高频振动能量，也就是说本申请的限幅结构还能起到类似于悬臂梁的作用，能够有效地回收振荡器结构带来的冲击振动能，进一步拓宽了工作频带，提高能量回收效率。在该解决方案中，第一、第二限幅结构和第三、第四压电元件相互配合，共同解决了本申请提出的"拓宽工作频带，提高能量回收效率"的技术问题，应当将"第一、第二限幅结构"和"第三、第四压电元件"作为一个整体看待，并将发明实际解决的技术问题确定为"拓宽回收频带，提高回收效率"。对比文件1和对比文件2均没有公开该区别技术特征，当前没有公知常识证据表明设置限幅结构并在限幅结构上设置压电元件，以将低频冲击能量转换为高频振动能量，进而拓宽回收频带，提高能量回收效率是本领域的公知常识，而且该技术手段是申请人强调的发明点。因此，基于当前证据不能否定本申请的创造性。

（四）案例启示

发明实际解决的技术问题是本领域技术人员在"三步法"评述第三步中重塑发明的推动力，并为技术启示的寻找指明方向，其是以区别技术特征在要求保护的发明中所能达到的技术效果为依据的。在确定发明实际解决的技术问题时，不应仅仅基于区别技术特征本身固有的功能或作用，而是应当根据区别技术特征在要求保护的整个方案中所能达到的技术效果，同时考虑特征之间的联系，来确定发明实际解决的技术问题。

案例2-2-3：一种兼容多个验印厂商算法的方法和系统

（一）相关案情

本申请涉及一种兼容多个验印厂商算法的方法和系统。

1. 本申请的技术方案

现有技术中存在各验印厂商的验印系统由于数据格式不统一、调用方式不兼容造成资源浪费的问题。

本申请提供一种兼容多个验印厂商算法的印鉴管理方法，包括以下步骤：

S101，通过业务逻辑模块对电子印鉴账户的账户基本信息进行采集。

S102，将采集的账户基本信息分别存储至数据库的账户信息表、印鉴卡信息表、印鉴信息表中；其中，所述账户信息表的记录包含如下字段：账号、户名、联系人、印鉴组合及组合生效日期；所述印鉴卡信息表的记录包含如下字段：印鉴卡号、印鉴卡启用日期、印鉴卡停用日期、印鉴卡影像文件ID；所述印鉴信息表的记录包含如下字段：印鉴序列号、印章形状、印章备注名、电子印鉴加密数据文件ID和厂商标志。

S103，所述业务逻辑模块调用图像处理模块进行印鉴采集以获得所述电子印鉴账户的电子印鉴加密数据文件，其中，所述图像处理模块以Active控件调用动态链接库的形式集成了所述多个验印厂商提供的算法。

S104，所述业务逻辑模块将所述电子印鉴加密数据文件存储至文件服务器中。

S105，所述业务逻辑模块将与提供获取所述电子印鉴加密数据文件的算法的验印厂商对应的厂商标志值存储至所述印鉴信息表。

S106，所述业务逻辑模块根据所述厂商标志字段生成电子印鉴加密数据文件ID。例如，由厂商标志字段、账号、印鉴卡号、印鉴序列号拼接形成所述电子印鉴加密数据文件ID。

S107，所述业务逻辑模块将所述生成的电子印鉴加密数据文件ID存储至所述印鉴信息表。

本申请通过印鉴管理方法将不同厂商的账户信息转换格式统一存储，将厂商标志字段、印鉴加密数据文件ID、印鉴加密数据文件和各厂商获取加密数据文件的算法相互关联存储，并通过验印方法获取待验票据影像文件对应的电子印鉴加密数据文件，动态调用多个验印厂商算法中的一个相应算法并验印，实现多个验印厂商算法兼容。

2. 权利要求的相关内容

1.一种兼容多个验印厂商算法的印鉴管理方法，其特征在于，所述印鉴管理方法包括：

通过业务逻辑模块对电子印鉴账户的账户基本信息进行采集并将采集的账户基本信息分别存储至数据库的账户信息表、印鉴卡信息表、印鉴信息表中；

所述业务逻辑模块调用图像处理模块进行印鉴采集以获得所述电子印鉴账户的电子印鉴加密数据文件，并将所述电子印鉴加密数据文件存储至文件服务器中，其中，所述图像处理模块以Active控件调用动态链接库的形式集成了所述多个验印厂商提供的算法；

所述业务逻辑模块将与提供获取所述电子印鉴加密数据文件的算法的验印厂商对应的厂商标志值存储至所述印鉴信息表；

所述业务逻辑模块根据所述厂商标志字段生成电子印鉴加密数据文件ID；

所述业务逻辑模块将所述生成的电子印鉴加密数据文件ID存储至所述印鉴信息表。

3. 对比文件的技术方案

对比文件1：一种印鉴影像的比对方法以及比对系统

技术问题：克服现有技术中对印鉴核验主要依赖人工而造成的不能客观、准确、高效判断真伪的技术难题，提高了印鉴比对的准确性、高效性以及印鉴使用的安全性。

技术方案：

S101：采集预留印鉴的印鉴影像。

S102：采集预留印鉴的用户信息以及验印规则。所述的用户信息包括印鉴卡号、账号、账号户名、印鉴卡启用日期。用户预留的验印规则，在具体的实施方式中，根据用户支付时验印不同印鉴的要求，可以有不同的验印规则；例如：用户支付10万元以下时，需验印财务章和公章，此时记录的验印规则为（一）；用户支付10万元以上，需验印财务章、公章、个人章，此时记录的验印规则为（二）。

S103：根据所述的印鉴影像提取用户加盖的印鉴。

S104：采集用户票据上的票据影像以及票据信息。

S105：根据所述的票据影像提取票据印鉴。

S106：根据所述的验印规则，将所述的用户加盖的印鉴与所述的票据印鉴进行比对，生成比对结果。

对比文件2：硬件加密引擎的实现方法

技术问题：提供一种硬件加密引擎的实现方法，为用户提供一个用以添加硬件加解密算法的接口。

技术方案：在引擎被调用之前，先在引擎中建立硬件加密设备的加解密算法与OpenSSL接口中的加解密算法的映射关系；在引擎被调用加载后，硬件加密设备中的加解密算法，会传入引擎中的对称加密对象中，从而实现硬件加密设备的加解密算法传入引擎，得到引擎的加解密算法；之后，获取引擎的加解密算法的指针、OpenSSL接口中的加解密算法列表值和各加解密算法ID，判断引擎的加解密算法的指针是否为空；如果引擎的加解密算法的指针不为空，则根据硬件加密设备的加解密算法与OpenSSL接口中的加解密算法的映射关系和算法ID，返回与硬件加密设备的加解密算法相对应的OpenSSL接口中的加解密算法，即将OpenSSL接口中的加解密算法存储在引擎的对称加密对象中。这样，引擎的对称加密对象中，存储的就是与硬件加密设备中的加解密算法有映射关系的OpenSSL接口中的加解密算法了。

（二）争议焦点

本申请的争议焦点在于：对比文件1结合对比文件2能否评述本申请的创造性？

针对以上问题，存在两种不同的观点：

观点1

对比文件1结合对比文件2可以评述本申请的创造性。理由在于：对比文件1通过信息输入区采集预留印鉴上预留的相关用户信息，包括印鉴卡号、账号、账号户名、印鉴卡启用日期；启动扫描仪或者摄像头等成像设备，按照统一规格采集预留印鉴的印鉴影像，根据印鉴图像的色彩差异，识别并提取出用户加盖的印鉴，对用户印鉴进行编号，同时进行二值化加密处理，将加密处理后的数据传输到数据存储装置中存储起来，完成预留印鉴的电子化信息采集处理。可见，对比文件1公开了"所述业务逻辑模块调用图像处理模块进行印鉴采集以获得所述电子印鉴账户的电子印鉴加密数据文件，并将所述电子印鉴加密数据文件存储至文件服务器中"。

对比文件 2 公开了先在引擎中建立硬件加密设备的加解密算法与 OpenSSL 接口中加解密算法的映射关系，在加解密时，获取算法 ID，根据映射关系从动态库中获取与 ID 相应的算法进加解密运算，硬件加密引擎，将一些硬件加解密算法添加扩展到软件算法库中。可见，对比文件 2 公开了"调用动态链接库的形式集成多个算法"，其解决了如何兼容不同算法的技术问题。

因此，对比文件 1 结合对比文件 2 可以评述本申请的创造性。

观点 2

对比文件 1 结合对比文件 2 不能评述本申请的创造性。理由在于：对比文件 1 与本申请发明构思不同。对比文件 1 的核心在于提供一种印鉴的比对方法，以克服现有技术中主要依赖人工进行印鉴核验而造成的不能客观、准确、高效判断真伪的技术难题。而本发明的核心在于以 Active 控件调用动态链接库的形式，集成多个厂商提供的算法，实现将各厂商的印鉴加密数据转换为同样形式，并根据厂商标志字段来正确调用厂商验印算法，以兼容多个验印厂商算法。因此，本领域的技术人员在对比文件 1 的基础上，并不容易想到将上述区别技术特征应用于对比文件 1 中以解决相应的技术问题。对比文件 2 未公开区别技术特征"采用 Active 控件的方式调用动态链接库"。软件算法库是指广泛意义上用于集成/共享软件算法的模块。而动态链接库特指以动态方式集成/共享算法的模块。因此，对比文件 2 中的"软件算法库"并不等同于本申请中的"动态链接库"。

（三）案例分析

根据《专利审查指南》第二部分第四章第 3.2.1.1 节的规定："在审查中应当客观分析并确定发明实际解决的技术问题。为此，首先应当分析要求保护的发明与最接近的现有技术相比有哪些区别特征，然后根据该区别特征在要求保护的发明中所能达到的技术效果确定发明实际解决的技术问题。从这个意义上说，发明实际解决的技术问题，是指为获得更好的技术效果而需对最接近的现有技术进行改进的技术任务。"

（1）对比文件 1 未公开本申请的发明构思。本申请涉及一种兼容多个验印厂商算法的方法和系统，所要解决的技术问题是：现有技术中多个验印厂商提供的验印系统中验印数据格式不统一、调用方式不兼容，导致的同一银行不同分行的印鉴无法统一处理，或部署多个验印系统造成的资源浪费。采用的技术手段：将业务逻辑的实现算法与图像处理算法剥离，通过印鉴管理方法将不同厂商的账户信息转换为统一格式存储，将厂商标志字段、印鉴加密数据文件 ID、印鉴加密数据文件和各厂商获取加密数据文件的算法相互关联存储，以完成对不同厂商印鉴加密数据的区别命名和正确调用，并以 ActiveX 控件调用动态链接库的形式，集成各个厂商提供的算法，实现将各厂商印鉴加密数据转换为同样形式返回给业务逻辑的功能；并且，通过业务逻辑传入的数据（厂商标志字段）调用正确的厂商验印算法进行验印。通过以上的技术手段，本申请能够实现兼容不同验印厂商的图像处理算法，统一不同验印厂商算法提取的印模和账户数据，将多个验印系统合并为同一个验印系统，具有高可用性和灵活性。而对比文件 1 要解决的技术问题是：人工验印不能准确、客观、高效判断真伪，传统图像比对识别率低、精确性不高；采用的技术手段是：根据预留印鉴的用户信息采用不同的验印规则进行验印，具体是指根据用户支付金额确定验印几项签章；取得的技术效果是：提高了印鉴比对的准确性、高效性以及印鉴使用的安全性。即对比文件 1 实质是采用一套厂商的算法和系统进行验印的过程，其与本申请所要解决的技术问题、采用的技术手段和取得的技术效果均不相同，对比文件 1 并未涉及本申请要将多个验印算法和系统兼容的发明构思，且其技术方案仍存在本申请所要解决的技术问题。

（2）对比文件 2 与本申请应用场景差别较大。对比文件 2 涉及信息安全技术领域，尤其涉及一种硬件加密引擎的实现方法，通过硬件加密引擎，将一些硬件加解密算法，尤其是一些未公开的，只能用硬件实现的加解密算法添加扩展到软件算法库 OpenSSL 中。OpenSSL 是一个安全套接字层密码库，包含了完整的加密算法、数字签名算法及证书签名算法，主要是用于对传输过程中的电子文档进行加解密以保证其安全性；而本申请涉及的是在对真实的印章进行真伪鉴别过程中的验印算法，即对比文件 2 与本申请应用场景相差较大，在面对本申请所要解决的技术问题时，设计验印系统的本领域技术人员不会去文件安全传输领域寻求解决方案。

（3）发明实际解决的技术问题确定不准确，对比文件1与对比文件2之间存在技术断点。本申请权利要求1相对于对比文件1的区别主要体现在将账户信息、厂商标志字段以及电子印鉴加密数据文件ID关联存储，并以Active控件根据电子印鉴加密数据文件ID调用动态链接库的形式集成了多个验印厂商提供的算法，从而形成一种可兼容多个验印厂商算法的印鉴管理方法。基于以上区别，权利要求1的技术方案实际解决的技术问题是布设多个验印系统造成的资源浪费问题，其采用的技术手段是通过算法兼容使得多种系统集成于一身。若将其概括为"如何兼容不同算法"，实质上引入了解决技术问题所采用的具体的技术手段。对比文件2公开了具体如何实现硬件算法到软件算法库的关联，并不是基于将多个算法集成在一起的构思，其作用与区别技术特征在本申请中的作用并不相同，不是为了减少资源的浪费。本领域技术人员在解决相关技术问题时，无法从对比文件2中得出解决多个系统造成资源浪费这一技术问题的技术启示。

基于以上理由，对比文件1结合对比文件2不能评述本申请的创造性。

（四）案例启示

在创造性评判中应深入理解发明构思、把握发明实质，同时对现有技术进行准确、全面的理解；在确定发明实际解决的技术问题时，不应将为解决某一技术问题所采用的技术思路或技术手段作为发明实际解决的技术问题，发明实际解决的技术问题应当根据区别技术特征所能达到的技术效果来确定。

案例2-2-4：一种PCB用热熔机的热熔头装置

（一）相关案情

本申请涉及PCB用热熔机的热熔头装置，属于PCB制造领域。

1. 本申请的技术方案

本申请涉及一种PCB用热熔机的热熔头装置。背景技术描述的现有技术中存在的缺陷是：PCB板预叠热熔时加热头下方的半固化片（PP）易熔融后流到四周，影响熔合效果。为了解决上述问题，本申请提出一种改进的技术方案，如下图 2-20 所示，通过在热熔头 1 周围设置一压紧外套 2，利用压紧外套 2 的压力避免熔融的 PP 流到四周，不会导致熔合凹陷；此外，为防止热熔头 1 向压紧外套 2 传热，设置不同气缸分别独立控制热熔头 1 和压紧外套 2，使之在升起时具有高度差，从而拉开距离防止传热且利于有效散热。

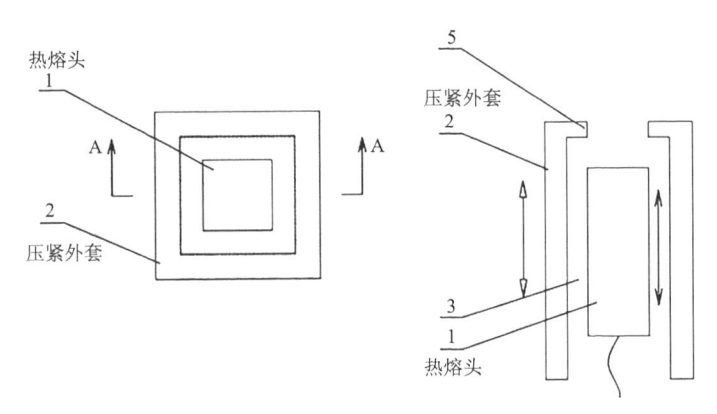

图 2-20　本申请技术方案的结构示意图

2. 权利要求的相关内容

1. 一种 PCB 用热熔机的热熔头装置，包括热熔头（1），其特征是：还包括压紧外套（2），压紧外套（2）具有轴向内孔，热熔头（1）安装在压紧外套（2）的轴向内孔内，热熔头（1）的外壁与压紧外套（2）的内孔壁之间具有间隙（3），在热熔头（1）上连接有输电线缆（4），所述热熔头（1）由安装在 PCB 用热熔机机架上的第一驱动汽缸驱动，压紧外套（2）由安装在 PCB 用热熔机机架上的第二驱动汽缸驱动；在压紧外套（2）的出口端内孔壁上设有环形的限位挡边（5），限位挡边（5）与热熔头（1）配合。

3. 对比文件的技术方案

对比文件 1 公开了一种热熔机构，其为解决现有电阻热熔易在热熔区域流胶凸起产生胶粒的问题，通过在热熔部侧面设置压平板，一方面避免 PP 从热熔区流至压平板下，另一方面可保证压平面下的半固化片不熔化，有效解决了热熔区流胶凸起产生胶粒的问题，具体结构如图 2-21 所示。

对比文件 2 公开了一种塑料体热熔装置，其为解决现有技术中人工熔胶连接效率低、准确度低的问题。采用气缸自动控制熔胶过程，具体结构如图 2-22 所示。

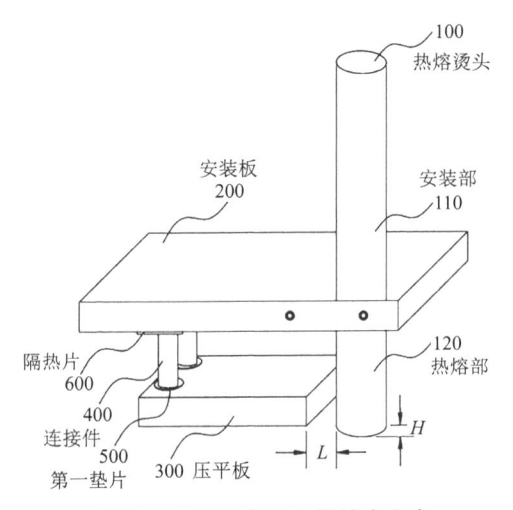

图 2-21 对比文件 1 的技术方案 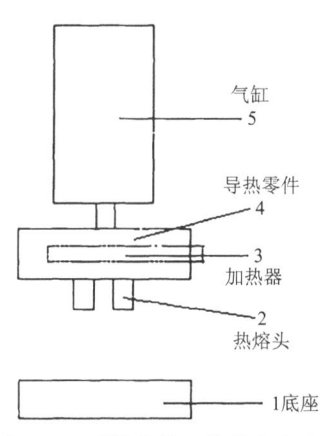　　图 2-22 对比文件 2 的技术方案

（二）争议焦点

本申请的争议焦点为：对比文件 1 公开了为解决流胶问题设置压紧外套的技术方案，本申请与对比文件 1 的主要区别为"两个气缸分别控制热熔头和压紧外套"。如何确定发明实际解决的技术问题？在对比文件 1-2 的技术启示下本领域技术人员是否容易想到本申请的技术方案。

观点 1

对比文件 1 公开了为解决流胶问题设置压紧外套的发明构思，基于本申请相对于对比文件 1 的主要区别"两个气缸分别控制热熔头和压紧外套"，其实际解决的技术问题是"如何驱动热熔头与压紧外套"，而对比文件 2 给出了采用气缸控制热熔头升降的技术启示，且在对比文件 1 还公开了压紧外套和热熔头高度不同的基础上结合对比文件 2，本领域技术人员容易想到设置两个气缸分别控制热熔头和压紧外套。

观点 2

根据区别技术特征确定本申请实际解决的技术问题是"如何在上升时避免

传热并有效散热"，对比文件1中压平板和热熔部虽然具有高度差，但二者通过安装板相对固定，二者同步运动，在对比文件1的基础上本领域技术人员没有动机设置两个气缸分别控制压平板和压紧外套，在对比文件1-2的技术启示下本领域技术人员不能获得本申请的技术方案。

（三）案例分析

《专利审查指南》第二部分第四章第3.2.1.1节（2）规定了在确定了发明与最接近的现有技术之间的区别特征后，需要基于该区别特征确定发明实际解决的技术问题，并具体规定"在审查中应当客观分析并确定发明实际解决的技术问题"，"根据该区别技术特征在要求保护的发明中所能达到的技术效果确定发明实际解决的技术问题"。也就是说，发明实际解决的技术问题是通过区别特征的引入得以解决的问题，其与技术效果相对应，确定发明实际解决的技术问题，不应在技术问题中带有本发明为解决该技术问题而提出的技术思路和解决手段的指引。

具体到本申请，虽然本申请和对比文件1在背景技术中提到现有技术存在的问题相同，两者都是要解决流胶问题。但本申请除了在热熔头周围设置压紧外套，使加热时因四周有压紧外套的压力，防止流胶，还采用不同气缸分别控制热熔头和压紧外套，使两者在升起来时高度不一致，防止传热并有效散热。对比文件1公开了为解决流胶问题，在热熔部侧面设置压平板，通过压平板压紧热熔区侧面以解决流胶问题，不涉及通过不同气缸分别控制热熔头和压紧外套以在上升时防止传热并有效散热，可见对比文件1未完全公开本申请的发明构思。

本申请相对于对比文件1的区别主要在于设置两个气缸分别控制热熔头和压紧外套。本申请说明书中记载了如此设置的作用在于灵活控制两者在下降、加热和上升过程中的高度，一方面能有效避免流胶、保证热熔效果，另一方面能在上升时避免传热并有效散热。基于上述区别技术特征确定发明实际解决的技术问题是如何在上升时避免传热并有效散热。观点1中将发明实际解决的技术问题确定为"如何驱动热熔头与压紧外套"，将技术手段引入技术问题，并未基于区别技术特征回归到本申请分析区别技术特征在本申请技术方案中所起的作用，实际解决的技术问题认定错误，进而导致第三步技术启示判断错误。

对比文件1虽公开了压平板的压平面和热熔面高度不同，但根据说明书记载可知，压平面和热熔面的高度差 H 设置在 0～5mm 范围内，优选为 0mm，其目的在于避免热熔时压平板撑在电路板上将热熔部 120 抬高以至于热熔面无法作用在电路板上，保证热熔面正常工作。且对比文件 1 中压平板和热熔部通过安装板相对固定，二者同步运动，在其基础上结合对比文件 2 的气缸控制，只能得到采用一个气缸驱动热熔部和压平板同时运动的技术方案，不可能将对比文件 1 中固定连接、同步运动的压平板和热熔部改为用不同气缸分别驱动，缺乏改进动机。因此，对比文件 1 作为最接近的现有技术缺乏改进动机，对比文件 1-2 的结合无法得到本申请的技术方案，不能解决相应的技术问题，也无法达到相应的技术效果。

综上所述，在对比文件 1 的基础上结合对比文件 2 不能评述本申请的创造性。

（四）案例启示

发明实际解决的技术问题是本领域技术人员在"三步法"评述第三步中重塑发明的推动力，并为技术启示的寻找指明方向，其是以通过引入区别技术特征而实现的技术效果为事实基础的。在确定发明实际解决的技术问题时，应回归本申请分析区别技术特征在本申请技术方案中所能达到的技术效果，不能引入技术手段的指引，避免出现"事后诸葛亮"。

第三节　技术启示的判断

在运用"三步法"进行创造性评判时，其中的第三步"判断要求保护的发明对本领域的技术人员来说是否显而易见"是体现创造性条款设立目的的关键步骤，往往需要判断现有技术是否给出技术启示，而技术启示的判断是创造性评判中的一个难点。

一、基本原则

《专利审查指南》第二部分第四章第 3.2.1.1 节规定："要从最接近的现有技术和发明实际解决的技术问题出发，判断要求保护的发明对本领域的技术人员来说是否显而易见。判断过程中，要确定的是现有技术整体上是否存在某种技术启示，即现有技术中是否给出将上述区别特征应用到该最接近的现有技术以解决其存在的技术问题（即发明实际解决的技术问题）的启示，这种启示会使本领域的技术人员在面对所述技术问题时，有动机改进该最接近的现有技术并获得要求保护的发明。如果现有技术存在这种技术启示，则发明是显而易见的，不具有突出的实质性特点"。

在创造性的评判过程中涉及技术启示的判断应准确站位本领域技术人员，从本领域技术人员出发，对现有技术是否给出相应的技术启示作出判断，对于功能上彼此相互支持、存在相互作用关系的技术特征，需要注意从整体上考虑技术特征之间的关系在要求保护的发明中所达到的技术效果。

二、典型案例

案例 2-3-1：一种悬浮按钮的控制方法

（一）相关案情

本申请涉及一种悬浮按钮的控制方法。

1. 本申请的技术方案

现有技术中移动终端的界面上的悬浮按钮可以停留在界面的任意位置，而当用户需要执行输入操作进而弹出软键盘时，软键盘的区域可能和悬浮按钮有重叠部分，导致影响按键输入。本申请提供一种能自动控制悬浮按钮移动，使其不与界面上弹出的软键盘重叠的方法。

本发明实施例提供一种悬浮按钮的控制方法，包括步骤 S101～S104：

步骤 S101：实时监听屏幕的高度变化情况。

步骤 S102：根据屏幕的高度变化情况，确定屏幕上弹出软键盘后，检测软键盘的位置。

步骤 S103：检测屏幕上的悬浮按钮的位置。

步骤 S104：若检测到软键盘的位置和所述悬浮按钮的位置发生重叠，则控制悬浮按钮在软键盘之外的屏幕位置进行显示。

本实施例中的相关技术细节说明如下：本实施例以安卓系统为例进行说明，悬浮按钮所在的应用在首次安装后需要启动才能运行，然后启动一个 Service 服务进程来对悬浮按钮进行管理和逻辑控制，是因为 Service 可以在后台始终保持运行，具有不容易被杀死，不需要启动可视化界面支持的优点，并且在手机系统重启后，还可以通过本地注册的系统广播消息，例如，手机启动的广播，网络状态变化的广播，蓝牙状态变化、Wi-Fi 状态变化等等，只要是系统类的广播消息都可以将其启动起来，生命力非常强，所以选择 Service 作为实现悬浮按钮的载体。

创建悬浮按钮，按钮进入待机状态，监听点击事件：悬浮按钮本身是一个 Relative Layout（相对布局），其内部由一个 Image View（图片控件）实现按钮的显示，利用了 Window Manager（窗口管理器）的 addview 方法添加到窗口管理器中的，通过设置其 Layout Params（布局参数）的 type 的属性为 Window Manager.LayoutParams.TYPE_SYSTEM_ALERT（一种系统警告类型的属性），来实现悬浮于大多数应用窗口之上，因为 TYPE_SYSTEM_ALERT 是一个非常高的优先级，设置后可以使悬浮按钮的优先级大于其他大部分窗口，在显示时，自然就会处于其他窗口之上。同时给悬浮按钮设置单击、长按、双击、移动等的监听事件，悬浮按钮在收到不同的事件后，会进行不同的处理。如单击悬浮按钮，会打开悬浮窗，进行虚拟按键功能的使用，同时隐藏悬浮按钮。

上述步骤 S104 中的控制悬浮按钮在软键盘之外的屏幕位置进行显示，可以包括步骤 S301～S305：

步骤 S301：获取屏幕的高度值；

步骤 S302：根据软键盘的位置检测结果，确定软键盘的高度值；

步骤 S303：根据屏幕上的悬浮按钮的位置检测结果，确定悬浮按钮的高度值；

步骤 S304：计算屏幕的高度值减去软键盘的高度值、悬浮按钮的高度值所得到的差值，并将所述差值作为悬浮按钮的显示高度值；

步骤S305：控制悬浮按钮按照显示高度值或者大于显示高度值的高度在软键盘之外的屏幕位置进行显示。

具体而言，当屏幕由非全屏切换到全屏，或者由全屏切到非全屏，或者高度变化的值和软键盘高度值相差较大，这几种状态都要进行各自的功能逻辑处理。其中，当前高度h值与屏幕高度Screen Height作比较，如果结果相等，说明当前变化到了全屏状态；如果结果不相等，则认为是从全屏状态退出到了非全屏状态。如果都不是这些情况，而是当前高度h值与变化之前的高度值oldh之间的差值小于代表软键盘的高度，则表示其他情况导致了屏幕界面变化，如状态栏隐藏或显示等。

其他功能逻辑处理：如当前界面是全屏和非全屏的状态相互切换时，则调用悬浮按钮全屏隐藏或者显示的逻辑；如果窗口变化较小，则调用状态栏显示或隐藏，或者其他功能逻辑处理，或者不处理。然后悬浮按钮继续保持Float Monitor的监听状态。

2. 权利要求的相关内容

1. 一种悬浮按钮的控制方法，其特征在于，包括：

实时监听屏幕的高度变化情况；

根据所述屏幕的高度变化情况，且判断没有发生横竖屏切换，确定所述屏幕上弹出软键盘后，检测所述软键盘的位置；

检测所述屏幕上的悬浮按钮的位置；

若检测到所述软键盘的位置和所述悬浮按钮的位置发生重叠，则控制所述悬浮按钮在所述软键盘之外的屏幕位置进行显示；

所述控制所述悬浮按钮在所述软键盘之外的屏幕位置进行显示，包括：

获取所述屏幕的高度值；

根据所述软键盘的位置检测结果，确定所述软键盘的高度值；

根据所述屏幕上的悬浮按钮的位置检测结果，确定所述悬浮按钮的高度值；

计算所述屏幕的高度值减去所述软键盘的高度值、所述悬浮按钮的高度值所得到的差值，并将所述差值作为所述悬浮按钮的显示高度值；

控制所述悬浮按钮按照所述显示高度值或者大于所述显示高度值的高度在

所述软键盘之外的屏幕位置进行显示。

3. 对比文件的技术方案

对比文件1：一种基于触摸屏的悬浮式虚拟按键的实现方法

技术问题：提供一种以最小限度占用触摸屏面积，有效防止误操作，并能满足更多功能配置需求，运行过程从始至终不影响终端触摸屏上其他正常操作的一种基于触摸屏的悬浮式虚拟按键的实现方法及装置。

技术方案：

当所述悬浮按键与当前应用程序输入法虚拟键盘处在相同位置出现重叠或部分重叠时，采取隐藏动作，具体只显示所述悬浮按键的一小部分作为标记所述悬浮按键的隐藏位置，当输入完毕关闭所述输入法虚拟键盘时，或者在触摸屏上以水平向内方向轻点滑动所述悬浮按键的一小部分，呼出所述悬浮按键。

对比文件2：一种手机App软件文本框随软键盘自适应位置的方法

技术问题：实现文本框随软键盘弹出自适应位置的方法，即通过在相关的页面加入指定的js方法，设置相关的参数，实现文本框位置随软键盘自适应，从而达到简化开发，保证了开发的简单、方便、快速，加强适应性的效果。

技术方案：

开发人员将js函数引进到相关页面，通过监听软键盘的相关操作，设置页面参数，从而控制页面上下移动。window.onorientationchange= window.onresize是监听页面变化及其软键盘弹出缩回的函数。pingyi( )是根据软键盘弹出，将文本框提升，防止文本框被软键盘遮住的函数；第一步：在主页面加上函数window.onorientationchange= window.onresize、pingyi( )和backpage( )；第二步：在悬浮窗口加入函数yidong(id)；第三步：在需要的随软键盘自适应位置的文本框加上点击事件，触发时调用函数yidong(id)，函数yidong(id)调用主页函数，控制悬浮窗口做出上升操作；第四步：window.onorientationchange= window.onresize监听到软键盘收回，调用函数backpage( )，将浮动窗口恢复到原先位置。

设置页面参数并控制页面上下移动的过程为：在需要的随软键盘自适应位置的文本框加上点击事件，触发时调用函数一，函数一调用主页函数，控制悬浮窗口做出上升操作；函数二监听到软键盘收回，调用函数四，将浮动窗口恢复到原先位置。

（二）争议焦点

本申请的争议焦点为：对比文件1结合对比文件2能否评述本申请的创造性？

针对以上问题，存在两种不同的观点：

观点1：对比文件1结合对比文件2可以评述本申请的创造性。理由在于：

对比文件1是最接近的现有技术，公开一种基于触摸屏的悬浮式虚拟按键的实现方法，当悬浮按键与当前应用程序输入法虚拟键盘处在相同位置出现重叠或部分重叠时，采取隐藏动作，具体只显示所述悬浮按键的一小部分作为标记所述悬浮按键的隐藏位置。可见，对比文件1公开了若软键盘的位置和所述悬浮按钮的位置发生重叠，则控制所述悬浮按钮隐藏。

对比文件2公开了一种手机App软件文本框随软键盘自适应位置的方法，给出了通过监听页面的变化来确定屏幕上弹出软键盘的教导。且对比文件2给出了当软键盘弹出后，将欲遮挡软键盘的显示对象在所述软键盘之外的屏幕位置进行显示以避免遮挡软键盘的启示。因此本领域技术人员为了解决悬浮按键遮挡输入法键盘的技术问题，在对比文件2的启示下容易想到控制所述悬浮按钮在所述软键盘之外的屏幕位置进行显示。

因此，对比文件1结合对比文件2可以评述本申请的创造性。

观点2：对比文件1结合对比文件2不能评述本申请的创造性。理由在于：

对比文件2所公开的"在软键盘弹出时将文本框向上移动"实际上相当于本申请的背景技术，也就是在软键盘弹出时，将文本窗口向上移动，其并不涉及悬浮按钮，完全没有给出"向上移动悬浮按钮的位置"的技术启示。在对比文件1的基础上结合对比文件2不能得到本申请权利要求1的技术方案。

（三）案例分析

根据《专利审查指南》第二部分第四章第3.2.1.1节的规定，在创造性判断过程中，要确定现有技术中是否给出将区别特征应用到最接近的现有技术以解决其存在的技术问题（即发明实际解决的技术问题）的启示，这种启示会使本领域的技术人员在面对所述技术问题时，有动机改进该最接近的现有技术并获得要求保护的发明。

在进行创造性的判断时,"所属领域的技术人员"并不具备主观能动性,仅能对证据进行简单的组合、叠加,而不能进行进一步的改进的思维活动。在进行创造性的判断时,可以采用下述判断准则:基于对比文件1、对比文件2的技术方案,所属领域的技术人员在仅进行简单的组合、叠加的情况下能否重构该发明。基于该准则,对比文件1公开了"在检测到软键盘与悬浮按钮重叠时隐藏悬浮按钮",对比文件2公开了"在软键盘弹出时将文本框向上移动",将对比文件1与对比文件2进行简单的组合、叠加,得到的技术方案是"在检测到软键盘与悬浮按钮重叠时将文本框向上移动,并隐藏悬浮按钮",所属领域的技术人员并不能进一步将其改进为"将悬浮按钮向上移动"。

基于以上理由,对比文件1结合对比文件2不能评述本申请的创造性。

(四)案例启示

在创造性审查中技术启示的判断不能脱离本领域技术人员,应准确站位本领域技术人员,从本领域技术人员出发,准确认定发明实际要解决的技术问题,对现有技术是否给出相应的技术启示作出判断,如果现有技术通过简单的组合不能得到本申请的技术方案,则现有技术没有给出相应的技术启示。

案例 2-3-2:一种防金属干扰的 NFC 标签设备

(一)相关案情

本申请属于涉及 NFC 标签应用领域,涉及一种防金属干扰的 NFC 标签设备。

1. 本申请的技术方案

NFC(Near Field Communication,近距离无线通信技术)工作频率为 13.56MHz,通信距离在 10cm 以内,传输速度有 106kbit/s、212kbit/s、424kbit/s 三种,能在短距离内与兼容设备进行识别和数据交换。现代生活中,NFC 已经被广泛运用,如应用到智能电子名片、海报、公交站牌、公交卡、运动计时等等上。而实际情况中,NFC 标签产品会有较大面积(如公交卡),其支持对接距离 1cm，而几乎需要进行完全贴覆到 NFC 手机上才能够对接。此外，NFC 标签产品除了 NFC 标签芯片外，还有天线是其信号接收的最重要因素。天线对信号的灵敏程度直接决定产品和外面对接信号的强弱，通常情况下，天线越大信号就越好。因此，为了保持信号强度，当前产品的尺寸通常会做较大。此外，NFC 信息是通过频谱中无线频率部分的电磁感应耦合方式传递，在 NFC 标签实现和 NFC 主设备进行通信的过程中容易碰触到金属，而金属会有吸收和干扰电磁波，导致信号强度变弱或者无信号的情况，从而影响用户正常使用 NFC 标签。

本申请在 NFC 标签设备中，分别设置了第一吸波层和第二吸波层，从而防止金属材料对 NFC 标签天线的通信造成干扰，方便用户使用。NFC 标签设备 100 的具体结构如图 2-23 所示：NFC 标签包括 NFC 标签天线 150、NFC 标签芯片 140 以及盖子 160；壳体 130 设置有用于放置所述 NFC 标签的放置槽，所述 NFC 标签从所述放置槽的开口处放入到所述放置槽内部；第一吸波层 110 设置在所述 NFC 标签和所述放置槽的内表面之间，所述第一吸波层由磁介质型的吸波材料制成，其运行在 13.56MHz 频率下。在实际使用 NFC 标签过程中，是通过电磁波传递信号，但是，用户在使用 NFC 标签时容易将其碰触到金属材料或容易与金属材料相接触，由于金属材料的吸波作用，也就是电磁波在传递信号时遇到金属会被金属吸收，导致电磁波信号能量降低，从而就容易导致 NFC 标签无法与 NFC 主设备进行正常通信。在本申请中，NFC 标签放置在壳体的放置槽内时中间间隔有第一吸波层，NFC 标签被包裹有第一吸波层后再放入到放置槽内，第一吸波层和放置槽侧壁直接相抵触，防止 NFC 标签直接和放置槽侧壁接触。且第一吸波层由磁介质型的吸波材料制成，其运行在 13.56MHz 频率下，本领域中，磁介质型的吸波材料具备高磁导率、电阻率和截止频率，本申请的第一吸波层可在 13.56MHz 频率运行，其与 NFC 主设备的共振频率相一致，从而可以确保 NFC 标签天线能够对外正常发送或接收信号，以防止金属材料对 NFC 标签天线的通信造成干扰，方便用户使用。

同时，本申请在 NFC 标签天线 150 和 NFC 标签芯片 140 之间设置有第二吸波层 120，所述第二吸波层 120 由磁介质型的吸波材料制成，其运行在

13.56MHz 频率下。同样，第二吸波层 120 起到了防金属干扰的作用，本申请通过设置第一吸波层 110 和第二吸波层 120 进一步的防止金属对 NFC 天线通信造成干扰，防金属干扰效果更好。

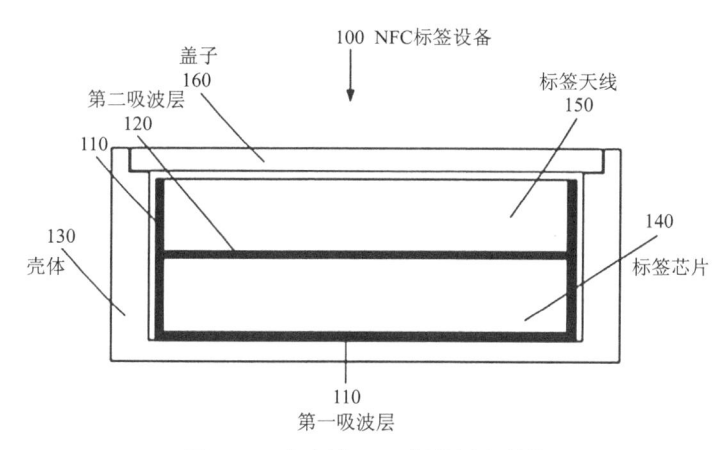

图 2-23 本申请 NFC 标签设备结构

2. 权利要求的相关内容

1. 一种防金属干扰的 NFC 标签设备，其特征在于，所述 NFC 标签设备包括：

NFC 标签，所述 NFC 标签包括 NFC 标签天线和 NFC 标签芯片；

壳体，所述壳体设置有用于放置所述 NFC 标签的放置槽，所述 NFC 标签从所述放置槽的开口处放入到所述放置槽内部；

所述 NFC 标签天线和 NFC 标签芯片叠放在所述放置槽内，所述 NFC 标签芯片放置在所述放置槽底部，所述 NFC 标签天线靠近所述放置槽的开口；

第一吸波层，所述第一吸波层设置在所述 NFC 标签和所述放置槽的内表面之间，所述第一吸波层由磁介质型的吸波材料制成，所述第一吸波层由镍锌铁氧体片制成，其运行在 13.56MHz 频率下；

所述第一吸波层贴合到所述放置槽整个内表面；

所述 NFC 标签天线和 NFC 标签芯片之间设置有第二吸波层，所述第二吸波层由磁介质型的吸波材料制成，所述第二吸波层由镍锌铁氧体片制成，其运行在 13.56MHz 频率下；

还包括有用于覆盖所述放置槽开口的盖子，所述盖子由贝壳制成。

3. 对比文件的技术方案

对比文件 1 公开了一种用于电子设备的铁氧体模块。现代社会中，手机、电脑、mp3、mp4、平板电脑等电子设备中广泛使用了各种无线功能，各种无线功能的天线的设计以及位置的摆放，对产品的性能有相当大的影响。目前大部分的天线设计为内藏式的，在较小机构空间的情况下，摆放空间受到严重的挤压，导致效益不足。目前厂商开始将一部分天线、线圈等，例如 NFC 天线、无线充电接收线圈等设置到电子设备的外壳内部，从而不用重新设计改变设备内部各部件的位置。例如，如果 RFID 标签要集成或贴合到电子设备外壳内侧壁上，作为设备的一个部件发挥功能，往往因空间有限，不可避免要将 RFID 标签贴在金属等导电物体表面或贴在临近位置有金属器件的地方。这样一来，RFID 标签在读卡器发出的信号作用下激发感应出的交变电磁场很容易受到金属的涡流衰减作用而使信号强度大大减弱，导致读取过程失败。因此，为了产品能够更好地应用读卡，一般都在 RFID 标签上覆盖一层铁氧体材料，例如铁氧体片，用以将 RFID 标签覆盖住，以吸收电磁波，避免电磁波透过 RFID 标签后达到电子设备内的金属器件。然而，随着电子设备个性化趋势的流行，设置在外壳上的各种天线、线圈等形状各异，表面也是凸凹不平，购买的成品铁氧体片很难与这些表面紧密贴合，因而对于电磁波的屏蔽效果不好。为了克服这种缺陷，往往需要采用更大面积的铁氧体片对天线进行覆盖，然而电子设备外壳上却已经没有更多的空间容纳这些多出的部分了，因此，需要一种可个性化制造的铁氧体材料，用以在狭小空间下提供更好的电磁屏蔽效果。

为此，对比文件 1 公开了一种用于电子设备的铁氧体模块 1，其结构如图 2-24 所示，天线或者线圈 21 位于外壳 2 的内侧壁上的一个凹坑中，例如 Wlan 天线、NFC 天线、RFID 标签等。铁氧体层 11 紧密贴合天线或线圈 21 的外侧将其包裹在该凹坑中。即铁氧体层 11 同样具有一个内侧面和一个外侧面，所述内侧面具有与所述天线或线圈 21 一侧的外表面形状一致的第一外形面 12，所述外侧面具有与所述外壳的内侧壁相对的所述电子设备的内部形状一致的第二外形面 13。进一步的，所述第一外形面 12 包括与所述天线或线圈 21 的外表面贴合的覆盖部 121，以及与所述天线或线圈 21 周边的所述外壳 2 的内侧壁贴合的延伸部 122，第一外形面 12 的覆盖部 121 为凹形。所述第二外形面 13 包括一个平面部 131，以及一个连接所述平面部 131 和所述外壳 2 的内侧壁的侧面部 132。为了与外壳 2 的内侧壁相对的所述电子设备的内部形状一致，第二外形面 13 的平面部 131 不但是平的，而且还与所述外壳 2 的内侧壁齐平，这样就更加不会有妨碍内部零部件的突出部分了。

铁氧体层 11 整体上也是呈凹形结构，该凹形结构可以与天线或线圈 21 表面紧密贴合，还可以与外壳 2 的内侧壁紧密贴合，因此，铁氧体模块 1 的铁氧体层 11 可以针对电子设备的外壳 2 的内侧壁的外形，提供可个性化覆盖其上的天线或线圈 21 的铁氧体层 11，减少了铁氧体层 11 与天线或线圈 21 之间的空隙，可以在狭小空间下提供更好的电磁屏蔽效果。

对比文件 2 公开了一种一体化标签。在目前假冒伪劣商品扰乱企业正常经营和损害企业、消费者利益的情况下，防伪技术显得尤为重要。NFC 防伪技术突破了以往防伪技术的思路，采取了一种新的举措，使其具有难以伪造性、易于识别性、信息反馈性、密码唯一性、密码保密性、使用一次性等特点。利用 NFC 技术防伪，与激光防伪、数字防伪等相比，其优点在于：每个标签有一个唯一的 ID 号码，此唯一 ID 是在制作芯片时放在 ROM 中的，无法修改、难以仿造；它们无机械磨损，防污损；阅读器具有不直接对最终用户开放的物理接口，保证了其自身的安全性；数据安全方面除电子标签的密码保护外，数据部分应用了一些演算乘积法实现安全管理；阅读器与电子标签之间存在相互认证的过程等。

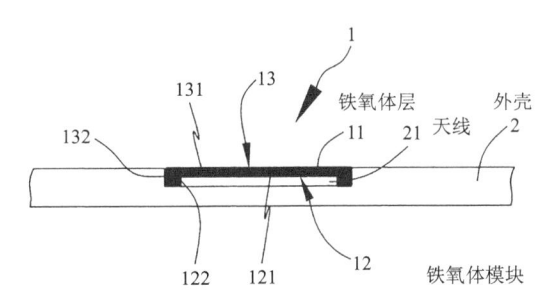

图 2-24　对比文件 1 铁氧体模块结构

同时，RFID（Radio Frequency Identification），即射频自动识别技术，也被广泛地应用于生活、工作之中。由于生产、库存、物流、销售等环节，需要集中式、较远距离的读写，故设 UHF 频段（902～928MHz）915MHz、2.45GHz、5.8GHz 超高频段，通过读写器对标签的读写，实施对产品的生产、物流、销售、库况等情况的溯源追踪和管理，极大地提升了现代化企业的工作效率与管理水平及满足来自市场的需求。依托电子信息和计算机通信等高新技术制作成标签，RFID 标签超越了传统标签的功能，具有很好的综合性能，它的优势主要体现在：

（1）每个 RFID 标签都与一个全球唯一的 ID 号码对应。该 ID 号码是在制作 RFID 标签生产过程中写入存储器中，无法修改，不易复制。

（2）RFID 标签与 RFID 读写器是通过无线进行传输的，可以识别高速、移动、多物体，因此标签可以在没有任何机械磨损的情况下被多次读取，同时可以被读写器快速批量读取；

（3）RFID 标签是采用大规模集成电路技术设计的芯片。这种芯片无论设计与制造都有技术难度要求而且投入较大，因此给造假者造成了难以逾越的障碍。同时 RFID 技术与密码技术相结合，从软件破译方面也会增大造假者的成本。

（4）RFID 标签的读取具有非接触、对环境适应能力强、可同时读取多个标签且读取速度快等突出的特点。结合分布式数据库的管理，实现对产品的追踪溯源。

目前的技术手段通常把 NFC 与 RFID 作为两个独立的技术解决方案各做标签来应用。这样的结果是两套设计方案、两种标签、识读器械、后台建设等，使用者分头征询，这样人力、时间、资源、经济等浪费都会很大。当前已有的采用防伪标签二合一的方式有：将 RFID 与二维码复合在一个标签上，在 RFID 标签外埠加印上二维码刮启式的数码标签。其特点是，认证部分采取刮开二维码涂层，获取编码查询认证。它的弊端，在于二维码是属物理印刷的防伪技术，可被拍克隆，造假印制，使用上存在二维码被复制的问题，连同查询电话一起作假，防伪安全风险大大增加或引起防伪的新问题。

为此，对比文件 2 提供了一种一体化标签，其结构如图 2-25 所示，其提供一种一体化标签，包含芯片层1、天线层3、以及设置在芯片层1和天线层3之间的隔离层2。所述的芯片层1包含RFID标签组件和设置在RFID标签组件外围的NFC标签组件；所述的NFC标签组件包含NFC标签芯片101和NFC标签天线1011，该NFC标签天线1011与NFC标签芯片101触点连接，且该NFC标签天线1011环绕NFC标签芯片101设置，所述的RFID标签组件包含RFID标签芯片102和RFID标签天线1022，该RFID标签天线1022与RFID标签芯片102耦合连接，且该RFID标签天线1022环绕RFID标签芯片102设置。所述的天线层3包含NFC过桥天线301和RFID耦合天线302；所述的NFC过桥天线301与NFC标签天线1011触点过桥连接，当有外部仪器接近时，NFC过桥天线301触发NFC标签芯片101发出数据，NFC过桥天线301为NFC标签的重要组成部分，失去NFC过桥天线301的话，NFC标签即废掉；所述的RFID耦合天线302与RFID标签芯片102耦合连接，RFID耦合天线302产生无线电波，触发RFID标签芯片102发出数据，RFID耦合天线302与RFID标签芯片102无线通信，使RFID标签芯片102能与NFC标签芯片101在同一平面上，有效避免互相干扰。

NFC标签天线1011接收NFC发起设备产生的射频场，使NFC标签芯片101通过负载调制(load modulation)技术，发出与NFC发起设备相同的速度将数据传回NFC发起设备；RFID标签天线1022接收RFID阅读器发送的一定频率的射频信号，当RFID标签芯片102进入RFID标签天线1022工作区域时产生感应电流，RFID标签芯片102获得能量被激活；射频卡将自身编码等信息通过RFID耦合天线302发送出去；RFID阅读器接收到从RFID标签芯片102发送来的载波信号，经RFID阅读器对接收的信号进行解调和解码然后送到后台主系统进行相关处理；主系统根据逻辑运算判断该卡的合法性，针对不同的设定做出相应的处理和控制，发出指令信号控制执行机构动作。

隔离层2采用复合聚酰亚胺绝缘层，使NFC标签天线1011和RFID耦合天线302互不干扰；所述的隔离层2与芯片层1之间采用热熔胶粘合，所述的隔离层2与天线层3之间采用热熔胶粘合。

图中标注：
- 1 芯片层
- RFID标签天线 1022
- 102
- RFID标签芯片
- 101
- 1011
- NFC标签天线
- 2 隔离层
- NFC过桥天线 301
- 3 天线层
- 302 RFID耦合天线

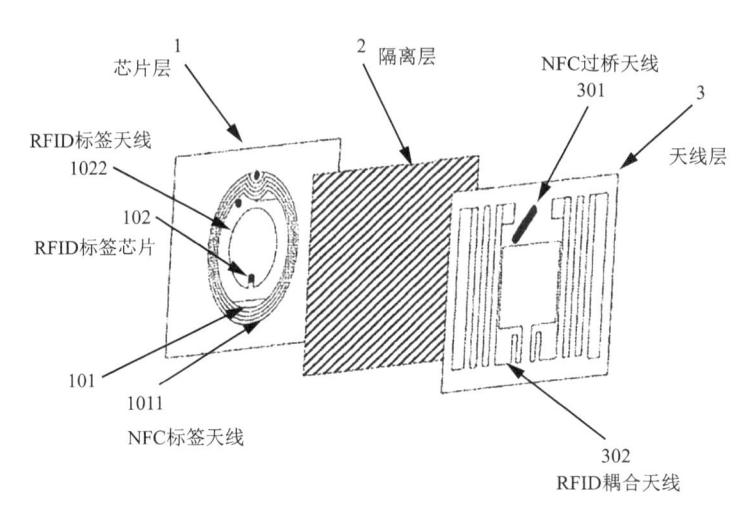

图2-25　对比文件2一体化标签结构

（二）争议焦点

本申请的争议焦点在于：对比文件1的铁氧体层公开了本申请的第一吸波层，对比文件2的隔离层2是否给出了第二吸波层的技术启示？

观点1

本申请中的第二吸波层也是设在NFC标签天线和NFC标签芯片之间，起到了隔离防干扰作用，对比文件2中的隔离层2也设置在芯片层和天线层之间的，同样隔离了芯片层1与天线层3。由此可见，隔离层2在对比文件2中所起的作用与在本申请中为解决其技术问题所起的作用相同，都是用于更好地隔离金属对标签天线的干扰，因此，对比文件2给出了将该技术特征用于该对比文件1中以解决其技术问题的启示。

观点2

本申请中的第二吸波层由镍锌铁氧体制成，而对比文件2中的隔离层2采用复合聚酰亚胺绝缘层，二者材料不同，因此，对比文件2没有给出技术启示。

（三）案例分析

《专利审查指南》第二部分第四章第3.2.1.1节规定了，判断要求保护的发明对本领域的技术人员来说是否显而易见，其判断过程中，要确定的是现有技术整体上是否存在某种技术启示，即现有技术中是否给出将上述区别特征应用到该最接近的现有技术以解决其存在的技术问题（即发明实际解决的技术问题）的启示，这种启示会使本领域的技术人员在面对所述技术问题时，有动机改进该最接近的现有技术并获得要求保护的发明。如果现有技术存在这种技术启示，则发明是显而易见的，不具有突出的实质性特点。

下述情况，通常认为现有技术中存在上述技术启示：

所述区别特征为另一份对比文件中披露的相关技术手段，该技术手段在该对比文件中所起的作用与该区别特征在要求保护的发明中为解决该重新确定的技术问题所起的作用相同。

本申请中，权利要求 1 中的第一吸波层已被对比文件 1 的铁氧体层公开。其与对比文件 1 的区别在第二吸波层。基于该区别特征确定发明实际解决的技术问题为：如何进一步增强防金属干扰效果。本领域中，磁介质材料可以防止电磁信号干扰，绝缘材料不能防止电磁信号干扰，因此，本领域技术人员知晓，"防金属干扰"的效果是由第二吸波层的制作材质所带来的，即第二吸波层由镍锌铁氧体片制成，且其运行在 13.56Mhz 频率下。而对比文件 2 隔离层 2 采用复合聚酰亚胺绝缘层，与本申请中第二吸波层的材质（镍锌铁氧体片）不同。本领域中，复合聚聚酰亚胺为有机高分子材料，属于绝缘材料，其不具备磁介质性质。由此可知，虽然在设置位置上，对比文件 2 中的隔离层与本申请的第二吸波层相似，但对比文件 2 的隔离层由于是绝缘材料，因此无法起到防金属干扰的作用，因此二者实际所起到的作用不同。事实上，隔离层 2 在对比文件 2 中的实际作用是：使 NFC 标签天线 1011 和 RFID 耦合天线 302 互不干扰，而不是减少 NFC 标签天线和 NFC 标签芯片之间的干扰。因此，对比文件 2 没有给出相应的技术启示。

（四）案例启示

在判断对比文件之间是否具备结合启示时，如果区别特征为另一份对比文件中披露的相关技术手段，则应当站位本领域技术人员，判断该技术手段在该对比文件中所起的作用与该区别特征在要求保护的发明中为解决该重新确定的技术问题所起的作用是否相同。

案例 2-3-3：蓄电元件

（一）相关案情

本申请涉及蓄电元件领域。

1. 本申请的技术方案

现有技术中的蓄电元件如图 2-26、图 2-27 所示。电池壳体 110 为密闭构造，电池壳体 110 的内压上升，达到规定值时，为排出电池壳体 110 内的气体，在电池壳体 110 的上表面形成有安全阀部 125，并覆盖该安全阀部 125 而固定黏接有保护膜 140。该结构能够通过保护膜 140 防止水或油等异物附着在安全阀部 125（尤其断裂部）而对其产生腐蚀。但是，由于在保护膜 140 和安全阀部 125 之间形成有密闭空间，所以要使断裂部断裂时，密闭空间的内压上升，需要抵抗该内压上升来使断裂部断裂。采用保护膜 140 覆盖安全阀部 125 的情况下，即使电池壳体 110 的内压达到规定值，气体排出部也难以断裂。而且，气体被排出时，保护膜 140 从电池壳体 110 被剥开而从电池壳体 110 脱离，产生保护膜 140 给周边设备带来不良影响的问题。

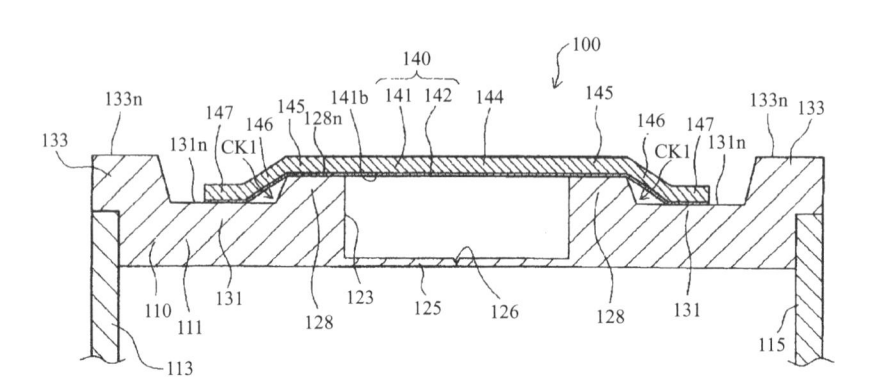

图 2-26　现有技术中的安全阀部

为解决上述技术问题，本申请提供了一种蓄电元件，如图 2-28 至图 2-30 所示，蓄电元件具有壳体 11，收容有发电元件，并且具有在内压上升时能够排出气体的气体排出部 15；密封体 40，具有覆盖气体排出部 15 的保护部 41，并被固定在壳体 11 上，在密封体 40 的长度方向的中央部，形成有沿与长度方向正交的方向延伸的狭缝 43，狭缝 43 是由多个通孔以直线状并列而成的，有时也被称为缝纫孔等。另外，狭缝 43 以连接密封体 40 的长边侧的侧缘的方式形成。狭缝 43 配置在气体排出部 15 中的在与气体的排出方向正交的方向上相对的一对相对部 16、16 之间的范围。即，狭缝 43 穿过气体排出部 15 的各相对部 16、16 并横穿气体排出部 15 而形成。电池 10 被放置在高温环境下时，电池壳体 11 的内压

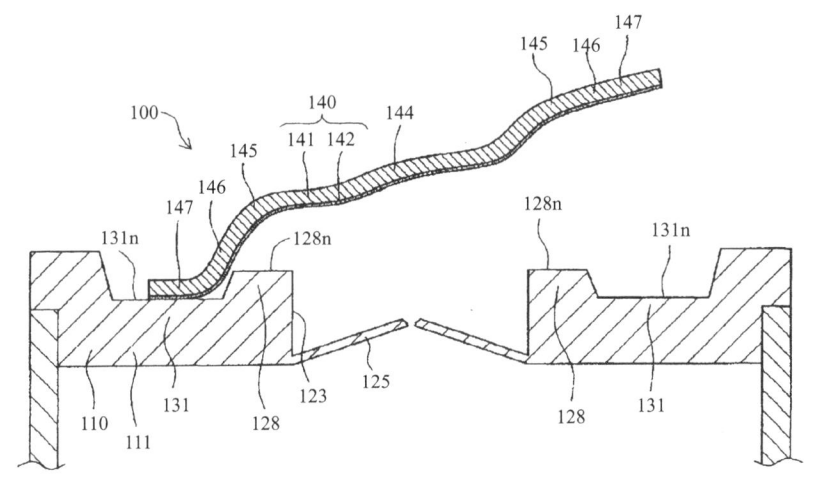

图 2-27　现有技术中保护膜从电池壳体脱离状态

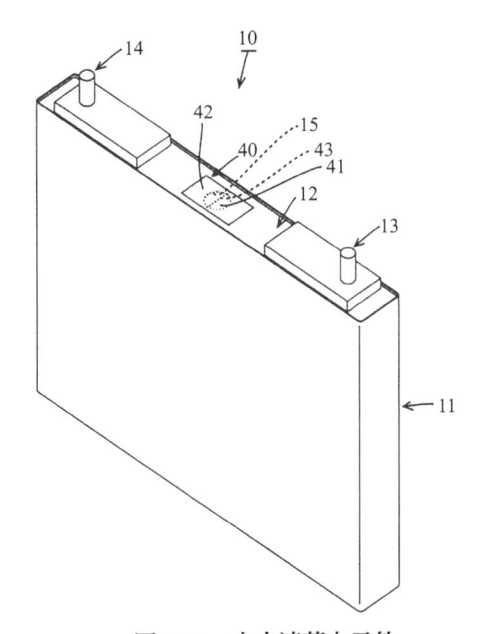

图 2-28　本申请蓄电元件

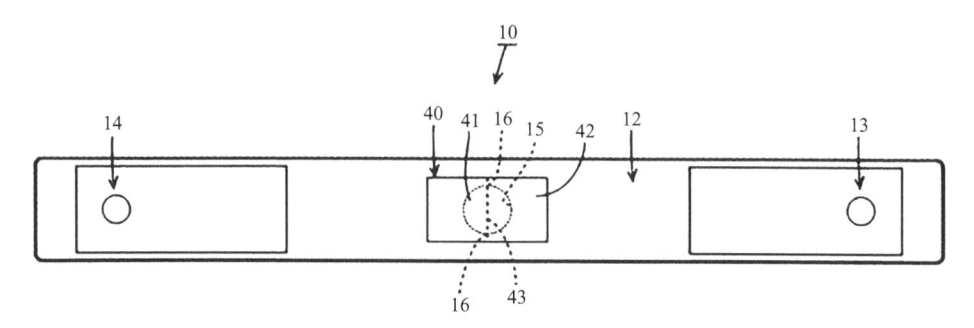

图 2-29　本申请蓄电元件俯视图

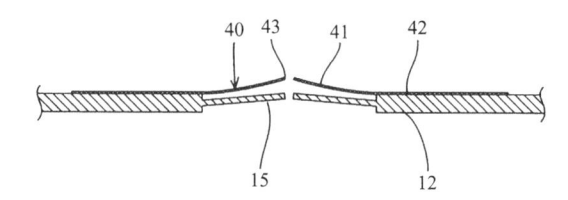

图 2-30　本申请狭缝断裂之后状态

可能会上升。在电池壳体 11 的内压到达规定值时，气体排出部 15 破损，电池壳体 11 内的气体向外部喷出，并且通过该喷出的气体使密封体 40 在狭缝 43 处断裂。在密封体 40 的整个面上涂布了粘接剂，在气体排出部 15 的全周范围内，粘贴部 42 被粘贴在盖体 12 的上表面，从而因从气体排出部 15 喷出的气体，使保护部 41 受力，狭缝 43 破裂，气体从此处迅速向外部排出，从而密封体 40 不会因气体而从盖体 12（电池壳体）被剥开。因此，能够通过保护部 41 防止异物附着在气体排出部 15 上，并能够在达到规定的内压时，通过使狭缝 43 破裂而排出气体，并且防止密封体 40 从电池壳体 11 脱离。

2. 权利要求的相关内容

1. 一种蓄电元件，其特征在于，具有：

壳体，收容有发电元件，并且具有在内压上升时能够排出气体的气体排出部；

密封体，具有覆盖所述气体排出部的保护部，并被固定在所述壳体上；

在所述密封体上形成有狭缝及薄壁部中的至少一方，所述密封体配置在设于所述壳体上的正极端子和负极端子之间。

3. 对比文件的技术方案

对比文件 1 公开了一种蓄电元件，如图 2-31、图 2-32 所示，包括壳体 40，并且具有在内压上升时能够排出气体的安全孔 30a，安全孔 30a 上形成有通风口断裂线，使得安全孔 30a 可以根据壳体 40 的内部压力容易地断裂；薄膜装置 90，设置在壳体 40 的一侧，包括第一薄膜装置 90a 和第二薄膜装置 90b；第一和二薄膜装置 90a、90b 可以彼此一体并且基本上共面，且第二薄膜装置 90b 围绕第一薄膜装置 90a 设置。第一薄膜装置 90a 覆盖所述安全孔 30a，可以防止外来物质进入安全通风口 30a；第二薄膜装置 90b 可以从第一薄膜装置延伸，并固定在所述壳体 40 上，在所述薄膜装置 90 上形成有破裂线，破裂线可以形成在第一薄膜装置 90a 的内部，以便在安全孔 30a 被撕裂之后形成壳体 40 的内部气体通过的路径。

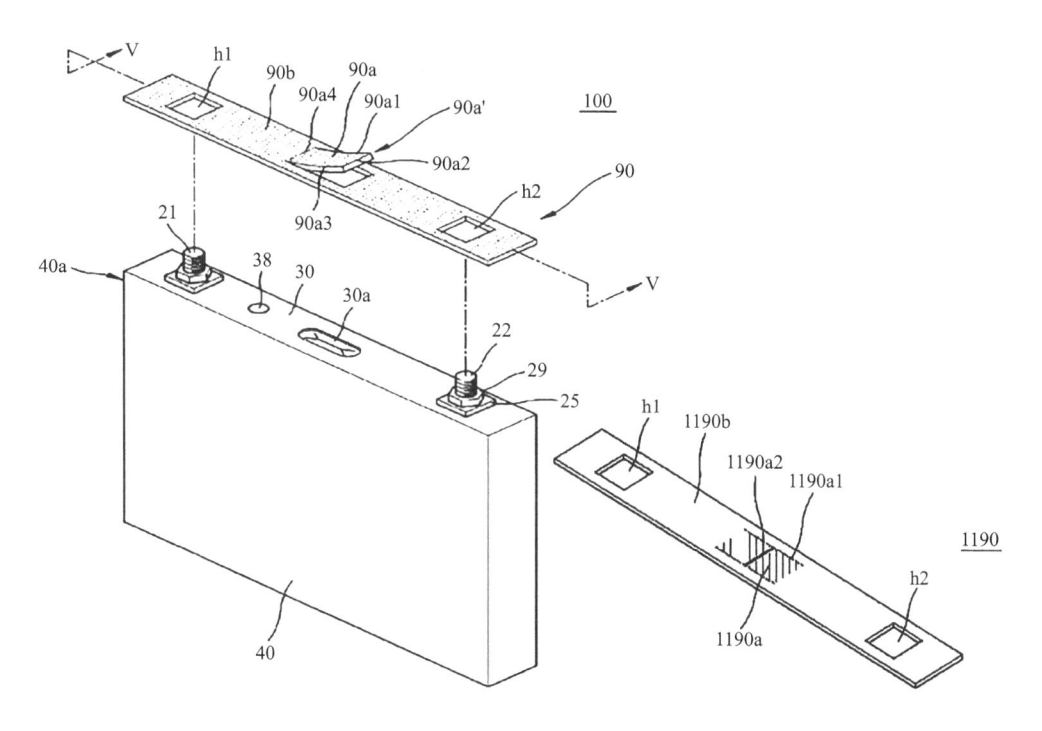

图 2-31　对比文件 1 蓄电元件　　图 2-32　对比文件 1 膜单元结构型

(二) 争议焦点

本申请的争议焦点在于对对比文件 1 改进动机的判断。本申请权利要求具体限定了密封体配置在所述壳体上的正极端子和负极端子之间；而对比文件 1 给出的启示是密封体不仅仅设置在正负极端子之间，而且在整个盖体表面延伸。对比文件 1 是否存在改进动机，是否给出了相反的技术教导？

观点 1

尽管对比文件 1 公开的密封体设置方式有所不同，但将涉及安全孔保护的密封体 90a 和起绝缘作用的密封体 90b 进行整体设置或者分开设置的优缺点在本领域是普遍知晓的；本领域技术人员会根据实际应用的需要进行选择。即对比文件 1 存在改进动机，能够用于评述本申请的创造性。

观点 2

对比文件 1 中公开的相应特征是密封体不仅设置在正负极端子之间，而且在盖体表面延伸；而本申请的密封体仅配置在所述壳体上的正极端子和负极端子之间，与对比文件 1 公开的配置方式不同，且达到的技术效果也不同；即对比文件 1 给出了相反的教导，不宜用于评述本申请的创造性。

(三) 案例分析

根据《专利审查指南》第二部分第四章 3.2.1.1 节的规定，判断要求保护的发明相对于现有技术是否显而易见，通常按照三个步骤进行（即通常所说的"三步法"）：①确定最接近的现有技术；②确定发明的区别特征和发明实际解决的技术问题；③判断要求保护的发明对本领域的技术人员来说是否显而易见。

第③步判断要求保护的发明对本领域的技术人员来说是否显而易见时，要确定的是现有技术整体上是否存在技术启示，在这种启示下，本领域技术人员在面临发明实际要解决的技术问题时，有动机对现有技术做出改进以获得发明要求保护的技术方案。而由于不同的发明在撰写申请文件时，其改进点的侧重点不同，导致其字面上不一定存在明显的技术启示，甚至还可能出现"反向教导"。

在判断对比文件是否存技术启示时，应该结合现有技术的整体进行判断。对于现有技术记载的发明方案以及发明目的，区别技术特征的加入虽然违背了现有技术所要达到的技术效果，但是，本领域技术人员会根据现有技术的整体，基于不同的目的和因素综合考虑。具体到本申请，尽管对比文件 1 给出了"反向教导"，但将涉及安全孔保护的密封体和起绝缘作用的密封体进行整体设置或者分开设置的优缺点在本领域是普遍知晓的；整体加工势必会增加薄膜的成本，特别是元件尺寸较大的情况，另外，正负极端子处的薄膜不能准确对位时，也会影响安全孔部分的薄膜的设置；分开设置可以避免上述问题，但可能会降低生产效率；即区别技术特征带来的技术效果也是本领域技术人员普遍知晓的，本领域技术人员会根据实际应用的需要对上述设置方式进行选择，且其技术效果是可以预期的。

（四）案例启示

在进行创造性结合启示判断时，应该整体考虑现有技术，不能轻易地由于"反向教导"而否认存在技术启示。要严格按照《专利审查指南》规定的"三步法"，从实际案情出发，站位本领域技术人员进行综合判断。

案例 2-3-4：用于在地图上生成标签的方法和装置

（一）相关案情

本申请属于互联网技术领域，具体涉及用于在地图上生成标签的方法和装置，通过拍摄用户面部图像并进行识别分析，基于识别的表情类型和拍摄位置信息在地图上生成标签，从而实现了对目标用户线下数据的收集。

1. 本申请的技术方案

现有技术中，"线下行为"一词一般是相对"线上行为"而言，"线上行为"主要是指利用互联网等虚拟媒介而实现的一系列没有发生面对面交互的行为（如搜索、即时通信等），而"线下行为"则可理解为真实发生的、当面的、有肢体活动的一系列行为（如社交活动、实体店购物等）。通过对用户行为数据进行收集和分析，能够更加详细、清楚地了解用户的行为习惯和喜好，从而可以将海量的数据转化为有价值的信息。

本申请通过拍摄用户面部图像并进行识别分析，基于识别的表情类型和拍摄位置信息在地图上生成标签，从而实现了对目标用户线下数据的收集。具体流程如图 2-33 所示。

获取包含目标用户的面部图像的第一图像，基于第一图像从预先收集的图像库中选择包含目标用户的面部图像的第二图像，例如，通过图片搜索的方式从图片库中查找包含目标用户的面部图像的第二图像。其中，第二图像的图像信息中包括拍摄位置信息，拍摄位置信息可以是地理坐标信息，用于表示第二图像的拍摄位置。

对第二图像中包含的目标用户的面部图像进行表情识别，确定目标用户在拍摄位置处的面部表情类型，从而确定目标用户在拍摄位置的情绪状态，有助于分析目标用户的行为习惯、喜好等信息。

基于面部表情类型和拍摄位置信息，在地图上生成用于表征目标用户的表情的标签。通过在地图上生成表征目标用户表情的多个标签，可以实现对目标用户的线下行为数据的收集、汇总，从而有助于分析用户的行为习惯和喜好信息。例如，对于目标用户，在地图上生成了 10 个人脸标签，其中 7 个人脸标签对应的拍摄位置是餐厅，则说明目标用户比较喜欢美食；7 个人脸标签中有 3 个是微笑的人脸标签（对应拍摄位置为中餐厅），则说明目标用户比较喜欢中餐等。

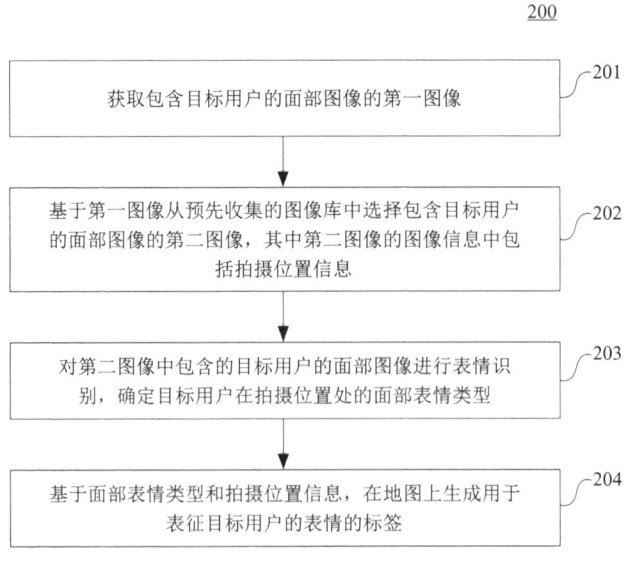

图 2-33　本申请的实施方法

2. 权利要求的相关内容

1. 一种用于在地图上生成标签的方法，包括：

获取线上平台提供的、包含目标用户的面部图像的第一图像，所述目标用户为在所述线上平台注册的用户；

基于所述第一图像从线下预先收集的图像库中选择包含所述目标用户的面部图像的至少两个第二图像，其中，所述第二图像的图像信息中包括拍摄位置信息；

对所述至少两个第二图像中包含的所述目标用户的面部图像进行表情识别，确定所述目标用户在拍摄位置处的面部表情类型；

基于所述面部表情类型和所述拍摄位置信息，在地图上生成用于表征所述目标用户的表情的至少两个标签。

3. 对比文件的技术方案

对比文件1公开了一种导航系统。在现有技术，当灾害发生时，需要对群众进行避难引导，理论上，优选地期望将人引导至最近的避难场所，但尽管人们被引导到的避难场所从灾害的角度来看是安全的场所，也可能存在这样的情况：该避难场所由于某些因素而使避难的人感到焦虑，或者避难场所中避难者之间频繁发生争吵和摩擦。若考虑到长期停留，这样的避难场所不能优选地作为避难引导目的地。

因此，对比文件1提供一种导航系统，其使用头戴可穿戴式装置(HMD)，在发生灾害时，基于关于与地点相关联的人的感受的信息将人引导到具有高放心度的地点。其具体实现步骤如下：

（1）在发生了灾害的情况下，避难引导服务器获取关于用户的当前位置的信息；

（2）在确定用户需要避难引导支援的情况下，环境热地图生成单元根据发生了的灾害的类别生成指示放心度或危险度的分布的环境热地图；

（3）感受热地图生成单元基于所获取的HMD的当前位置和所获取的用户感受信息，生成用于指示与场所相关联的每个人的放心度或焦虑度的分布的感受热地图 42，如图 2-34 所示；

（4）安全放心场所估计单元基于环境热地图和感受热地图来生成经整合的热地图，并将安全度和放心度超过预定值的场所估计为安全放心的避难场所；

放心 ← 焦虑

基于感受使用安全轴和焦虑轴来绘制

感受热地图

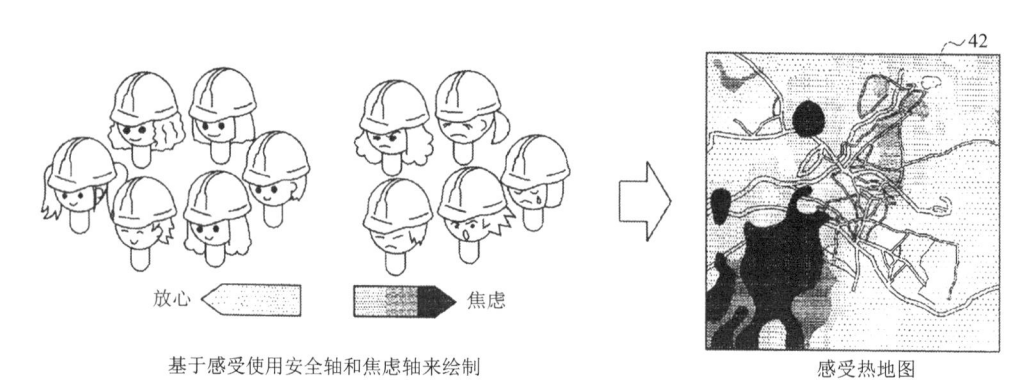

图 2-34 对比文件 1 中的感受热地图

（5）避难引导单元对用户进行向避难场所的避难引导。

其中，在步骤（3）中，可以获取用户的面部表情作为有关所述用户的感受的信息，具体地，可以是由设置在 HMD 中的照相机拍摄用户面部图像，识别其面部表情。

对比文件 2 公开了一种智能人员卡口系统。现有技术中，需要通过设卡对经过卡口的人进行治安监控。在现有的卡口监控系统中主要还是通过摄像机的实时图像采集功能，实现对经过卡口的人员监控。

因此，对比文件 2 提供了一种智能人员卡口系统，其由前端人脸抓拍子系统、中心分析服务器和数据管理子系统三部分构成，人脸抓拍子系统负责获取经过卡口的所有人员的高清人脸图像；中心分析服务器负责对高清人脸图像进行特征提取和事后根据特征检索；数据管理子系统用于存储的高清人脸图像和提取的特征数据。

具体地，在利用前端的摄像机获取经过卡口的所有人员的高清人脸图像的过程中，摄像机在挑选出的人脸评分最高的图像作为该行人的抓拍图像时，记录该人脸评分最高的图像的拍摄时间和地点信息，获取该人脸评分最高的图像的全景图像，并将各行人的抓拍图像和相应的拍摄时间、地点信息、全景图像一同通过所述交换机传输至所述后端的中心分析服务器。

后端的中心分析服务器对所述高清人脸图像进行特征提取，将提取的特征数据和所述高清人脸图像存储在数据库中；在需要进行检索时，所述后端的中心分析服务器根据检索条件在所述数据库中查询出与所述检索条件相匹配的特征所对应的高清人脸图像基于输入的人脸去检索该对象的其他照片，并且其拍摄照片时存储了其拍摄位置，以此实现对象监控，如图 2-35 所示。

由于整个系统采用了前端抓拍加后端分析的模式，前端的人脸抓拍子系统输出的是高清人脸图像，而非人脸的特征数据，由后端的中心分析服务器进行特征提取，降低了人脸抓拍子系统的运算量，使得对人脸的检测、抓拍功能可以直接集成在摄像机中，摄像机并不仅仅只负责图像的采集，实现了智能的人员卡口，而且能支持事后的检索，大大便利了公安部门对犯罪嫌疑人的快速搜索排查。

（二）争议焦点

本申请的争议焦点在于：权利要求 1 中具体限定了其地图中的人脸表情标签为同一个人的两个以上标签。对比文件 1 中的感受图表征的为多个人的表情。对比文件 2 公开

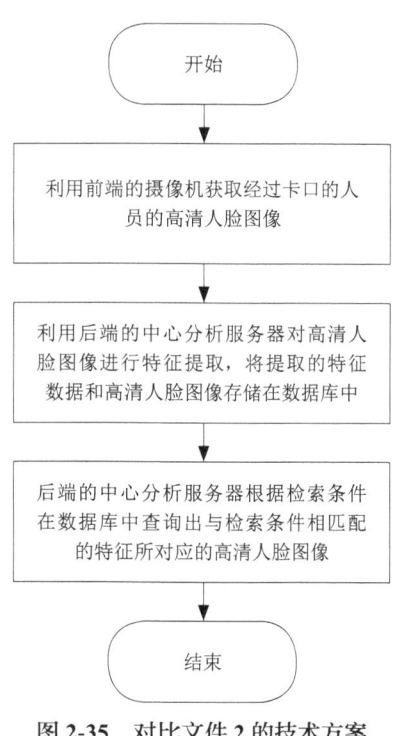

图 2-35　对比文件 2 的技术方案

了通过摄像头捕获同一人员的在不同时间、地点的人脸图像，且将人脸图像信息与时间、地点一并保存于服务器中。那么在对比文件 1 的基础上，是否有动机结合对比文件 2 对对比文件 1 进行改进，得到本申请对同一人两个以上表情的标注？

观点 1

对比文件 1 公开了基于拍摄人脸的位置以及人脸识别获得的表情标签生成导航概述图，将表情标签绘制于地图上，即公开了本申请的发明构思。而对比文

件 2 则给出了将同一人员的人脸图像信息与时间、地点关联保存的技术启示，因此，本领域技术人员有动机在对比文件 1 的基础上结合对比文件 2 进行改进。

观点 2

对比文件 1 仅公开了不同人的表情，不容易想到将其改进为同一个人的多个表情标签并显示在地图上，对比文件 2 公开的是一种智能人员卡口系统及人员监控方法，其所要解决的问题是实现通过卡口人员的监控，其拍摄人脸的高清图像并记录该人脸评分最高的图像的拍摄时间和地点信息是为了最终为公安在刑侦过程中精确地缩小排查范围，达到快速侦破案件的目的，并不涉及线上地图服务。可见，对比文件 2 与本申请和对比文件 1 的技术领域均不同，故在对比文件 1 基础上没有动机结合对比文件 2。

（三）案例分析

《专利审查指南》第二部分第四章第 3.2.1.1 节规定了："判断要求保护的发明对本领域的技术人员来说是否显而易见，要从最接近的现有技术和发明实际解决的技术问题出发，判断要求保护的发明对本领域的技术人员来说是否显而易见。判断过程中，要确定的是现有技术整体上是否存在某种技术启示，即现有技术中是否给出将上述区别特征应用到该最接近的现有技术以解决其存在的技术问题（即发明实际解决的技术问题）的启示，这种启示会使本领域的技术人员在面对所述技术问题时，有动机改进该最接近的现有技术并获得要求保护的发明。如果现有技术存在这种技术启示，则发明是显而易见的，不具有突出的实质性特点"。

本申请与对比文件 1 所要解决的技术问题不同。为了更加详细、清楚地了解用户的行为习惯和喜好，从而可以将海量的数据转化为有价值的信息，本申请通过拍摄用户面部图像并进行识别分析，在一个地图上显示同一个人的多个表情标签，用以收集目标用户的线下数据。而对比文件 1 为了在发生灾害时将人引导到具有高放心度的地点，避免人们在避难长期停留时感到焦虑或发生争吵、摩擦。因此，对比文件 1 在给用户呈现避难引导时，需要统计与场所相关联的人的感受的信息，以将具有高安全度的位置的避难路线呈现给受难者。可见，由于所要解决的问题不同，为了达到的目的不同，二者所采用的手段存在差异。而在对比文件 1 中，同一人对于某一避难场所只会存在一种情绪感受，因此，本领域技术人员没有动机将对比文件1改为针对同一个人的多个感受标注于在地图上显示。因此，对比文件1不存在改进动机。

对比文件2公开了将同一人员的人脸图像信息与时间、地点关联保存。就技术手段自身而言，与本申请有些相似，均是保存了与人脸图像的相关信息。但对比文件2并不涉及地图服务，其技术领域与本申请和对比文件1均不同，且该特征在对比文件2中的作用在于为公安在刑侦过程中精确地缩小排查范围，达到快速侦破案件的目的，与本申请中"基于所述面部表情类型和所述拍摄位置信息，在地图上生成用于表征所述目标用户的表情的至少两个标签"的作用不同。因此，对比文件2未给出相应的结合启示。因此，对比文件1和对比文件2之间不具备结合启示。

（四）案例启示

在判断对比文件之间是否具备结合启示时，首先需要从最接近的现有技术出发，判断本领域技术人员是否存在对最接近现有技术的改进动机。同时，也需要从现有技术整体上进行考虑，判断所结合的对比文件是否给出了将相同的技术手段应用到该最接近的现有技术以解决其存在的技术问题的启示。

案例2-3-5：一种防窥可视密码的显示方法及装置

（一）相关案情

本申请涉及移动通信技术领域中防窥可视密码的显示方法及装置。

1. 本申请的技术方案

目前的终端设备（如电脑、手机、平板电脑等）的使用过程中，用户都无可避免地需要输入一些密码以达到解锁或登录的目的。而目前，大多数软件对用户输入的密码都采用一种用户不可见的形式，如用"●"符号代替用户输入的字符，目的是起到密码防窥的作用。

现有技术中，由于输入的密码不可见，对于输入错误的密码，需要等到系统确认后，才能知晓，并且需要再次输入密码，浪费了时间，并且也降低了用户的满意度。

本发明通过将密码的颜色和背景颜色分别调整到对应的预设范围内，得到防窥可视密码，以减少错误密码提交带来的时间浪费问题并提高安全性。

例如，接收用户输入到密码输入框的至少一个密码后，选择显示所述密码的颜色和背景颜色，比如，选择所述密码的背景颜色为黑色，选择所述密码的颜色为灰色；随后将所述密码的颜色和背景颜色分别调整到对应的预设范围内，得到防窥可视密码，其中，所述防窥可视密码为在预设距离内可见，比如，在 PHILIPS LED 显示器（亮度 70/ 对比度 50），室内亮灯的情况下，把背景颜色设为 RGB（0A,0A,0A），文字颜色设为 RGB（19,19,19），得到的密码输入框的密码在离屏幕 30cm 内可见，30cm 外难以看清（具体数值与个人视力或环境因素有关）；最后通过所述密码输入框显示所述防窥可视密码，即系统或处理器将得到的防窥可视密码通过所述密码输入框显示给所述用户，以便于所述用户（即操作者）能近距离看到自己输入的密码。

采用本申请的防窥可视密码的显示方法，可以使用户在密码输入时可以看到已输密码正确性，如发现输错，可以马上改正，从而减少了错误密码提交而带来的时间浪费问题，提高了用户的满意度。同时，由于只有近距离才能看到输入的密码，远距离时，则无法清晰看见密码，起到了一定的密码防窥视功能，提高了安全性。

2. 权利要求的相关内容

1. 一种防窥可视密码的显示方法，其特征在于，包括：

接收用户输入到密码输入框的至少一个密码；

选择显示所述密码的颜色和背景颜色；

将所述密码的颜色和背景颜色分别调整到对应的预设范围内，得到防窥可视密码，其中，所述防窥可视密码为在预设距离范围内可看见，并且，在所述预设距离范围内看见所述密码的预设范围，根据屏幕亮度、分辨率或经验值等参数预先设定；

通过所述密码输入框显示所述防窥可视密码；

还包括：通过图像处理技术扭曲所述密码的字体形状，或将所述密码的字体变模糊，或将所述密码的字体变形。

示意图如图 2-36 所示：

```
┌─────────────────────────────────────────┐
│   接收用户输入到密码输入框的至少一个密码    │──101
└─────────────────────────────────────────┘
                    │
                    ▼
┌─────────────────────────────────────────┐
│      选择显示所述密码的颜色和背景颜色       │──102
└─────────────────────────────────────────┘
                    │
                    ▼
┌─────────────────────────────────────────┐
│ 将所述密码的颜色和背景颜色分别调整到对应的预设范围内，得到 │──103
│ 防窥可视密码，其中，所述防窥可视密码为在预设距离内可见    │
└─────────────────────────────────────────┘
                    │
                    ▼
┌─────────────────────────────────────────┐
│      通过所述密码输入框显示所述防窥可视密码    │──104
└─────────────────────────────────────────┘
```

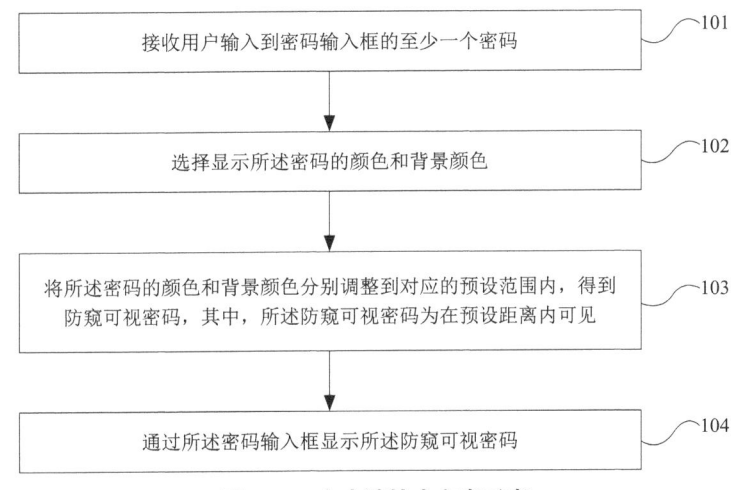

图 2-36　本申请技术方案示意

3. 对比文件的技术方案

经检索得到如下两篇对比文件，其技术方案如下：

对比文件 1 公开了用于移动通信终端的信息显示方法，其为了解决某些文本信息包含敏感信息或用户希望在输入期间不被其他人看到该信息的问题，采用了将光标所在行或者前几个字母以原始颜色显示，其他区域进行颜色改变，例如其他区域的文字与背景颜色类似，以达到其他人不能轻易看到不是光标所处的位置的行上的字母的效果，具体步骤如下：

步骤 S41，检测显示信息的移动通信终端屏幕上的光标的当前位置；

步骤 S42，基于所检测到的光标位置，使得显示在移动通信终端屏幕上的信息的背景颜色自动与信息的字母颜色相同或相类似。

例如，如图 2-37 所示，控制单元仅将光标当前所处位置的行上的字母的背景显示为具有显示单元上的信息 "Hong Gil-dong, Hong Gil-dong, where are you？Please call me by the number 123-456-7890" 的背景的原始颜色（如黑色），并将其他行的字母 (Hong Gil-dong, where are you？Please call me by the number) 背景显示为具有与显示单元其他行上的字母相类似（如灰色）或相同（如黑色）的颜色，从而其他人不能轻易看到不是光标所处的位置的行上的字母。

当用户将要设置的光标移向另一行（例如，"...by the number"），控制单元仅将光标当前所处位置的行上的字母（by the number）的背景显示为其原始颜色（如白色），并使其他行的字母（Hong Gil-dong，where are you，Please call me 123-456-7890）的背景显示为具有与显示单元其他行上的字母相类似（如灰色）或相同（如黑色）的颜色，从而其他人不能轻易看到显示单元上不是光标所处的位置的行上的字母。

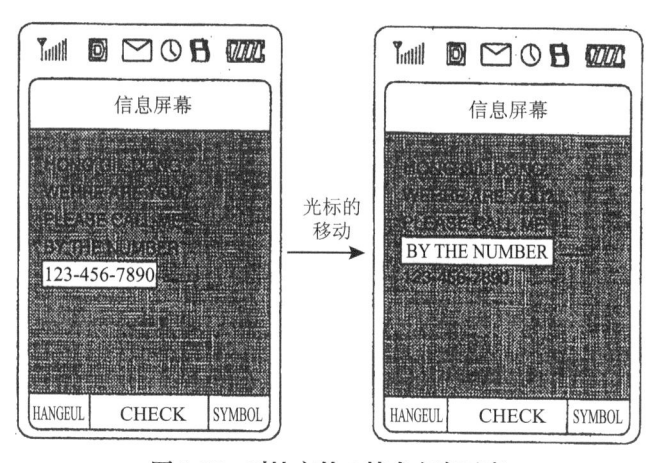

图 2-37　对比文件 1 技术方案示意

对比文件 2 公开了一种防止偷窥移动设备屏幕显示的方法，其为了解决防止他人偷窥用户的屏幕内容，采用了根据环境调整屏幕的亮度、对比度及饱和度中的一个或多个，使屏幕显示变弱，在维持用户正常使用的同时避免他人偷窥，其具体步骤为：

步骤 S101，向用户提示选择防偷窥模式。

步骤 S102，用户选择使屏幕显示变弱。用户可以选择显示变弱的程度，如一般、较弱或非常弱化，也可以选择屏幕背景的变化，例如几何图形或动画，还可以选择屏幕背景的色彩和屏显内容的色彩，例如屏幕背景颜色为深紫色，文字色彩为浅紫色。

步骤 S103，客户端模块与移动设备通信，读取环境亮度参数。通过读取环境亮度参数，可以判断屏幕的应用环境，如日光下或室内。

步骤 S104，根据环境亮度适当降低屏幕显示亮度、对比度和饱和度。客户端模块参考用户的个性化选择和环境亮度参数控制显示弱化的程度。

步骤 S105，客户端模块根据用户的个性化选择添加背景图案。所选用的背景图案能够转移旁观者的注意力，例如，台阶状条纹可以转移旁观者对文字换行的判断力。

步骤 S106，客户端模块根据用户的个性化选择添加动画背景。所选用的动画能够转移旁观者的注意力。例如，在塞班操作系统平台，可以直接读取系统显示存储器，从中读出当前屏幕的现实内容，查找白色像素点，然后将设置好的动画填充到白色像素点中，即可达到混淆旁观者的目的，且不影响屏幕文字的正常显示。

步骤 S107，客户端模块启动防偷窥模式后，实时读取移动设备的环境亮度参数。

步骤 S108，当环境亮度发生改变时，根据环境亮度调整屏幕显示亮度、对比度和饱和度。

如图 2-38 所示：

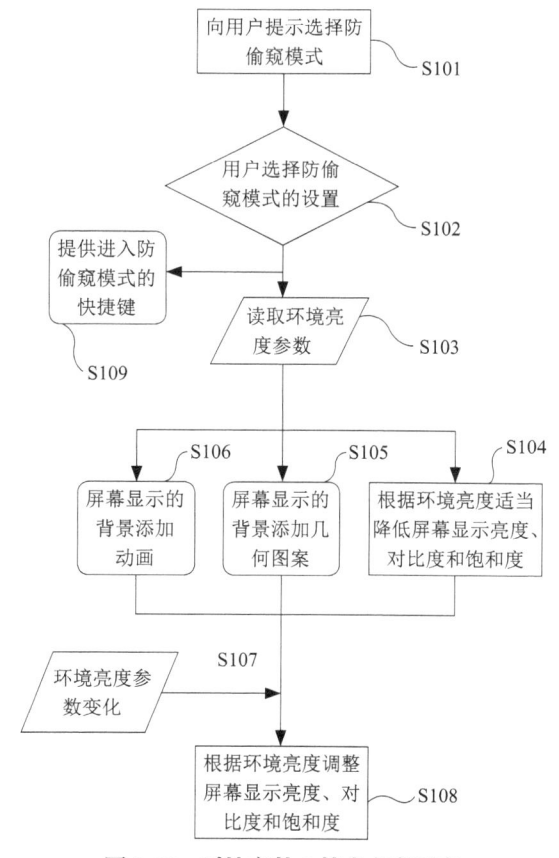

图 2-38 对比文件 2 技术方案示意

（二）争议焦点

本申请的争议焦点在于：在对比文件 1 的基础上是否有动机对其进行改进得到本申请的技术方案？对比文件 2 是否给出"根据屏幕亮度、分辨率或经验值等参数预先设定密码的颜色和背景颜色的预设范围，从而得到防窥可视密码"技术启示？

针对以上问题，存在两种不同的观点。

观点 1

对比文件 1 已经公开了"将信息的颜色和背景颜色分别调整到对应的范围内，得到防窥可视信息"，其与权利要求 1 的区别之一在于"防窥可视密码为在预设距离范围内可看见，并且在所述预设距离范围内看见所述密码的预设范围，根据屏幕亮度、分辨率或经验值等参数预先设定"，而对比文件 2 公开了调整屏幕的亮度、对比度及饱和度中的一个或多个，以避免他人偷窥，因此在对比文件 1、2 公开内容的基础上，所属技术领域技术人员容易想到：防窥可视密码为在预设距离范围内可看见，并且在所述预设距离范围内看见所述密码的预设范围，根据屏幕亮度、分辨率或经验值等参数预先设定。因此对比文件 1 结合对比文件 2 及本领域公知常识可以评述该权利要求的创造性。

观点 2

权利要求 1 中的"在所述预设距离范围内看见所述密码的预设范围，根据屏幕亮度、分辨率或经验值等参数预先设定"明确限定了对文字进行调节的密码预设范围和密码可见的预设距离是相关联的两个量，距离不同，密码和背景的颜色不同，而对比文件 1、2 均未公开该特征，因此对比文件 1、2 的结合无法评述该权利要求的创造性。

（三）案例分析

根据《专利审查指南》第二部分第四章第 3.2.1.1 节创造性判断方法中规定："对于功能上彼此相互支持、存在相互作用关系的技术特征，应整体上考虑所述技术特征和它们之间的关系在要求保护的发明中所达到的技术效果。"

对比文件 1 仅公开了为了防止移动通信终端的文字被偷窥，将非光标所在行的信息颜色改变为与背景颜色相同或类似，没有公开对文字颜色调整的预设范围与密码可见的预设距离范围相对应，并且该预设范围根据屏幕亮度、分辨率或经验值等参数预先设定的技术特征；对比文件 1 中对文字颜色的设定是单一且固定的设置。

权利要求 1 所要保护的技术方案与对比文件 1 所公开的内容相比，其区别技术特征之一在于：防窥可视密码为在预设距离范围内可看见，并且在所述预设距离范围内看见所述密码的预设范围，根据屏幕亮度、分辨率或经验值等参数预先设定。基于上述区别特征，权利要求 1 实际解决的技术问题之一是：如何针对不同的情形进行防窥设置。

而对比文件 2 通过调整屏幕的亮度、对比度及饱和度中的一个或多个，使屏幕显示变弱，从而到达防止偷窥的目的，其实质是对屏幕整体的调整，而并不涉及到屏幕中部分文字或者内容的颜色调整，更未提及根据用户希望文字可见的预设距离范围从而确定文字颜色调整的预设范围，进而对需要隐藏的文字颜色和背景颜色进行调整，因此对比文件 2 并未公开权利要求 1 中"所述防窥可视密码为在预设距离范围内可看见，并且，在所述预设距离范围内看见所述密码的预设范围，根据屏幕亮度、分辨率或经验值等参数预先设定"的特征，也并未给出与该特征密切关联的技术启示。

因此对比文件 1 无法与对比文件 2 进行结合从而评述权利要求 1 的创造性。

在本申请中，由于密码预设范围的调整与预设可见的距离范围有对应关系，通过对可见距离范围的确定，从而获得不同的密码的颜色和背景颜色的预设范围，因此两者是属于彼此相互支持、存在相互作用关系的技术特征，在进行创造性考量的过程中是不可拆分的。若采用对比文件 2 去评述该特征，仅能够评述"对屏幕亮度、分辨率或经验值等参数设定以防止偷窥"这一部分，对于其他的技术特征会主观认为是本领域公知常识，这种评述思路并未从相关联的多个技术特征整体进行考量。

（四）案例启示

在创造性的判断过程中，需要注意应当从整体上考虑技术特征之间的关系在要求保护的发明中所达到的技术效果。这并不意味着对于一项权利要求而言，其技术特征之间是绝对不能分割，而是强调了对于功能上彼此相互支持、存在相互作用关系的技术特征，其共同作用达到了相应的技术效果时，这样的特征是不可分割的。将彼此关联的技术特征割裂后分别进行评述，往往会降低对本申请创造性高度的考量。

案例 2-3-6：一种数字媒体内容推送方法以及装置

（一）相关案情

本案涉及一种数字媒体内容推送方法以及装置。

1. 本申请的技术方案

随着信息向网络化、泛在化、融合化的方向发展，数字媒体内容呈现爆炸式增长的态势。其中，数字媒体内容包括天气预报、新闻短片、体育赛事集锦等等大多数用户都高度关注的数字媒体内容，也包括视频电话、短信、游戏等个性化的数字媒体内容。对于大多数用户都高度关注的数字媒体内容，可以通过多播或广播的方式同时将内容向多个用户推送，从而提高频谱的利用率，而对于个性化的数字媒体内容则只能采用单播的形式进行传输。

在现有技术中，在通过多播或广播的方式同时将大多数用户都高度关注的数字媒体内容向多个用户推送时，只考虑数字媒体内容的流行度。数字媒体内容的流行度的流行度越高，则越被优先进行推送。但是，在一些情况下，只通过流行度决定数字媒体内容被推送的顺序是不适合的，例如，一个数字媒体内容的流行度很高，但是，这个数字媒体内容即将在 5 分钟后过期了，这时，就不适宜再将这个数字媒体内容推送出去，特别是，因为流行度很高而优先推送出去。

本申请所要解决的技术问题在于，提供一种数字媒体内容推送方法以及装置，实现了根据内容大小、流行度、生命周期以及被请求的密度计算数字媒体内容推送的顺序，从而提高数字媒体内容推送的合理性。

参见图 2-39，是本申请数字媒体内容推送方法一实施方式的流程图。

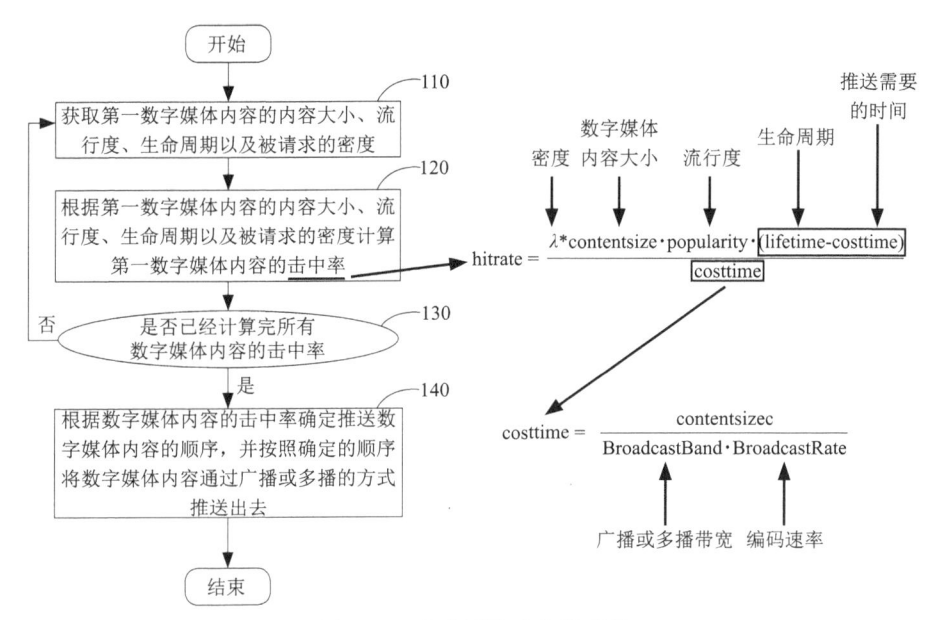

图 2-39 本申请技术方案示意

该方法包括：

110：服务器获取第一数字媒体内容的内容大小、流行度、生命周期以及被请求的密度。

具体地，数字媒体内容既可以包括天气预报、新闻短片、体育赛事集锦等等大多数用户都高度关注的数字媒体内容，也包括视频电话、短信、游戏等等个性化的数字媒体内容。但是，由于视频电话、短信、游戏等个性化的数字媒体内容不适合进行广播或多播的方式进行推送，所以，本发明中的数字媒体内容是特指天气预报、新闻短片、体育赛事集锦等大多数用户都高度关注的、适合采用广播或多播的方式进行推送的内容。

服务器可是通过定时器设置定时时间，当定时时间达到时，服务器获取第一数字媒体内容的内容大小、流行度、生命周期以及被请求的密度等参数。其中，定时时间需设置为合适的值，如果定时时间设置的过小，则尽管对于业务特性的分析更为实时和精确，但是系统的信令开销较大；如果定时时间设置得过大，则尽管能够有效降低系统的信令开销，但是对于业务特性变化较快的业务分析将滞后。

第一数字媒体内容的内容大小为第一数字媒体内容的大小程度，流行度为用户请求第一数字媒体内容的次数除以用户发出请求数字媒体内容的次数，生命周期为第一数字媒体内容剩余的生命长度，被请求的密度为单位时间内用户发出请求数字媒体内容的次数。在具体的实现中，服务器可通过读取第一数字媒体内容的属性，从而获得第一数字媒体内容的内容大小。服务器可以分别统计各个用户请求第一数字媒体内容的次数以及各个用户发出请求数字媒体内容的次数（其中既包括请求第一数字媒体内容的次数，又包括请求其他数字媒体内容的次数），然后，将用户请求第一数字媒体内容的次数除以用户发出请求数字媒体内容的次数，从而得到第一数字媒体内容的流行度。服务器可以通过第一数字媒体内容的属性读取第一数字媒体内容的整个存活时间，然后，获取第一数字媒体内容从出生到统计时刻经过的时间，最后，令第一数字媒体内容的整个存活时间减去第一数字媒体内容从出生到统计时刻经过的时间，从而得到第一数字媒体的生命周期。服务器统计单位时间内用户发出请求数字媒体内容的次数（其中既包括请求第一数字媒体内容的次数，又包括请求其他数字媒体内容的次数），从而获得被请求的密度。

120：服务器根据第一数字媒体内容的内容大小、流行度、生命周期以及被请求的密度计算第一数字媒体内容的击中率。

具体地，服务器根据公式（1）计算第一数字媒体内容的击中率，

$$\text{hitrate} = \frac{\lambda \cdot \text{contentsize} \cdot \text{popularity} \cdot (\text{lifetime} - \text{costtime})}{\text{costtime}} \quad (1)$$

其中，hitrate 为第一数字媒体内容的击中率，λ 为数字媒体内容的被请求的密度，contentsize 为第一数字媒体内容的内容大小，popularity 为第一数字媒体内容的流行度，lifetime 为第一数字媒体内容的生命周期，costtime 为推送第一数字媒体内容所需要的时间。

$$\text{costtime} = \frac{\text{contentsizec}}{\text{BroadcastBand} \cdot \text{BroadcastRate}}$$

其中，BroadcastBand 为广播或多播第一数字媒体内容时使用的带宽，BroadcastRate 为广播或多播第一数字媒体内容时使用的编码速率。

130：服务器判断是否所有数字媒体内容的击中率都计算完毕。

具体地，服务器判断是否所有数字媒体内容的击中率都计算完毕，如果不是所有数字媒体内容的击中率都计算完毕，指向下一个数字媒体内容，不并返回步骤110；如果所有数字媒体内容的击中率都计算完毕进入步骤140。

140：根据数字媒体内容的击中率确定推送数字媒体内容的顺序，并按照确定的顺序将数字媒体内容通过广播或多播的方式推送出去。

具体地，在第一种方式中，可以根据数字媒体内容的击中率的大小确定推送数字媒体内容的顺序，如果数字媒体内容的击中率越大，则该数字媒体内容被推送的顺序越靠前，从而令击中率较高的数字媒体内容优先被推送。在第二种方式中，可以根据数字媒体内容的击中率的大小与数字媒体内容的缴纳费用的乘积确定推送数字媒体内容的顺序，如果数字媒体内容的击中率与数字媒体内容的缴纳费用的乘积越大，则该数字媒体内容被推送的顺序越靠前，从而令击中率与数字媒体内容的缴纳费用的乘积较高的数字媒体内容优先被推送。

2. 权利要求的相关内容

1. 一种数字媒体内容推送方法，其特征在于，包括：

获取第一数字媒体内容的内容大小、流行度、生命周期以及被请求的密度，其中，所述流行度为用户请求所述第一数字媒体内容的次数除以用户发出请求数字媒体内容的次数，所述生命周期为所述第一数字媒体内容剩余的生命长度，所述被请求的密度为单位时间内用户发出请求数字媒体内容的次数；

根据所述第一数字媒体内容的内容大小、流行度、生命周期以及被请求的密度计算所述第一数字媒体内容的击中率；

重复上述所有步骤以计算下一个数字媒体内容的击中率，直到所有数字媒体内容的击中率都计算完毕；

根据所述数字媒体内容的击中率确定推送所述数字媒体内容的顺序，并按照确定的顺序将所述数字媒体内容通过广播或多播的方式推送出去；

根据所述第一数字媒体内容的内容大小、流行度、生命周期以及被请求的密度计算所述第一数字媒体内容的击中率具体为：

$$\text{hitrate} = \frac{\lambda \cdot \text{contentsize} \cdot \text{popularity} \cdot (\text{lifetime-costtime})}{\text{costtime}} \qquad (1)$$

根据公式（1）计算所述第一数字媒体内容的击中率，

其中，hitrate 为所述第一数字媒体内容的击中率，λ 为数字媒体内容的被请求的密度，contentsize 为所述第一数字媒体内容的内容大小，popularity 为所述第一数字媒体内容的流行度，lifetime 为所述第一数字媒体内容的生命周期，costtime 为推送所述第一数字媒体内容所需要的时间；

$$\text{costtime} = \frac{\text{contentsizec}}{\text{BroadcastBand} \cdot \text{BroadcastRate}}$$

其中，BroadcastBand 为广播或多播第一数字媒体内容时使用的带宽，BroadcastRate 为广播或多播第一数字媒体内容时使用的编码速率。

3. 对比文件的技术方案

经检索，得到对比文件1，其公开了一种流行检索词的挖掘、推荐方法及装置，所要解决的是现有网络流行检索词的挖掘和推荐方法主要按照词汇的搜索量来排序所导致的挖掘不够及时和不够准确的问题。具体技术方案如下所示：

在步骤 S101 中，对历史检索词进行预处理。

在步骤 S102 中，计算所述预处理后检索词的查询密度、查询热度以及点击度。

查询密度的一种计算方法如下：

$$\text{intensity} = \sum_{i=1}^{t} \frac{qv_i}{e^{\tau i}} \qquad （1）$$

其中 t 为计算查询密度的总的时间量，qv_i 为当前词汇第 i 天的搜索量，τ 为预设的折旧因子，介于 0～1，可根据实际的数据定期调整，根据实验验证得知，τ 的优选值为 0.01 或者 0.05。

查询热度的一种计算方法如下：

$$\text{recency} = \frac{qv}{\sum_{i=1}^{t} qv_i / t} \qquad （2）$$

其中 t 为计算查询热度的总的时间量，qv_i 为当前词汇第 i 天的搜索量，qv 为当前词汇当天的搜索量。

点击度的一种计算方法如下：

$$\text{clickbility} = \frac{\sum_{i=1}^{t} \text{click}\_qv_i}{\sum_{i=1}^{t} qv_i} \qquad (3)$$

其中 t 为计算点击度的总的时间量，qv_i 为当前词汇第 i 天的搜索量，click_qv_i 为当前词汇第 i 天的点击量。

在步骤 S103 中，根据计算得到的查询密度、查询热度以及点击度，获取所述预处理后检索词的流行度。

在本实施例中，流行度的一种计算方法如下：

$$\text{score} = (\text{intensity})^{\alpha} \cdot (\text{recency})^{\beta} \cdot (\text{clickability})^{\gamma} \qquad (4)$$

其中 intensity 为查询密度，recency 为查询热度，clickability 为点击度，α、β、γ 分别为预先设置的权重参数，可根据实际的数据定期调整，优选的是 $\alpha = 1$、$\beta = 2$、$\gamma = 1$。

本发明实施例从多个维度（包括查询密度、查询热度和点击度）对搜索日志中的检索词进行挖掘和分析，并综合各维度的分析结果，获取所述检索词的流行度。由于查询密度能更好地反映用户对检索词的关注程度，查询热度能更好地反映关注程度的上升或下降趋势，点击度能更好地反映搜索结果的有效性，使得挖掘到的检索词能够更好地反映其流行度。

对比文件 1 中历史检索词相当于本申请的数字媒体内容，检索词的查询密度相当于本申请中第一数字媒体内容被请求的密度，查询热度相当于流行度，根据计算得到的查询密度、查询热度以及点击度来获取预处理后检索词的流行度相当于根据第一数字媒体内容的流行度和被请求的密度计算第一数字媒体内容的击中率。

权利要求 1 与对比文件 1 相比，存在以下区别：（1）权利要求 1 中计算数字媒体内容的击中率时还考虑数字媒体内容的内容大小、生命周期；（2）流行度和被请求的密度的计算公式；（3）击中率的计算公式。但上述区别技术特征属于本领域的公知常识。

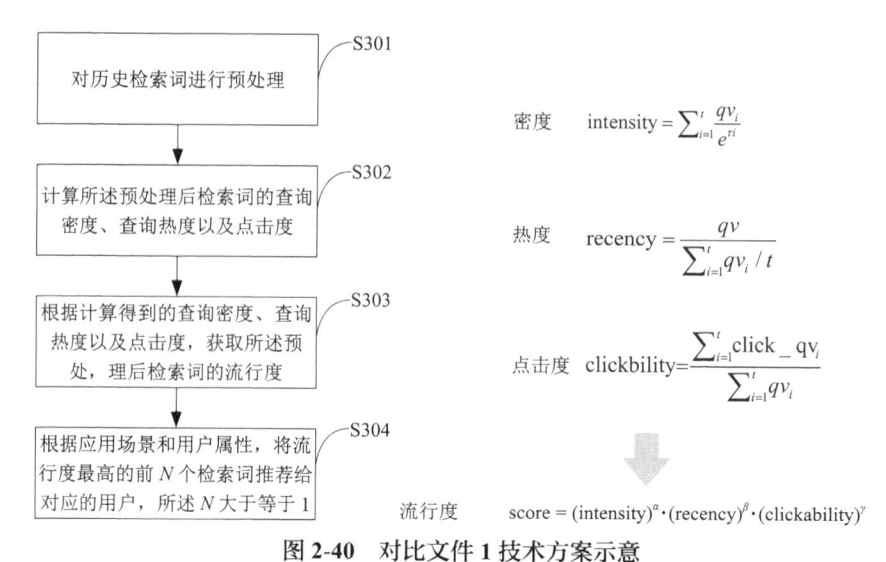

```
对历史检索词进行预处理          ── S301
            ↓
计算所述预处理后检索词的查询      ── S302
密度、查询热度以及点击度
            ↓
根据计算得到的查询密度、查询     ── S303
热度以及点击度,获取所述预
处,理后检索词的流行度
            ↓
根据应用场景和用户属性,将流     ── S304
行度最高的前 N 个检索词推荐给
对应的用户,所述 N 大于等于 1
```

密度　　$\text{intensity} = \sum_{i=1}^{t} \dfrac{qv_i}{e^{\tau i}}$

热度　　$\text{recency} = \dfrac{qv}{\sum_{i=1}^{t} qv_i / t}$

点击度　$\text{clickbility} = \dfrac{\sum_{i=1}^{t} \text{click}\_qv_i}{\sum_{i=1}^{t} qv_i}$

流行度　$\text{score} = (\text{intensity})^{\alpha} \cdot (\text{recency})^{\beta} \cdot (\text{clickability})^{\gamma}$

图 2-40　对比文件 1 技术方案示意

（二）争议焦点

本申请的争议焦点在于：在对比文件 1 的基础上，结合公知常识是否可以得到本申请的技术方案？

针对以上问题，存在两种不同的观点：

观点 1

对比文件 1 已经公开了在考虑推送多媒体内容的顺序时，综合多个因素包括查询密度、查询热度和点击度，从而合理的确定为用户推送媒体内容的顺序。即对比文件 1 公开了本申请的整体发明构思，所不同的仅在于本申请在计算击中率时还考虑了生命中期和内容大小和生命周期，且流行度、被请求的密度、击中率的计算公式不同。然而，由于数字媒体内容的生命周期是与数字媒体内容的时效性相关的参数，考虑数字媒体内容的生命周期，这属于本领域的常规技术手段。同时，数字媒体内容的大小影响数据传输的时间，在进行数字媒体内容推送时，还须考虑媒体内容的大小，这也属于本领域的惯用手段。由于对比文件 1 已经公开了在计算多媒体内容的击中率时，综合考虑多个因素，而多个因素是如何影响击中率，是本领域技术人员在决定媒体内容推送顺序时所关注的维度不同可自由设定的，为了更合理地计算媒体内容的击中率，根据本申请中的公式进行计算，这属于本领域的惯用手段。

观点2

本申请根据内容大小、流行度、生命周期以及被请求的密度计算数字媒体内容推送的顺序，从而提高数字媒体内容推送的合理性。但现有技术均未公开计算数字媒体内容的击中率时要考虑生命周期，而上述技术特征与本申请的发明点密切相关，不能将其认定为本领域的公知常识，对比文件1结合公知常识无法得到本申请的技术方案。

（三）案例分析

根据《专利审查指南》第二部分第四章第3.1节的规定："审查发明是否具备创造性，应当审查发明是否具有突出的实质性特点，同时还应当审查发明是否具有显著的进步。

判断发明是否具有突出的实质性特点，就是要判断对本领域的技术人员来说，要求保护的发明相对于现有技术是否显而易见。判断要求保护的发明相对于现有技术是否显而易见，通常可按照以下三个步骤进行。

（1）确定最接近的现有技术；

（2）确定发明的区别特征和发明实际解决的技术问题；

（3）判断要求保护的发明对本领域的技术人员来说是否显而易见。"

当最接近的现有技术本身不可能存在相关的技术问题，或者最接近的现有技术采用相应的区别特征后得到不合逻辑的方案，或者最接近的现有技术和另一篇对比文件的结合存在障碍，那么通常认为最接近的现有技术没有改进动机。

对于本案，对比文件1中公开的查询密度、查询热度只是流行度的一种表征方式，对比文件1的排序并未考虑生命周期、内容大小和推送所需时间。而在本领域中，流行词本身不存在生命周期，且流行词自身内容较小，不同的流行词在内容大小方面差异不大，传输数据量也较小，基本不占用带宽，通常不考虑其传输所需要的时间。因此，在对比文件1的基础上，本领域技术人员在推送检索词的时候没有动机考虑其生命周期、内容大小和推送所需时间。故以对比文件1为基础改进得到本申请的技术方案缺乏改进动机。

此外，本申请中，数字媒体内容的生命周期为第一数字媒体内容剩余的生命长度，数字媒体内容的点击率排序参考数字媒体内容的生命周期以提高数字媒体内容推荐合理性是解决本申请技术问题的关键技术手段。审查过程中，将"生命周期"这一关键技术手段认定为本领域的公知常识，而佐证文献均未提及推送数字媒体内容时需要考虑生命周期。因此，上述佐证不足以证明在数字媒体内容推送时考虑生命周期是本领域的公知常识，也不能证明本申请中击中率的计算模型为本领域的公知常识。

（四）案例启示

创造性评述过程中应准确理解发明，把握发明构思，分析对比文件是否存在改进动机，对于公知常识，尤其涉及本申请的发明构思时，不应该轻易判断区别技术特征为本领域公知常识，而应牢固树立证据意识，正确认定和使用公知常识。

案例 2-3-7：一种电机定子压圈和一种电机

（一）相关案情

本申请涉及机械配件技术领域，更具体地说，特别涉及一种电机定子压圈；本申请还涉及一种具有该电机定子压圈的电机。

1. 本申请的技术方案

大功率牵引电机机座通常由多块拉板将带有轴向通风孔的定子冲片、定子端板和两端的定子压圈在施压状态下焊接成一个整体。其中，电机定子压圈是电机定子铁芯叠压过程中一种重要的零部件，可以有效保证电机定子冲片按照规律叠压整齐。此外，电机定子压圈还是机座的主要支撑结构，是影响电机性能的重要部件。

目前，随着机车牵引电机朝大功率方向不断发展，电机的体积和重量也持续增加，为了满足强度和安全性能的要求，作为电机定子部分骨架的定子压圈也不得不随之增大。然而，随着定子压圈体积的增大，常常会因为压圈复杂的结构，增大铸造质量风险，且铸造工艺差，不能直接拔模，导致工艺复杂化，制造成本增高，企业经济效益大大降低。

如何设计一种无须复杂的铸造工艺,且力学性能良好的电机定子压圈,并设计一种具有该定子压圈的电机,是本领域技术人员亟待解决的技术问题。

本申请提供一种电机定子压圈,进一步改善现有技术中的电机定子压圈结构,极大程度上减少了铸造工艺的复杂程度,解决了现有技术中电机定子压圈制造工艺复杂,生产成本大的技术问题。

如图2-41所示,本申请提供一种电机定子压圈,包括传动端定子压圈本体1和非传动端定子压圈本体2,所述传动端定子压圈本体1上设有第一抱轴悬挂3,所述非传动端定子压圈本体2上设有第二抱轴悬挂4,所述传动端定子压圈本体1上设置有用于固定机座的吊挂5,所述传动端定子压圈本体1内设有第一铸造结构腔6,所述第一铸造结构腔6所在位置与所述第一抱轴悬挂3所在位置相对应;所述非传动端定子压圈本体2内设有第二铸造结构腔7,所述第二铸造结构腔7所在位置与所述第二抱轴悬挂4所在位置相对应;所述吊挂5内设有第三铸造结构腔8;所述传动端定子压圈本体1内侧设有第一压圈齿9,所述非传动端定子压圈本体2内设有第二压圈齿10。

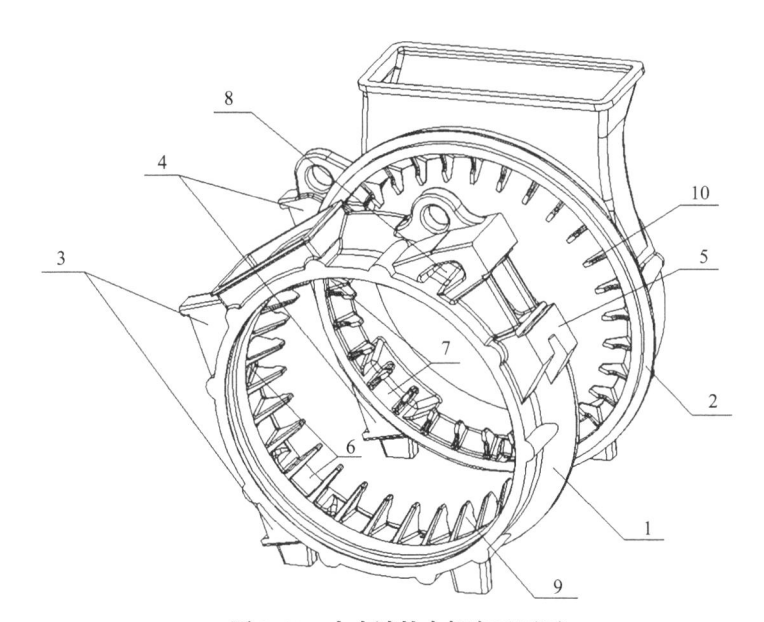

图2-41 本申请的电机定子压圈

在本申请中,传动端定子压圈本体1与第一铸造结构腔6一体式铸造成型;

非传动端定子压圈本体 2 与第二铸造结构腔 7 一体式铸造成型；传动端定子压圈本体 1 与第三铸造结构腔 8 一体式铸造成型；第一压圈齿 9 与传动端定子压圈本体 1 一体式铸造成型；第二压圈齿 10 与非传动端定子压圈本体 2 一体式铸造成型。

第一铸造结构腔 6 的尺寸应该与所对应的第一抱轴悬挂 3 尺寸相适应，第二铸造结构腔 7 的尺寸应该与所对应的第二抱轴悬挂 4 尺寸相适应，第三铸造结构腔 8 的尺寸应该与吊挂 5 的尺寸相适应，从而保证第一抱轴悬挂 3、第二抱轴悬挂 4 以及吊挂 5 壁厚均匀，避免出现铸造热节效应。

2. 权利要求的相关内容

1. 一种电机定子压圈，其特征在于，包括传动端定子压圈本体和非传动端定子压圈本体，所述传动端定子压圈本体上设有第一抱轴悬挂，所述非传动端定子压圈本体上设有第二抱轴悬挂，所述传动端定子压圈本体上设有用于固定机座的吊挂，所述传动端定子压圈本体内设有第一铸造结构腔，所述第一铸造结构腔所在位置与所述第一抱轴悬挂所在位置相对应，所述非传动端定子压圈本体内设有第二铸造结构腔，所述第二铸造结构腔所在位置与所述第二抱轴悬挂所在位置相对应，所述吊挂内设有第三铸造结构腔，所述传动端定子压圈本体内侧周向均匀设有两个以上的第一压圈齿，所述非传动端定子压圈本体内侧周向均匀设有两个以上的第二压圈齿。

3. 对比文件的技术方案

经过检索，获得对比文件 1 和对比文件 2。对比文件 1 公开了一种电机及其电机机座，如图 2-42 所示为电机机座，包括定子铁芯 1，定子铁芯 1 轴向两端固接有定子压圈 2，还包括与定子铁芯 1 外侧壁固接的抱轴横梁 3，抱轴横梁 3 的两端分别与两端的定子压圈 2 固接，定子压圈 2 和抱轴横梁 3 上均设有安装抱轴箱的安装孔 4。

对比文件 2 公开了一种缝纫机用的悬挂式电机，如图 2-43 所示，设置在缝纫机工作台下方的悬挂式电机，其后盖 2 顶部具有若干个用于将电机连接在缝纫机工作台面下部的连接件一 2a 和连接件二 2b，该连接件上开设有安装通孔，该减重孔可以减少整个电机的重量，连接件一 2a 上具有贯穿型的安装通孔一 2a1

和减重孔一 2a2，连接件二 2b 上具有贯穿型的安装通孔二 2b1 和减重孔二 2b2，其中减重孔一和减重孔二可以减少整个电机的重量。

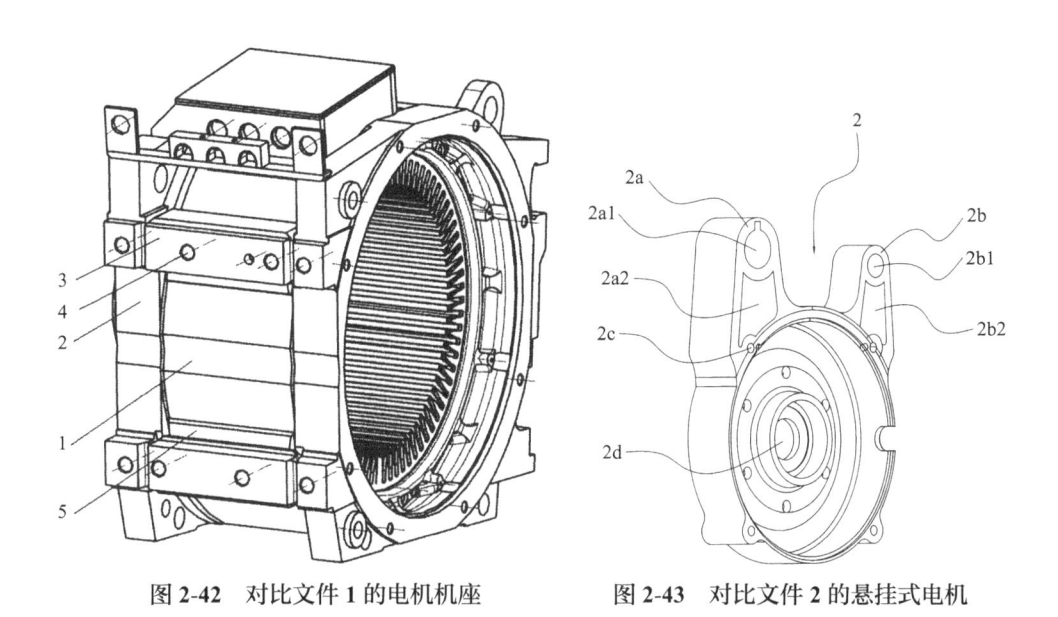

图 2-42　对比文件 1 的电机机座

图 2-43　对比文件 2 的悬挂式电机

（二）争议焦点

本申请的争议焦点在于：对比文件 2 是否给出了将区别技术特征应用于对比文件 1 以解决技术问题的技术启示？

观点 1

对比文件 2 给出了通过吊挂实现电机的悬挂，以及在连接件处开设减重孔即铸造结构腔以使其减薄减重的技术启示。在此基础上，本领域技术人员有动机设置吊挂以实现电机的悬挂，以及在抱轴悬挂相应位置上开设通孔或凹槽以实现抱轴悬挂减薄减重的作用。因此，对比文件 2 给出了技术启示。

观点 2

对比文件 2 仅给出将该减重孔设置于本体外，从而减少电机重量的启示，本领域技术人员没有动机设置吊挂以实现电机的悬挂，以及在抱轴悬挂相应位置上开设通孔或凹槽以实现抱轴悬挂减薄减重的作用。因此，对比文件 2 没有给出技术启示。

（三）案例分析

《专利审查指南》第二部分第四章第 3.2.1.1 节指出："判断要求保护的发明对本领域的技术人员来说是否显而易见的判断过程中，要确定的是现有技术整体上是否存在某种技术启示，即现有技术中是否给出将上述区别特征应用到该最接近的现有技术以解决其存在的技术问题（即发明实际解决的技术问题）的启示，这种启示会使本领域的技术人员在面对所述技术问题时，有动机改进该最接近的现有技术并获得要求保护的发明。如果现有技术存在这种技术启示，则发明是显而易见的，不具有突出的实质性特点。下述情况，通常认为现有技术中存在上述技术启示：所述区别特征为另一份对比文件中披露的相关技术手段，该技术手段在该对比文件中所起的作用与该区别特征在要求保护的发明中为解决该重新确定的技术问题所起的作用相同。"

具体到本申请：该权利要求所要求保护的技术方案与对比文件 1 公开的技术内容相比，其区别技术特征为：（1）传动端定子压圈本体上设有用于固定机座的吊挂，吊挂内设有第三铸造结构腔；传动端定子压圈本体内设有第一铸造结构腔，第一铸造结构腔所在位置与第一抱轴悬挂所在位置相对应，非传动端定子压圈本体内设有第二铸造结构腔，第二铸造结构腔所在位置与第二抱轴悬挂所在位置相对应；（2）传动端定子压圈本体内侧周向均匀设有两个以上的第一压圈齿，非传动端定子压圈本体内侧周向均匀设有两个以上的第二压圈齿。基于区别技术特征，发明实际解决的技术问题是：如何降低铸造质量风险。

首先，对比文件 2 中的工业缝纫机电机体积小巧，其并不存在本申请所要解决的铸造质量风险的技术问题，故无法与对比文件 1 结合获得本申请的技术方案。其次，对比文件 2 仅给出将该减重孔设置于本体外，从而减少电机重量的启示，并没有给出在本体内悬挂侧同样设置减重孔的启示，本领域技术人员知晓，如若将减重孔设置于本体内，会改变本体结构，对本体的性能产生影响，因此，没有动机在抱轴悬挂相应位置上开设通孔或凹槽。因此，对比文件 2 没有给出技术启示。

（四）案例启示

在判断对比文件是否存在技术启示的过程中，一是关注对比文件是否存在与本申请相同的技术问题，二是关注对比文件公开的技术手段在该对比文件中所起的作用与区别特征在要求保护的发明中为解决该重新确定的技术问题所起的作用相同。

案例 2-3-8：一种基于汽车振动的俘能装置

（一）相关案情

本申请涉及汽车电子新能源和发电技术领域，特别是涉及一种基于汽车振动的俘能装置。

1. 本申请的技术方案

现有技术中，对 ETC 电子标签的供电都采用一次性锂电池供电，锂电池经过一段时间使用后，电池电量减弱，ETC 电子标签变得不灵敏；另外，ETC 电子标签的供电电池与 ETC 电子标签是固封为一体的，在 ETC 电子标签锂电池电量不足时无法更换或更换困难且成本较高。为解决上述技术问题，本申请提供了一种基于汽车振动的俘能装置，通过设置压电—电磁俘能结构将振动机械能转换成电能用于 ETC 电子标签、行车记录仪等低功耗装置供电，以实现自主不间断供电，安全、高效、低成本。

具体结构如图 2-44 所示。俘能装置包括：壳体 1、弹簧 5、电磁俘能组件、压电俘能组件、能量管理电路 3、储能组件 2。壳体 1，设置在汽车挡风玻璃上；弹簧 5 一端设置在所述壳体 1 上，用于根据行驶过程中汽车车身、发动机以及地面轮胎反馈的振动而振动；电磁俘能组件，与所述弹簧 5 相连，用于根据所述弹簧 5 的振动而振动，并产生电磁俘能；电磁俘能组件包括第一磁铁 6、第二磁铁 7、磁铁固定框 8、线圈 4。压电俘能组件包括多个第一、第二压电俘能单元。第一压电俘能单元包括第一单晶片 10、第一压电悬臂梁 11、磁铁块 9。第二压电俘能单元包括第二单晶片 12、第二压电悬臂梁 13、磁铁块 9。能量管理电路 3，设置在所述壳体 1 上，分别与所述电磁俘能组件、所述压电俘能组件相连，用于接收并分配所述电磁俘能组件发送的电磁俘能和所述压电俘能组件发送的压电俘能。储能组件 2，与所述能量管理电路 3 相连，用于存储所述能量管理电路 3 发送的所述电磁俘能和所述压电俘能。

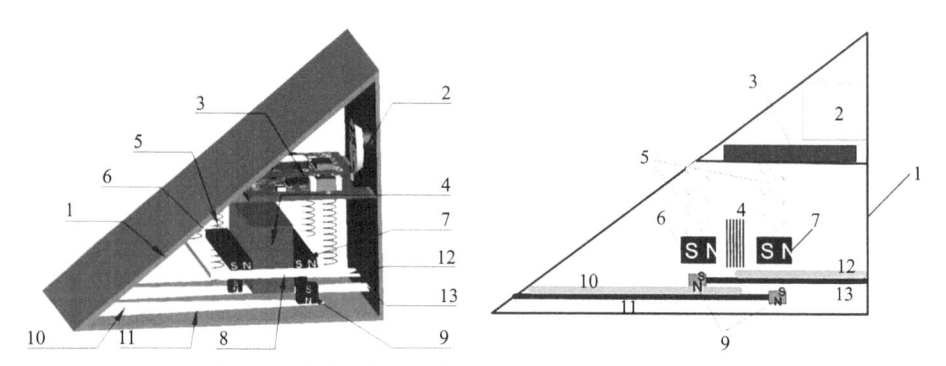

图 2-44 本申请基于汽车振动的俘能装置结构主视图

本申请的工作过程为：根据汽车发动机的振动和地面轮胎反馈的振动而带动弹簧 5 振动，弹簧 5 带动所述第一磁铁 6 与所述第二磁铁 7 上下振动，其振动频率与环境振动频率相同；由于所述第一磁铁 6 与所述第二磁铁 7 上下振动，所以会产生上下振动的磁力线，上下振动的磁力线切割线圈 4 产生电磁俘能。另外，由于所述第一磁铁 6 与所述第二磁铁 7 与所述磁铁块 9 之间存在磁性吸引力，所以根据所述第一磁铁 6 与所述第二磁铁 7 的振动而带动所述磁铁块 9 振动，所述磁铁块 9 带动所述第一压电悬臂梁 11 或 / 和所述第二压电悬臂梁 13 自由振动，所述第一单晶片 10 表面涂覆银膜，所述第一单晶片 10 根据所述第一压电悬臂梁 11 自由振动而产生压电俘能；所述第二单晶片 12 表面涂覆银膜，所述第二单晶片 12 根据所述第二压电悬臂梁 13 自由振动而产生压电俘能。

本申请通过设置压电俘能组件和电磁俘能组件构成压电—电磁结构，根据汽车发动机的振动和地面轮胎反馈的振动而产生电能用于 ETC 电子标签等低功耗装置供电，以实现自主不间断供电、无须更换电池、无化学反应、没有爆炸危险、不利用汽车电源供电，可有效延长汽车的续航里程。

2. 权利要求的相关内容

1.一种基于汽车振动的俘能装置，其特征在于，所述俘能装置包括：

壳体，设置在汽车挡风玻璃上；

弹性装置，所述弹性装置一端设置在所述壳体上，用于根据行驶过程中汽车车身、发动机以及地面轮胎反馈的振动而振动；

电磁俘能组件，与所述弹性装置另一端相连，用于根据所述弹性装置的振动而振动，并产生电磁俘能；

压电俘能组件，设置在所述壳体上，与所述电磁俘能组件对应设置，用于在所述电磁俘能组件的振动激励下产生压电俘能；

所述压电俘能组件包括：

多个第一压电俘能单元和多个第二压电俘能单元；

多个所述第一压电俘能单元并列设置，所述第一压电俘能单元的一端与所述壳体的一侧内壁相连；所述第二压电俘能单元的另一端与所述电磁俘能组件对应设置；用于根据所述电磁俘能组件的振动产生压电俘能；

多个第二压电俘能单元并列设置，所述第二压电俘能单元一端与所述第一压电俘能单元的一侧内壁对应的另一侧内壁相连；所述第二压电俘能单元的另一端与所述电磁俘能组件对应设置；用于根据所述电磁俘能组件的振动产生压电俘能；所述第一压电俘能单元与所述第二压电俘能单元交叉设置；

能量管理电路，设置在所述壳体上，分别与所述电磁俘能组件、所述压电俘能组件相连，用于接收并分配所述电磁俘能组件发送的电磁俘能和所述压电俘能组件发送的压电俘能；

所述电磁俘能组件包括：

第一磁铁、第二磁铁，所述第一磁铁的N极对应所述第二磁铁的S极平行设置，用于产生磁力线；

磁铁固定框，设置在所述第一磁铁、第二磁铁外端，用于固定所述第一磁铁、所述第二磁铁；

所述第一磁铁、所述第二磁铁分别与所述弹性装置的另一端相连，或者所述磁铁固定框与所述弹性装置的另一端相连，用于根据通过弹性装置带动所述第一磁铁、所述第二磁铁、所述磁铁固定框振动；

线圈，设置在所述第一磁铁、所述第二磁铁之间，用于根据所述第一磁铁、所述第二磁铁振动切割磁力线，获得电磁俘能；

所述第一压电俘能单元包括：第一单晶片、第一压电悬臂梁、磁铁块；

所述第一压电悬臂梁的一端与所述壳体的一侧内壁相连，另一端与所述磁铁块相连，所述磁铁块与所述电磁俘能组件对应设置，用于根据所述电磁俘能组件的振动而振动；

所述第一单晶片设置在所述第一压电悬臂梁上，用于根据所述第一压电悬臂梁的振动而产生压电俘能；

所述第二压电俘能单元包括：第二单晶片、第二压电悬臂梁、磁铁块；

所述第二压电悬臂梁一端与相连所述第一压电悬臂梁的一侧内壁对应的另一侧内壁相连，另一端与所述磁铁块相连，所述磁铁块与所述电磁俘能组件对应设置，用于根据所述电磁俘能组件的振动而振动；

所述第二单晶片设置在所述第二压电悬臂梁上，用于根据所述第二压电悬臂梁的振动而产生压电俘能；

所述第一压电悬臂梁的材料为钢基底或玻璃纤维基底；

所述第二压电悬臂梁的材料为钢基底或玻璃纤维基底。

3. 对比文件的技术方案

针对本申请检索到两篇对比文件，即对比文件1和对比文件2。

对比文件1公开了一种冲击型振动发电机，其背景技术为：在现有的水力发电技术中，需要建立水库并使用带有水轮机的发电机。在现有的潮汐发电技术中，潮汐水坝(Tidal Barrage)技术也需建立水库并使用带有水轮机的发电机；而潮汐流(Tidal streams)技术则使用水下的带有水轮机的发电机。在波浪发电技术中，需要建立蓄水池(TAPCHAN梯度渠道波动能力转换法）或密闭的腔体(OWC震荡空气柱法）并使用带有水轮机或汽轮机的发电机。由于需要建立蓄水单元和使用旋转部件，这些技术不适用于获取江河、沟渠和浅海中水流的能量。另外，蓄水单元的建立和旋转部件的使用会对环境和水生生物带来负面影响。为了克服现有的发电方法不能充分利用江河、沟渠和浅海中水流能量的不足，对比文件1提供了一种基于冲击的振动发电机，该发电机利用浅水水流及其速度波动产生线圈和磁场的相对振动，以便在线圈中获得感应电动势。具体结构如图2-45所示。发电机包括发电机框架1、第一永久磁铁2、第二永久磁铁3、线圈盒8、第一弹簧7、励振板11、光滑圆柱支撑棒13，其中第一永久磁铁2被固定在箱体的顶面，第二永久磁铁3被固定在箱体的底面。第一永久磁铁2和第二永久磁铁3相对的磁极极性互异。永久磁铁的表面涂有防腐涂料，上下永久磁铁之间隔一空隙 20，密封的线圈盒 8 的一部分位于空隙中，其余部分位于空隙的外面，线圈盒中设有密闭腔体 10，励振板 11 被固定在线圈盒的侧面，第一水平弹簧 7 的一端被固定在和线圈盒的另一侧面，另一端被固定在箱体的第一侧壁 18 上，被固定在箱体壁面的 4 根光滑圆柱杆支撑线圈盒，在箱体的顶面和底面上设置带有过滤网的上排水孔 14、下排水孔 15，在箱体的底面设置基座。其工作原理为：工作时发电机被置于水中，冲击在发电机励振板上的水流及其速度的波动会引起弹簧—线圈盒系统的机械震荡，进而导致被发电机线圈所包围的磁通随时间的变化并在线圈中感应出电动势。

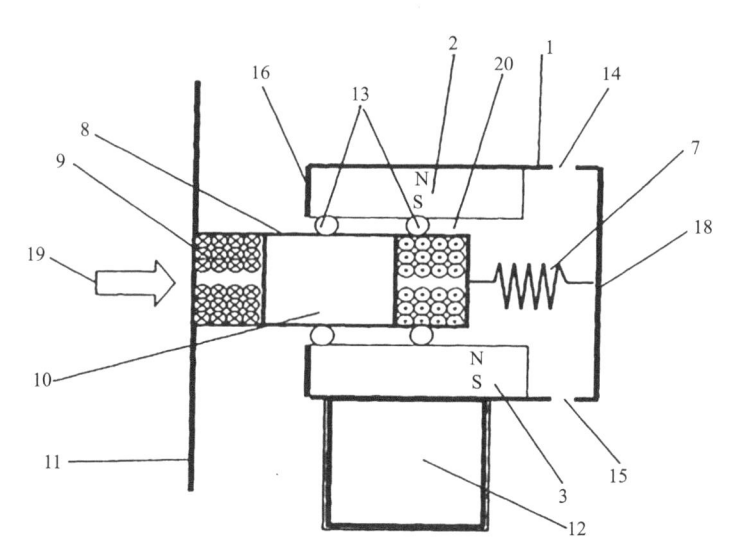

图 2-45 对比文件 1 公开的冲击型振动发电机

对比文件 2 公开了一种基于火车振动能量回收的手机充电用发电装置。现有的压电装置主要用于振动能量回收进行发电，为增加发电装置有效频带宽度、或实现不同振动方向的能量收集，通常采用多个压电振子构成的发电装置。但由于现有的弯曲型压电振子可发生变形方向的单一性，采用多个压电振子组合的方法也仅能实现一个或两个方向的振动能量回收，振动环境的适应性较差，严重地制约了压电发电技术的推广应用。众所周知，火车行进中其车厢受到多种振源激励，如铁轨衔接引起的纵向振动、速度变化引起的前后振动、弯道引起的侧向摆动等等，且上述振源存在相互作用的耦合效应，因此，火车车厢振动具有时变的多方向性，利用现有单一自由度或两个自由度的振动发电装置不能有效地回收能量。为解决上述技术问题，对比文件 2 公开了一种基于火车振动能量回收的手机充电用发电装置，可用于长途旅行中手机充电。具体结构如图 2-46 所示。在所述上盖 1 和壳体 8 之间装夹有压电振子一 7，在所述壳体 8 和底座 14 之间装夹有压电振子二 9；在所述的上盖 1 上装有球销套 2，所述球销套 2 内装有球销 3，球销 3 上安装有螺杆 4，螺杆 4 上依次装有弹簧一 5、惯性块 12 和弹簧二 11；

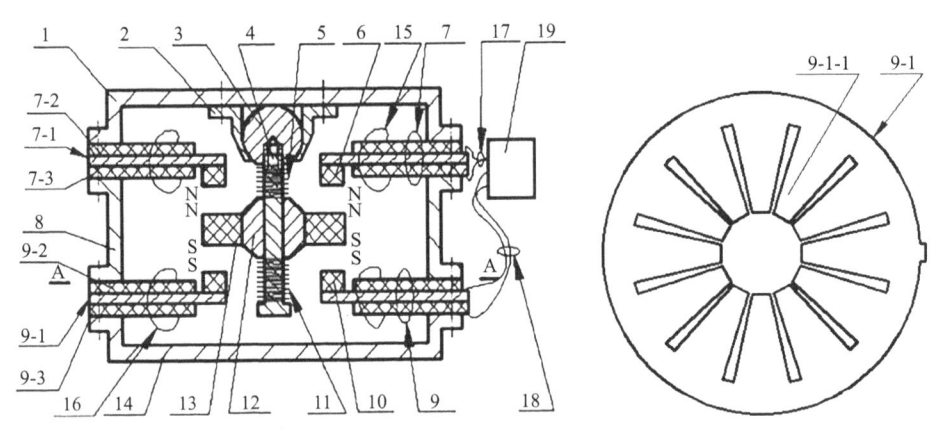

图 2-46 对比文件 2 公开的基于火车振动能量回收的手机充电用发电装置

所述惯性块 12 上安装有环形磁铁 13；所述压电振子一 7 由金属基板 7-1 上的悬臂梁与压电晶片 7-2 及晶片 7-3 粘接而成，所述压电晶片 7-2 与压电晶片 7-3 通过导线 15 连接；所述压电振子 9 由金属基板 9-1 上的悬臂梁 9-1-1 与压电晶片 9-2 及晶片 9-3 黏接而成，所述压电晶片 9-2 与压电晶片 9-3 通过导线 16 连接；所述压电振子一 7 的自由端安装有磁铁一 6，压电振子二 9 的自由端安装有磁铁二 10，所述磁铁一 6、磁铁二 10 与环形磁铁 13 的同性磁极靠近安装；所述压电振子一 7 和压电振子二 9 分别通过导线组 17 和导线组 18 与能量转换与控制电路 19 相连接；其工作原理为：球销 3 可在球销套 2 内作任意方向的摆动、惯性块 12 和环形磁铁 13 可沿螺杆 4 滑动。在自然状态下，惯性块 12、弹簧二 11、以及磁铁之间排斥力的作用下处于平衡位置，磁铁一 6、磁铁二 10 及环形磁铁 13 之间处于相对静止状态；当发电装置受外界任一方向振动时，惯性块 12 及环形磁铁 13 的位置发生变化，环形磁铁 13 与磁铁 6 一及磁铁二 10 之间的距离及排斥力发生变化，从而使压电振子受力状态发生变化、并产生弯曲变形，将机械能转换成电能；所生成的电能经控制电路19的转换处理后即可用于收集充电。

（二）争议焦点

本申请的争议焦点在于：本申请请求保护的技术方案相对于对比文件1结合对比文件2是否具备创造性？是否可用组合发明进行评述？

观点1

对比文件1公开了电磁发电结构，对比文件2公开了压电发电结构，而在振动发电领域，将电磁发电与压电发电两种方式组合发电，且电磁发电的磁铁运动，线圈静止属于本领域的公知常识，因此，在对比文件1的基础上结合对比文件2以及本领域公知常识即可获得本申请请求保护的技术方案。

观点2

本申请俘能装置包括电磁俘能组件和压电俘能组件，其中第一磁铁6与第二磁铁7上下振动，不仅线切割线圈4产生电磁俘能，还带动磁铁块9振动，进而带动压电悬臂梁11，13自由振动而产生压电俘能。即本申请请求保护的俘能装置不是将电磁发电结构与压电发电结构进行简单组合，而是有相互协同作用，因此，对比文件1和对比文件2结合不能得到本申请请求保护的技术方案。

（三）案例分析

根据《专利审查指南》第二部分第四章第4.2节的规定："组合发明，是指将某些技术方案进行组合，构成一项新的技术方案，以解决现有技术客观存在的技术问题。在进行组合发明创造性的判断时通常需要考虑：组合后的各技术特征在功能上是否彼此相互支持、组合的难易程度、现有技术中是否存在组合的启示以及组合后的技术效果等。如果组合的各技术特征在功能上彼此支持，并取得了新的技术效果；或者说组合后的技术效果比每个技术特征效果的总和更优越，则这种组合具有突出的实质性特点和显著的进步，发明具备创造性。"

具体到本申请，对比文件1公开了基于波浪能的发电装置，其发明构思是磁铁静止，线圈感应波浪而振动进行发电。即对比文件1仅公开了电磁发电结构；对比文件2公开了基于火车振动的发电装置，其发明构思是弹簧感应火车振动时，带动环形磁铁 13 振动，环形磁铁 13 迫使磁铁一 6、磁铁二 10 振动，磁铁一 6、磁铁二 10 带动压电振子振动，进而发电。即对比文件 2 仅公开了压电发电结构。而本申请的俘能装置包括压电俘能组件和电磁俘能组件，其中第一磁铁 6 与第二磁铁 7 上下振动，不仅线切割线圈 4 产生电磁俘能，还带动磁铁块 9 振动，进而带动压电悬臂梁 11，13 自由振动而产生压电俘能。即本申请请求保护的俘能装置不是将电磁发电结构与压电发电结构进行简单组合，而是通过第一磁铁 6 与第二磁铁 7 作为中间枢纽，同时实现电磁发电与压电发电；组合后的各个技术特征在功能上是彼此支持的，效果上产生协同促进效应，属于非显而易见的组合。因此对比文件 1 和对比文件 2 结合不能得到本申请请求保护的技术方案。

（四）案例启示

在判断组合发明是否具备创造性时，确定相互组合的各个技术方案之间是否存在协同促进效应是评判创造性的关键。若组合后的发明在功能上相互支持、效果上产生协同促进，即组合后的发明在功能和效果产生了"1+1＞2"的促进效应，则这种组合属于非显而易见的组合，具备创造性。

案例 2-3-9：镁离子混合超级电容器及其制备方法

（一）相关案情

本案涉及超级电容器技术领域，尤其是涉及一种镁离子混合超级电容器及其制备方法。

1. 本申请的技术方案

超级电容器又被称为电化学电容器，其主要组成为：正极、负极、电解液和隔膜。目前大量工作主要集中在基于锂盐电解液的锂离子混合超级电容器，通过锂离子的迁移从而实现电荷的吸附（或存储）和脱附（或释放）。比如高立军等人发明了一种混合超级电容器，其正极活性物质为活性炭，负极活性物质为钛酸锂，电解液为锂离子电解液，该电容器体系能够在大电流的情况下保持高容量，良好循环稳定性与长寿命。但是上述类型的锂离子混合超级电容器面临着锂资源储量有限、成本高的缺点。寻找低成本、高性能的混合超级电容器成为日益关注的热点。目前，行业内对镁离子混合超级电容器的研究还不多，且目前利用镁离子研究制备出的电容器的工作电压和能量密度较低，工作电压一般为 0.5～2.5V，能量密度在 10Wh/kg 左右，无法满足现代工业设备和交通设备的需要。

本申请的目的在于提供镁离子混合超级电容器，以缓解现有技术的镁离子电容器工作电压低、比容量低和能量密度较低无法满足工业设备和交通设备的需求的技术问题。

一种镁离子混合超级电容器，其结构如图 2-47 所示，包括正极集流体 10、正极活性材料层 20、电解液 30、隔膜 40、负极活性材料层 50 和负极集流体 60。正极组成包括铝箔和以下成分的正极活性材料层 20：活性炭（比表面积 $2500m^2/g$）80%（质量分数）、导电石墨 10%（质量分数）和聚四氟乙烯 10%（质量分数）。电解液 30 采用 $Mg(PF_6)_2$ 与碳酸乙烯酯：碳酸二甲酯：碳酸甲乙酯（体积比 1∶1∶1）混合配制而成的溶液。隔膜 40 采用多孔聚丙烯薄膜。负极组成包括铜箔和以下组成的负极活性材料层 50：MoS_2 80%（质量分数）、导电石墨 10%（质量分数）和聚偏氟乙烯 10%（质量分数）。

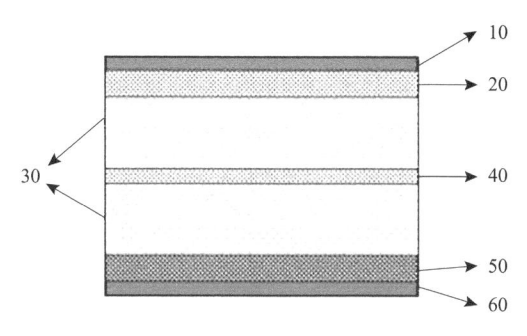

图 2-47 本申请示意图

以下为上述镁离子混合超级电容器的制备方法，包括以下步骤：

步骤 a，制备负极：将 0.8g 二硫化钼、0.1g 导电石墨、0.1g 聚偏氟乙烯加入到 2mL 氮甲基吡咯烷酮溶液中，充分研磨获得均匀浆料；然后将浆料均匀涂覆于铜箔表面并真空干燥，对干燥所得电极片裁切成直径 12mm 的圆片，压实后作为负极备用；

步骤 b，配制电解液：称取 1.256g 六氟磷酸镁加入到 5mL 碳酸乙烯酯、碳酸二甲酯和碳酸甲乙酯的混合溶剂（体积比为 1∶1∶1）中，搅拌至六氟磷酸镁完全溶解，充分搅拌均匀后作为电解液备用（电解液浓度为 0.8M）；

步骤 c，制备正极：将 0.8g 多孔炭（比表面积 2500m^2/g）、0.1g 导电碳黑、0.1g 聚四氟乙烯加入到 10mL 乙醇中，充分研磨获得均匀浆料；然后将浆料均匀的涂覆于涂炭铝箔表面并真空干燥，对干燥所得电极片裁切成直径 12mm 的圆片，压实后作为正极备用；

步骤 d，制备隔膜：将玻璃纤维隔膜切成直径 16mm 的圆片，干燥后作为隔膜备用；

步骤 e，组装：在惰性气体保护的手套箱中，将上述制备好的正极、隔膜、负极依次紧密堆叠，滴加电解液使隔膜完全浸润，然后将上述堆叠部分封装入扣式壳体，完成镁离子混合超级电容器组装。

本申请提供的镁离子混合超级电容器采用能够吸附和脱附镁盐阴离子的正极活性材料层和能够嵌入和脱嵌镁离子的负极活性材料层组成混合超级电容器，且所述负极活性材料为非碳材料。在充电过程中，镁离子迁移到负极，直接嵌入负极活性材料层中，同时，镁盐阴离子迁移至正极并吸附在正极活性材料层表面；在放电过程中，负极镁离子直接从负极活性材料层中脱出进入电解液中，同时镁盐阴离子会从正极活性材料层表面脱附回到电解液中，从而实现可逆充放电。本申请提供的镁离子混合超级电容器的工作电压可以达到 4.5V 以上，比容量可以达到 95F/g，能量密度可以达到 45Wh/kg。

2. 权利要求的相关内容

1. 一种镁离子混合超级电容器，其特征在于，包括正极、负极以及介于所述正极与所述负极之间的隔膜和电解液，所述正极包括能够吸附和脱附镁盐阴离子的正极活性材料层，所述负极包括能够嵌入和脱嵌镁离子的负极活性材料层；所述负极活性材料层包括负极活性材料，所述负极活性材料为非碳材料；所述负极活性材料包括过渡金属硫化物、过渡金属硒化物、过渡金属碲化物或过渡金属氧化物中的一种或至少两种的组合；所述过渡金属硫化物选自二硫化钼、二硫化钨、二硫化钒、二硫化钛、二硫化铁、硫化亚铁、硫化镍、硫化锌、硫化钴或硫化锰中的一种或至少两种的组合。

3. 对比文件的技术方案

对比文件 1 公开了负极嵌镁离子超级电容器及其制备方法。具体方案如下：镁离子超级电容器，由正极、负极、介于两者之间的隔膜和电解液构成；所述正极采用能够吸附电荷形成双电层的多孔炭材料作为活性物质；负极采用可嵌入/脱出镁离子的炭材料作为活性物质；电解液采用可提供镁离子和能够提供形成双电层的所需电荷的有机电解质溶液。

对比文件 2 公开了：相对于一价锂离子电池，二价镁离子技术提供了一种增加理论容量和能量密度的方法。第一个镁电池生产于 2000 年，但是工作电压较低。电池工作电压取决于电池正负电极的电势差，镁来源丰富，并表现出低电极电势。但是，寻找阴极材料更具有挑战性，因为离子嵌入过程涉及两个协调步骤：离子扩散和局部电子传输，大多数高压阴极材料由于与镁离子形成强烈的化学键而离子扩散性差，进而使实际应用受到限制。第一个工作镁电池的实现依赖于使用谢弗雷尔相 Mo_6S_8（即非碳材料，过渡金属硫化物）作为阴极材料，电荷在 Mo_6 簇上可以快速重新分布，从而提高了 Mg 离子的扩散性。其化学电势主要由 Mo 的氧化还原对决定，类似于过渡金属氧化物 CoO_2、$FePO_4$、MnO_2 等材料，这些过渡金属化合物中，费米能级主要由氧化还原对决定，由于 O 的 p 态中价电子的结合能低于过渡金属 d 态的结合能，因此当阴离子 p 态成为主导时，氧化还原反应发生在阴离子而不是过渡金属。

（二）争议焦点

本申请的争议焦点在于：对比文件 2 是否给出了将区别技术特征应用于对比文件 1 以解决技术问题的技术启示？

观点 1

对比文件 2 属于镁离子电池领域，与镁离子超级电容器属于相近领域，对比文件 2 公开了过渡金属硫化物和过渡金属氧化物作为嵌入和脱嵌镁离子的活性材料，其所要解决的技术问题是提高镁离子电池的电容和能量密度，本质上与本申请所要解决的技术问题相同。对比文件2给出技术启示。

观点2

电池领域中正极材料和负极材料一般不能互用,其除了考虑嵌入和脱出离子外还要考虑电极电势等原因,而且对比文件2所起的作用与本申请并不相同,并没有提到电容和能量密度的问题,因此对比文件2没有给出技术启示。

(三)案例分析

《专利审查指南》第二部分第四章第3.2.1.1节指出:"判断过程中,要确定的是现有技术整体上是否存在某种技术启示,即现有技术中是否给出将上述区别特征应用到该最接近的现有技术以解决其存在的技术问题(即发明实际解决的技术问题)的启示,这种启示会使本领域的技术人员在面对所述技术问题时,有动机改进该最接近的现有技术并获得要求保护的发明。如果现有技术存在这种技术启示,则发明是显而易见的,不具有突出的实质性特点。下述情况,通常认为现有技术中存在上述技术启示:所述区别特征为另一份对比文件中披露的相关技术手段,该技术手段在该对比文件中所起的作用与该区别特征在要求保护的发明中为解决该重新确定的技术问题所起的作用相同。"

权利要求1请求保护的技术方案与对比文件1相比区别为:负极活性材料为非碳材料,包括过渡金属硫化物、过渡金属硒化物、过渡金属碲化物或过渡金属氧化物中的一种或至少两种的组合,所述过渡金属硫化物选自二硫化钼、二硫化钨、二硫化钒、二硫化钛、二硫化铁、硫化亚铁、硫化镍、硫化锌、硫化钴或硫化锰中的一种或至少两种的组合。基于上述区别特征,权利要求1实际要解决的技术问题是:提高混合超级电容器的能量密度。

具体到本申请,首先要判断镁离子电池与镁离子超级电容器是否为相近领域,要检索现有技术,确认相同的技术手段是否可以在镁离子电池与镁离子超级电容器互用。例如,非碳材料作为负极材料应用于镁离子超级电容器,非碳材料作为负极材料是否可以无障碍地应用于镁离子电池。然后,电池领域中正极材料和负极材料一般不能互用,而且电池的正极和负极成对出现,共同解决技术问题。对比文件2实际公开的是嵌入和脱嵌镁离子的Mo_6S_8是作为镁电池的正极,所解决的技术问题是促进镁离子的扩散。而且对比文件2并没有提到电容和能量密度的问题，采用 Mo_6S_8 在对比文件 2 中所起的作用与其本申请中的作用并不相同，因此对比文件 2 没有给出技术启示。

（四）案例启示

在判断技术启示的过程中，重点关注对比文件公开的技术手段在该对比文件中所起的作用与区别特征在要求保护的发明中为解决该重新确定的技术问题所起的作用相同。

案例 2-3-10：应用显示方法及装置

（一）相关案情

本申请属于计算机技术领域，涉及一种应用显示方法及装置，通过对不同账号下的多个应用设置隐私权限，解决了多账号终端中应用的可见性问题。

1. 本申请的技术方案

现有技术中，终端中可以设置有多个系统账号，每个系统账号对应一个数据目录，每个数据目录用于存储在登录对应的系统账号期间，运行终端中安装的各个应用时所产生的用户数据，以实现用户数据的隔离。虽然用户数据可以相互隔离，但是，一个终端中的所有应用都对应于一个应用目录，因此，在登录每个系统账号时安装的应用对于其他系统账号都是可见的。所以，当用户想某一个应用对其他系统账号不可见时，需要在将系统账号切换为其他系统账号之前删除该应用，然后再在将其他系统账号切换为该系统账号之后重新安装该应用的问题，操作十分不便。

本申请将终端中的多个应用分为"进行了隐私设置"和"未进行隐私设置"两类，当对应用进行了隐私设置时，该应用只对安装该应用时终端中登录的系统账号对应的用户可见，对其他系统账号对应的用户不可见；当未对应用进行隐私设置时，该应用对所有系统账号对应的用户可见，从而实现了应用在不同账号下的可见性。

例如，某终端可以包含第一系统账号、第二系统账号，并安装有 7 个应用。

其中，5 个应用进行了隐私设置，且预设对应关系中应用 3 和应用 4 对应于第二系统账号，应用 6 和应用 7 未进行隐私设置。故当终端从第一系统账号切换至第二系统账号后，终端显示应用 3、应用 4、应用 6 和应用 7 的应用入口，隐藏应用 1、应用 2 和应用 5 的应用入口。

```
┌─────────────────────────────────────┐
│ 将终端中登录的系统账号由第一系统账号  │─201
│ 切换为第二系统账号                   │
└─────────────────────────────────────┘
              ↓
┌─────────────────────────────────────┐
│ 从终端中安装的 m 个应用中确定进行了  │─202
│ 隐私设置的 k 个应用，0≤k≤m          │
└─────────────────────────────────────┘
              ↓
┌─────────────────────────────────────┐
│ 从 k 个应用中选择与第二系统账号对应的│─203
│ n+k-m 个应用                        │
└─────────────────────────────────────┘
              ↓
┌─────────────────────────────────────┐
│ 将 n+k-m 个应用和剩余的未进行隐私设置│─204
│ 的 m-k 个应用确定为在终端登录第二系统│
│ 账号期间允许运行的 n 个应用          │
└─────────────────────────────────────┘
              ↓
┌─────────────────────────────────────┐
│ 在终端登录第二系统账号期间，显示 n 个 │─205
│ 应用的应用入口，并隐藏剩余 n-m 个应用 │
│ 的应用入口                           │
└─────────────────────────────────────┘
```

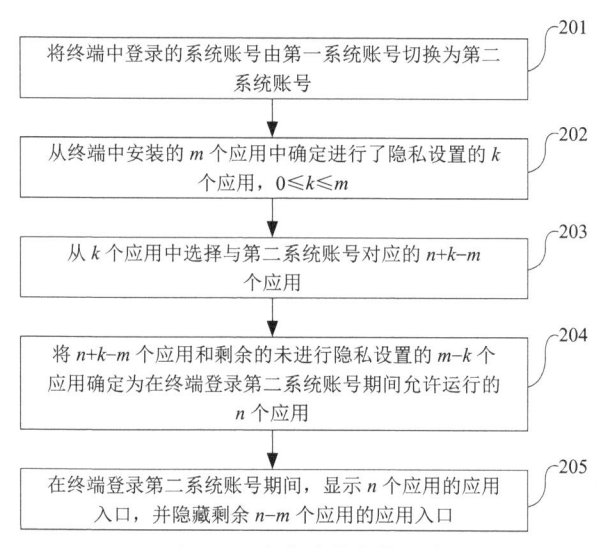

图 2-48　本申请的实施方法

2. 权利要求的相关内容

1. 一种应用显示方法，其特征在于，所述方法包括：

将终端中登录的系统账号由第一系统账号切换为第二系统账号；

从所述终端中安装的 m 个应用中确定进行了隐私设置的 k 个应用，$0 < k \leq m$；

从所述 k 个应用中选择与所述第二系统账号对应的 $n+k-m$ 个应用，$0 < n \leq m$；

将所述 $n+k-m$ 个应用和剩余的未进行隐私设置的 $m-k$ 个应用确定为在所述终端登录所述第二系统账号期间允许运行的 n 个应用，其中所述未进行隐私设置的 $m-k$ 个应用对所述终端中登录的所有系统账号对应的用户均可见；

在所述终端登录所述第二系统账号期间，显示所述 n 个应用的应用入口，并隐藏剩余 $m-n$ 个应用的应用入口。

3. 对比文件的技术方案

对比文件 1 公开了一种应用程序显示方法，随着互联网技术和终端技术的快速发展，用户可以根据自身的需求，在智能终端中安装各种各样的应用程序（App）。智能终端会在桌面中显示各个应用程序的图标，以方便用户访问，然而，在这样的实现方式中，会造成用户信息的泄露，不利于保护用户的隐私。为此，对比文件 1 通过不同的解锁密码对终端桌面中的应用程序进行有选择性的显示，保护用户的隐私。具体地，通过配置文件实现解锁密码和每个解锁密码对应的一个或者多个应用程序之间的对应关系，可以在解锁后的桌面中显示用户输入的解锁密码对应的一个或者多个应用程序，进而实现将应用程序的显示与解锁密码相对应。

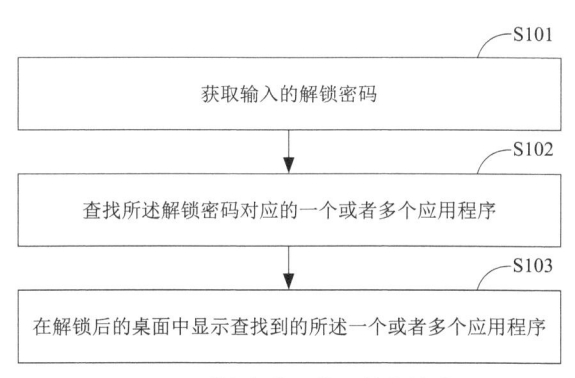

```
S101 获取输入的解锁密码
  ↓
S102 查找所述解锁密码对应的一个或者多个应用程序
  ↓
S103 在解锁后的桌面中显示查找到的所述一个或者多个应用程序
```

图 2-49　对比文件 1 的具体实施步骤

对比文件 2 公开了一种多账户电子设备的使用方法。其在背景技术中介绍了，如今安装在电子设备中的各类应用程序也越来越多，为了提升电子设备的利用效率，现有技术中，提出了基于多账户复用电子设备的方法。多账户技术是为了满足多个用户使用一电子设备的技术，在电子设备中，可以为每个用户建立一个账户，允许用户在该账户下自行安装应用程序以及运行应用程序；不同账户的用户通过设置的相应账户密码登录系统，分别管理其账户下的应用程序和数据，从而可以有效保护用户的隐私。在同一时间，电子设备运行一个账户，如果其他用户需要使用该电子设备，可以通过账户切换的方式，切换至该用户的账户对应的操作系统。从而实现多个用户共享电子设备，能够有效降低用户使用电子设备的成本。但该基于多账户复用电子设备的方法，需要在电子设备中为每一用户建立一账户，每一账户独立进行系统配置，以及应用程序的安装，因而，需要占用电子设备大量的存储空间，使得电子设备用于其他应用业务的存储空间少，存储空间利用率较低。而在现实生活中，同一电子设备里大多数程序是可以被多人一起使用的，只有个别程序涉及个人使用的隐私需要被区分对待。

```
┌─────────────────────────────────────────────────────────────┐
│ 接收应用程序隐私设置请求，对应用程序进行应用程序锁密码设置，设置的 │──11
│          所述应用程序锁密码关联用户账户                      │
└─────────────────────────────────────────────────────────────┘
                            ↓
┌─────────────────────────────────────────────────────────────┐
│      设置所述用户账户映射的一个或多个应用程序的隐私数据       │──12
└─────────────────────────────────────────────────────────────┘
                            ↓
┌─────────────────────────────────────────────────────────────┐
│ 接收用户访问应用程序输入的应用程序锁密码，如果所述输入的应用程序锁 │
│ 密码与预先设置的应用程序锁密码集中任一应用程序锁密码相同，按照所述 │──13
│ 输入的应用程序锁密码映射的用户账户进入访问的所述应用程序，并调用映 │
│    射的用户账户映射的所述访问的所述应用程序的隐私数据         │
└─────────────────────────────────────────────────────────────┘
```

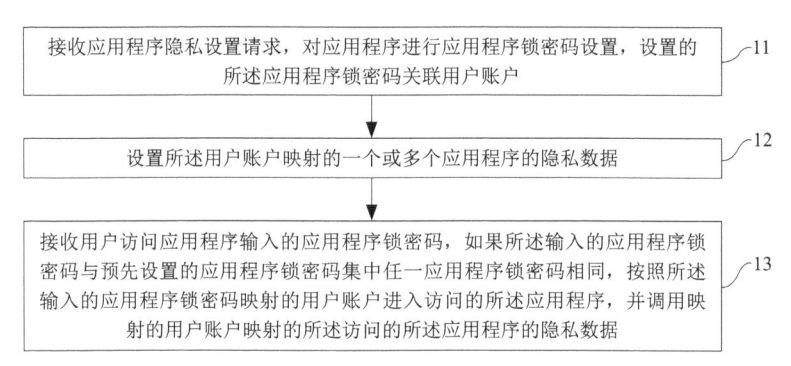

图 2-50　对比文件 2 的技术方案

为此，对比文件 2 公开了一种多账户电子设备的使用方法：接收应用程序隐私设置请求，对应用程序进行应用程序锁密码设置，设置的所述应用程序锁密码关联用户账户；设置所述用户账户映射的一个或多个应用程序的隐私数据；接收用户访问应用程序输入的应用程序锁密码，如果所述输入的应用程序锁密码与预先设置的应用程序锁密码集中任一应用程序锁密码相同，按照所述输入的应用程序锁密码映射的用户账户进入访问的所述应用程序，并调用映射的用户账户映射的所述访问的所述应用程序的隐私数据。应用本发明，可以提升电子设备的存储空间利用率。

（二）争议焦点

本申请的争议焦点在于：对比文件 1 公开了通过不同的解锁密码关联显示不同的应用从而来保护用户的隐私，对比文件 2 公开了在多账户的电子设备中，在不同的账户下分别设置相应账户密码，管理其账户下的应用程序和数据，从而保护用户的隐私。那么，在对比文件 1 的基础上结合对比文件 2 是否能评述本申请的创造性？

针对以上问题，存在两种不同的观点：

观点 1

对比文件 1 仅公开了通过不同的解锁密码实现不同的桌面应用显示，不涉及多账户终端中账户与应用之间的隐私设置对应关系。本领域技术人员难以从对比文件 1 出发进行改进，得到本申请的技术方案。

观点 2

对比文件 2 给出了使不同用户账号下安装的应用仅能被该用户使用，以便保护用户隐私的技术启示。在此启示下，本领域技术人员容易想到所述预设对应关系用于记录进行了隐私设置的应用的标识和安装所述应用时所述终端中登录的系统账号之间的关系。因此，在对比文件 1 的基础上结合对比文件 2 可以评述本申请的创造性。

（三）案例分析

《专利审查指南》第二部分第四章第 3.2.1.1 节规定了："判断要求保护的发明对本领域的技术人员来说是否显而易见，其判断过程中，要确定的是现有技术整体上是否存在某种技术启示，即现有技术中是否给出将上述区别特征应用到该最接近的现有技术以解决其存在的技术问题（即发明实际解决的技术问题）的启示，这种启示会使本领域的技术人员在面对所述技术问题时，有动机改进该最接近的现有技术并获得要求保护的发明。如果现有技术存在这种技术启示，则发明是显而易见的，不具有突出的实质性特点。"

本申请是针对"由于登录每个系统账号时，安装的应用对于其他系统账号都是可见的，如果想要控制某个应用对其他系统账号不可见，需要在账号切换过程中进行删除或者安装"的技术问题，通过将终端中安装的所有应用划分为"公用（即未进行隐私设置）"以及"进行了隐私设置"的两类，在切换登录第二系统账号后，显示"第二系统账号对应的进行了隐私设置的 n+k−m 个应用"以及"未进行隐私设置的 m−k 个应用"。

对比文件 1 仅公开了通过配置文件实现解锁密码和每个解锁密码对应的一个或者多个应用程序之间的对应关系，可以在解锁后的桌面中显示用户输入的解锁密码对应的一个或者多个应用程序，进而实现将应用程序的显示与解锁密码相对应，即通过不同的解锁密码对终端桌面中的应用程序进行有选择性的显示，其并不涉及多个账户，以及依据账户对应用进行隐私的设置（公用或隐私）。

由此可见，本申请与对比文件 1 虽然在"应用可见性"的效果上相似，但实际采用了两种完全不同的技术方案，两者的发明构思不同，本领域技术人员没有动机将对比文件 1 所采用的方式替换为本申请所要保护的方式。

对比文件 2 虽然公开了在多账户终端中，不同账户的用户通过设置的相应账户密码登录系统，分别管理其账户下的应用程序和数据，从而可以有效保护用户的隐私，但其不涉及将应用分为"公用（即未进行隐私设置）"以及"进行了隐私设置"的两类，也不涉及隐私设置的应用和登录的系统账号之间的对应关系，因此没有给出相应的启示。

综上所述，对比文件 1 结合对比文件 2 不能评述本申请的创造性。

（四）案例启示

在判断对比文件是否具备结合启示时，首先需要从最接近的现有技术出发，判断本领域技术人员是否存在对最接近现有技术的改进动机，此时，应充分考虑技术问题、技术手段以及技术效果，对比本申请与最接近的现有技术的发明构思，避免机械地将本申请的各个特征与对比文件特征比对。

案例 2-3-11：用于大型望远镜主镜支撑的永磁吸盘控制系统

（一）相关案情

本申请涉及一种用于大型望远镜主镜支撑的永磁吸盘控制系统。

1. 本申请的技术方案

随着望远镜口径的不断增大，对大型望远镜主镜支撑的连接方式也提出了更多的要求。传统的主镜支撑连接方式主要采用螺纹连接，螺纹连接需要足够的操作空间，同时支撑机构需要与主镜和主镜室分别安装，当主镜口径增大时，该连接方式和安装流程将变得难以实现。

本申请提供的用于大型望远镜主镜支撑的永磁吸盘控制系统包括通信模块

B、电源模块 C、永磁吸盘控制器 E、相对主镜呈分散型分布的多个永磁吸盘 F。

通信模块 B 用于传输控制信号；多个永磁吸盘 F 用于连接主镜；永磁吸盘控制器 E 用于根据所述控制信号控制各永磁吸盘 F 与主镜的连接；电源模块 C 与所述通信模块 B 和所述永磁吸盘控制器 E 电连接，用于为所述通信模块 B 和所述永磁吸盘控制器 E 提供电源。可选的，永磁吸盘控制器 E 的数量可为多个，每一永磁吸盘控制器 E 控制一个永磁吸盘；还可以是永磁吸盘控制器 E 的数量可为多个，每一永磁吸盘控制器 E 控制一部分数量的永磁吸盘；还可以是只有一个永磁吸盘控制器 E，通过该永磁吸盘控制器 E 控制所有永磁吸盘 F 与主镜的连接。具体地，多个永磁吸盘 F 相对主镜的分布形式可以是呈均匀是分布；也可是相对主镜的中心线呈对称性分布；还可以是呈其他的分散型分布形式。

通信模块 B 将接收的控制信息传输给永磁吸盘控制器 E，永磁吸盘控制器 E 对该控制信息进行指令和逻辑判断后，输出给永磁吸盘 F，以进行永磁吸盘 F 的控制。

主镜安装时，通过主控计算机发送消磁指令，使所有的永磁吸盘处于消磁状态，然后主镜通过同步顶升机构慢慢落到主镜支撑上，主控计算机发送停止消磁指令，永磁吸盘 F 恢复吸力，与主镜通过磁力连接在一起，从而实现了大型望远镜主镜支撑采用永磁吸盘作为连接方式，解决了大型望远镜主镜传统机械连接方式与安装空间的矛盾。

2. 权利要求的相关内容

1. 一种用于大型望远镜主镜支撑的永磁吸盘控制系统，其特征在于，所述系统包括：

通信模块，用于传输控制信号；相对主镜呈分散型分布的多个永磁吸盘，用于连接所述主镜；永磁吸盘控制器，与所述通信模块通信连接，用于根据所述控制信号控制各永磁吸盘与所述主镜的连接；电源模块，与所述通信模块和所述永磁吸盘控制器电连接，用于为所述通信模块和所述永磁吸盘控制器提供电源。

3. 对比文件的技术方案

对比文件 1 公开了一种可调式反射镜补偿畸变装置，其需要解决的技术问题是：高亮方向现在的解决方案是把光源升级为激光；而超薄方向需要重新设计超短焦镜头，假如传统的 70 英寸显示单元的厚度为 80 厘米，现在要将厚度缩短为原来一半，即 40 厘米，则投影机镜头光路就得缩小一半，那么光学设计自由度就小很多，平衡和消除像差变得异常困难，超短焦镜头的残余畸变严重影响了相邻显示单元画面的拼接质量。

为了解决上述问题，对比文件 1 拼接显示屏的各显示单元中分别包括一套可调式反射镜补偿畸变装置，在利用这样的拼接显示屏进行畸变补偿时，在包括多个显示单元的拼接显示屏上打出测试圆画面；调整各所述显示单元的六轴调整架以使所述拼接显示屏上的测试圆画面对齐；根据显示单元上的畸变位置，通过所述无线遥控模块、所述驱动电机模块控制与该畸变位置对应的电动传输端，可以补偿超薄镜头引起的残余畸变，提高调试效率。

对比文件 2 公开了一种用于天文望远镜镜面主动支撑的机电永磁式力促动器。目前国内外对于天文望远镜主动光学研究采用的力促动器主要四种形式：电动机械式、液压式、气动及压电式力促动器。电动机械式力促动器业已成功应用于我国的 LAMOST 望远镜，其结构主要由步进电机与滚珠丝杆的组合实现线性位移，通过压缩弹簧结构实现力的精确输出，其机械结构较复杂，受机械惯性和驱动电机的影响，工作频率一般很难达到 1Hz 以上。压电式的力促动器主要是利用某些电介质的逆压电效应，即在电介质极化方向上施加电场，这些电介质会发生变形，电场去掉后，电介质的变形随之消失，或称为电致伸缩现象，虽具有精度高、频率高的优点，但是难以克服低行程及断电时无输出力的缺点。而近年来，气动式和电磁式力促动器也在积极的研究过程之中，气动式力促动器虽然具有响应频率高、精度高、能耗低、行程大等优点，但是气动式力促动器同样存在断电时对镜面的作用力为零。而采用电磁式力促动器，各方面的性能均能满足技术指标要求，且单个促动器的功率并不高，但由于主动光学用促动器的数目较多，由于电磁式力促动器断电不能自锁，因此，需要持续的供电，这就必然会增加促动器的功耗。

为了解决上述问题，对比文件 2 公开了一种用于天文望远镜镜面主动支撑的机电永磁式力促动器，该力促动器的一端通过力传感器与被支撑镜面相连，另一端固定于镜室，其特征在于：所述力促动器的力输出端设在该力促动器输出轴上；在该力促动器输出轴与直线电机的轴上，共固定有三个同轴的、开有中孔的强磁永磁体Ⅰ、Ⅱ、Ⅲ；所述的三个同轴的、开有中孔的强磁永磁体Ⅰ、Ⅱ、Ⅲ中，相邻的两个强磁永磁体间同极相向而置；力传感器输出信号反馈至控制系统，控制系统根据力的反馈值控制直线电机输出轴的伸出及缩回，从而改变中间永磁体与两侧永磁体间的相对位置，实现力方向及大小的精确输出。

（二）争议焦点

本申请的争议焦点在于：对比文件1结合对比文件2能否评述本申请的创造性？

针对以上问题，存在两种不同的观点：

观点1

对比文件1结合对比文件2可以评述本申请的创造性。理由在于：

对比文件1公开了一种可调式反射镜补偿畸变装置，并公开了电源模块与通信模块和吸盘控制器电连接，用于为它们提供电源，以及相对反射镜呈分散式分布的多个吸盘，用于连接主镜。

权利要求1与对比文件1的区别在于：用于大型望远镜主镜支撑，吸盘是永磁吸盘；用于根据所述控制信号控制各永磁吸盘与所述主镜的连接。

对比文件2公开了一种用于天文望远镜镜面主动支撑的机电永磁式力促动器，该力促动器的一端通过力传感器与被支撑镜面相连，另一端固定于镜室；力传感器输出信号反馈至控制系统，控制系统根据力的反馈值控制直线电机轴的伸出及缩回，从而改变中间永磁体与两侧永磁体间的相对位置，实现力方向及大小的精确输出。并且以上技术特征在对比文件2中与在本申请中的作用相同，都是用于大型望远镜的支撑，以及电磁方式控制支撑。而采用"电磁吸盘"以及"用于根据控制信号控制各永磁吸盘与所述主镜的连接"属于本领域的惯用手段。

因此，对比文件1结合对比文件2可以评述本申请的创造性。

观点2

对比文件1结合对比文件2不能评述本申请的创造性。理由在于：

对比文件1没有给出技术启示。对比文件1中各电动旋转杆可以分别通过塑胶吸盘吸附于反射镜上，通过电动旋转杆的移动来微调反射镜，并不会断开连接，其是通过旋转杆的移动来调整反射镜。而本申请中的永磁吸盘在安装时，会消磁不与主镜连接。因此,在对比文件 1 的基础上,本领域技术人员并不会想到将其改成永磁吸盘。

(三) 案例分析

根据《专利审查指南》第二部分第四章第 3.2.1.1 节的规定:"在创造性判断过程中,要确定现有技术整体上是否存在某种技术启示。"

本申请发明构思为:用于大型望远镜主镜支撑的永磁吸盘控制系统通过采用永磁吸盘连接的快速连接方式,通过永磁吸盘的吸力连接支撑与主镜,解决了大型望远镜主镜传统机械连接方式与安装空间的矛盾,并且通过对永磁吸盘控制器进行分布式控制,实时性高,控制精度高。主镜安装时,通过主控计算机发送消磁指令,使所有的永磁吸盘处于消磁状态,然后主镜通过同步顶升机构慢慢落到主镜支撑上,主控计算机发送停止消磁指令,永磁吸盘 F 恢复吸力,与主镜通过磁力连接在一起,从而实现了大型望远镜主镜支撑采用永磁吸盘作为连接方式,解决了大型望远镜主镜传统机械连接方式与安装空间的矛盾。

对比文件 1 公开了一种投影仪中的可调式反射镜补偿畸变装置,驱动电机模块 214 分别与无线遥控模块 216 以及各电动传输端 215 连接,n 个电动旋转杆 201～212 和至少 n 个电动传输端 215 ——对应,各电动旋转杆 201～212 可以分别通过塑胶吸盘吸附于反射镜 213 上,通过电动旋转杆的移动来微调反射镜。可见,对比文件 1 中的塑胶吸盘吸附于反射镜上时,并不会断开连接,其是通过旋转杆的移动来调整反射镜。可见,对比文件 1 中的塑胶吸盘并无断开连接的技术需求。而本申请中的永磁吸盘在安装时,会消磁不与主镜连接。也就是说在对比文件 1 的基础上,本领域技术人员并不会想到将其改成永磁吸盘。

另外,对比文件 2 公开了一种用于天文望远镜镜面主动支撑的机电永磁式力促动器,通过中间永磁体与两侧永磁体间的相对位置,实现力方向及大小的精确输出。该力促动器中中间永磁体与两侧永磁体也未通过永磁体与主镜相连接。可见,对比文件 2 也未公开采用永磁吸盘与主镜相连的技术特征。

鉴于对比文件 1 和对比文件 2 并未给出设置永磁吸盘与主镜连接的技术启示,并且,采用永磁吸盘与主镜连接为涉及本申请发明点的技术特征。另外,在对比文件 2 公开的机电永磁式力促动器来移动天文望远镜镜面的基础上,本领域技术人员没有动机将对比文件 1 中的电动旋转杆替换为永磁式力促动器来调整反射镜面。也就是说，对比文件 1 与对比文件 2 之间不具有结合启示。

基于以上理由，对比文件 1 结合对比文件 2 不能评述本申请的创造性。

（四）案例启示

在创造性评述时，应充分理解技术方案，把握发明构思，面对技术方案看似简单的申请，在确定技术启示时，应整体考量技术方案，站位本领域技术人员，从技术实质出发，客观考虑技术方案的差异，判断技术启示，避免将技术特征进行机械的比对。

案例 2-3-12：溶剂热法制备钴酸铜复合电极材料的方法及其应用

（一）相关案情

本申请涉及复合电极材料的合成，尤其涉及一种溶剂热法制备钴酸铜复合电极材料的方法及其应用。

1. 本申请的技术方案

木质素磺酸钠（Sodium Ligninsulfonate，SL）主要来源自造纸工业中的制浆废液，是一种分散能力很强的高聚物阴离子型表面活性剂，可以将固体或不溶于水的液体分散在水中，具有价格便宜、产量多、适应性好等优点。分子量和官能团是影响其分散性的重要因素，由于它是从天然物中提取的且提取工艺不同，很难得到完全平均的木质素磺酸钠。不过它可以吸附在绝大部分固体表面上，因其结构表面上有各种高活性基团，所以能与其他很多物质缩合或者形成氢键。在工业生产中，木质素磺酸钠被应用在分散剂和润湿剂上。

用木质素磺酸钠修饰能优化钴酸铜单一材料的电化学性能，在很大程度上可以改善充放电性能、电容容量和循环稳定性等。因此，本申请通过溶剂热法制备出钴酸铜复合电极材料，并对形貌进行可控调节。

本申请的目的是先以尿素作为沉淀剂通过溶剂热法制备出前驱体纳米钴酸铜电极材料，再以木质素磺酸钠掺杂修饰钴酸铜得到钴酸铜复合电极材料。

本申请采用溶剂热法合成钴酸铜复合电极材料，制备工艺路线简单、成本低、操作容易控制、合成效率高，同时增加了参加电极反应的活性位点，从而增加了电容量；另外，木质素磺酸钠作为掺杂剂，其表面的活性官能团进一步增加了整体材料的导电性，降低了电极的内阻，使整体材料表现出更好的电化学性能。在沉淀过程中添加不同含量的尿素可以起到空间位阻作用，减少粒子间直接接触，降低表面张力，减少表面能，从而降低分散系因氢键或范德华力的作用而导致聚集的程度，保持分散体系相对稳定，有效地对纳米粒子的大小和整体的形貌进行调控。接下来，在钴酸铜前驱体的基础上探讨不同木质素磺酸钠掺杂量对其电化学性能的影响，其表面官能团可以有效改善钴酸铜的表面结构并增加整体材料的活性位点，从而提高了电极材料的电容量。

依据本发明所述方法制备出的钴酸铜复合电极材料，具有以下优点：纯度高、晶型好、杂质含量少、形貌好、颗粒分布均匀、粒径分散性良好。

本发明的另外一个目的，利用本发明所述方法制备出的镍基钴酸铜复合电极材料，将其作为超级电容器的电极，应用于组装全固态非对称超级电容器。

一种溶剂热法制备钴酸铜复合电极材料的方法，包括如下步骤：

分别称取 2 mmol 三水合硝酸铜、4 mmol 六水合硝酸钴和 6 mmol 尿素于烧杯中，再加入 70 mL 去离子水，磁力搅拌使其均匀溶解，然后将混合溶液转移到聚四氟乙烯内衬的反应釜中，将反应釜放入烘箱中于 130℃ 温度下反应 5h 后洗涤，于 60℃ 恒温烘箱中烘 12h，之后在马弗炉中以 5℃/min 的升温速率于 400℃ 温度下煅烧 2h，得到前驱体钴酸铜（$CuCo_2O_4$）。

2. 权利要求的相关内容

1. 一种溶剂热法制备钴酸铜复合电极材料的方法，其特征在于，包括如下步骤：A. 分别称取铜盐、钴盐、尿素和木质素磺酸钠于容器中，加入去离子水或无水乙醇，磁力搅拌至溶解均匀，其中所述铜盐、钴盐、尿素、木质素磺酸钠和去离子水或无水乙醇的摩尔、体积比为 1～4 mmol：2～9 mmol：2～12 mmol：0～0.4 g：50～85 mL；B. 将混合溶液转移到聚四氟乙烯内衬的反应釜中，100～160℃ 加热 2～7h；冷却至室温后取出，分别用去离子水和无水乙醇洗 3～4 次，使洗出液 pH 值中性，于 40～80℃ 恒温烘 10～24h；C. 将烘干后的产物置于马弗炉中以5℃/min的升温速率在300～500℃温度煅烧1～3h。

3. 对比文件的技术方案

对比文件1公开了一种锂硫电池正极材料的方法。实施例2中包括溶剂热法制备钴酸铜电极材料的方法，具体步骤为：量取10 mL的去离子水和40 mL的无水乙醇，均匀混合。称取0.5 mmol的乙酸钴和0.25 mmol的乙酸铜，加入到上述混合溶液中，持续搅拌溶解。逐滴加入0.7 mL浓度为25%的氨水。将混合溶液转移至100 mL的水热反应釜中，置于温度为150℃的烘箱反应24 h。将水热反应产物用去离子水和乙醇离心洗涤各3次，置于温度为60℃的真空干燥箱，真空度为-0.1MPa。将干燥后的物质置于450℃马弗炉反应3 h，得到钴酸铜。

对比文件2公开了：一种以木质素磺酸钠为掺杂剂的钼酸铋/聚苯胺复合材料的制备方法，包括以下步骤：步骤1. 在室温下，将硝酸铋和钼酸钠按摩尔比溶解于一定量的乙二醇中，得到混合液A，超声均匀（0.5 h）后加入一定量的尿素与无水乙醇的混合溶液；继续搅拌均匀（15 min）后将混合溶液倒入聚四氟乙烯不锈钢水热反应釜中，密封后进行溶剂热反应；待自然冷却后，洗涤，干燥得到钼酸铋；步骤2. 将钼酸铋和木质素磺酸钠超声分散于去离子水中得到混合溶液，再加入苯胺单体和对甲苯磺酸后改为冰浴搅拌，待苯胺分散后，得到混合液B；再向混合液B中缓慢滴加过硫酸铵溶液，冰浴反应结束后，洗涤，干燥得到钼酸铋/聚苯胺复合材料。步骤1中，混合液A中，所述硝酸铋、钼酸钠与乙二醇的用量比为2 mmol：1 mmol：5～15 mL；所述尿素与无水乙醇的混合溶液中，尿素与无水乙醇的用量比3～5 mmol：15～25 mL；所述乙二醇与乙醇的体积比为5～15：15～25。步骤1中，溶剂热反应温度为140～180℃，反应时间为8～12 h，洗涤为分别用无水乙醇、去离子水交替洗涤3次，干燥为60～80℃条件下真空干燥12 h。步骤2中，制备混合液B时，钼酸铋、木质素磺酸钠、苯胺、对甲苯磺酸、去离子水的用量比为0.10～0.20 g：0.30～0.80 g：0.20～0.40 mL：0.39 g：50 mL；所述过硫酸铵溶液的浓度为21.5 mg/mL，过硫酸铵溶液与混合液B的体积比为2：5。所述步骤（2）中冰浴时间8～12 h，洗涤为分别用无水乙醇、去离子水交替洗涤3次，干燥为60～80℃条件下真空干燥12h。

（二）争议焦点

本申请的争议焦点在于：对比文件 2 是否给出了技术启示？

针对以上问题，存在两种不同的观点：

观点 1

对比文件 2 给出了在溶剂热法制备复合金属氧化物电极材料时使用尿素作为沉淀剂，同时采用木质素磺酸钠对电极材料进行掺杂，使用聚四氟乙烯内衬的反应釜进行溶剂热反应的技术启示。

观点 2

在本申请中，木质素磺酸钠作为起始原料，在水热反应之前已经添加到反应溶液中，而对比文件 2 在制备无机盐材料的过程中，并未添加木质素磺酸钠，至制备得到了无机盐材料之后，进行聚苯胺包覆的过程中才添加木质素磺酸钠。木质素磺酸钠在对比文件 2 中所起的作用与其在本申请中所起的作用不同。因此，对比文件 2 没有给出技术启示。

（三）案例分析

《专利审查指南》第二部分第四章第 3.2.1.1 指出："判断过程中，要确定的是现有技术整体上是否存在某种技术启示，即现有技术中是否给出将上述区别特征应用到该最接近的现有技术以解决其存在的技术问题（即发明实际解决的技术问题）的启示，这种启示会使本领域的技术人员在面对所述技术问题时，有动机改进该最接近的现有技术并获得要求保护的发明。如果现有技术存在这种技术启示，则发明是显而易见的，不具有突出的实质性特点。下述情况，通常认为现有技术中存在上述技术启示：所述区别特征为另一份对比文件中披露的相关技术手段，该技术手段在该对比文件中所起的作用与该区别特征在要求保护的发明中为解决该重新确定的技术问题所起的作用相同。"

具体到本申请：本申请与对比文件 1 的区别技术特征是：①称取乙酸钴和乙酸盐溶于乙醇的去离子水溶液中，加入浓度 25% 的氨水，转移至水热反应釜中 100~250℃反应 10~30 h；用去离子水和乙醇离心清洗、干燥；置于马弗炉中 450~550℃煅烧 2~4 h，得到钴酸盐（MCo_2O_4，M 为 Mg、Ni、Cu 或 Zn）；②配制浓度为 10~50 mg/mL 硫的二硫化碳溶液，加入钴酸盐，持续搅拌至二硫化碳完全挥发，得到钴酸盐/硫复合物；转移至反应釜中，氩气气氛下密封，将反应釜置于马弗炉中 150~300℃热处理 5~10 h；冷却至室温，即得 MCo$_2$O$_4$/S。

在本申请中，木质素磺酸钠作为起始原料，在水热反应之前已经添加到反应溶液中，木质素磺酸钠作为掺杂剂，其表面的活性官能团进一步增加了整体材料的导电性，降低了电极的内阻，使整体材料表现出更好的电化学性能。而对比文件 2 在制备无机盐材料的过程中，并未添加木质素磺酸钠，至制备得到了无机盐材料之后，进行聚苯胺包覆的过程中才添加木质素磺酸钠。尽管对比文件 2 也用到木质素磺酸钠，那是在苯胺聚合一步加入木质素磺酸钠，主要是防止聚苯胺在形成过程中团聚以利于钼酸铋与苯胺的进一步复合。而这一步是在冰水浴中进行，加入过硫酸铵做引发剂聚合合成聚苯胺。因此，木质素磺酸钠在对比文件 2 中所起的作用与其本申请中的作用并不相同，因此，对比文件 2 没有给出技术启示。

综上所述，对比文件 2 没有给出技术启示。

（四）案例启示

在判断技术启示的过程中，重点关注对比文件公开的技术手段在该对比文件中所起的作用与区别技术特征在要求保护的发明中为解决重新确定的技术问题所起的作用是否相同。

案例 2-3-13：一种检测方法及装置、计算机存储介质

（一）相关案情

本申请涉及一种检测方法及装置、计算机存储介质。

1. 本申请的技术方案

目前视觉领域流行的人体关键点检测，分为两个阶段。首先对图像中的人体进行检测，检测结果是确定人体在图像中的位置，并以矩形框坐标的形式返回，然后，在此基础上，针对此感兴趣区域（Region Of Interest，ROI）进行人体关键点检测。这种方法中的人体检测与人体关键点检测，无法同时输出人体所

在位置与人体关键点坐标；并且，在卷积神经网络 CNN 的特征提取层不共享参数，即不共享计算资源，处理速度较慢，计算资源存在不必要的浪费。

本申请提供一种检测方法，所述方法主要包括：

步骤 201. 获取特征提取模型对目标图像的第一特征提取结果。其中，所述特征提取模型用于提取目标图像的特征，得到第一特征提取结果。这里，所述目标图像可以理解为连续采集的视频图像中的每一幅图像。所述目标图像是通过图像采集器如摄像头或相机等采集得到的图像。本实施例中，所述第一特征提取结果既能作为步骤 202 中的第一检测模型的输入，又能作为步骤 203 中的第二检测模型的输入。其中，所述第一检测模型用于进行人体检测，得到目标人体所在位置。所述第二检测模型用于进行人体关键点检测，得到目标人体的人体关键点所在位置。这里，人体关键点是指人体中具有特质特征的部位，如眼、鼻、嘴、颈、肩、胳膊、大腿、小腿、膝、脚、脚踝等。本实施例中，所述特征提取模型、所述第一检测模型和所述第二检测模型均是对预设卷积神经网络进行训练得到的模型，所述特征提取模型、所述第一检测模型和所述第二检测模型共用所述预设卷积神经网络的输入层、卷积层、激活函数、池化层、全连接层。

步骤 202. 采用第一检测模型对所述第一特征提取结果进行处理，得到所述目标图像中目标人体所在位置。作为一种实施方式，所述采用第一检测模型对所述第一特征提取结果进行处理，得到所述目标图像中目标人体所在位置，包括：采用第一检测模型对所述第一特征提取结果进行特征提取处理，得到第二特征提取结果；基于所述第二特征提取结果进行回归分析，得到所述目标图像中目标人体所在位置。这里，所述目标人体所在位置可以理解为目标人体的人体区域。

步骤 203. 采用第二检测模型对所述第一特征提取结果进行处理，得到所述目标图像中目标人体的人体关键点所在位置。作为一种实施方式，所述采用第二检测模型对所述第一特征提取结果进行处理，得到所述目标图像中目标人体的人体关键点所在位置，包括：采用第二定位模型对所述第一特征提取结果进行上采样处理，得到预测特征图（Prediction map）；其中，所述预测特征图至少包括热量图、偏移图、关键点相连向量；基于所述预测特征图进行匹配运算与组合运算，得到所述目标图像中目标人体的人体关键点所在位置。其中，所述热量图，用于表征作为目标人体的人体关键点的概率。所述偏移图，用于表征相对于理想人体关键点的偏移量。键点相连向量，用于表征连接目标人体的人体关键点之间的向量。所述人体关键点所在位置可以理解为通过正确连接人体关键点而组成的部分人体区域。所述上采样处理可采用反卷积操作或双线性插值操作。

步骤204. 输出所述目标人体所在位置以及所述目标人体的人体关键点所在位置。如此，能够实现同时返回目标人体所在位置以及目标人体的人体关键点所在位置。这样，若通过显示器输出所述目标图像时，目标人体所在位置以及目标人体的人体关键点所在位置被形象地标出来，则更便于观察人员同时得知目标人体所在位置以及目标人体的人体关键点所在位置。

2. 权利要求的相关内容

1. 一种检测方法，其特征在于，所述方法包括：

获取特征提取模型对目标图像的第一特征提取结果；

采用第一检测模型对所述第一特征提取结果进行处理，得到所述目标图像中目标人体所在位置；

采用第二检测模型对所述第一特征提取结果进行处理，得到所述目标图像中目标人体的人体关键点所在位置；

输出所述目标人体所在位置以及所述目标人体的人体关键点所在位置；

其中，所述特征提取模型、所述第一检测模型和所述第二检测模型均是对预设卷积神经网络进行训练得到的模型，所述特征提取模型、所述第一检测模型和所述第二检测模型共用所述预设卷积神经网络的输入层、卷积层、激活函数、池化层、全连接层。

3. 对比文件的技术方案

对比文件1：用于基于多任务的人脸关键点检测的方法和系统

技术方案：

卷积神经网络包括输入层、多个（例如，三个）卷积—池化层、一个卷积层以及一个全连接层，其中卷积—池化层包括一个或多个（例如，三个）卷积层和一个或多个（例如，三个）池化层。40×40（例如）灰度的人脸图像在输入层中输入。第一卷积—池化层从输入的图像中提取特征图。随后，第二卷积—池化层将第一层的输出作为输入，以生成不同的特征图。这一过程通过使用所有的三个卷积—池化层来继续。最后，特征图的多个层由全连接层用来生成共享的人脸特征向量。换言之，通过执行多次的卷积和最大池化操作来生成共享的人脸特征向量。每个层含有带局部或全局感受野的多个神经元，并且卷积神经网络的神经元之间的连接的权重可进行调整以相应地训练网络。

在步骤S501中，特征提取器100从人脸图像的至少一个人脸区域中提取多个特征图。在另一实施例中，在步骤S501中，可从整个人脸图像中提取多个特征图。随后，在步骤S502中，从在步骤S501中提取的多个特征图中生成共享的人脸特征向量。在步骤S503中，从在步骤S502中生成的共享的人脸特征向量中预测人脸图像的人脸关键点位置。根据另一实施例，共享的人脸特征向量可用来预测与人脸关键点检测相关联的至少一个辅助任务的对应目标。随后，同时获取所有辅助任务的目标预测。根据本申请的实施方式，特征提取器包括卷积神经网络，该卷积神经网络包括多个卷积—池化层和全连接层。卷积—池化层中的每个被配置成执行卷积和最大池化操作。在该实施方式中，在步骤S501中，可由多个卷积—池化层连续地提取多个特征图，其中由卷积—池化层中的前一层提取的特征图输入到卷积—池化层的下一层，以提取与先前提取的特征图不同的特征图。在步骤S502中，可由全连接层从在步骤S501中提取的所有的多个特征图中生成共享的人脸特征向量。

对比文件2：一种人体姿态检测方法和装置

技术方案：

本申请公开了一种人体姿态检测方法，包括以下步骤：

步骤S110. 获取人物图像，所述人物图像包括行人区域10和背景区域20，所述行人区域10包括多个关键点，所述关键点包括左肩点11及右肩点12，或者是左胯点13及右胯点14。

步骤S120. 检测所述行人区域10在所述人物图像中的位置和所述行人区域10的宽度，以及检测所述关键点的个数和所述关键点在所述人物图像中的位置。具体的，检测结果以四个值(x, y, w, h)表示所处行人区域10的位置，其中，(x, y)表示行人区域10的中心点在人物图像中的坐标，w表示行人区域10的宽度，h表示行人区域10的高度；检测结果分别以(x_1, y_1)、(x_2, y_2)表示左肩点11和右肩点12，或者以(x_3, y_3)、(x_4, y_4)表示左胯点13和右胯点14。

步骤 S130. 判断所述关键点的个数是否等于预设个数。

步骤 S131. 若所述关键点的个数等于预设个数，则标记所述人物图像为未遮挡状态。

步骤 S132. 若所述关键点的个数小于所述预设个数，则标记所述人物图像为遮挡状态。如没有检测到左肩点 11、右胯点 14 或头部关键点 15，则可以认为行人的相应部位被遮挡或是出于镜头之外，可以标记所述人物图像为遮挡状态。进一步地，可以根据检测到的关键点对被标记为遮挡状态的人物图像进一步细分，如左下肢被遮挡、头被遮挡等。

步骤 S140. 计算所述左肩点 11 和右肩点 12 之间的第一距离，或者计算所述左胯点 13 和右胯点 14 之间的第二距离。根据左肩点 11 和右肩点 12 的坐标 (x_1, y_1)、(x_2, y_2) 可以求得第一距离；根据左胯点 13 和右胯点 14 的坐标 (x_3, y_3)、(x_4, y_4) 可以求得第二距离。第一距离、第二距离可以指的是人物图像中的像素距离，也可以指的是估算出的相对于真人的长度。现有技术有公开根据人的平均身高和行人区域的高度来推算每个像素所代表的实际长度，然后由此可以得到人物图像中的第一距离或第二距离。

步骤 S150. 判断所述第一距离或第二距离是否小于转身阈值。

步骤 S151. 若所述第一距离或第二距离不小于转身阈值，则标记所述人物图像为非转身状态。非转身状态指的是人物图像中的行人区域是行人的正面或背面，行人没有侧身。转身阈值可以根据大量行人的平均第一距离、平均第二距离计算，也可以根据行人区域的宽度得到。如行人区域的宽度 w 为 40 cm，可以设置转身阈值为 30 cm，如果第一距离或第二距离为不小于 30 cm，就可以认为所述人物图像为非转身状态。

步骤 S152. 若所述第一距离或第二距离小于所述转身阈值，则标记所述人物图像为转身状态。转身状态时，行人区域不能完整体现行人的特征，依据该人物图像进行行人识别有很大可能得不到正确的结果。

步骤 S160. 根据所述人物图像被标记为非转身状态或转身状态判断是否输出所述人物图像。

如果人体姿态检测方法输出的结果要用于行人识别，所要识别的目标图片是转身状态的，则选择被标记为转身状态的人物图像去进行识别操作；如果要识别的目标图片是非转身状态的，则选择被标记为非转身状态的人物图像去进行识别操作。一方面可以减少行人识别需要对比的图片数量，另一方面可以提高识别的准确率，省时高效。

作为本发明的进一步改进，步骤 S120 所述检测所述行人区域在所述人物图像中的位置和所述行人区域的宽度，以及检测所述关键点的个数和所述关键点在所述人物图像中的位置，具体为通过深度神经网络模型检测。

进一步地，深度神经网络模型包括共享特征提取模块，以及与所述共享特征提取模块连接的行人检测分支和关键点检测分支；所述共享特征提取模块用于提取所述人物图像的共享特征图，所述行人检测分支用于检测所述行人区域在所述人物图像中的位置以及所述行人区域的宽度，所述关键点检测分支用于检测所述关键点在所述人物图像中的位置。

行人检测用于提取人体的特征，用以区分人物和背景，而人体关键点检测用于根据输入人体的图片预测人体关键点的位置，两者都需要提取到人的特征，具有一定的相似性。因此，可以共享部分特征，可以通过共享特征提取模块获取可以共享的特征。

本申请通过检测行人区域在人物图像中的位置和行人区域的宽度，以及关键点的个数和关键点在人物图像中的位置，然后根据关键点的个数和关键点之间的距离判断人物图像的状态。可以根据人物图像的状态对多个人物图像进行分类，或者是挑选没有遮挡的、非转身状态的人物图像进行下一步的行人识别等操作，可以提高行人识别的准确率。本申请将行人检测和关键点检测两个任务放在一个深度学习计算框架下，对每一帧图像只进行一遍处理即可完成行人检测和人体的关键点检测，可节省大量计算资源开销。

（二）争议焦点

本申请涉及利用卷积神经网络对人体位置和人体关键点位置进行检测，以解决现有技术中无法同时输出人体所在位置与人体关键点坐标的问题，而对比文件 1 公开了利用卷积神经网络进行多任务并行的人脸关键点检测方法，其通过从人脸图像中获取共享特征，对共享特征并行处理来检测人脸关键点和其他辅助检测任务，对比文件 2 公开了利用神经网络模型共享特征来检测人体位置和人体关键点。本申请的争议焦点在于：本申请请求保护的技术方案相对于对比文件 1 结合对比文件 2 是否具备创造性？

(三) 案例分析

根据《专利审查指南》第二部分第四章第 3.2.1.1 节的规定："判断要求保护的发明对本领域的技术人员来说是否显而易见，在该步骤中，要从最接近的现有技术和发明实际解决的技术问题出发，判断要求保护的发明对本领域的技术人员来说是否显而易见。"

具体到本申请，对比文件 1 公开了人脸检测方法，利用卷积神经网络 CNN 进行多任务并行的人脸关键点检测方法，其通过从人脸图像中获取共享特征，对共享特征并行处理来检测人脸关键点和其他辅助检测任务，还公开了该多任务检测模型共享卷积神经网络的图像输入和特征提取部分，该共享部分包括输入层、卷积层、激活函数、池化层、全连接层。

权利要求 1 相对于对比文件 1 的区别在于：本申请检测的对象是人体位置和人体关键点位置，而对比文件 1 检测的对象是人脸关键点和其他人脸辅助目标。对比文件 2 公开了利用神经网络模型共享特征来检测人体位置和人体关键点，即对比文件 2 给出了人体位置和人体关键点的检测效率的提高可以通过神经网络模型共享特征来实现的启示，根据对比文件 2 的启示，本领域技术人员能够想到将对比文件 1 的卷积神经网络用于人体位置和人体关键点的检测。

因此，对比文件 1 结合对比文件 2 可以评述本申请的创造性。

(四) 案例启示

在创造性审查的技术启示的判断中，首先要站位本领域技术人员，确定本申请权利要求与最接近的现有技术的区别特征，并基于该区别特征确定本申请实际要解决的技术问题，如果所述区别特征为另一份对比文件中披露的相关技术手段，该技术手段在该对比文件中所起的作用与该区别特征在要求保护的发明中为解决该重新确定的技术问题所起的作用相同，则现有技术给出了相应的技术启示。

案例 2-3-14：基于光学点阵技术的保险单及其信息录入方法及装置

（一）相关案情

本申请涉及一种基于光学点阵技术的保险单及其信息录入方法及装置。

1. 本申请的技术方案

目前，保险行业的表单录入多采用用户手写填单的方式。用户填写完成后，业务人员会根据用户填写情况把相应的内容录入业务系统内。这种方式虽然可以实现业务的顺利办理，但是在操作上仍然存在一些问题，如重复填写、办理效率低等。特别是在面对数量庞大的用户群，业务人员的工作量会异常繁重，录入业务系统时难免会出现差错，造成经济损失。此外，目前市场上逐步出现了一些能够让用户自主录入保单信息的软件，通过使用平板电脑或智能手机等终端设备将用户输入的电子信息直接录入业务系统。然而，这种方式改变了用户的手写习惯，但并不适用于老人等对电子设备操作能力较弱的人群。

本申请提供一种基于光学点阵技术的保险单信息录入系统，包括：铺设有点阵图案的保险单1、检测所述点阵图案的点阵数码笔2、存储有保险单信息录入程序的电子设备3。点阵数码笔2与保险系统的电子设备3通信连接后，用户可以通过选择电子设备3的相应业务模块来让电子设备3进入获取保险单信息的工作模式。此时，当用户在可被识别的保险专用书写介质（即保险单1）上书写有关信息时，点阵数码笔2通过其自身的光传感器采集保险单1上的编码数据信息，在经过其自身的主处理器解码后，点阵数码笔2会将笔迹坐标数据通过蓝牙等方式上传至电子设备3。电子设备3接收点阵数码笔2发送的笔迹坐标数据后，经过解析、加工等处理，在电子设备3的显示屏上呈现出与纸质笔迹版本效果一致的电子版保险单，当然，该电子版保险单的相应位置处呈现了还原的用户笔迹文字。此外，电子设备3还通过轨迹识别方法将用户笔迹文字转为电子文本数据，通过有线/无线网络发送至保险业务后台系统（如数据库）中。进一步地，电子设备3还会采集用户填写好的保险单1的电子图像，并发送至保险业务后台系统中。

保险单1为白板等可重复使用的书写介质，其上还可设置撤销选项。当所述撤销选项的点阵图案被点阵数码笔 2 检测时，会生成撤销指令，该指令用于让电子设备 3 将前一次获取的笔迹坐标数据予以撤销，并让白板介质上书写的数据予以撤销，从而避免用户填错内容时无法修改的问题。

点阵数码笔 2 采用数字光学交互式点阵技术和蓝牙通信技术。当用户使用点阵数码笔 2 在印有点阵图案的介质上正常书写时，其前端的高速摄像头会随时捕捉笔尖的运动轨迹，同时其压力传感器会将压力数据传回数据处理。解析后的压力数据包含"纸张类型""来源""页码""位置""笔迹坐标""运动轨迹""笔尖压力""笔画顺序""运笔时间""运笔速度"等多个数据。通过其处理器解析处理后，这些数据的全部或部分会通过蓝牙传输给电子设备 3，可供电子设备 3 实现查看、回放、转换、编辑等功能。

2. 权利要求的相关内容

1. 一种保险单，其特征在于，所述保险单上铺设有点阵图案；所述点阵图案的每个坐标点包含基本的坐标信息以供点阵数码笔通过点阵数码笔自身的光传感器采集；当所述保险单中随用户书写的点阵图案被检测时，形成用户填写表单信息的笔迹坐标数据；所述保险单上还设有用于实现撤销选项的方形点阵图。

3. 对比文件的技术方案

对比文件 1：点阵数码笔在化学教学中应用的实践研究

技术方案：

在普通的纸张上印上一层不可见的点阵图案，数码笔前端的高速摄像头随时捕捉笔尖的运动轨迹，同时压力传感器将压力数据传回数据处理器，最终将信息通过蓝牙或 USB 线向外传输；这些信息包括纸张类型、来源、页码、位置、笔迹坐标、运动轨迹、笔尖压力、笔画顺序、运笔时间、运笔速度等信息；点阵数码笔可以给学生做选择题，通过事先做好的印有 ABCD 四个选项的卡片，可以让学生直接在这张卡片上选择选项（提交之前学生可以勾划"重做"这个选项修改自己的选择），屏幕上同样可以立即展示出所有学生做出的选择；则"重做"选项用于清除 / 撤销原书写的选项。

（二）争议焦点

本申请涉及将光学点阵技术应用于保险单上，笔迹坐标数据是在用户填写表单信息时生成的，以解决用户自主录入保单信息不方便的问题，而对比文件 1 公开了将光学点阵技术应用于教案、试卷等，点阵图案的每个坐标点包含基本的坐标信息以供点阵数码笔通过点阵数码笔自身的光传感器采集，当纸张上随用户书写的点阵图案被检测时，形成用户书写的笔迹坐标数据。本申请的争议焦点在于：本申请请求保护的技术方案相对于对比文件 1 是否具备创造性？

（三）案例分析

根据《专利审查指南》第二部分第四章第 3.2.1.1 节的规定："判断要求保护的发明对本领域的技术人员来说是否显而易见，在该步骤中，要从最接近的现有技术和发明实际解决的技术问题出发，判断要求保护的发明对本领域的技术人员来说是否显而易见。判断过程中，要确定的是现有技术整体上是否存在某种技术启示，即现有技术中是否给出将上述区别特征应用到该最接近的现有技术以解决其存在的技术问题（即发明实际解决的技术问题）的启示，这种启示会使本领域的技术人员在面对所述技术问题时，有动机改进该最接近的现有技术并获得要求保护的发明。如果现有技术存在这种技术启示，则发明是显而易见的，不具有突出的实质性特点。"

对比文件 1 是最接近的现有技术，公开了点阵图案的每个坐标点包含基本的坐标信息以供点阵数码笔通过点阵数码笔自身的光传感器采集；当纸张上随用户书写的点阵图案被检测时，形成用户书写的笔迹坐标数据，以及纸张上还设有用于实现撤销选项的点阵图，对比文件 1 解决的技术问题与本申请所解决的技术问题相同。本申请权利要求 1 所要求保护的技术方案与对比文件 1 相比，其区别仅在于：本申请要求保护的是保险单，将光学点阵技术应用于保险单上，笔迹坐标数据是在用户填写表单信息时生成的；而对比文件 1 应用于教案、试卷等，笔迹坐标数据是在用户书写批改作业或答题时生成的。而上述区别仅仅是光学点阵技术的社会应用场景不同，本领域技术人员在对比文件 1 公开的光学点阵技术在书本上、试卷上的应用的基础上，有动机将对比文件 1 公开的光学点阵技术应用在保险等单据上。因此，对比文件 1 可以评述本申请的创造性。

（四）案例启示

在创造性审查的技术启示的判断中，在现有技术客观存在着某种技术问题的情况下，如果所属领域的技术人员能够意识到本领域存在解决该问题的现实需要，当最接近的现有技术同样能够解决该问题或其相似问题的情况下，本领域技术人员有动机将最接近的现有技术用于解决该技术问题，则意味着所属领域的技术人员能够产生改进最接近的现有技术的动机。

案例 2-3-15：移动终端系统通知栏通知信息处理方法

（一）相关案情

本申请涉及移动终端技术领域，具体涉及一种移动终端系统通知栏通知信息处理方法。

1. 本申请的技术方案

现有技术中，即时通信软件（例如 QQ、微信等）越来越多，用户在使用终端设备时经常会接收到形形色色的通知信息，例如系统更新提示信息，以及各种 App（应用程序）推送的信息，如新闻推送、网银相关信息等。各种通知信息在默认情况下一般都会出现在通知栏，这样众多通知信息相互交织、堆叠在一起，呈现一个多条的列表，较为杂乱，甚至因为某个 App 的通知信息数量过多而挤占整个通知栏，造成其他信息无法及时显示。用户很难迅速找到自己关注的通知信息，影响阅读速度，降低了终端设备的操作效率，也影响了用户的体验。

因此，本申请提出了一种移动终端系统通知栏通知信息处理方法，具体包括如下步骤：

步骤 S100：监听系统广播消息并获取发布到系统通知栏的通知信息。例如，以在安卓系统为例，通知监听服务 (Notification Listener Service) 用来接收来自系统和应用发送的通知；

步骤 S200：依据该通知信息相对应的属性或应用程序包名确定该通知信息所属的预定义通知类别。通知信息按照不同的分类方法，通知类别可以是多种多样的，本申请中的通知类别是由设计者分类的。

以根据通知信息的属性来分类为例，每种属性对应一种通知类别；将获取到的通知信息的内容和预设模板库比对以确定该通知信息相对应的属性，从而确定该通知信息所属的通知类别。例如通常移动服务号码10086发来的余额提示信息、银行发来的信用卡还款信息、铁路服务号码12306发来的乘车提示信息，这些信息内容都是具有固定的一个或数个模板的。当这些信息对应的通知信息被发送到通知栏后，系统将获取到的通知信息的内容与预设模板库比对以确定该通知信息相对应的属性，从而确定该通知信息所属的通知类别。

下面以根据通知信息对应的应用程序来分类为例。每种应用程序对应一种通知类别；根据该通知信息相对应的应用程序包名确定该通知信息所属的通知类别。不同应用程序推送的通知信息属于不同的通知类别，而同一应用程序推送的信息则都可划分为同一类别，例如微信推送的通知信息属于一类通知信息，微博推送的通知信息也可划分为同一种类的通知信息，短信推送的通知信息也可划分为同一类通知信息。因此，当接收到通知信息后，解析该通知信息，获取推送该通知信息的应用程序的包名，从而确定推送该通知信息的应用程序。

当然，也可以根据通知信息对应的应用程序和通知信息的属性来分类。终端确定了该通知信息的通知类别后，可以执行步骤S300。

步骤S300：根据该通知类别确定该通知信息的关注度，该关注度基于本终端设备上针对各通知类别的通知信息的用户历史操作记录而生成。关注度表示用户对通知信息的关注程度。关注度可以包括多于一种级别，每种通知类别对应一种级别。例如，关注度根据关注度高低依次包括第一级、第二级、第三级三个级别，系统根据各通知类别的通知信息的用户历史操作记录将每个通知类型标记为其相对应的级别。因此确定了通知的类别后，就可以根据预设的对应关系确定该通知的关注度级别。

例如，设计者按照通知信息被用户读取与否和读取快慢可以将所有通知类别的关注度设置为三个等级。系统针对属于同一通知类别通知信息的用户历史操作记录，如果该通知类别的通知信息被即时读取的比例达到预设比例，则该通知类别通知信息的关注度被定义为第一级。例如，系统通过统计用户历史操作记录得知，同一应用程序（例如微信）发送的通知信息有百分之八十以上都会在十分钟内被用户读取，因此该应用程序的通知信息的关注度被设置为第一级。当再接收到该应用程序的通知信息，该通知信息的关注度就直接会被定义为是第一级。同理，如果所属同一类别的通知信息历史操作记录中被延时读取的比例达到预设比例，被延时读取表示在推送通知信息后的预设时长之后通知信息被触发读取，则该通知类别的通知信息的关注度为第二级。如果针对属于同一通知类别的通知信息的用户历史操作记录，该通知信息还未被读取就直接被删除的比例达到预设比例，则该通知类别的关注度为第三级。此类通知信息通常包含用户不感兴趣的内容，通知类别因用户的不同而存在差异。例如，某用户对娱乐新闻不感兴趣，根据用户历史操作记录，应用程序推送此类通知信息时，用户百分之八十以上都会选择忽略或直接删除，因此该通知类别的通知信息的关注度被设置为第三级别。当再接收到这类通知信息，该通知信息的关注度就直接会被定义为是第三级别。在确定了该通知信息的关注度后可以执行步骤S400。

步骤S400：依据所确定的关注度和预设的显示策略在系统通知栏或下拉通知列表显示所述通知信息。显示策略是与关注度关联的，预先设置显示策略，然后根据显示策略显示该通知信息。例如，显示策略包括以下至少一种：

```
┌─────────────────────────────────────────┐ S100
│  监听系统广播消息并获取发布到系统通知栏的通知信息  │
└─────────────────────────────────────────┘
                    │
                    ▼                      S200
┌─────────────────────────────────────────┐
│  依据所述通知信息相对应的属性或应用程序包名确定  │
│  所述通知信息所属的预定义通知类别              │
└─────────────────────────────────────────┘
                    │
                    ▼                      S300
┌─────────────────────────────────────────┐
│  根据所述通知类别确定所述通知信息的关注度，     │
│  所述关注度基于本终端设备上针对各通知类别的     │
│  通知信息的用户历史操作记录而生成              │
└─────────────────────────────────────────┘
                    │
                    ▼                      S400
┌─────────────────────────────────────────┐
│  依据所确定的关注度和预设的显示策略在系统      │
│  通知栏或下拉通知列表显示所述通知信息          │
└─────────────────────────────────────────┘
```

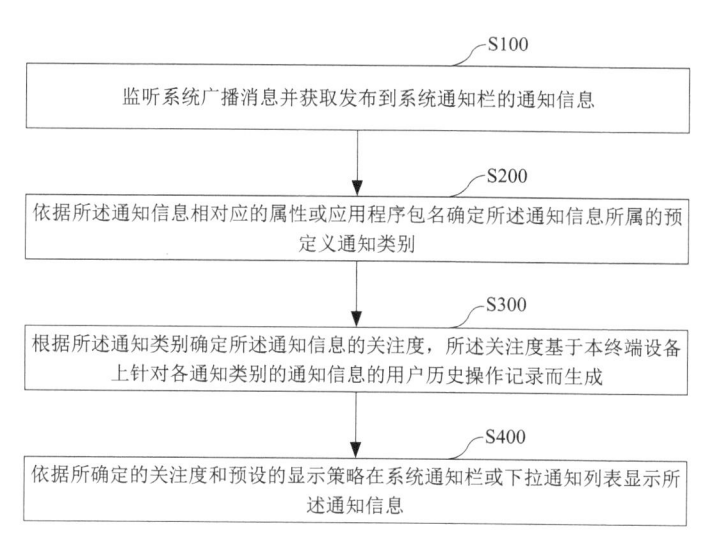

图 2-51 本申请移动终端系统通知栏通知信息处理方法执行流程图

策略一：关注度越高，通知信息在系统通知栏显示越靠前。

策略二：关注度越高，通知信息在下拉通知列表显示越靠上。

策略三：关注度最低，禁止在系统通知栏显示通知信息。

策略四：关注度为第二级或第三级，将该通知类别的全部通知信息合并为一条提示信息。

根据关注度确定是否展示以及如何展示该通知信息之后，当该通知信息被读取、忽略或被删除时，系统记录针对该通知信息的用户操作，以持续优化用户历史操作记录的数据。这里记录的用户操作即上述的即时读取、延时读取或还未被读取就直接被删除。

由此，系统可以根据用户历史操作记录和预设的显示策略显示通知信息，使得用户关注度高的通知信息能以较显眼的位置吸引用户注意力，保证用户能够迅速找到自己关注的通知信息，既提升了终端设备的操作效率也促进了用户的体验。本申请可以避免众多通知信息相互交织、堆叠在一起，呈现一个杂乱的通知列表，以及因为某个App的通知信息数量过多而挤占整个通知栏，造成其他信息无法及时显示的情况。用户可以迅速找到自己关注的通知信息，提升了终端设备的操作效率和用户体验。

2. 权利要求的相关内容

1.一种系统通知栏通知信息处理方法，其特征在于，包括如下步骤：

监听系统广播消息并获取发布到系统通知栏的通知信息；

依据所述通知信息相对应的属性或应用程序包名确定所述通知信息所属的预定义通知类别；

根据所述通知类别确定所述通知信息的关注度，所述关注度基于本终端设备上针对各通知类别的通知信息的用户历史操作记录而生成，其中，所述关注度包括多于一种级别，每种通知类别对应一种级别，通过按照通知信息被用户读取与否和读取快慢确定所述通知信息的关注度；

依据所确定的关注度和预设的显示策略在系统通知栏或下拉通知列表显示所述通知信息。

3. 对比文件的技术方案

对比文件1公开了一种推送消息显示方法，随着智能终端的迅速发展，智能终端可以安装的应用程序越来越多，应用程序所推送的消息也会越来越多，其中有一部分消息是用户感兴趣的，也有大量消息是用户不感兴趣的。但目前不管用户是否对推送消息感兴趣，智能终端都会把推送消息推送给用户。尤其在存在多条推送消息时，全部的推送消息会一一罗列在通知栏中，用户需要从通知栏中逐个找出自己感兴趣的推送消息。如果用户感兴趣的推送消息排在通知栏的底部时，用户需要向下滑动通知栏才能看到自己感兴趣的推送消息，而且，很有可能漏看自己感兴趣的推送消息。因此，对比文件1提出一种推送消息显示方法，具体步骤如下：

步骤S110，获取推送消息，该推送消息是基于互联网发送的消息，当服务器端有消息更新时，把最新的消息推送到客户端。

步骤S120，获取所述推送消息对应的重要程度信息。该重要程度信息用于表征用户对推送消息感兴趣的程度，用户越感兴趣则该类别的推送消息越重要。其中，推送消息对应的重要程度，可以根据当前移动终端的使用者对操作系统中的推送消息的查看次数以及推送消息的类别统计得到。

具体地，首先对根据预设分类规则对推送消息划分类别，然后统计预设周期内的各个类别的推送消息的接收总数或用户查看某一类别的推送消息的次数。最后，根据某一类别的推送消息的接收总数和/或查看次数确定推送消息的重要程度信息。其中，查看次数可以通过移动终端记录用户对所有的推送消息的处理行为（例如，查看或直接删除等）获得。其中，预设分类规则可以是根据推送消息所属的应用程序确定，或者，也可以根据推送消息所包含的关键词确定。譬如，将应用程序的名称作为推送消息的类别名称，此时一个应用程序发送的推送就是一个类别。又如，可以将应用程序所属的类别作为推送消息的类别，此种方式下，可能多个应用程序属于一个类别。例如，应用程序的类别可以包括社交、广告、游戏、工作等。社交类的应用程序包括即时通信类的应用程序等，例如，微信、QQ、米聊推送的消息的类别是社交。此外，还可以利用自然语言处理技术分析推送消息的语义内容，并根据推送消息的语义内容确定推送消息的类别。例如，如果利用自然语言处理技术分析得到推送消息包含"打扰"或"退订"等关键词时，认为该推送消息是广告类消息。如果消息包含的"重要通知""紧急"等关键词时，认为该推送消息是重要消息。

而重要程度信息可以通过如下方式确定：

（1）重要程度信息可以根据消息查看率确定。统计在预设周期内各个类别的推送消息的接收总数；并分别记录用户查看各个类别的推送消息的查看次数。最后，根据同一类别的推送消息对应的接收总数及查看次数，计算该类别的推送消息的查看率。例如，某一类的推送消息总数是 5 条，用户只查看了其中的 2 条，则该类别推送消息的消息查看率是 0.4。

（2）重要程度信息可以根据同一类别的推送消息的接收总数确定。统计在预设周期内各个类别的推送消息的接收总数，根据所述推送消息对应类别的所述接收总数确定所述推送消息的重要程度信息。例如，一天内社交类的推送信息是 10 条、新闻类的消息是 5 条，则认为社交类的推送消息比新闻类的推送消息重要。

（3）综合考虑推送消息的接收总数和消息查看率来确定推送消息的重要程度信息。可以分别设定接收总数及消息查看率的权重。根据接收总数和对应的权重，以及消息查看率和对应的权重，确定推送消息的重要程度信息。

在步骤 S130 中，依据所述重要程度信息由高到低的顺序，对推送消息进行排序。

在步骤 S140 中，按照排序后的推送消息的顺序，将推送消息推送给用户。

```
                    ┌─ S110
      ┌─────────────────────────────┐
      │       获取推送消息           │
      └─────────────────────────────┘
                    │
                    ▼  ─ S120
      ┌─────────────────────────────┐
      │  获取所述推送消息对应的重要程度信息  │
      └─────────────────────────────┘
                    │
                    ▼  ─ S130
      ┌─────────────────────────────┐
      │ 依据所述重要程度信息由高到低的顺序，│
      │      对所述推送消息进行排序      │
      └─────────────────────────────┘
                    │
                    ▼  ─ S140
      ┌─────────────────────────────┐
      │ 按照排序后的推送消息的顺序，     │
      │      将所述推送消息推送给用户    │
      └─────────────────────────────┘
```

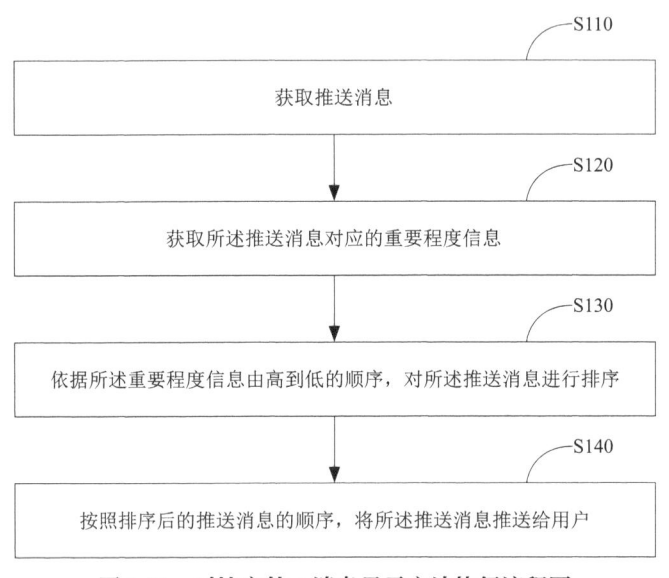

图 2-52　对比文件 1 消息显示方法执行流程图

对比文件 2 公开了一种应用图标的角标管理方法。现代生活中，移动终端中安装的应用越来越多，为了提醒用户某个应用接收到了消息推送，现有技术中通常会在该应用的图标右上角显示一红色角标，且角标中还显示消息数量。当用户启动应用查看推送的消息时，该应用的角标自动消失，否则该角标会一直存在。但当许多应用都接收到消息推送，而用户没有时间及时查看时，会使得屏幕出现"满屏红"的现象，从而对用户造成干扰。有时，用户并不想关注某些应用的推送消息，想对该类应用的角标进行清理，则需要逐个的点击应用图标以进入对应的应用来清除其角标；或者，用户想要对某一类应用的角标进行更改，也需要逐一对各个角标进行更改操作，故对角标的管理操作极其烦琐，操作效率低下。

因此，对比文件 2 提出了一种应用图标的角标管理方法，具体步骤如下：

S11. 将应用图标的角标划分为至少两个类别。可以根据角标所属应用的类别来对角标进行分类。例如，终端中的应用被分类为通信类、工具类、视频类、社交类、购物类等，则每一类应用的图标上的角标也分属于该应用的类别，即角标也被划分为通信类、工具类、视频类、社交类、购物类等类别。

也可以根据角标的受关注程度来对角标进行分类。角标的受关注程度，即角标生成并显示于应用图标上后，持续多长时间会被用户触发而进入该应用查看相应的通知，持续时间越短则说明角标的受关注程度越高，反之持续时间越长，则说明角标的受关注程度越低。根据持续时间长度将角标的受关注程度分成至少两个等级，据此对角标进行分类。

S12. 对同一类别的角标进行批量管理。所述批量管理包括对角标进行批量清除、批量更改等，其中批量更改包括改变角标的颜色、形状、大小以及位于应用图标的位置等。具体地，当触发对某一应用图标的角标的管理时，将该应用图标的角标作为参考角标，获取该参考角标所属类别；并集中显示具有与该参考角标属于同一类别的角标的应用图标；接收用户对集中显示的角标的选择，对用户选择的角标进行批量管理。

（二）争议焦点

本申请的争议焦点为：对比文件 1 结合对比文件 2 能否评述本申请的创造性？
针对以上问题，存在两种不同的观点：

观点 1

对比文件 1 结合对比文件 2 可以评述本申请的创造性。理由在于：

权利要求 1 的技术方案与对比文件 1 相比，其区别特征在于：对比文件 1 的通知信息类别的重要程度考虑了该类通知信息被用户读取与否，而未考虑该类通知信息被用户读取快慢。基于该区别特征确定发明实际解决的技术问题是：如何更加准确确定通知信息的关注度。对比文件 2 公开了在对角标进行分类时，依据相应通知被查看之前的持续时间确定角标的受关注程度。与本申请的手段相似，故可以结合评述本申请权利要求的创造性。

观点 2

对比文件 1 结合对比文件 2 不能评述本申请的创造性。理由在于：

对比文件 2 中，操作对象为应用程序的角标，而非通知栏，且对角标的操作手段是：对同一类别的角标进行批量管理，该批量管理包括对角标进行批量清除、批量更改等，其中批量更改包括改变角标的颜色、形状、大小以及位于应用图标的位置等等，但并不涉及对于通知的消息的排序显示。因此，对比文件 1 与对比文件 2 之间不具备结合启示，不能结合评述本申请的创造性。

（三）案例分析

根据《专利审查指南》第二部分第四章第 3.2.1.1 节的规定："所述区别特征为另一份对比文件中披露的相关技术手段，该技术手段在该对比文件中所起的作用与该区别特征在要求保护的发明中为解决该重新确定的技术问题所起的作用相同"。并且，《专利审查指南》第二部分第四章第 3.2.1.1 节中进一步给出了相关例子，例如，要求保护的发明是设置有排水凹槽的石墨盘式制动器，所述凹槽用以排除为清洗制动器表面而使用的水。发明要解决的技术问题是如何清除制动器表面上因摩擦产生的妨碍制动的石墨屑。对比文件 1 记载了一种石墨盘式制动器。对比文件 2 公开了在金属盘式制动器上设有用于冲洗其表面上附着的灰尘而使用的排水凹槽。要求保护的发明与对比文件 1 的区别在于发明在石墨盘式制动器表面上设置了凹槽，而该区别特征已被对比文件 2 所披露。由于对比文件 1 所述的石墨盘式制动器会因为摩擦而在制动器表面产生磨屑，从而妨碍制动。对比文件 2 所述的金属盘式制动器会因表面上附着灰尘而妨碍制动，为了解决妨碍制动的技术问题，前者必须清除磨屑，后者必须清除灰尘，这是性质相同的技术问题。为了解决石墨盘式制动器的制动问题，本领域的技术人员按照对比文件2的启示，容易想到用水冲洗，从而在石墨盘式制动器上设置凹槽，把冲洗磨屑的水从凹槽中排出。由于对比文件2中凹槽的作用与发明要求保护的技术方案中凹槽的作用相同，因此本领域的技术人员有动机将对比文件1和对比文件2相结合，从而得到发明所述的技术方案。

至于本申请，需要参考通知信息读取快慢以确定通知信息的关注度，而本领域技术人员知晓，该特征的作用效果是提升了通知信息的关注度判断的准确度。而对比文件2也同样需要"根据读取快慢确定通知信息的关注程度"，本领域技术人员可以由对比文件2所公开的技术事实确定，通知信息读取快慢也是同样为了准确判断通知信息的关注程度。虽然通知信息所在的位置在本申请与对比文件2中有所不同，但并不影响通知信息的关注度评价，因此，二者实质上是性质相同的技术问题。为了解决通知信息关注度准确性的问题，本领域的技术人员按照对比文件2给出的启示，容易想到用引入通知信息读取快慢作为参考因素，来确定通知信息的关注度。因此本领域的技术人员有动机将对比文件1和对比文件2相结合，从而得到本申请所述的技术方案。

（四）案例启示

在创造性判断中，需要判断要求保护的发明对本领域的技术人员来说是否显而易见，其中，当区别特征为另一份对比文件中披露的相关技术手段，需要仔细考量该技术手段在该对比文件中所起的作用与该区别特征在要求保护的发明中为解决该重新确定的技术问题所起的作用是否相同。在其过程中，应当站位本领域技术人员考虑，本申请与对比文件所存在的问题是否为性质相同的技术问题，才能得到准确的判断结果。

案例 2-3-16：一种基于二维码的复印方法和系统

（一）相关案情

本申请涉及终端技术领域，具体地讲，涉及一种基于二维码的复印方法和系统。

1. 本申请的技术方案

当前，复印机已经成为日常办公中不可缺少的设备，通过复印机用户可以复印文件。但是，目前在复印机领域，尤其在针对复印文件涉密时的复印流程管控依然不够严谨，容易造成涉密文件的泄露或者被不具备权限的用户进行复印，导致保密技术被泄露，安全性不高。

本申请提供的一种基于二维码的复印方法，可以包括以下步骤：

在步骤 101 中，获取用户身份信息。

在步骤 102 中，将获取到所述用户身份信息发送至服务器，以使得所述服务器根据所述用户身份信息验证用户身份，并在用户身份验证通过时获取所述用户身份信息对应的权限级别。

在本实施例中，用户身份信息可以包括用户指纹信息、虹膜信息和脸部结构信息中的一个或者多个；该用户身份信息也可以是刷卡拾取的 ID 卡信息。该用户身份信息可以上传至服务器进行身份信息比对，当在服务器中匹配到与用户身份信息相匹配的预存信息时，确定为用户身份验证通过，否则不予通过。

其中，权限级别与用户身份信息对应，不同的用户可以具备不同的权限级别。例如，权限级别高的用户能够复印保密级别高的文件、权限级别较低的用户则只能复印保密级别较低的文件。

在步骤 103 中，接收所述服务器关于用户身份的验证结果，并在用户身份验证通过时，基于原始复印文件上的二维码标识扫描获取复印原件信息。

在本实施例中，可以通过读取复印文件上的二维码标识，获取复印原件信息。

在步骤 104 中，将所述复印原件信息发送至所述服务器，以使得所述服务器根据所述复印原件信息判断所述原始复印文件是否为保密文件，并在确定所述原始复印文件为保密文件时，获取所述原始复印文件的保密级别。

在本实施例中，可以将复印原件信息发送至服务器，由服务器根据接收到的复印原件信息判断复印文件是否为保密文件。当原始复印文件为保密文件时，服务器进一步可以获取原始复印文件的保密级别。

在步骤 105 中，获取所述服务器在所述保密级别与所述权限级别匹配时生成的匹配指令，控制所述复印机启动。

在本实施例中，假定保密级别1至保密级别10的级别逐渐提高、权限级别1至权限级别10的级别逐渐提高，那么权限级别与保密级别匹配可以理解为：权限级别不低于保密级别，依次可以确定用户具备操作权限，能够执行针对该原始复印文件的复印操作。

在步骤106中，根据当前复印操作相关信息、所述复印原件信息和用户身份信息得到更新信息，并将所述更新信息发送至所述服务器。

在本实施例中，当确定用户具有使用权限后，一方面可以开启复印机的复印功能，执行复印操作；另一方面可以确定当前复印操作相关信息、复印份数和复印机身份信息得到更新信息，该更新信息可以被发送至服务器，并且可以根据更新信息获取更新后的二维码标识，并在每一张复印件上标识更新后的二维码标识，可以在得到的复印件上加盖二维码标识，有利于后续进行查询和再基于该复印件进行复印时获取相关信息。

基于本发明提供的技术方案，可以对用户身份进行验证，避免不具备权限的用户使用复印机，提高复印机的安全指数；根据用户身份信息和复印原件信息确定用户是否具有权限执行复印操作，提高保密性能。

2. 权利要求的相关内容

1. 一种基于二维码的复印方法，其特征在于，包括：

获取用户身份信息；

将获取到所述用户身份信息发送至服务器，以使得所述服务器根据所述用户身份信息验证用户身份，并在用户身份验证通过时获取所述用户身份信息对应的权限级别；

接收所述服务器关于用户身份的验证结果，并在用户身份验证通过时，基于原始复印文件上的二维码标识扫描获取复印原件信息；

将所述复印原件信息发送至所述服务器，以使得所述服务器根据所述复印原件信息判断所述原始复印文件是否为保密文件，并在确定所述原始复印文件为保密文件时，获取所述原始复印文件的保密级别；

获取所述服务器在所述保密级别与所述权限级别匹配时生成的匹配指令，控制所述复印机启动；其中，所述匹配指令为所述服务器匹配所述权限级别不低于所述保密级别时生成的；

根据当前复印操作相关信息、所述复印原件信息和用户身份信息得到更新信息，并将所述更新信息发送至所述服务器。

3. 对比文件的技术方案

对比文件 1 公开了一种基于二维条码 QR 码的安全复印系统的设计方法，以解决现有技术中打印复印环节泄露重要信息引发的各种安全问题。具体技术方案如图 2-53 所示：

复印控制子系统主要目标是通过对复印机上正在进行复印扫描传真的文档进行检测，分析其是否是含有水印的文档，如果其含有水印信息，则需要根据用户信息以及预先配置的策略，控制该文档的复印扫描传真，并对加入复印传真用户身份水印的文档图像进行复印扫描传真，最后将过程记录下来便于事后审计；

身份认证模块用于与 Domas 系统的交互，获取当前复印者身份信息及身份确认信息，作为控制复印过程开始、复印决策及复印嵌入水印信息的文档的依据；

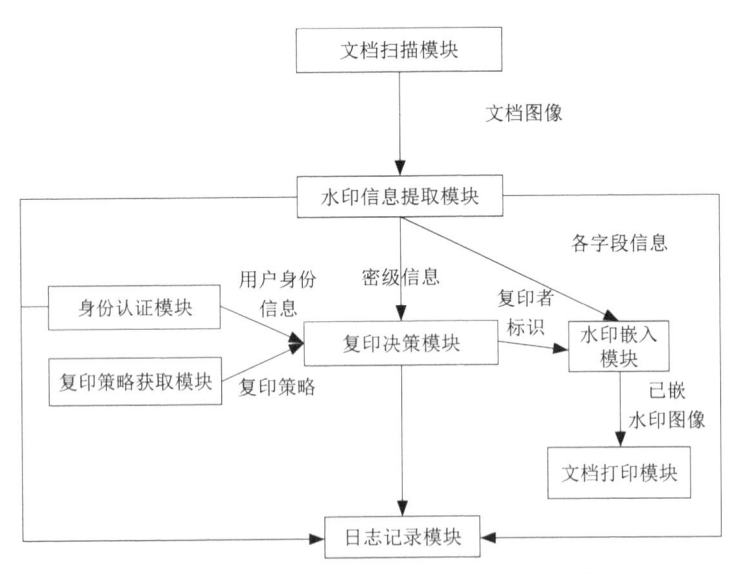

图 2-53　对比文件 1 中的复印控制子系统结构

水印信息提取模块是当通过身份认证后，对需要复印的纸质文件进行扫描，得到文档图像，并判断文件是否属于已嵌入水印文件，当文件属于已嵌入水印文件时，水印信息获取模块根据已知的水印算法提取文档图像中的水印数据，进而根据固定的水印数据结构得到其中包含的各项信息，将文档密级信息发送至复印决策模块，同时将水印中的各项信息发送至水印嵌入模块；

复印决策模块根据文档密级信息，用户身份，用户密级及复印策略判断是否允许该用户对文档进行复印，若该用户没有权限复印，则终止复印过程，安全删除扫描得到的文档图像文件，记录此次操作的日志信息；

复印控制子系统通过用户权限和文档密级匹配关系来控制用户是否有权限复印密级文档，并在水印中加入复印用户的身份信息以及复印信息，同时记录复印操作的日志信息。

对比文件 2 公开了一种图像形成设备、控制服务器和它们的方法，其方案如下：

图 2-54 为当用户希望登录到图像形成设备 110 中时所进行的处理程序的流程的流程图，该处理由根据本典型实施例的图像形成设备 110 的 CPU201 来进行。当用户通过图像形成设备 110（可以是复印机）的操作单元 111 输入用户名和密码时，流程图所示的处理开始。在步骤 S801 中，CPU201 将用户认证信息传输到服务器 130 来进行用户认证并获取访问控制信息，在步骤 S802 中，CPU201 等待直到用户被服务器 130 认证完毕并且服务器 130 发送在步骤 S801 中所请求的访问控制信息。

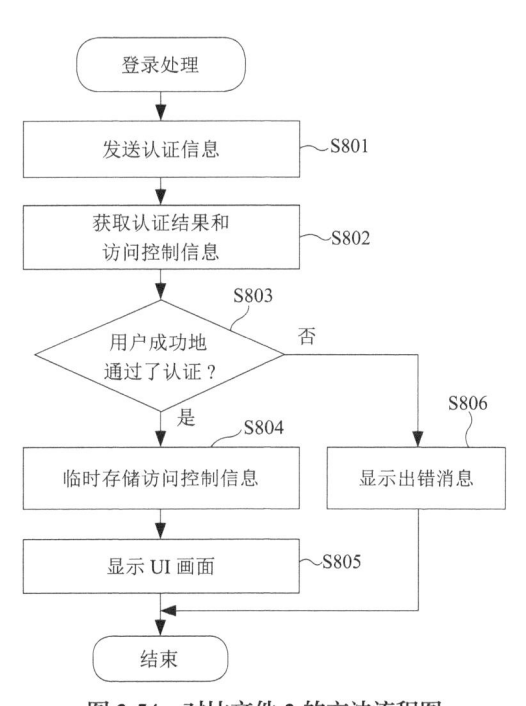

图 2-54 对比文件 2 的方法流程图

（二）争议焦点

本申请与对比文件 1 解决的技术问题相同，发明构思类似，区别在于复印机与服务器的交互流程不同，而对比文件 2 公开了复印机与服务器的交互流程。本申请的争议焦点在于：在对比文件 1 的基础上，结合对比文件 2 是否可以得到本申请的技术方案？

（三）案例分析

《专利审查指南》第二部分第四章第 3.1 节创造性判断方法中规定："在评价发明是否具备创造性时，审查员不仅要考虑发明的技术方案本身，而且还要考虑发明所属技术领域、所解决的技术问题和所产生的技术效果，将发明作为一个整体看待。"

对比本申请与对比文件 1 的发明构思可知，本申请要解决的技术问题是复印文件涉密时的复印流程管控不够严谨，容易造成涉密文件的泄露、或者被不具备权限的用户进行复印，导致保密技术被泄露，安全性不高，采用的关键技术手段是验证用户的身份信息，并且根据用户身份信息获取的权限级别和复印原件信息获取的保密级别进行比较确定用户是否具有权限执行复印操作，对比文件 1 也强调了目前复印和打印设备使用权限难以控制，任何用户都可以进行复印打印操作，涉密文件在传输和分发环节容易造成泄露，提出一种基于二维条码 QR 码的安全复印系统，也是通过验证用户身份，并且根据用户身份信息获取的权限级别和复印原件信息获取的保密级别进行比较确定用户是否具有权限执行复印操作，因此对比文件 1 公开了本申请的发明构思，对比两者的技术方案可以发现，区别仅仅在于本申请明确公开了身份信息、复印信息、更新信息都发送给服务器，由服务器进行验证和处理，且在用户身份验证通过时获取所述用户身份信息对应的权限级别，而对比文件 1 没有明确是由服务器进行处理；此外，本申请中判断复印文件为保密文件时获取原始复印文件的保密级别。基于上述区别技术特征，本申请实际解决的技术问题是：如何降低复印机本地的处理压力以及如何快速控制复印机启动。

对于上述区别，对比文件 2 公开了采用复印机与服务器交互获取用户权限级别的架构来实现用户身份验证，而为进一步降低复印机本地端的压力，将复印原件的验证过程以及生成的更新信息都发送给服务器，这都是本领域的惯用手段。此外，为更快速地启动复印机，在文件没有保密级别时，直接启动复印，这是本领域的惯用手段。

因此，在对比文件 1 的基础上，结合对比文件 2 和公知常识可以得到本申请的技术方案。

（四）案例启示

当对比文件公开了本申请的发明构思，两者相比的区别技术特征一部分被另一篇对比文件公开且所起作用相同，即所述另一篇对比文件给出了结合启示，其余区别技术特征属于本领域公知常识，则本申请请求保护的技术方案是显而易见的，不具有突出的实质性特点，不具备创造性。

案例 2-3-17：一种柔性 GOA 显示面板及其制作方法

（一）相关案情

本申请屏幕显示技术领域，尤其涉及一种 GOA 显示面板及其制作方法。

1. 本申请的技术方案

柔性显示设备由于具有可折叠、耐冲击、便于穿戴等特点，成为显示行业研究热点。然而柔性显示面板在折叠过程中可能会损坏折叠区的电路，减少折叠区电路的寿命，造成弯折区处电路断路，影响整个柔性面板的显示效果。如图 2-55 所示，现有的柔性 GOA（Gate Drive IC on Array）显示面板包括具有折叠区 2' 的显示区 1'、设置在显示区 1' 内的多行像素单元、设置在显示区 1' 相对两侧的多级 GOA 单元电路 3'，各级 GOA 单元电路 3' 与显示区 1' 内的各行像素单元一一对应（每一像素单元包括三基色子像素 11'、12'、13'），并且 GOA 单元电路 3' 的高度 H 与像素单元的高度 H_p 相等。由于 GOA 单元电路的元器件较多，器件密度也很大，如果如图 2-56 所示将其设计在折叠区 2' 内，其性能肯定会受到影响，并且还会影响到面板的使用寿命以及生产良率等。

为了减少现有柔性 GOA 显示面板设计中，折叠区域因应力的原因对其内 GOA 电路元器件的性能产生影响，进而影响到整个显示面板的使用寿命以及生产良率等，本申请提出新的 GOA 单元电路 3 的排布方式，排版上避开折叠区 2，即将 GOA 单元电路 3 设置在显示区 1 相对两侧的非折叠区 10 内，具体如图 2-57

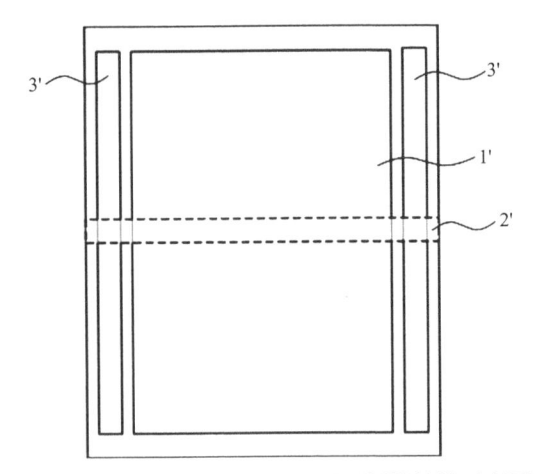

图 2-55 现有柔性 GOA 显示面板的结构示意图

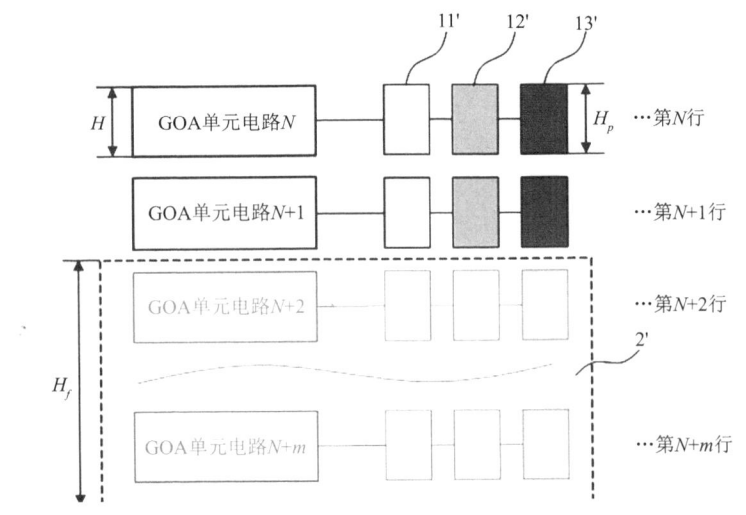

图 2-56 现有柔性 GOA 显示面板上 GOA 单元电路与像素排布示意图

所示。同时，本申请未对像素单元的排列方式做改变，因此显示区 1 的大小维持不变，如果仅将 GOA 单元电路 3 排布在非折叠区 10 内而不对其高度做调整，则在同样大小的显示区 1 的情况下，显示面板的尺寸将不适宜地增大，因此，本申请的柔性 GOA 显示面板中 GOA 单元电路的高度将被缩小。由于各级 GOA 单元电路 3 未分布在折叠区 2 内，其对应的各行像素单元则是连续分布于包括折叠区 2 在内的显示区 1 内，因此，每一级 GOA 单元电路在高度上与对应行的像素单元会存在错位，不再现有排布方式一样处于同一高度。在显示区 1 内设置有自第 N 行到第 N+m 行像素单元，每一像素单元包括三基色子像素 11、12、13，其中，第 N 行、第 N+1 行像素单元位于折叠区 2 之外，第 N+2 行到第 N+m 行像素单元位于折叠区 2 之内；与之相对应的，分别用于驱动第 N 行到第 N+m 行像素单元的 GOA 单元电路 N 至 GOA 单元电路 N+m 均位于折叠区 2 之外。

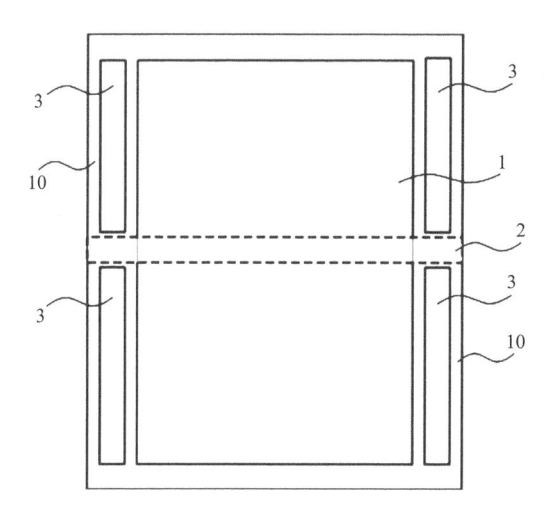

图 2-57　本申请柔性 GOA 显示面板的结构示意图

假设折叠区 2 的高度为 H_f，像素单元的高度为 H_p，面板分辨率为 $a×b$，则本申请的 GOA 电路单元的高度 H 为 H_p-H_f/a，其中 a 为显示区 1 内的像素单元的行数。从前述现有技术可知，现有 GOA 电路单元的高度 H 与像素单元的高度 H_p 相等，即 $H=H_p$；本申请将 GOA 单元电路的高度缩小后，GOA 电路单元的高度 H 改变为 $H=H_p-H_f/a$，即比像素单元的高度 H_p 缩小了 H_f/a。这样，a 行像素单元的高度之和为 $a×H_p$，各级 GOA 单元电路的高度之和为 $a×H=a×(H_p-H_f/a)=a×H_p-H_f$，二者之间正好相差折叠区 1 的高度 H_f。由于缩小了 GOA 单元电路的高度，导致每一级 GOA 单元电路在高度上与对应行的像素单元不处于同一高度，各级 GOA 单元电路的输出端与对应行像素单元的栅极线之间的线路长度不相等，为避免此不利影响，本申请中，各级 GOA 单元电路的输出端与对应每行像素单元的栅极线之间采用等电阻配线方式，即各级 GOA 单元电路的输出端与对应行像素单元的栅极线之间的线路电阻均相等。另外，由于本申请未在折叠区 2 内设置 GOA 单元电路，在制程中容易造成刻蚀不均匀，因此可以折叠区 2

内设置若干行虚 GOA 单元电路（Dummy GOA Unit），如图 2-58 所示，以增加 GOA 单元电路区域的刻蚀均匀性。该虚 GOA 单元电路的高度与 GOA 单元电路的高度相等。

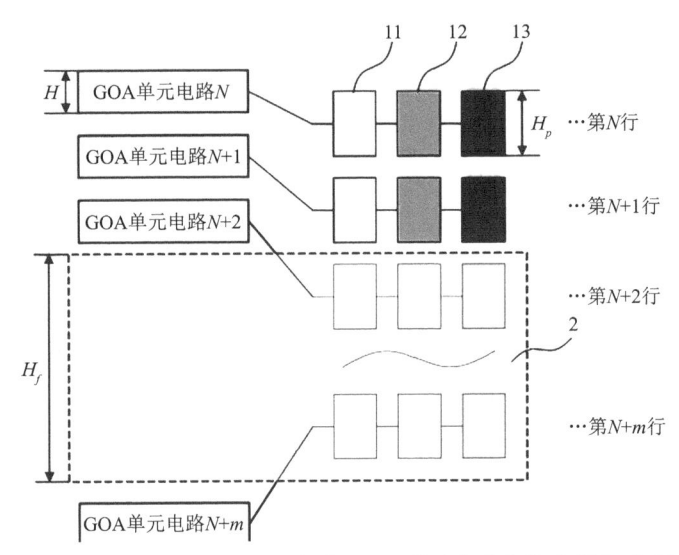

图 2-58 本申请 GOA 显示面板上 GOA 单元电路与像素排布示意图

2. 权利要求的相关内容

1. 一种柔性 GOA 显示面板，其特征在于，包括：

具有至少一折叠区的显示区；

设置在所述显示区内的多行像素单元；

设置在所述显示区相对两侧的非折叠区内的多级 GOA 单元电路，每一级 GOA 单元电路用于驱动对应行的像素单元；

各级 GOA 单元电路的高度相等且均小于像素单元的高度，各级 GOA 单元电路的输出端与对应行的像素单元的栅极线之间的线路电阻均相等；

所述折叠区内设置有若干行虚 GOA 单元电路。

3. 对比文件的技术方案

对比文件 1 公开了一种背板基板 1000，如图 2-59 所示，其包括柔性基础膜 150，柔性基础膜 150 具有有源区 AA 和设置在有源区 AA 外部的非显示区，多个像素 SP 以矩阵形式布置在有源区 AA 中，在柔性基础膜 150 中限定有至少一个单轴折叠线。背板基板 1000 还包括：以交叉方式设置在有源区 AA 的各个像素的边界处的栅极线 151 和数据线 152、嵌入到柔性基础膜 150 的非显示区中以不与折叠线交叠的栅极驱动器 310a、310b、320a 和 320b、以及用于将栅极驱动器 310a、310b、320a 和 320b 连接至

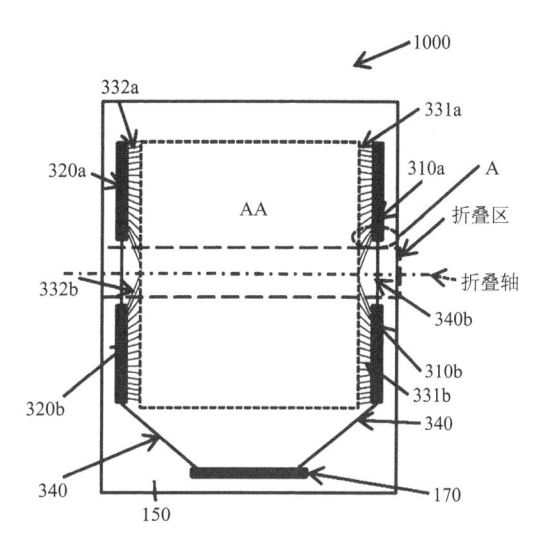

图 2-59　对比文件 1 背板基板示意图

柔性基础膜 150 的非显示区中的栅极线 151 的对应端的连接配线 331a、331b、332a 以及 332b。栅极驱动器 310a、310b、320a 以及 320b 不设置在折叠线上，而电压信号线和时钟信号线 340b 设置在折叠线上。即在折叠线中不设置诸如具有交叠电极的薄膜晶体管的器件，从而即使当反复折叠折叠线时，栅极驱动器 310a、310b、320a 以及 320b 亦不受直接影响。换言之，在折叠线中不包括晶体有源层，并且因此，容易破裂的器件如薄膜晶体管不经受折叠应力。如图 2-60 所示，栅极驱动器 310a、310b、320a 和 320b

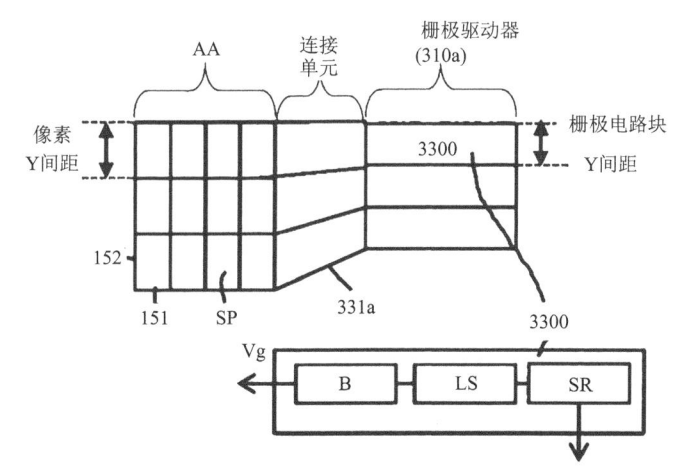

图 2-60　对比文件 1 有源区和栅极驱动器之间的关系示意图

中的每一个可以包括与各个栅极线 151 对应的多个栅极电路块 3300。栅极电路块 3300 中的每一个可以包括移位寄存器 SR、电平移位器 LS 以及缓冲器 B。栅极驱动器 310a、310b、320a 以及 320b 中的栅极电路块 3300 之间的 Y 间距有利地小于有源区 AA 中的栅极线 151 之间的 Y 间距。且栅极驱动器 310a、310b、320a 以及 320b 中的每一个栅极电路块 3300 之间的 Y 间距相等。

对比文件 2 公开了一种液晶显示器面板,具体如图 2-61 所示,其包括显示基板 100,显示基板 100 包括用于显示图像的显示区域 DA 和位于显示区域 DA 之外的外围区域 PA1、PA2、PA3 和 PA4。多根数据线 DL 沿第一方向彼此大致平行地位于显示基板 100 的显示区域 DA 上。多根栅极线 GL 沿与第一方向大致垂直的第二方向彼此大致平行地放置。数据线 DL 和栅极线 GL 彼此相交,并定义了像素区域。每个单位像素位于每个像素区域处。栅极驱动电路部分 120 位于第三和第四外围区域 PA3 和 PA4 处。栅极驱动电路部分 120 产生栅极信号,并通过有关栅极线,将栅极信号施加到给定的薄膜晶体管 TFT 的栅电极上。栅极驱动电路部分 120 包括第一栅极电路 122 和第二栅极电路 124。第一电路 122 位于第三外围区域 PA3 处。第二栅极电路 124 位于第四外围区域 PA4 处。多个伪电极 DM 位于外围区域 PA 中。每个伪电极 DM 包括与位于显示区域 DA 的像素

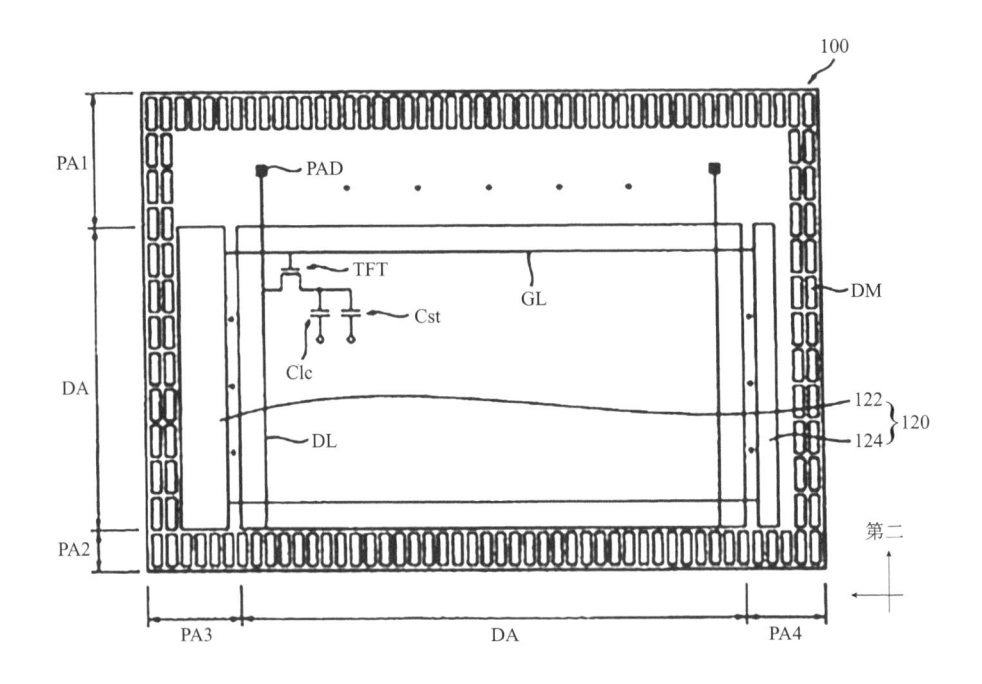

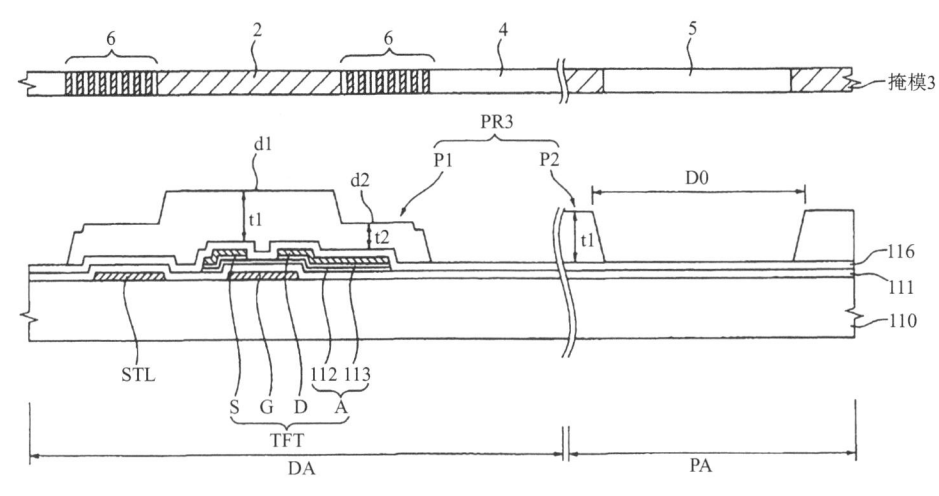

图 2-61 对比文件 2 中液晶显示器面板的显示基板的示意图

电极大致相同的材料。伪电极 DM 与像素电极同时形成在相同的层。每个伪电极 DM 具有与像素电极大致相同的大小。像素电极在显示区域 DA 中的面积比与伪电极在外围区域 PA 中的面积比大致相同。伪电极 DM 不具有电学功能，通过在与外围区域 PA 相对应的第三掩模掩模 3 中形成伪透射部分 5，第一图案部分 P1 的密度和第二图案 P2 的密度变得更均匀，或者大致相同，从而使显示区域 DA 和外围区域 PA 中溶解的光致抗蚀剂的量更为均匀，减小了浓度差，使得蚀刻厚度更加均匀。

（二）争议焦点

本申请涉及重新设计 GOA 单元电路的高度，将原有与像素单元的高度相同的 GOA 电路单元的高度缩小，使得 GOA 单元电路分布可避开折叠区，同时 GOA 电路单元输出至对应每行像素单元的线路采用等电阻配线方式，尽可能减少折叠区域对整个柔 GOA 面板的特性以及信赖性的影响，而对比文件 1 公开了一种背板基板，栅极驱动器中的栅极电路块之间的 Y 间距有利地小于有源区 AA 中的栅极线之间的 Y 间距；且栅极驱动器中的每一个栅极电路块 3300 之间的 Y 间距相等；对比文件 2 公开了在显示面板的外围区域设置虚拟像素使得整个面板区域内的刻蚀图案分布更均匀。该申请的争议焦点在于：对比文件 2 是否给出了将区别技术特征应用于对比文件 1 以解决技术问题的技术启示？对比文件 1 结合对比文件 2 以及本领域的公知常识是否能够评述本申请的创造性？

(三) 案例分析

根据《专利审查指南》第二部分第四章 3.2.1.1 节的规定："判断要求保护的发明对本领域的技术人员来说是否显而易见的判断过程中，要确定的是现有技术整体上是否存在某种技术启示，即现有技术中是否给出将上述区别特征应用到该最接近的现有技术以解决其存在的技术问题（即发明实际解决的技术问题）的启示，这种启示会使本领域的技术人员在面对所述技术问题时，有动机改进该最接近的现有技术并获得要求保护的发明。如果现有技术存在这种技术启示，则发明是显而易见的，不具有突出的实质性特点。下述情况，通常认为现有技术中存在上述技术启示：所述区别特征为另一份对比文件中披露的相关技术手段，该技术手段在该对比文件中所起的作用与该区别特征在要求保护的发明中为解决该重新确定的技术问题所起的作用相同。"

具体到本申请，本申请所要求保护的技术方案与对比文件 1 相比，其区别技术特征是：(1) 各级 GOA 单元电路的输出端与对应行的像素单元的栅极线之间的线路电阻均相等；(2) 所述折叠区内设置有若干行虚 GOA 单元电路。基于上述区别技术特征可以确定本申请实际要解决的技术问题是：提高像素矩阵供电均匀性；提高显示面板驱动电路蚀刻均匀性。对比文件 2 公开了一种显示面板、掩模及其制造方法，并具体公开了：在显示的外围区域 PA 内设置伪电极 DM（即虚拟像素），每个伪电极 DM 包括与位于显示区域 DA 的像素电极相同的材料；伪电极 DM 与像素电极同时形成在相同的层；每个伪电极 DM 具有与像素电极大致相同的大小，像素电极在显示区域 DA 中的面积比与伪电极在外围区域 PA 中的面积比大致相同；伪电极 DM 不具有电学功能，通过在与外围区域 PA 相对应的第三掩模掩模 3 中形成伪透射部分 5，第一图案部分 P1（对应显示区域）的密度和第二图案 P2（对应外围区域）的密度变得更均匀，或者大致相同，从而使显示区域 DA 和外围区域 PA 中溶解的光致抗蚀剂的量更为均匀，减小了浓度差，使得蚀刻厚度更加均匀。即对比文件 2 公开了在显示面板的外围区域设置虚拟像素使得整个面板区域内的刻蚀图案分布更均匀，且其作用也是提高刻蚀过程中的均匀性。此外，栅极驱动电路一般是由晶体管和电容构成，而像素电路也是由晶体管、电容和发光元件组成，二者半导体结构类似，都属于显示面板的一部分，且本领域技术人员已知无论是像素电路矩阵还是驱动电路阵列，均需要蚀刻性能均匀以保证显示器件的显示均匀性，因此，本领域技术人员能够从对比文件 2 中得出技术启示，在对比文件 1 中非折叠区铺设了 GOA 单元电路的基础上，在折叠区铺设相应的虚拟电路，以使得驱动电路的蚀刻图案分布更加均匀，从而提高驱动电路的蚀刻均匀性。

另外，为了给每行像素提供相等的电压以提高像素亮度均匀性，通过调整长度、导线粗细等设置供电的栅极驱动电路输出端与像素栅极线之间的线路电阻相等，是本领域的公知常识。

综上所述，在对比文件 1 的基础上结合对比文件 2 和本领域公知常识，得到该权利要求所要求保护的技术方案，对本领域技术人员而言是显而易见的。因此，该权利要求不具有突出的实质性特点和显著的进步，不具有《专利法》第二十二条第三款规定的创造性。

（四）案例启示

在判断技术启示的过程中，重点关注对比文件公开的技术手段在该对比文件中所起的作用与区别特征在要求保护的发明中为解决该重新确定的技术问题所起的作用相同。

案例 2-3-18：显示模组与载体基板的分离方法及载体基板

（一）相关案情

本案涉及基板分离技术领域，具体涉及一种显示模组与载体基板的分离方法及载体基板。

1. 本申请的技术方案

柔性显示屏的衬底选用 PI（聚酰亚胺）、PET（聚对苯二甲酸乙二醇酯）衬底时，屏幕会缺少一定的挺性。因此，采用具有更好硬挺性及光学特性的柔性玻璃衬底（即超薄玻璃）成了柔性显示屏的衬底未来发展的一个趋势。运用柔性玻璃作为衬底同时需要玻璃载体基板作为支撑，目前大多的柔性玻璃衬底和玻璃载体基板是通过物理方式分离。柔性玻璃衬底与载体基板分离时，需要借用外力将其分离，即施加机械力使载体基板与柔性玻璃衬底分离，这样会造成柔性玻璃衬底的破裂或损伤。

有鉴于此，本发明实施例提供了一种显示模组与载体基板的分离方法及载体基板，解决了现有分离技术中使用物理方法对显示模组与载体基板进行分离时对显示模组造成的损伤。

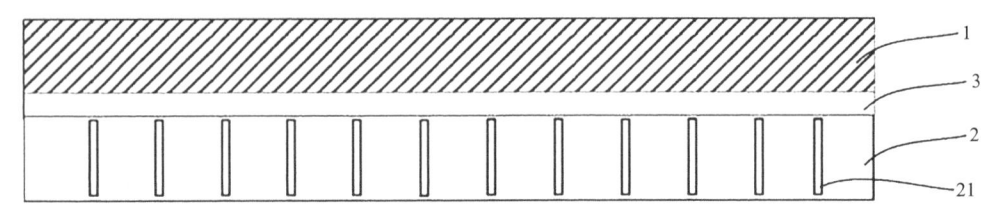

图 2-62　本申请示模组的载体基板的结构示意图

如图2-62所示，显示模组1和载体基板2通过粘合胶层3粘合在一起，其中，载体基板2包括至少一个通孔21。载体基板2主要是对显示模组1起到支撑作用，通过设置载体基板2可以方便显示模组1的制作。

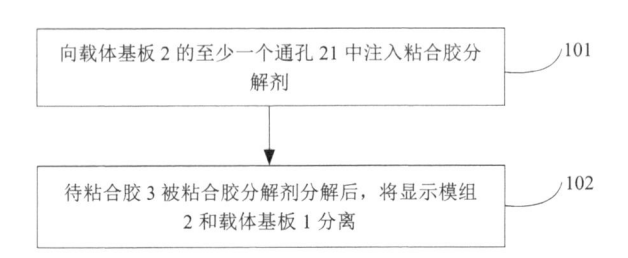

图 2-63　本申请显示模组与载体基板的分离方法的流程示意图

参考图 2-63，其示出了显示模组与载体基板的分离方法流程图，包括：

步骤 101：向载体基板 2 的至少一个通孔 21 中注入粘合胶分解剂。通过该步骤，可以使得粘合胶分解剂通过至少一个通孔 21 与位于载体基板 2 上层的粘合胶层 3 相接触，进而发生化学反应。

步骤 102：待粘合胶层 3 被粘合胶分解剂分解后，将显示模组 1 和载体基板 1 分离。当粘合胶分解剂和粘合胶层 3 充分反应后，即粘合胶层 3 可被粘合胶分解剂分解，这样显示模组 1 和载体基板 2 之间的结合力会大大降低，从而可以很容易地将显示模组 1 和载体基板 2 分离。

载体基板 2 包括至少一个通孔 21，通过向通孔 21 中注入粘合胶分解剂，使得粘合胶分解剂与粘合胶层 3 接触并发生化学反应，从而减弱粘合胶层 3 的活性，因此，显示模组 1 可易于与载体基板 2 分离。这种采用粘合胶分解剂与粘合胶层 3 发生化学反应的化学分离方式与现有技术相比，简化了分离步骤，同时可以避免物理分离力对显示模组 1 的损伤。并且在载体基板 2 和显示模组 2 的粘合过程中，与现有的粘合方式相比，本发明实施例采用的载体基板 2 对位精度要求低，平整度易于保证，降低了粘合的工艺难度。

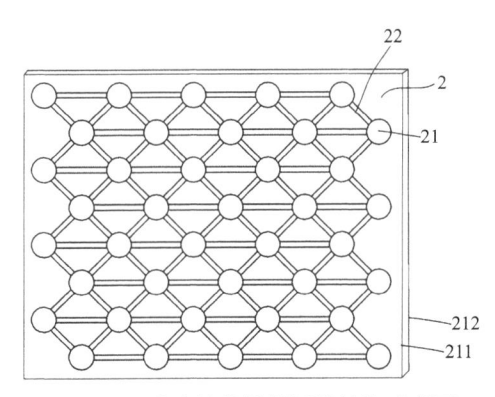

图 2-64　本申请载体基板的结构示意图

参考图 2-64，该载体基板 2 可设置有多个通孔 21a，包括顶面 211 以及与顶面 211 相对的底面 212，其中，顶面 211 作为与粘合胶层 3 相接触的表面，载体基板 2 的顶面 211 上设置有连接多个通孔 21 的凹槽 22，凹槽 22 的截面形状可为弧形，其中，此处的截面定义为沿垂直于载体基板顶面 211 方向对凹槽 22 进行剖切而得到的截面。弧形截面可以增加粘合胶分解剂在凹槽 22 中的流动性能，然而应当理解，凹槽 22 的截面形状还可为梯形、矩形或其他形状，本发明实施例对凹槽 22 的具体的截面形状不作限定。载体基板 2 的顶面 211 上的每两个通孔 21 之间的凹槽 22 构成了如图 3 所示的多个通孔 21 之间的网状通道。当粘合胶分解剂流向顶面 211 时，通过设置凹槽 22，可增大粘合胶分解剂与粘合胶层 3 的接触面积，有利于粘合胶分解剂流与粘合胶层 3 充分反应，从而易于显示模组 1 与载体基板 2 的分离。

为了增大粘合胶分解剂与粘合胶层 3 的接触面积，可增大凹槽 22 的截面积，当凹槽 22 的截面积大到一定程度时，多个凹槽 22 可相互连通，汇合形成凹陷部 22a，凹陷部 22a 的表面图案可以为如图 2-65 所示的以多个通孔 21 的中心为顶点的多边形，本发明实施例以三角形为例，然而本发明实施例不限于此，凹陷部 22a 的表面图案还可以为四边形或五边形等。本发明实施例对凹陷部 22a 的表面图案不作具体限定。

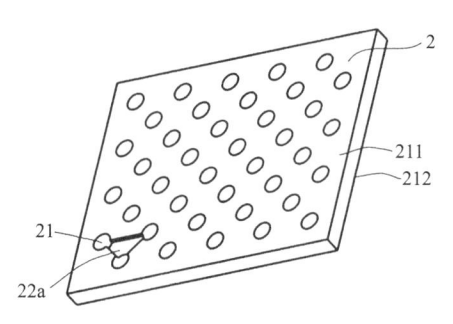

图 2-65　本申请载体基板的结构示意图

凹槽 22 设置在载体基板 2 的顶面 211 上，然而载体基板 2 的顶面 211 和底面 212 上都可以设置凹槽 22，本发明实施例对凹槽 22 的设置在载体基板 2 的顶面 211 上，还是设置在载体基板的顶面 211 和底面 212 上不作具体限定。

参考图 2-65，多个通孔 22 的分布可呈交错排列的多行或多列，然而多个通孔 22 也可呈单个矩阵排列，或多个矩阵排列交织组合的排列，或是平面六边形的点阵结构（类似于石墨烯中原子的分布方式）。这样，多个通孔 22 在载体基板 2 上相互交错分布，有利于提高注入的粘合胶分解剂的均匀性。

通孔 22 的截面形状为圆形。其中，此处的截面定义为沿垂直于通孔 22 轴线方向剖切而得到的截面。然而应当理解，通孔 22 的截面也可为其他形状，如矩形孔、六边形孔等。多个通孔 22 的大小相同时可以便于控制从多个通孔 22 注入的粘合胶分解剂的量以及便于控制粘合胶分解剂和粘合胶层 3 的化学反应时间，然而多个通孔 22 的大小也可不同，本发明实施例对通孔 22 的形状和大小不作具体限定。

本申请的载体基板包括多个通孔，通过向通孔中注入粘合胶分解剂，使得粘合胶分解剂与粘合胶接触并发生化学反应，从而减弱粘合胶的活性，从而使得显示模组易于与载体基板分离。这种采用粘合胶分解剂与粘合胶发生化学反应的化学分离方式，较传统的物理分离，简化了分离步骤，同时可以避免物理分离力对显示模组的损伤。并且在载体基板和显示模组的粘合过程中，与现有的粘合方式相比，本发明实施例采用的载体基板对位精度要求低，平整度易于保证，降低了粘合的工艺难度。

2. 权利要求的相关内容

1. 一种显示模组与载体基板的分离方法，其特征在于，所述显示模组和所述载体基板通过粘合胶粘合在一起，所述载体基板包括多个通孔，且所述载体基板的与所述粘合胶层接触的表面上设有连接所述多个通孔的凹槽，所述分离方法包括：向所述载体基板的所述多个通孔中注入粘合胶分解剂并使所述粘合胶分解剂流入所述凹槽中；以及待所述粘合胶被所述粘合胶分解剂分解后，将所述显示模组和所述载体基板分离。

3. 对比文件的技术方案

对比文件1公开了一种显示基板及形成方法、载体基板、显示装置。

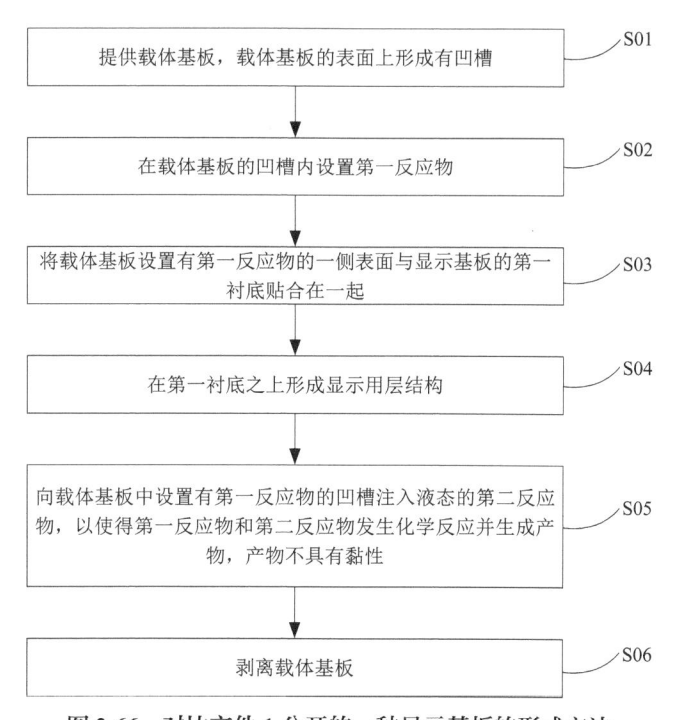

```
┌─────────────────────────────────────────┐
│ 提供载体基板，载体基板的表面上形成有凹槽 │─S01
└─────────────────────────────────────────┘
                    ↓
┌─────────────────────────────────────────┐
│       在载体基板的凹槽内设置第一反应物      │─S02
└─────────────────────────────────────────┘
                    ↓
┌─────────────────────────────────────────┐
│ 将载体基板设置有第一反应物的一侧表面与显示基板的第一 │─S03
│              衬底贴合在一起                │
└─────────────────────────────────────────┘
                    ↓
┌─────────────────────────────────────────┐
│       在第一衬底之上形成显示用层结构        │─S04
└─────────────────────────────────────────┘
                    ↓
┌─────────────────────────────────────────┐
│ 向载体基板中设置有第一反应物的凹槽注入液态的第二反应 │─S05
│ 物，以使得第一反应物和第二反应物发生化学反应并生成产 │
│           物，产物不具有黏性              │
└─────────────────────────────────────────┘
                    ↓
┌─────────────────────────────────────────┐
│                剥离载体基板                │─S06
└─────────────────────────────────────────┘
```

图 2-66　对比文件1公开的一种显示基板的形成方法

如图 2-67 所示，将载体基板 1 设置有第一反应物 3 的一侧表面与显示基板的第一衬底 6 贴合在一起。

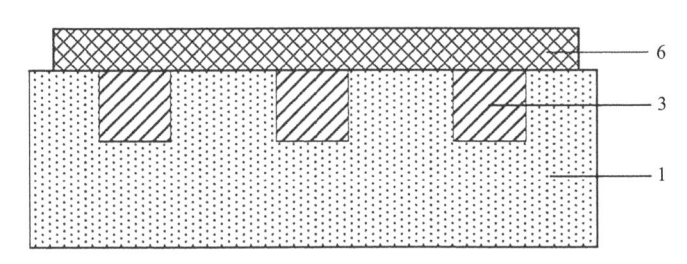

图 2-67　对比文件 1 步骤 S03 后的结构示意图

如图 2-68 所示，载体基板 1 的凹槽 2 位于载体基板 1 的用于设置显示基板的区域 100 内，载体基板 1 还包括通孔 8，通孔 8 的一端与凹槽 2 连通、另一端露出于载体基板 1 中不被显示基板覆盖的表面。这里对于通孔的形状、数量不做限定，具体可以根据实际情况而定。

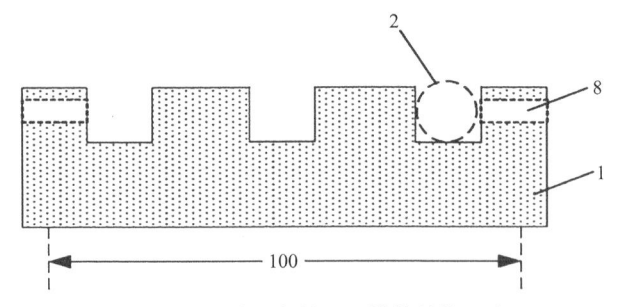

图 2-68　对比文件 1 凹槽的结构示意图

对比文件 2 公开了一种柔性薄膜贴合与剥离方法、柔性基板制备方法、衬底基板。

如图 2-69 所示，本发明实施例首先提供了一种柔性薄膜的贴合方法，该贴合方法包括如下步骤：

S11. 如图 2-70 所示，提供一衬底基板 10；该衬底基板 10 具有四周区域 101 和位于四周区域 101 内的中间区域 102，中间区域 102 内具有多个贯通孔 11。

参考图 2-70 所示，阵列排布可以为沿横、纵方向交叉排列，也可以是沿斜向方向交叉排列，具体排列方式不做限定。贯通孔 11 的分布密度优选为 0.1～1

个/cm², 以保证后续工艺的反应液能够通过贯通孔 11 与中间胶层 21 充分地接触。

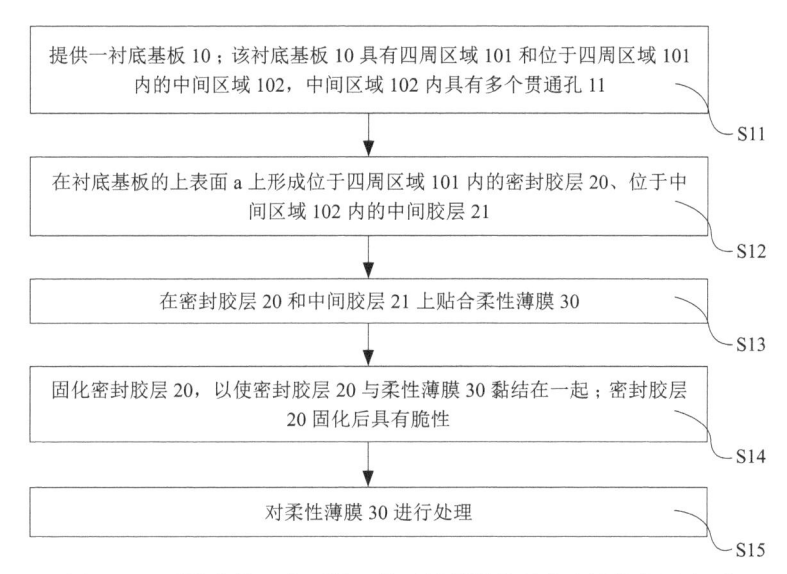

图 2-69　对比文件 2 公开的一种柔性薄膜的贴合方法流程示意图

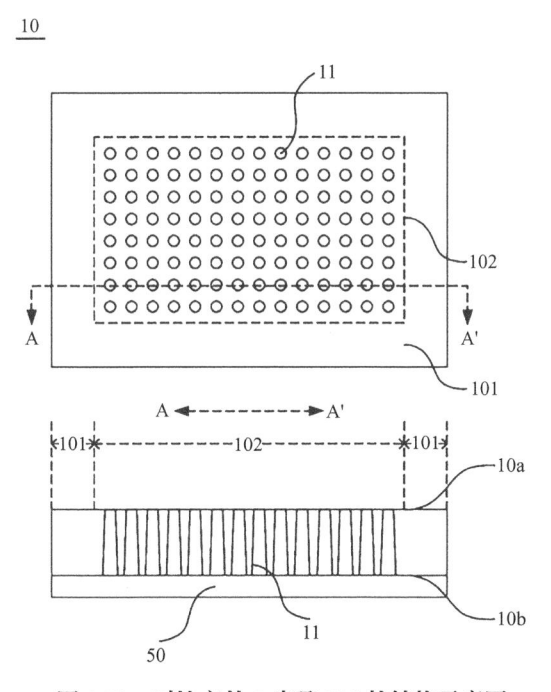

图 2-70　对比文件 2 步骤 S11 的结构示意图

贯通孔 11 的孔径大小可根据衬底基板 10 的尺寸等参数灵活调整，本发明实施例对此不作限定。考虑到若贯通孔 11 的孔径过大，形成在衬底基板 10 的中间区域 102 内的中间胶层 21 可能会有一部分填充在贯通孔 11 内而将贯通孔 11 堵塞住，导致后续工艺中的反应液只能与填充在贯通孔 11 内的中间胶层 21 接触而无法与其余区域的中间胶层 21 接触，导致中间胶层 21 难以与柔性薄膜 30 分离；若贯通孔 11 的孔径过小，后续工艺中的反应液通过贯通孔 11 与中间胶层 21 接触的量则较少，同样会导致中间胶层 21 难以与柔性薄膜 30 分离。

S12. 如图 2-71 所示，在衬底基板的上表面 a 上形成位于四周区域 101 内的密封胶层 20、位于中间区域 102 内的中间胶层 21。

可以先在四周区域 101 内采用画线涂胶的方式形成密封胶层 20，由于四周区域 101 呈"口"字形结构，因而在四周区域 101 内形成的密封胶层 20 相应也呈"口"字形；之后可以利用已经形成好的具有一定厚度的密封胶层 20，在密封胶层 20 限定出的区域即中间区域 102 内采用喷涂或滴注的方式形成中间胶层 21。

密封胶层 20 固化后具有脆性是指密封胶层 20 为脆性胶体，脆性材料具有在外力作用下（如拉伸、弯曲、冲击等）仅产生很小的变形即发生断裂被破坏的性质。该胶体的特点在于能够较好地密封衬底基板 10 与柔性薄膜 30，能够耐得住后续构图工艺中的酸碱、高温制程，但很容易因发生应力疲劳而产生断裂。

中间胶层 21 用于与柔性薄膜 30 相粘结，例如可以采用丙烯酸酯压敏胶构成。位于中间胶层 21 四周的密封胶层 20 可以使中间胶层 21 被密封在衬底基板 10 与贴合的柔性薄膜 30 之间的空间内，使得后续构图工艺中的处理液不会从衬底基板 10 与柔性薄膜 30 相贴合的四周处渗透进来。

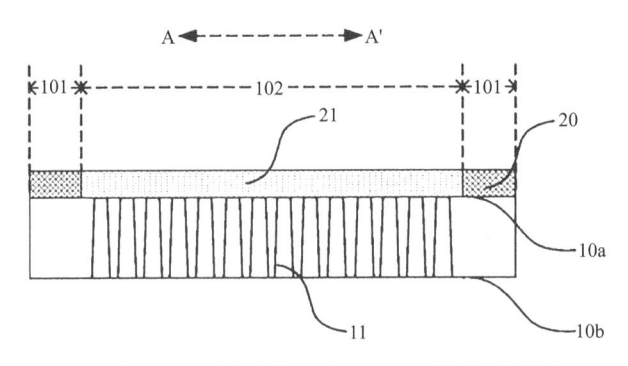

图 2-71　对比文件 2 步骤 S12 的结构示意图

S13. 如图 2-72 所示，在密封胶层 20 和中间胶层 21 上贴合柔性薄膜 30。

贴合的柔性薄膜 30 可以预先经过老化（aging）处理，以尽可能地防止柔性薄膜 30 受到后续构图工艺处理的影响而发生形变，或降低柔性薄膜 30 发生形变的程度。

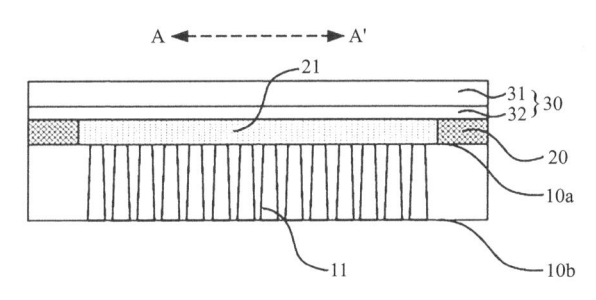

图 2-72　对比文件 2 步骤 S13 的结构示意图

S14. 如图 2-73 所示，固化密封胶层 20，以使密封胶层 20 与柔性薄膜 30 粘结在一起；密封胶层 20 固化后具有脆性。

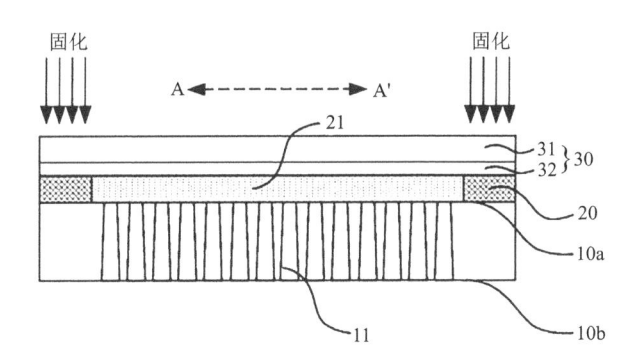

图 2-73　对比文件 2 步骤 S14 的结构示意图

S15. 对柔性薄膜 30 进行处理。

上述处理的工艺可以是对贴合后的柔性薄膜 30 进行改性处理或如图 2-74 所示的在柔性薄膜 30 上通过处理工艺（如构图工艺处理）形成图案化膜层，以得到由柔性薄膜 30 和图案化膜层 40 形成的柔性基板。

为了避免后续处理的工艺中采用的处理液通过贯通孔 11 与中间胶层 21 相接触，影响后续中间胶层 21 的去除和柔性薄膜 30 的剥离，在进行上述步骤 S15 之前，上述贴合方法还包括：对贯通孔 11 进行处理，以使后续处理的工艺中采用的处理液不会通过贯通孔 11 与中间胶层 21 相接触的步骤。

通过实施例提供的上述剥离方法,首先在衬底基板的四周区域、中间区域分别形成固化后具有脆性的密封胶层、能够与后续工艺的反应液反应被溶解或黏性被去除的中间胶层,之后再贴合柔性薄膜,对柔性薄膜上的膜层进行构图工艺处理后,通过形变处理使密封胶层与柔性薄膜相接触的表面发生断裂分离,再通过位于衬底基板中间区域内的贯通孔使反应液与中间胶层发生化学反应以使中间胶层与粘结的柔性薄膜相分离,从而可以轻易地将柔性薄膜从衬底基板上剥离开来。该剥离方法相比于现有技术的机械力直接剥离大幅减少了柔性薄膜破损的概率,相比于现有技术的加热或冷冻处理方法减少了柔性薄膜在剥离过程中的应力改变,更不容易产生褶皱,避免了沉积在柔性薄膜表面的图案化膜层产生裂纹,影响该图案化膜层的后续应用,具有高效率、高良率的优点。

(二)争议焦点

本申请的争议焦点在于:对比文件 2 是否给出技术启示?

观点 1

对比文件 2 公开了用于显示面板的柔性薄膜与衬底基板剥离的方法,并具体公开了反应液通过贯通孔 11 与中间胶层 21 反应,以使中间胶层 21 与柔性薄膜 30 分离,参见图 2-74。且上述特征在对比文件 2 中的作用与其在本发明中的作用相同,都是用于简化注入分解剂的流程,即对比文件 2 给出了直接注入分解剂来与胶层发生反应的启示。

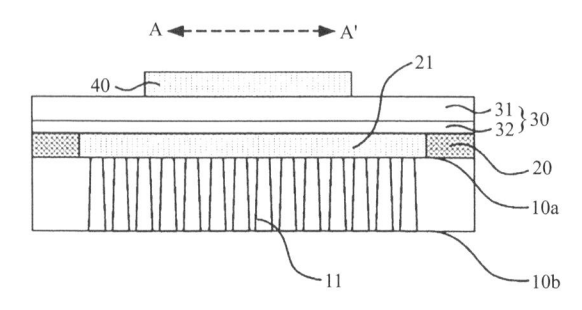

图 2-74 对比文件 2 步骤 S15 的结构示意图

观点 2

对比文件 1 中是利用注入的第二反应物与凹槽中预先设置的第一反应物发生反应生成的产物来剥离载体基板,而该权利要求是直接注入粘合胶分解剂来分离载体基板。本领域技术人员无法采用直接注入分解剂的方式替换生成产物的方式剥离基板,即本领域技术人员无法将对比文件 2 的方法应用于对比文件 1。即对比文件 2 没有给出技术启示。

(三)案例分析

《专利审查指南》第二部分第四章第 3.2.1.1 节指出:"技术启示的判断过程中,要确定的是现有技术整体上是否存在某种技术启示,即现有技术中是否给出将上述区别特征应用到该最接近的现有技术以解决其存在的技术问题(即发明实际解决的技术问题)的启示,这种启示会使本领域的技术人员在面对所述技术问题时,有动机改进该最接近的现有技术并获得要求保护的发明。如果现有技术存在这种技术启示,则发明是显而易见的,不具有突出的实质性特点。下述情况,通常认为现有技术中存在上述技术启示:所述区别特征为另一份对比文件中披露的相关技术手段,该技术手段在该对比文件中所起的作用与该区别特征在要求保护的发明中为解决该重新确定的技术问题所起的作用相同。"

具体到本案:对比文件 1 公开了显示基板与载体基板的剥离方法,载体基板包括第二衬底,第一衬底与第二衬底通过胶粘连,载体基板 1 包括通孔 8,通孔数量不限定,且所述载体基板 1 的与所述粘合胶层接触的表面上设有连接所述多个通孔 8 的凹槽 2,剥离方法包括:向通孔中注入液态的第二反应物,并通过通孔注入到凹槽中,使得第二反应物与凹槽中设置的第一反应物发生化学反应生成产物,利用产物来剥离载体基板。权利要求 1 相对于对比文件 1 的区别在于:对比文件 1 中是利用注入的第二反应物与凹槽中预先设置的第一反应物发生反应生成的产物来剥离载体基板,而该权利要求是直接注入粘合胶分解剂来分离载体基板。基于该区别特征本权利要求实际解决的技术问题是如何简化注入分解剂的流程。对比文件 2 公开了用于显示面板的柔性薄膜与衬底基板剥离的方法,并具体公开了反应液通过贯通孔 11 与中间胶层 21 反应,以使中间胶层 21 与柔性薄膜 30 分离。且上述特征在对比文件 2 中的作用与其在本发明中的作用相同,都是用于简化注入分解剂的流程，即对比文件 2 给出了直接注入分解剂来与胶层发生反应的启示。

综上所述，对比文件 2 没有给出技术启示。

（四）案例启示

在判断技术启示的过程中，重点关注对比文件公开的技术手段在该对比文件中所起的作用与该区别特征在要求保护的发明中为解决该重新确定的技术问题所起的作用相同。

第四节　公知常识的认定

公知常识的认定和使用是创造性评判中的关键步骤，而对于技术特征是否能够被认定为公知常识，往往会成为争议的焦点。

一、基本原则

对于公知常识的概念，《专利审查指南》第二部分第四章第 3.2.1.1 节规定："所述区别特征为公知常识，例如，本领域中解决该重新确定的技术问题的惯用手段，或教科书或者工具书等中披露的解决该重新确定的技术问题的技术手段。"《专利审查指南》第四部分第二章第 3.3 节规定："对驳回决定和前置审查意见中主张的公知常识补充相应的技术词典、技术手册、教科书等所属技术领域中的公知常识性证据。"从《专利审查指南》示例性的解释可以看出，公知常识应该具有普遍知晓的性质。

在认定和使用公知常识时，应注意公知常识与解决某一技术问题的关联。引用公知常识评价创造性时，应确定发明实际解决的技术问题，且发明实际解决的技术问题与公知常识解决的技术问题应相同。将涉及发明构思的关键技术手段认定为公知常识时，应以证据为依据。

二、典型案例

案例 2-4-1：实现移动终端快捷操作的方法及移动终端

（一）相关案情

本申请涉及移动互联网技术领域。

1. 本申请的技术方案

在现有技术中，当用户每次进行网购时，在"收货地址"栏的地址必须手动输入一连串的地址信息，如××市××区××路××号；当用户发送电子邮件时，收件人的地址也必须手动输入邮箱地址才能进行发送，如输入××××××@163.com，上述信息通过手动方式输入操作烦琐，而如果用户记不清楚一些地址信息或收件人的邮箱时，用户还得切换到其他界面进行查找相关信息，其操作烦琐，给用户带来不便。

本申请公开了一种用于移动终端快捷操作的方法，用户可以在当前界面中的任一信息输入栏中输入联系人姓名，根据联系人姓名匹配到该联系人的相关联信息，并将这些信息填入到对应的信息输入栏中。

例如，在现有技术中，当用户使用手机进行网上购物时，在网上银行支付之前需手动填写收货人（收货人可以是本人，也可以是用户指定的其他接收对象）的一些邮编、收货地址、联系方式等信息，而很多时候用户记不清楚这些琐碎的信息，如果一一手动输入则比较烦琐，必须切换手机界面进行查找。

使用本申请的快捷操作方法，当用户在填写网购收货人详细信息（包括收货地址、邮编、联系电话、姓名等）时，用户只需在任一信息输入栏中填写通讯录中保存的联系人姓名，系统会智能匹配关联到通讯录中保存的联系人的对应信息；如果联系人中对应的该属性信息为空，则系统还可提示用户进行添加等操作来更新联系人的信息；如果某个对应的属性信息有多个选项，系统可智能弹出选择框供用户选择；

又例如，当用户在发送邮件需要填写收件人的邮箱地址时，用户只需在任一信息输入栏中填写联系人的姓名，系统会智能匹配到联系人姓名中保存的"电子邮件"属性信息；如果该属性信息为空，则提示用户更新；如果用户有多个邮箱地址（163 邮箱、126 邮箱、QQ 邮箱等），则弹出选择框供用户选择。

在本申请该快捷操作方法能够通过只需要输入联系人姓名作为条件，以使系统自动产生该信息栏所需的信息的方式，以达到信息输入更加方便的效果。

2. 权利要求的相关内容

1. 一种实现移动终端快捷操作的方法，其特征在于，包括：

接收用户在移动终端操作界面的任一信息输入栏中触发的联系人姓名输入指令；根据所述联系人姓名输入指令匹配获取所述操作界面上信息输入栏对应的该联系人的关联信息；

将所述联系人的关联信息显示在对应的所述信息输入栏中；

所述根据联系人姓名输入指令匹配获取所述操作界面上信息输入栏对应的该联系人的关联信息的步骤包括：

根据所述联系人姓名输入指令，获取所述操作界面上信息输入栏的控件属性值；

根据所述控件属性值及联系人姓名，查找预先设置的联系信息控件映射表；所述联系信息控件映射表针对每一信息输入栏的控件属性值以及该信息输入栏的联系人信息与联系人姓名的对应关系建立，所述联系信息控件映射表可以以联系人姓名和信息输入栏的控件属性值为索引，从联系信息控件映射表中匹配该信息输入栏对应的联系人的关联信息；

获取与所述联系人姓名对应的信息输入栏的关联信息。

3. 对比文件的技术方案

经检索，得到对比文件 1，对比文件 1 同样是为了解决用户在移动终端上填写大量联系人信息时，需要将联系人信息一个一个手动输入的问题。然而，上述方式会存在输入速度慢且用户体验不佳的问题。其方案是通过在需要输入多项联系人信息时，先准确输入某一项信息以供系统获取，继而系统会根据输入的内容在联系人数据库中进行动态筛选，以筛选到联系人的其他信息，进而将联系人的其他信息自动添加到其他信息栏，从而无需用户手动输入其他信息，达到更方便填写信息的效果。例如，用户输入收件人为"蔡小红"，则在收件人相关的其他信息栏中，自动完成其手机号码、收件地址、邮编等信息的填写。

（二）争议焦点

本申请的争议焦点在于：基于对比文件1，是否可以结合公知常识评述本申请的创造性？

针对以上问题，存在两种不同的观点：

观点1

在对比文件1中，获得用户输入的内容是为了匹配联系人信息，而在操作界面的任何一个输入框输入都可以获得用户输入的内容，因此，本领域技术人员容易想到在任一信息输入栏都可以输入联系人姓名用来匹配联系人信息，使输入更加方便快捷。即对比文件1结合公知常识能够评述本申请的创造性。

观点2

对比文件1要解决的技术问题是如何实现通过某一项联系人信息的输入，自动关联输入其他项联系人信息，从而提高输入多项联系人信息的快捷性。本申请要解决的技术问题为如何通过触发联系人姓名输入指令获取并显示信息输入栏的关联信息，二者不同。即对比文件1结合公知常识不能够评述本申请的创造性。

（三）案例分析

根据《专利审查指南》第二部分第四章第3.2.1.1节创造性判断方法中规定："（3）判断要求保护的发明对本领域的技术人员来说是否显而易见，在该步骤中，要从最接近的现有技术和发明实际解决的技术问题出发，判断要求保护的发明对本领域的技术人员来说是否显而易见。判断过程中，要确定的是现有技术整体上是否存在某种技术启示，即现有技术中是否给出将上述区别特征应用到该最接近的现有技术以解决其存在的技术问题（即发明实际解决的技术问题）的启示，这种启示会使本领域的技术人员在面对所述技术问题时，有动机改进该最接近的现有技术并获得要求保护的发明。如果现有技术存在这种技术启示，则发明是显而易见的，不具有突出的实质性特点。"

具体到本申请，对比文件1是在当前信息输入栏中输入对应属性的信息，通过查找相关信息自动填充其他信息输入栏。而本申请权利要求1中明确限定了是在"任一信息输入栏中输入确定信息"，从而匹配相关信息对信息输入栏进行填充，该过程忽视了信息输入栏的属性，在任一信息输入栏都可以输入联系人姓名来匹配联系人信息，不是本领域的公知常识。因此，虽然权利要求1请求保护的技术方案与对比文件1公开的方案为解决类似的技术问题并且获得了类似的技术效果，但其提供了不同的技术手段。本申请权利要求1请求保护的技术方案相对于对比文件1和公知常识具备创造性。

（四）案例启示

在创造性评判时，对显而易见性进行判断的过程中，应当结合本申请实际解决的技术问题及解决该问题的具体技术手段进行整体判断。仅因为解决相同或相似的技术问题，达到了相同或者相似的技术效果，从而武断地认为看似类似的技术手段是显而易见是不可取的。客观地看待方案之间的实际差别，充分认定该实际差别所带来的技术效果，尽量避免主观臆断带来的影响，能够更准确地判断显而易见性，使得创造性判定更准确。

案例2-4-2：一种看门狗电路检测方法和装置

（一）相关案情

本申请涉及微电子领域的看门狗电路检测方法。

1. 本申请的技术方案

CPU通常自带看门狗电路，能够在CPU发生不可预知错误时重新启动中央处理器。其过程为CPU芯片向看门狗电路定时喂狗，看门狗电路检测喂狗信号的驱动周期，用以判断CPU的定时机制和CPU的调度机制是否正确运行。当CPU喂狗周期错误或停止喂狗后，看门狗电路能够及时发现错误并将电路导向安全侧，直接对CPU进行复位。

但当前CPU无法实现对看门狗电路的故障检测，这样导致即使看门狗电路故障，CPU仍无法知道该信息，而造成CPU与看门狗电路的双重故障，导致危险运行。

针对以上问题本申请提出一种看门狗电路检测方法和装置，CPU除向看门狗电路发送喂狗信号外，还发送预制喂狗信号；看门狗电路对该预制喂狗信号进行反馈，CPU 通过比较该反馈信号与预期反馈信号来监测看门狗电路是否发生故障。

上述门狗电路检测方法的具体流程如下：

101：向看门狗电路发送预制喂狗信号。

102：接收看门狗电路的反馈信号，并判断所述反馈信号是否与所述预制喂狗信号的预期反馈信号相匹配，若是，则确定所述看门狗电路正常。

步骤 102 具体为：

201：使用每 10 ms 翻转一次的预制的正常喂狗信号，正常喂狗，判断看门狗反馈信号是否为正常喂狗反馈信号。

202：暂停喂狗信号，判断看门狗的反馈信号是否为异常喂狗反馈信号。

203：重启后恢复喂狗信号，使喂狗信号的间隔在 7～9 ms 和 11～14 ms 之间漂移，判断所述反馈信号是否为异常喂狗反馈信号。

204：使用间隔交替为 5 ms 和 10 ms 的喂狗信号喂狗，判断所述反馈信号是否为异常喂狗反馈信号。

本发明中该看门狗电路可实现对预制喂狗信号的反馈，因而 CPU 可根据该反馈信号判断看门狗是否故障，从而实现对看门狗故障的检测，避免造成 CPU 与看门狗电路的双重故障，导致危险运行的情况。

2. 权利要求的相关内容

1. 一种看门狗电路检测方法，其特征在于，包括：向看门狗电路发送预制喂狗信号；接收看门狗电路的反馈信号，并判断所述反馈信号是否与所述预制喂狗信号的预期反馈信号相匹配；若是，则确定所述看门狗电路正常。

3. 对比文件的技术方案

对比文件 1 公开了一种嵌入式设备中的看门狗控制方法，其要解决现有技术中崩溃的 CPU 系统的使能输出本身的状态不确定，很容易屏蔽了看门狗，使看门狗没法工作，因此看门狗工作的稳定性不够也降低了嵌入式设备的安全性的问题。为解决上述问题，对比文件 1 提供了一种嵌入式设备中看门狗的控制方法，其具体方案为：在满足屏蔽条件将看门狗屏蔽，当满足启动条件将其启动，所述屏蔽条件首先要满足所述看门狗上电或者复位后,并且还需满足从嵌入式设备接收的上电确认编码与所述看门狗预设的上电确认编码相同。上述过程中,在看门狗上电复位后这一条件使得看门狗只有在重新断电再通电后才能被屏蔽,这样看门狗一旦工作,即使被监控的设备崩溃后使使能输出的状态不稳定,看门狗也不会被意外地屏蔽,提高了看门狗工作的稳定性和嵌入式设备的安全性。

(二) 争议焦点

本申请的争议焦点在于:基于对比文件1结合公知常识是否可以评述本申请的创造性?

针对以上问题,存在两种不同的观点。

观点1

对比文件1中公开的屏蔽条件之一"从嵌入式设备接收的上电确认编码与所述看门狗预设的上电确认编码相同"相当于公开了判断看门狗上的信号是否与预期信号相匹配,由于对比文件1的上电确认编码是预先存储在上电初值寄存器中的,则从嵌入式设备接收的上电确认编码,相当于公开了嵌入式设备向看门狗电路发送预制信号,本申请与对比文件1的技术方案的区别仅在于比较对象和结论不同。由于当看门狗电路正常时,对其发送正常的喂狗信号,必然反馈相应的正常的反馈信号,如果反馈其他信号则表明电路异常,这是本领域技术人员均知晓的。结合对比文件1已公开的技术方案,本领域技术人员容易想到,通过判断喂狗反馈信号是否与预期反馈信号相同,来判断电路是否正常。因此,对比文件1结合公知常识可以评述本申请的创造性。

观点2

本申请是CPU将预制喂狗信号的预期反馈信号与看门狗电路实际反馈的信号对比,目的是CPU来判断看门狗电路是否运转正常;而对比文件1是看门狗电路将从嵌入式设备上接收的上电确认编码和自身预设的上电确认编码对比,目的是作为屏蔽看门狗电路的触发条件。对比文件1并未涉及看门狗电路的监测和故障问题,在对比文件1的方案中无论看门狗是否被屏蔽,其电路本身和功能始终是正常的。因此,本领域技术人员无法以对比文件1作为技术起点进行简单改进得到本申请。

（三）案例分析

根据《专利审查指南》第二部分第四章第 3.1 节的规定："在评价发明是否具备创造性时，审查员不仅要考虑发明的技术方案本身，而且还要考虑发明所属技术领域、所解决的技术问题和所产生的技术效果，将发明作为一个整体看待。"

对于本案而言，对比文件 1 未提及看门狗电路的故障监测问题，也不能客观地解决该问题，根据对比文件 1 公开的内容，本领域技术人员不容易发现该技术问题。在本领域中，解决电路故障监测存在多种方式，具体采用哪种方式缺少技术指引，对比文件 1 并没有给出相应的指引和启示。因此，根据现有证据，本领域技术人员无法还原出本申请的发明过程。另外，本申请的技术方案是在 CPU 向看门狗电路发送喂狗信号之外，还发送预制喂狗信号，其中喂狗信号用于看门狗监测 CPU 的运行情况，而预制喂狗信号用于 CPU 根据看门狗的反馈信号监测看门狗电路的正常与否。现有证据既不能表明现有技术方案中，看门狗电路需要对喂狗信号进行反馈，也不能表明现有技术方案中，CPU 会对看门狗电路发送预制喂狗信号，看门狗电路会对预制喂狗信号进行反馈。基于看门狗电路必然会对喂狗信号反馈的基础上，认定"当看门狗电路正常时，对其发送正常的喂狗信号，必然反馈相应的正常的反馈信号，如果反馈其他信号则表明电路异常，这是本领域技术人员均知晓的"，是犯了"事后诸葛亮"的错误。将本申请发明构思的关键技术手段认定为公知常识，是缺乏证据的。因此基于对比文件 1 无法评述本申请的创造性。

（四）案例启示

创造性评述中，本领域技术人员寻找技术启示的过程应当是以发明实际解决的技术问题为导向进行的有目的的寻找。首先，最接近的现有技术应客观存在发明实际解决的技术问题，并且本领域技术人员基于现有技术的记载或自身所具备的知识和能力能够意识到上述技术问题的存在以及解决该技术问题的现实需要；面对这样的现实需要再考虑现有技术中是否存在引入相应区别技术特征以解决上述技术问题的相关技术教导。而寻找该技术教导时必须将本申请公开的内容排除在外，以免出现"事后诸葛亮"的问题。尤其，在评述体现发明构思的关键技术手段时，应以证据为依据，避免直接下结论式地判定为公知常识。

案例 2-4-3：显示设备及其柔性电路板

（一）相关案情

本申请涉及液晶显示技术领域，尤其涉及一种显示设备及其柔性电路板。

1. 本申请的技术方案

现有技术中，将柔性电路板与显示面板进行绑定时，一般的绑定标记设置在需要绑定引脚的两侧，因此同一规格的柔性电路板上的引脚的总间距长度也会变小，进而导致引脚之间的间距减小。如图 2-75 所示。传统的柔性电路板包括柔性基板 10、驱动芯片 20、引脚区 30 以及绑定标记 41 和绑定标记 43。引脚区 30 为最外侧两根绑定引脚以内的绑定引脚所在区域。绑定标记 41 和绑定标记 43 设置在引脚区 30 的两侧。由于柔性基板 10 上设置引脚区 30 的一侧还需要预留绑定标记 41 和绑定标记 43 的位置，从而使得绑定引脚的总间距长度 Y1 相应减小，进而导致引脚之间的间距减小，降低柔性电路板的利用率。并且引脚之间的间距减小容易导致产品性能不能满足要求，降低了产品良率。

为此，本申请提出一种改进的技术方案，能够提高利用率且提高产品良率的柔性电路板。如图 2-76 所示，柔性电路板包括柔性基板 100、驱动芯片 200 以及绑定引脚。驱动芯片 200 设置在柔性电路板上，用于在柔性电路板与液晶显示面板连接时对液晶显示面板进行驱动。绑定引脚设置在柔性基板 100 的一侧的引脚区 300 内。引脚区 300 为最外侧两根绑定引脚以内的绑定引脚所在区域。绑定标记 401 和绑定标记 403 都设置在引脚区 300 内，因此无须在柔性基板 100 的

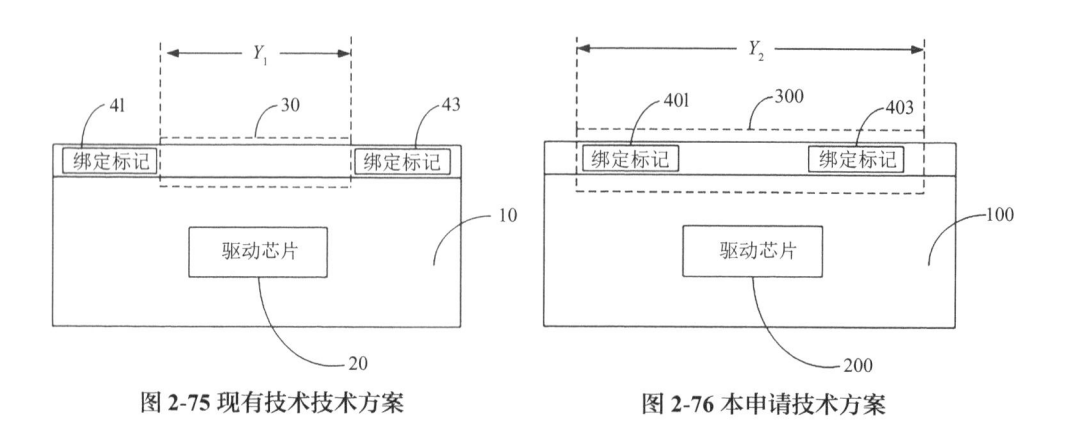

图 2-75 现有技术技术方案　　　　　　图 2-76 本申请技术方案

引脚区 300 外设置绑定标记位置区，从而使得同一规格的柔性电路板上的绑定引脚的总间距长度变长，绑定引脚之间的间距变宽，提高了柔性电路板的利用率和良品率。

在具体实施时，如图 2-77 所示，引脚区 300 内设置有对位净空区 501 和对位净空区 503。绑定标记 401 放置在对位净空区 501 内，绑定标记 403 放置在对位净空区 503 内。对位净空区 501 和对位净空区 503 内无绑定引脚 301。对位净空区 501（503）驱动芯片 200 之间的绑定引脚 301 的长度小于其他区域的绑定引脚 301 的长度。

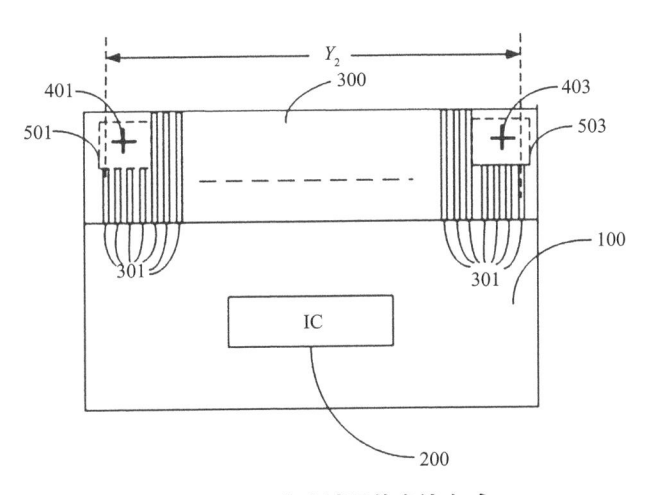

图 2-77 本申请具体实施方式

2. 权利要求的相关内容

1. 一种柔性电路板，其特征在于，包括：柔性基板；驱动芯片，设置在所述柔性基板上；所述驱动芯片用于生成驱动信号；绑定引脚，所述绑定引脚设置在所述柔性基板的至少一侧，所述绑定引脚为多根，用于将外部信号线与所述驱动芯片进行绑定连接；以及绑定标记，所述绑定标记设置于所述柔性基板上且位于各绑定引脚中最外侧的两根绑定引脚以内的引脚区；所述绑定标记用于对绑定操作的柔性基板进行对位操作；所述各绑定引脚设置在所述柔性基板的一侧；所述绑定标记为至少两个；至少两个所述绑定标记位于所述引脚区的不同位置处；或所述各绑定引脚设置在所述柔性基板的两侧；每一侧所述引脚区设置有两个绑定标记；所述两个绑定标记关于所述驱动芯片的中心轴对称设置；所述引脚区设置有对位净空区；所述对位净空区内无绑定引脚，从而使得延伸方向进入所述对位净空区内的绑定引脚的长度小于其他区域的绑定引脚的长度；所述绑定标记设置于所述对位净空区内；所述绑定标记为绑定标记组；每个绑定标记组包括两个形状不同的绑定单元；所述绑定标记的形状为十字形、方形、T 形或者 L 形。

3. 对比文件的技术方案

对比文件 1 公开了一种对位标识、电路板和显示装置。现有技术中的对位标识结构如图 2-78 所示，对位标识 102 设置在绑定区域 101 的两边或者下面，上述设置方式使得设置有对位标识的区域不能够再设置其他元器件，这样会浪费电路板的一部分区域，从而降低电路板的利用率，而且使得电路板的体积偏大，无法满足电路板窄边化的要求。为解决上述技术问题，对比文件 1 公开了一种对位标识、电路板和显示装置。新方案如图 2-79 所示，绑定区域 101 上设置有对位标识 102，所述对位标识 102 用于在绑定过程中对待绑定部件进行定位，所述对位标识 102 由设置在所述待绑定部件上的第一金手指 103 构成。所述绑定区域 101 上还设置有多个相互间隔的第二金手指 104。所述第一金手指 103 的形状不同于所述第二金手指 104 的形状；在金手指上涂覆各向异性导电胶，然后将所述印刷电路板绑定至柔性电路板或其他印刷电路板。由于对位标识设置在绑定区域

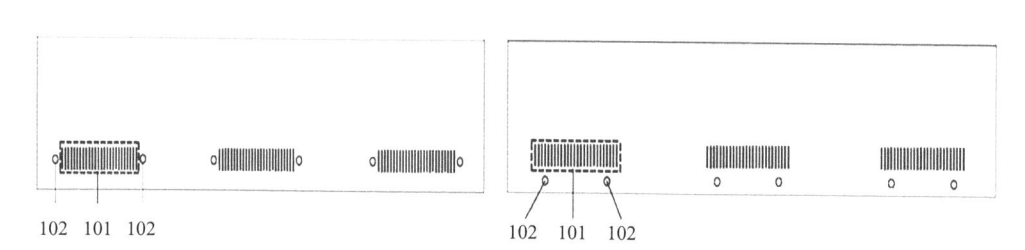

图 2-78 对比文件 1 现有技术中对位标识结构示意图

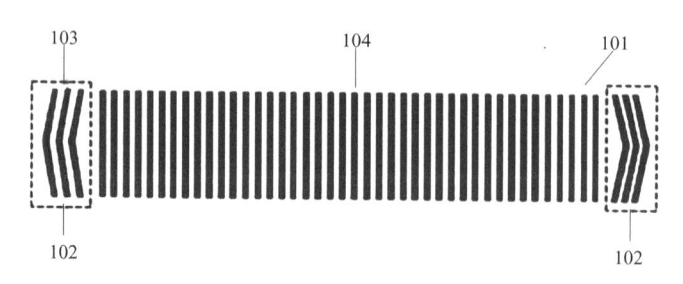

图 2-79 对比文件 1 技术方案示意图

内，不额外占用电路板的有效区域，使得电路板能够放置更多的元器件，从而提高电路板的利用率，满足电路板窄边化的要求。

（二）争议焦点

本申请涉及将绑定标记设置在绑定引脚所在区域，并具体设置在对位净空区内，对位净空区内无绑定引脚，从而使得同一规格的柔性电路板上的绑定引脚的总间距长度变长，绑定引脚之间的间距变宽，并且，引脚之间的间距不因绑定标记的设置而减小，提高了柔性电路板的利用率和良品率；而对比文件1公开了通过改变金手指形状，在实现金手指功能的同时实现绑定标记，进而使得引脚之间的间距不因绑定标记的设置而减小，节省了空间，提升了电路板的利用率。本申请的争议焦点在于：对比文件1结合公知常识是否能够评价本申请的创造性，对比文件1是否存在改进动机？

（三）案例分析

根据《专利审查指南》第二部分第四章第3.2.1.1节的规定："判断要求保护的发明相对于现有技术是否显而易见，通常可按照如下三个步骤进行：（1）确定最接近的现有技术；（2）确定发明的区别特征和发明实际解决的技术问题；（3）判断要求保护的发明对本领域的技术人员来说是否显而易见。"

在进行三性评判时，要在充分理解本申请与对比文件的技术方案的基础上比较二者的发明构思，准确认定申请文件和对比文件的技术事实。

具体到本申请，尽管本申请与对比文件1解决的技术问题相同，即提高电路板的利用率，也采用了部分相同的技术手段，即将绑定标记设置于引脚区域内，区别于现有技术的绑定标记设置于引脚区域外。但在引脚区域内，如何在不影响引脚之间间距的情况下实现绑定以及对位，以提升柔性电路板的利用率，本申请与对比文件1提出了不同的发明构思。

本申请通过设置"对位净空区，对位净空区内无绑定引脚，从而使得延伸方向进入对位净空区内的绑定引脚的长度小于其他区域的绑定引脚的长度，绑定标记设置于对位净空区内"的技术手段，使得引脚之间的间距不因绑定标记的设置而减小。

而对比文件1中位于引脚区两端的异形的金手指既具有绑定功能同时也具备标记作用，即其发明构思在于，改变金手指形状，在实现金手指功能的同时实现绑定标记，进而使得引脚之间的间距不因绑定标记的设置而减小，节省了空间，提升了电路板的利用率。

由此可见，在具体如何提升柔性电路板的利用率的问题上，本申请与对比文件1具有不同的发明构思，从对比文件1出发缺乏改进动机得到本申请的技术方案。

另外，《专利审查指南》第二部分第四章第3.2.1.1节中还指出"下述情况，通常认为现有技术中存在上述技术启示：（i）所述区别特征为公知常识，例如，本领域中解决该重新确定的技术问题的惯用手段，或教科书或者工具书等中披露的解决该重新确定的技术问题的技术手段。"审查意见通知书中引用的公知常识应当是确凿的，如果申请人对引用的公知常识提出异议，应当能够提供相应证据予以证明或充分说理。

具体到本申请，技术特征"对位净空区，对位净空区内无绑定引脚，从而使得延伸方向进入对位净空区内的绑定引脚的长度小于其他区域的绑定引脚的长度，绑定标记设置于对位净空区内"，使得引脚之间的间距不因绑定标记的设置而减小，从而提升柔性电路板的利用率及产品良率，其为本申请的关键技术手段。在没有确切证据的情况下将本申请的关键技术手段认定为公知常识不妥。

综上所述，基于对比文件1以及本领域的公知常识并不能得出本申请不具备创造性。

（四）案例启示

创造性评述过程中，发明构思的比对，应充分考虑技术问题、技术手段以及技术效果。对于解决技术问题的关键技术手段，切勿武断认定其为公知常识。

第五节　总　　结

创造性审查一直是专利审查的热点和难点。上述四个部分分别从现有技术事实的认定、发明实际解决的技术问题、技术启示的判断、公知常识的认定四个角度，通过实际案例探讨了非计算机领域、计算机领域的创造性审查。对于不同领域、不同类型的专利申请案件，还需要根据案情的具体情况依法进行评判。

第三章

公开不充分、实用性和修改超范围的审查

在实质审查实践中，说明书是否对发明的技术方案给出了清楚、完整的说明、发明的主题是否能够在产业上制造或者使用以及申请人在进行申请文件修改的时候，是否超出了原说明书和权利要求的范围，是审查工作中的又一难点问题。需要在判断的时候充分站位本领域技术人员，基于申请文件公开的整体内容和本领域技术人员知晓的普通技术知识来进行准确判断。若仅着眼于部分技术特征或技术细节，而并未把握技术实质、技术整体，则可能出现评判结论上的偏差。

第一节　公开不充分

《专利法》第二十六条第三款规定，说明书应当对发明或者实用新型做出清楚、完整的说明，以所属技术领域的技术人员能够实现为准。这是对发明和实用新型专利说明书最为重要的要求。

一、基本原则

所谓"清楚"，是指说明书的内容应当清楚，具体应满足下述要求：

第一，主题明确。说明书应当从现有技术出发，明确地反映出发明或者实用新型想要做什么和如何去做，使所属技术领域的技术人员能够确切地理解申请专利的发明或者实用新型专利要求保护的主题。换句话说，说明书应当写明发明或者实用新型所要解决的技术问题以及解决该技术问题采用的技术方案，并对照现有技术写明发明或者实用新型的有益效果。上述技术问题、技术方案和有益效果应当相互适应，不得出现相互矛盾或不相关联。

第二，表述准确。说明书应当使用发明或者实用新型所属领域的技术术语，准确地表达发明或者实用新型的技术内容，不得含混不清或者模棱两可，以致所属领域的技术人员不能清楚、正确地理解该发明或者实用新型。

所谓"完整"，是指说明书应当包括《专利法》和《专利法实施细则》所要求的各项内容，不能缺少为理解和实施发明或者实用新型所需的任何技术内容。一份完整的说明书应当包括理解发明和实用新型不可缺少的内容，确定发明或者实用新型具备新颖性、创造性和实用性所需的内容，以及实施发明或者实用新型所需的内容。凡是与理解和实施发明或者实用新型有关，但所属领域的技术人员不能从现有技术中直接得到的内容，均应当在说明书中作出清楚、明确的描述。

所谓"能够实现"，是指所属领域的技术人员按照说明书记载的内容，无须再付出创造性劳动，就能够实施该发明或者实用新型的技术方案，解决其要解决的技术问题，产生其预期的有益效果。如果说明书没有公开到使所属技术领域的技术人员理解发明如何实现，或者，需要付出创造性的劳动，所属技术领域的技术人员才能实现发明的技术方案和产生预期的技术效果，那么说明书没有作出清楚完整的说明。

二、典型案例

案例 3-1-1：一种去背景干扰的医学图像文字识别增强方法

（一）相关案情

本申请涉及医学图像识别技术领域，尤其涉及一种去背景干扰的医学图像文字识别增强方法。

1. 本申请的技术方案

电子计算机断层扫描（Computed Tomography，CT），是利用 X 线束、γ 射线、超声波等，与灵敏度极高的探测器一同围绕人体的某一部位作连续的断面扫描。磁共振成像（Magnetic Resonance Imaging，MRI），也是断层成像的一种，它利用磁共振现象从人体中获得电磁信号，并重建出人体信息。在实践中，大部分 CT、MRI 不能将文字信息分层储存，系统将其标识在医学图像的四个角落，部分叠加在图像上，影响文字信息的准确提取，从而影响到医学影像的分类。为了提高了医学图像文字信息的识别，本申请提出了一种去背景干扰的医学图像文字识别增强方法，通过去除断层医学图像的背景干扰，得到高质量的医学文字信息，从而便于医学影像的分类，患者、医生的识别。

具体实施步骤如下：

（1）选取患者颅脑 CT 检查的同一序列的两张相邻的医学图像，其选择方法为：基于头颅是椭圆形的球体，其同一个序列的起始部分和结束部分截面积的变化较大，而本申请提供的方法是两张图片越相似效果越好，因此选取中间部分两张连续的切片图像比较优。选取了一个包含了 25 张图像的颅脑 CT 序列的部分切片，其中 A 和 B 是起始部分的连续两张，C 和 D 是中间部分的连续两张，E 和 F 是结束部分的连续两张，如图 3-1 所示。通过对比可以看出起始部分的 A 和 B 以及结束部分的 E 和 F 的相似度较低，而中间部分的 C 和 D 相似度较高。所以，适合选取 C 和 D 作为处理对象。

（2）对一张医学图像 RGB 颜色进行反相处理，生成新的医学图像。

（3）新医学图像与步骤（1）中另一张原医学图像按相同坐标的像素的 RGB 值进行相减并取绝对值。

（4）将步骤（3）处理完成的图像做二值化处理，阈值为 255，小于 255 的置为 0，得到文字识别增强的医学图像。

2. 权利要求的相关内容

1. 一种去背景干扰的医学图像文字识别增强方法，其特征在于，包括以下步骤：

按照预先设定的规则在同一序列中选取两张相邻且相似的原医学图像；

对一张医学图像 RGB 颜色进行反相处理，生成新的医学图像；

并与另一张原医学图像进行相减取绝对值；

进行二值化处理，得到文字识别增强的医学图像；

所述反相处理是指将医学图像的颜色色相反转。

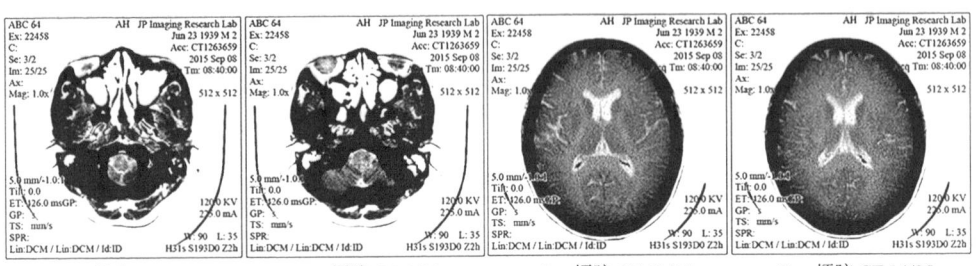

A：颅脑 CT 1/25　　B：颅脑 CT 2/25　　C：颅脑 CT 13/25　　D：颅脑 CT 14/25

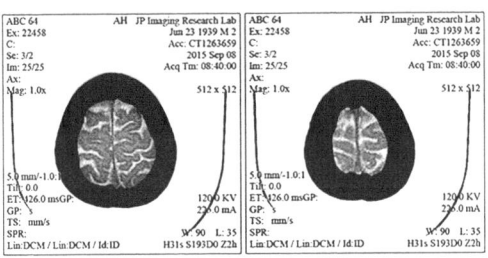

E：颅脑 CT 24/25　　F：颅脑 CT 25/25

图 3-1　颅脑 CT 图

（二）争议焦点

本申请的争议焦点在于：本申请的技术方案是首先获得两个相似的医学图像，对第一个医学图像进行取反处理，将结果和另外一个医学图像相减取绝对值，再进行二值化处理，得到文字增强的医学图像，然其并不能在所有情况下均能够有效识别出文字，并且在很多情况下，会使得文字与背景混合，导致识别更加困难。以说明书实施例一颅脑 CT 中的图像 C、D 为例（如图 3-1 所示），图像 C 的文字部分为黑色，其反转为白色，其背景部分为白色，反转后为黑色，图像 D 与 C 在文字部分同样为黑色，背景部分为白色，翻转后的图像 C 与图像 D 相减取反后，文字部分的黑色会变为白色（255，255，255），而背景部分的白色仍旧是白色（255，255，255），因此导致无法从背景中识别文字，因此上述方案并不能解决对这种医疗图像的文字进行增强的问题。

观点 1

说明书中的技术方案在特定情况下可以实现，因此不存在说明书公开不充分的问题。

观点 2

基于申请人提交的附图,本申请的技术方案无法达到增强文字的效果,因此存在说明书公开不充分的问题。

(三)案例分析

《专利法》第二十六条第三款规定,说明书应当对发明或者实用新型作出清楚、完整的说明,以所属技术领域的技术人员能够实现为准。根据《专利审查指南》第二部分第二章第 2.1.3 节,所属技术领域的技术人员能够实现,是指所属技术领域的技术人员按照说明书记载的内容,就能够实现该发明或者实用新型的技术方案,解决其技术问题,并且产生预期的技术效果。在判断"能够实现"时,要以所属技术领域人员能够实现为准,不能拘泥于说明书记载的实施例。

具体到本申请,其要解决的是 CT、MRI 等医学图像的文字识别增强。对黑底白字的医学图像,本申请的技术方案并不能实现文字识别增强的效果;对于彩色图像和灰色图像,本申请的技术方案能够实施,并且能够实现文字增强识别的技术效果。因此,本申请说明书中记载的技术方案是所属技术领域的技术人员能够实现的,不存在公开不充分的问题。

(四)案例启示

在判断发明或者实用新型是否满足公开充分的规定时,对于"能够实现"的判断,是指所属技术领域的技术人员按照说明书记载的内容,就能够实现该发明或者实用新型的技术方案,解决其技术问题,并且产生预期的技术效果。要站位本领域技术人员,按照说明书记载进行判断,不能拘泥于说明书是否有对应的实施例。

案例 3-1-2:OLED 显示器件及制作方法

(一)相关案情

本申请涉及显示器技术领域,特别是涉及一种 OLED 显示器件及制作方法。

1. 本申请的技术方案

对于大多数器件,例如显示器、二极管、微机电传感器件等均需要完全密封的物理封装来保护。研究表明,空气中的水汽和氧气等对 OLED 的寿命影响很大。若能对 OLED 进行有效的封装,使器件的各个功能层与大气中的水汽、氧气等成分隔开,OLED 的器件寿命就可以大大延长。

干燥剂能吸收侵入 OLED 的水气,对器件封装寿命影响很大,其填充过多会导致冲胶,过少会出现气泡,影响 OLED 发光效率,特别影响顶发射 OLED。由于设备精度的限定,实际滴胶量往往有约 1% 的误差,实际真空压合过程中也很难消除气泡的产生。

本申请主要解决的技术问题是提供一种 OLED 显示器件及制作方法,能够使显示区域没有气泡。

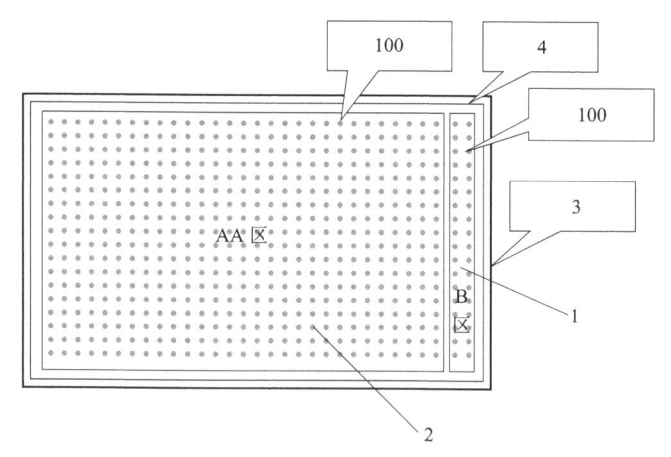

图 3-2 本申请 OLED 显示器件一实施方式的结构示意图

图 3-2 是本申请 OLED 显示器件一实施方式的结构示意图,该显示器件包括:非显示填充区 1(图 3-2 中的 B 区)和显示填充区 2(图 3-2 中的 AA 区)。

非显示填充区 1 设置在靠近非粘合的短边 3 的区域,非显示填充区 1 填充有第二预定量的干燥剂 100 和气泡;显示填充区 2 紧邻非显示填充区 1 而设置,且显示填充区 2 的面积大于非显示填充区 1 的面积,显示填充区 2 填充有第一预定量的干燥剂 100,且第一预定量大于第二预定量,第一预定量与第二预定量的总和大于理论计算出来的充满干燥剂的量。

盖板清洗涂布完紫外胶后，在框胶内设置显示填充区 2 和非显示填充区 1，非显示填充区 1 设置在靠近非粘合的短边 3 的区域，非显示填充区 1 填充有第二预定量的干燥剂，显示填充区 2 紧邻非显示填充区 1 而设置，且显示填充区 2 的面积大于非显示填充区 1 的面积，显示填充区 2 填充有第一预定量的干燥剂，且第一预定量大于第二预定量，第一预定量与第二预定量的总和大于理论计算出来的充满干燥剂的量。如果干燥剂全部转变为液态，由于重力的作用，气泡会填充至非显示填充区 1。这种方式，能够使得显示区域没有气泡，在不影响显示的同时也不会影响器件阻隔水氧的性能。

其中，显示填充区 2 填充的干燥剂的量为 98% 的 a，非显示填充区 1 填充的干燥剂的量为 2%～12% 的 a，a 为理论计算出来的充满干燥剂的量。进一步，非显示填充区 1 填充的干燥剂的量为 4% 的 a。通过这种方式，一方面可以使干燥剂全部转变为液态时，气泡填充至非显示填充区 1；另一方面可以使干燥剂的量又会因太多而导致冲胶。

气泡是通过离心的方式填充至非显示填充区 1 的。仅仅在重力的作用下，将气泡全部填充至非显示填充区 1，比较费时间，提供外部的离心力，可以缩短制成的时间，可以将显示填充区 2 中的气泡全部转移至非显示填充区 1，进而使得显示填充区 2 没有气泡，在不影响显示的同时也不会影响器件阻隔水氧的性能。

```
┌─────────────────────────────────────┐
│          提供衬底基板                │─── S101
└─────────────────────────────────────┘
                  │
┌─────────────────────────────────────┐
│ 在衬底基板的显示填充区涂布第一预定量的干燥剂，在衬底基板的 │
│ 非显示填充区涂布第二预定量的干燥剂，显示填充区的面积大于非 │─── S102
│ 显示填充区的面积，第一预定量大于第二预定量，第一预定量与第 │
│ 二预定量的总和大于理论计算出来的充满干燥剂的量            │
└─────────────────────────────────────┘
                  │
┌─────────────────────────────────────┐
│ 对涂布干燥剂后的衬底基板进行真空贴合和框胶固化后，进行加热 │─── S103
│ 以使得干燥剂完全转变为液态                              │
└─────────────────────────────────────┘
                  │
┌─────────────────────────────────────┐
│ 沿靠近非显示填充区的非粘合的短边为中轴线进行离心，以使得显 │
│ 示填充区中的气泡被完全转移至非显示填充区，进而制得 OLED 显 │─── S104
│ 示器件                                                │
└─────────────────────────────────────┘
```

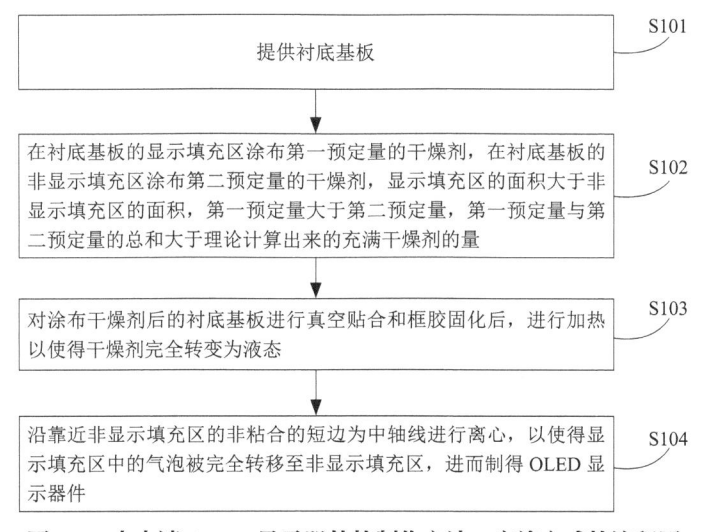

图 3-3　本申请 OLED 显示器件的制作方法一实施方式的流程图

图 3-3 是本申请 OLED 显示器件的制作方法一实施方式的流程图，该方法包括：

步骤 S101：提供衬底基板。

在一实施方式中，衬底基板为盖板清洗涂布完紫外胶后的基板。

步骤 S102：在衬底基板的显示填充区涂布第一预定量的干燥剂，在衬底基板的非显示填充区涂布第二预定量的干燥剂，显示填充区的面积大于非显示填充区的面积，第一预定量大于第二预定量，第一预定量与第二预定量的总和大于理论计算出来的充满干燥剂的量。

步骤 S103：对涂布干燥剂后的衬底基板进行真空贴合和框胶固化后，进行加热以使得干燥剂完全转变为液态。

步骤 S104：沿靠近非显示填充区的非粘合的短边为中轴线进行离心，以使得显示填充区中的气泡被完全转移至非显示填充区，进而制得 OLED 显示器件。

在一实施方式中，将盖板与涂布干燥剂后的衬底基板进行真空压合，对真空压合后的合板进行 UV 固化，将合板固定在夹具上并加热使干燥剂完全成为液态。沿非粘合的（bonding）的短边垂直面进行离心旋转，直至气泡完全离开显示填充区，如图 3-4 所示。

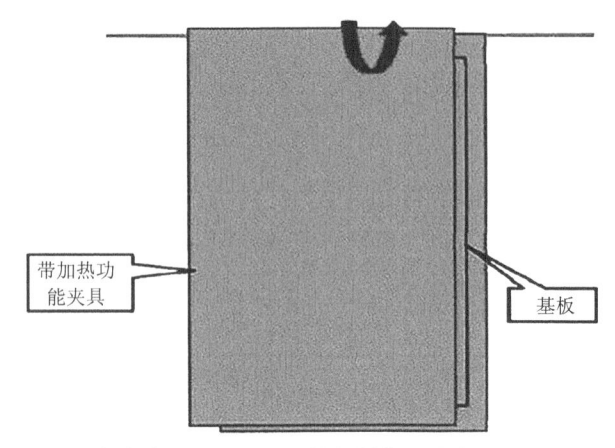

图 3-4　本申请 OLED 显示器件的制作方法中离心的示意图

上述方式，一方面能够去除 OLED 显示区的气泡，提高显示效果，特别是顶发射器件；另一方面能够使干燥剂分布更均匀，提高吸收水器效果，延长器件寿命。

其中，第一预定量为 98% 的 a，第二预定量为 2%～12% 的 a，a 为理论计算出来的充满干燥剂的量。进一步，第二预定量为 4% 的 a。这种方式，一方面可以使得干燥剂全部转变为液态时，气泡填充至非显示填充区 1，另一方面可以使干燥剂的量又不会太多而导致冲胶。

在一实施方式中，非显示填充区距离框胶的距离是 100μm。

其中，使干燥剂完全转变为液态的加热温度为 80℃。

本申请的显示器件包括：非显示填充区，设置在靠近非粘合的短边的区域，所述非显示填充区填充有第二预定量的干燥剂和气泡；显示填充区，所述显示填充区紧邻所述非显示填充区而设置，且所述显示填充区的面积大于所述非显示填充区的面积，所述显示填充区填充有第一预定量的干燥剂，且所述第一预定量大于所述第二预定量，所述第一预定量与所述第二预定量的总和大于理论计算出来的充满干燥剂的量。由于显示填充区的面积大于非显示填充区的面积，显示填充区填充的干燥剂的量大于非显示填充区填充的干燥剂的量，且第一预定量与第二预定量的总和大于理论计算出来的充满干燥剂的量，这使得气泡可以被填充至非显示填充区，通过这种方式，能够使显示区域没有气泡。

2. 权利要求的相关内容

1. 一种 OLED 显示器件，其特征在于，所述显示器件包括：非显示填充区，设置在靠近非粘合的短边的区域，所述非显示填充区填充有第二预定量的干燥剂和气泡；显示填充区，所述显示填充区紧邻所述非显示填充区而设置，且所述显示填充区的面积大于所述非显示填充区的面积，所述显示填充区填充有第一预定量的干燥剂，且所述第一预定量大于所述第二预定量，所述第一预定量与所述第二预定量的总和大于理论计算出来的充满干燥剂的量。

（二）争议焦点

本申请的争议焦点在于：说明书是否符合《专利法》第二十六条第三款的规定？

观点 1

本申请请求保护一种 OLED 显示器件及制作方法，说明书中记载了"对涂布干燥剂后的衬底基板进行真空贴合和框胶固化后，进行加热以使得干燥剂完全转变为液态（参见说明书第22段）""将合板固定在夹具上并加热使干燥剂完全成为液态（参见说明书第24段）""使干燥剂完全转变为液态的加热温度为80℃（参见说明书第28段）"的内容，可见，本申请记载的技术方案是通过加热到一定温度，例如80℃，使干燥剂转变为液态，之后对其离心操作，来使气泡完全离开填充区。然而，说明书并未记载干燥剂的材料，而液态干燥剂加热会使其固化（参见现有技术CN103730597A、CN104201295A、CN105742509A、CN106905550A等）；而固态干燥剂在加热时也并不会转变为液态，本领域技术人员不清楚本申请所述的干燥剂究竟是何种干燥剂，在显示填充区或非显示填充区涂布干燥剂时干燥剂是何种相态，干燥剂加热液化后是否会再固化，何种条件下固化，封装完成后OLED工作时干燥剂是何种相态。可见，说明书给出的技术手段，对本领域技术人员来说是含混不清的，根据说明书记载的内容无法具体实施，不能解决其声称的技术问题。因此根据说明书中记载的技术手段，本领域技术人员不能解决发明所要解决的技术问题，造成说明书公开不充分，不符合《专利法》第二十六条第三款的规定。

观点2

虽然说明书并未记载干燥剂的材料，在具体的应用领域，本领域技术人员可以知晓本申请所述的干燥剂是何种干燥剂。说明书公开充分，符合《专利法》第二十六条第三款的规定。

（三）案例分析

专利法第二十六条第三款规定说明书应当对发明或者实用新型作出清楚、完整的说明，以所属技术领域的技术人员能够实现为准。

所属技术领域的技术人员能够实现，是指所属技术领域的技术人员按照说明书记载的内容，就能够实现该发明或者实用新型的技术方案，解决其技术问题，并且产生预期的技术效果。

说明书应当清楚地记载发明或者实用新型的技术方案，详细地描述实现发明或者实用新型的具体实施方式，完整地公开对于理解和实现发明或者实用新型必不可少的技术内容，达到所属技术领域的技术人员能够实现该发明或者实用新型的程度。审查员如果有合理的理由质疑发明或者实用新型没有达到充分公开的要求，则应当要求申请人予以澄清。

以下各种情况由于缺乏解决技术问题的技术手段而被认为无法实现：

（1）说明书中只给出任务和/或设想，或者只表明一种愿望和/或结果，而未给出任何使所属技术领域的技术人员能够实施的技术手段；

（2）说明书中给出了技术手段，但对所属技术领域的技术人员来说，该手段是含糊不清的，根据说明书记载的内容无法具体实施；

（3）说明书中给出了技术手段，但所属技术领域的技术人员采用该手段并不能解决发明或者实用新型所要解决的技术问题；

（4）申请的主题为由多个技术手段构成的技术方案，对于其中一个技术手段，所属技术领域的技术人员按照说明书记载的内容并不能实现；

（5）说明书中给出了具体的技术方案，但未给出实验证据，而该方案又必须依赖实验结果加以证实才能成立。例如，对于已知化合物的新用途发明，在通常情况下，需要在说明书中给出实验证据来证实其所述的用途以及效果，否则将无法达到能够实现的要求。

具体到本申请：本申请的技术方案实际上只有在两种情况下是可以解决其技术问题的且符合说明书的描述。

（1）在衬底基板的显示区和非显示区涂布一定量的干燥剂，当干燥剂为粘度较高的胶态，流动性不强，通过真空贴合不能使干燥剂完全填充显示区，采取80℃下加热使干燥剂完全转变为流动性强的液态，自然填满所在区域，在离心力的作用下将显示区的气泡排到非显示区，以完全消除显示区的气泡，最后自然冷却干燥剂恢复到较高黏度的胶态，避免流动使得气泡返回显示区，从而解决了本申请所要解决的技术问题。

（2）在衬底基板的显示区和非显示区涂布一定量的干燥剂，所述干燥剂属于高温型固化胶，流动性不强，通过真空贴合不能使干燥剂完全填充显示区，采取80℃下加热使干燥剂完全转变为流动性强的液态，自然填满所在区域，在离心力的作用下将显示区的气泡排到非显示区，以完全消除显示区的气泡，最后继续升高温度至固化温度使干燥剂发生固化，避免流动使得气泡返回显示区，从而解决了本申请所要解决的技术问题。

然而根据现有技术的检索，现有的干燥剂无法满足上述条件，申请人也一直未对上述问题做出澄清和解释。因此根据说明书中记载的技术手段，本领域技术人员不能解决发明所要解决的技术问题，造成说明书公开不充分，说明书不符合《专利法》第二十六条第三款的规定。

（四）案例启示

在判断说明书是否公开充分的过程中，应当按照"公开换保护"的立法宗旨、权利与义务的关系，申请人有义务在说明书中对相应的技术方案做出清楚、完整的说明，使所属技术领域的技术人员能够实现该发明。因此，如果权利要求中要求保护的技术方案，申请人没有对其做出清楚、完整的说明，导致所属技术领域的技术人员不能实现该发明，审查员应当在审查意见通知书中指出说明书不符合《专利法》第二十六条第三款的规定。

第二节　实用性

根据专利法第二十二条第一款的规定，授予专利权的发明和实用新型应当具备新颖性、创造性和实用性。因此，申请专利的发明和实用新型具备实用性是授予其专利权的必要条件。

一、基本原则

实用性，是指发明或者实用新型申请的主题必须能够在产业上制造或者使用，并且能够产生积极效果。

授予专利权的发明或者实用新型，必须是能够解决技术问题，并且能够应用的发明或者实用新型。换句话说，如果申请的是一种产品（包括发明和实用新型），那么该产品必须在产业中能够制造并且能够解决技术问题；如果申请的是一种方法（仅限发明），那么这种方法必须在产业中能够使用，并且能够解决技术问题。只有满足上述条件的产品或者方法的专利申请，才可能被授予专利权。

在产业上能够制造或者使用的技术方案，是指符合自然规律、具有技术特征的任何可实施的技术方案。

能够产生积极效果，是指发明或者实用新型专利申请在提出申请之日，其产生的经济、技术和社会的效果是所属技术领域的技术人员可以预料到的。这些效果应当是积极的和有益的。应当注意的是，要求申请专利的发明或者实用新型能够产生积极效果，并不要求发明或者实用新型毫无缺陷。事实上，任何技术方案都不可能是完美无缺的。只要存在的缺点或者不足之处没有严重到使有关技术方案根本无法实施，或者根本无法实现其发明目的程度，就不能因为存在这样或者那样的缺点或者不足之处，否认该技术方案具备实用性。因此，能够被认定为不能产生积极效果的发明或者实用新型只能是那些不但明显无益，而且带来不良影响（如严重污染环境、严重浪费能源、败坏社会风气等）的发明或者实用新型。

二、典型案例

案例 3-2-1：一种离子储能方法及装置

（一）相关案情

本申请涉及储能技术领域，特别涉及利用离子储存电能的技术。

1. 本申请的技术方案

电能储存技术主要有电池储能与电容储能。电池储能的储能密度相对较高，可以达到几百瓦时每千克，但单体电池的电压较低，通常电压低于 5 伏，常常需要多个电池串联才能满足使用要求。多个电池串联使用增加了电池的技术难度与使用风险，同时也增加了成本。电容储能可以做到高电压，但电容的储能密度较低，其储能密度比电池储能密度差了不止一个数量级。本申请提供了一种离子储能方法及装置，其储能密度可以与电池储能密度相当，甚至超过电池储能密度，其单体电压可以比单体电池的电压高几个数量级。其主要是利用阴阳离子作为荷电粒子在正负极电解液中体相分布来提升介电层两侧正负极的荷电粒子密度，从而提升离子储能装置的储能密度。

离子储能装置主要由正极、负极、介电层及外壳组成，正极与负极由介电层隔离开，外壳包覆并保护正极、负极与介电层。所述正极主要由正极集流体

1、正极涂覆层 2、正极电解液组成。所述正极集流体 1 可以是铜箔、铝箔、镍箔、不锈钢箔等金属箔带，也可以是碳纤维薄膜、石墨薄膜等非金属导电薄膜。所述正极涂覆层 2 可以是活性炭涂覆层、纳米碳纤维涂覆层、石墨烯涂覆层等高比表面积导电材料涂覆层，也可以是非导电纳米基材镀导电层的高比表面积导电复合材料。所述正极电解液可以是酸性电解液、碱性电解液、中性电解液等水基电解液，也可以是有机电解液、离子电解液等非水电解液。所述负极主要由负极集流体 5、负极涂覆层 4、负极电解液组成。所述负极集流体 5 可以是铜箔、铝箔、镍箔、不锈钢箔等金属箔带，也可以是碳纤维薄膜、石墨薄膜等非金属导电薄膜。负极集流体 5 可以是与正极集流体 1 相同，也可以与正极集流体 1 不同。所述负极涂覆层 4 可以是活性炭涂覆层、纳米碳纤维涂覆层、石墨烯涂覆层等高比表面积导电材料涂覆层，也可以是非导电纳米基材镀导电层的高比表面积导电复合材料。负极涂覆层 4 可以是与正极涂覆层 2 相同的材料，也可以是与正极涂覆层 2 不同的材料。所述负极电解液可以是酸性电解液、碱性电解液、中性电解液等水基电解液，也可以是有机电解液、离子电解液等非水电解液。负极电解液与正极电解液完全隔离，负极电解液可以是与正极电解液成分相同，也可以是与正极电解液成分不同。所述介电层 3 可以是聚酰胺、聚偏氟乙烯等有机介电层，也可以是钛酸钙、钛酸钡等无机介电层，还可以是混合钛酸钙的聚酰胺薄膜等复合材料介电层。在正负极与介电层 3 之间还可以有隔膜，隔膜为电子绝缘离子导通的微孔薄膜，如锂离子电池的隔膜材料、镍氢电池电池的隔膜材料。介电层 3 也可以有涂覆层，涂覆层材料为高比表面积的导电材料，如石墨烯、纳米碳纤维、活性炭等。

工作原理主要是：充电时，正电荷通过正极集流体 1 分布到正极涂覆层 2 材料的表面，正极电解液的阴离子迁移到正极涂覆层 2 材料的表面附近与正极涂覆层 2 材料表面的正电荷形成双电层，正极电解液的阳离子迁移到介电层 3 的正极表面附近，形成阳离子层。负电荷通过负极集流体 5 分布到负极涂覆层 4 材料的表面，负极电解液的阳离子迁移到负极涂覆层 4 材料的表面附近与负极涂覆层 4 材料表面的负电荷形成双电层，负极电解液的阴离子迁移到介电层 3 的负极表面附近，形成阴离子层。介电层 3 两侧的阴阳离子层可以保持较高的电势差，离子储能装置可以有较高的开路电压。放电时，分布到正极涂覆层 2 材料表面的正电荷通过正极集流体 1 对外释放，正极涂覆层 2 材料表面附近的正极电解液阴离子迁移回电解液中，正极涂覆层 2 材料表面的双电层消散，介电层 3 正极表面附近的正极电解液阳离子迁移回电解液中，介电层 3 正极的阳离子层消散。分布到负极涂覆层 4 材料表面的负电荷通过负极集流体 5 对外释放，负极涂覆层 4 材料表面附近的负极电解液阳离子迁移回电解液中，负极涂覆层 4 材料表面的双电层消散，介电层 3 负极表面附近的负极电解液阴离子迁移回电解液中，介电层 3 负极的阴离子层消散。

2. 权利要求的相关内容

1. 一种离子储能方法，其特征在于利用阴阳离子作为荷电粒子在正负极的电解液中体相分布来提升介电层两侧正负极荷电粒子的密度，从而提升整个离子储能装置的储能密度。

（二）争议焦点

本申请的争议焦点在于：权利要求 1 请求保护的方案是否符合《专利法》第二十二条第四款关于实用性的规定？

（三）案例分析

《专利审查指南》第二部分第五章第 2 节规定："授予专利权的发明或者实用新型，必须是能够解决技术问题，并且能够应用的发明或者实用新型。换句话说，如果申请的是一种产品（包括发明和实用新型），那么该产品必须在产业中能够制造，并且能够解决技术问题；如果申请的是一种方法（仅限发明），那么这种方法必须在产业中能够使用，并且能够解决技术问题。只有满足上述条件的产品或者方法专利申请才可能被授予专利权。"

《专利审查指南》第二部分第五章第 3.2.2 节还规定了："具有实用性的发明或者实用新型专利申请应当符合自然规律。违背自然规律的发明或者实用新型专利申请是不能实施的，因此，不具备实用性。"

具体到本申请，根据说明书记载的技术方案，离子储能的工作原理主要是：充电时，正电荷通过正极集流体分布到正极涂覆层材料的表面，正极电解液的阴离子迁移到正极涂覆层材料的表面附近，与正极涂覆层材料表面的正电荷形成双电层，正极电解液的阳离子迁移到介电层的正极表面附近，形成阳离子层。负电荷通过负极集流体分布到负极涂覆层材料的表面，负极电解液的阳离子迁移到负极涂覆层材料的表面附近，与负极涂覆层材料表面的负电荷形成双电层，负极电解液的阴离子迁移到介电层的负极表面负极，形成阴离子层。介电层两侧的阴阳离子层可以保持可以保持较高的电势差，离子储能装置可以有较高的开路电压。

然而通过所属技术领域的技术人员分析可知，上述方案是不能成立的。具体理由如下：由于电解液是导电的，正极集流体、正极涂覆层和正极电解液就具有了同样的电势，而电介质不是储能装置的电极，没有施加电动势，因此，正极涂覆层与介电层之间不存在可以让正负离子迁移的电势差，电解液中的阴离子和阳离子无法分离并分别迁移到正极涂覆层表面和介电层的正极表面，因此，说明书中提及的双电层是无法实现的，无法利用阴阳离子作为荷电粒子在正负极的电解液中体相分布。即本申请请求保护的离子储能方法违背了自然规律，不能实施，不具备实用性，不符合专利法第二十二条第四款的规定。

(四) 案例启示

在进行实用性判断时，要以说明书和权利要求书所公开的整体技术内容为依据，而不局限于权利要求记载的内容。对于方法权利要求，应着重分析请求保护的方法是否能够实施，在产业中是否能够使用，当因技术方案本身固有的缺陷而导致不能够实施时，则判断其不具有实用性，这与说明书公开的程度无关。

案例 3-2-2：一种双飞轮电力转换发电设备

(一) 相关案情

本申请涉及发电设备领域，具体涉及一种双飞轮电力转换发电设备领域。

1. 本申请的技术方案

发电设备通常是指将其他形式的能源转换成电能的机械设备，它由水轮机、汽轮机、柴油机或其他动力机械驱动，将水流、气流、太阳能、燃料燃烧或原子核裂变产生的能量转化为机械能传给发电机，再由发电机转换为电能；水能、风能、太阳能和和核能发电设备通常需要很大的体积，以及特定的地理条件方能实施，发电设备为永久性设备，不能轻易搬迁移动。汽油、柴油等燃料发电设备可以实现小型化，但是噪声巨大，燃烧后产生废气，近距离使用对人体造成不良影响，转换效率低，柴油转换为电能的效率仅为30%～40%左右。为解决上述技术问题，本申请提供了一种双飞轮电力转换发电设备，具有小型化，易于移动和搬迁，发电效率高，运行平稳无偏心震动，没有污染，噪声小等优点。

具体结构如图3-5至图3-7所示。发电设备设置底座1，底座1上方固定设置30V直流电动机3，直流电动机3通过固定于底座1上的蓄电池2供电驱动；电动机输出皮带轮31通过皮带与固定在底座1上的减速齿轮箱4的输入皮带轮41相连，减速齿轮箱4输出轴两端均分别安装飞轮5，其中一侧飞轮5的输出轴端通过联轴器连接液压增速齿轮箱6的输入轴，液压增速齿轮箱6固定于底座1上，液压增速齿轮箱6的输出轴通过联轴器连接发电机7，发电机7输出电力线缆连接配电箱10后再连接用电器11。所述飞轮5上安装飞轮辅助电机51，辅助电机51动力线缆连接配电箱10，使用自身设备发出电能驱动。所述飞轮辅助电机51为齿轮减速电机，齿轮减速电机是指齿轮减速箱和电机（马达）的组成体，通过电机自带的齿轮减速机构，将辅助电机的转动通过降速和增大扭矩，传输给飞轮5，达到使飞轮5转动的作用。所述液压增速齿轮箱6的输入轴61上安装齿轮62和液压马达63，液压马达63与输入轴61之间设置超越式棘轮结构，输入轴61可以在液压马达63不转动或转速不足输入轴61转动的时候超越液压马达63进行转动，当液压马达63转速超过输入轴61时，液压马达63带动输入轴61转动，提供扭矩。液压马达进油管连接液压泵，液压马达出油管连接油箱，液压泵的动力线缆连接配电箱10，液压泵的动力可以来自发电机7自身发出的电能驱动，进一步提高液压增速齿轮箱6的扭矩，齿轮箱输出轴66上安装齿轮67，输入轴齿轮与输出轴齿轮相啮合，传动比为1∶3至1∶5。所述增速齿轮箱6内设置离合器68，离合器主动轴686固定连接主动啮合盘684，主动啮合盘684中心圆形凹槽内设压簧685，压簧685一端压紧凹槽底部，另一端压紧锥形摩擦件683底部，锥形摩擦件683另一端的锥形端与从动啮合盘682的凹槽相匹配，从动啮合盘682固定连接离合器从动轴681；离合器工作原理是：起初锥形摩擦件683的锥形端与从动啮合盘682的凹槽接触摩擦，压簧685受压，摩擦力带动从动啮合盘682和从动轴缓慢转动，随着压簧685进一步压缩，摩擦力进一步增大，从动轴转速也进一步增大，压簧 685 压缩完全时，从动啮合盘 682 和主动啮合盘 684 的齿轮接触咬合，主动轴和从动轴即可实现同速转动，在飞轮 5 转动初期，离合器 68 处于分离状态，飞轮 5 转动速度稳定后，离合器 68 合起，带动发电机 7 发电，以避免在设备开启初期负载过大，发电机 7 输出电力线缆连接配电箱 10 后再连接用电器 11，两段式离合器可避免离合器因高速咬合时产生的冲击和震动。

设备的工作过程是：通过控制面板开启直流电动机 3 转动，转速通过减速齿轮箱 4 减速增大扭矩后，带动减速齿轮箱 4 的两侧的飞轮 5 转动，飞轮 5 转动速度平稳后得到较大的转动惯性，通过联轴器带动液压增速齿轮箱 6 转动，再通过联轴器将转速传输至发电机 7 处，发电机 7 高速转动就能得到源源不断的交流电，交流电通过配电箱中的变压模块可以将其转换为 230～420V 的电压供给用电器使用。

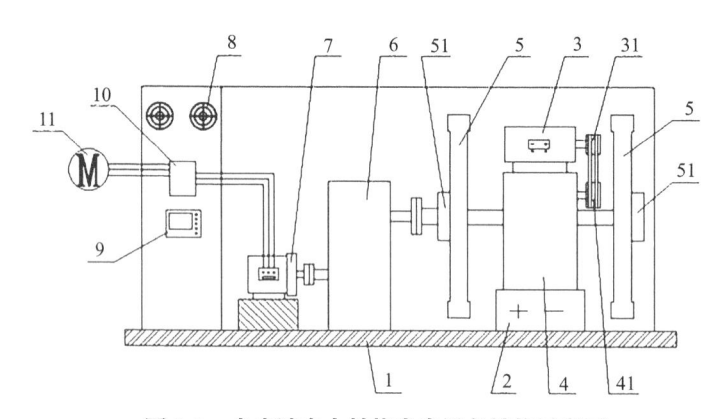

图 3-5　本申请电力转换发电设备结构示意图

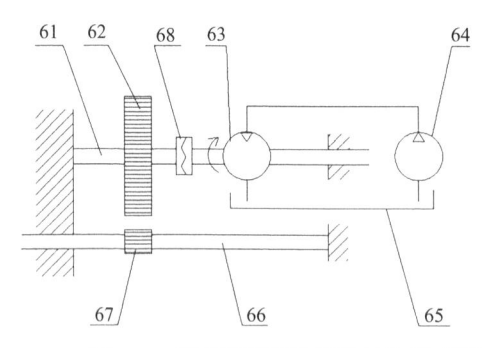

图 3-6　液压增速齿轮箱的结构示意图　　图 3-7　离合器的结构示意图

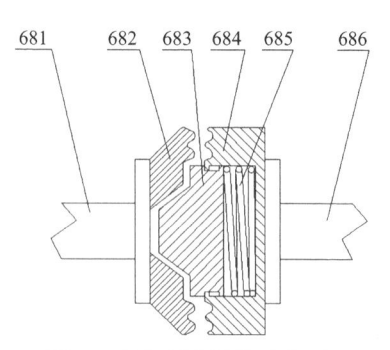

2.权利要求的相关内容

1.一种电力转换发电设备,其特征在于:发电设备设置底座(1),底座(1)上方固定设置直流电动机(3),直流电动机(3)通过固定于底座(1)上的蓄电池(2)供电驱动;电动机输出皮带轮(31)通过皮带与固定在底座(1)上的减速齿轮箱(4)的输入皮带轮(41)相连,减速齿轮箱(4)输出轴两端均分别安装飞轮(5)位于减速齿轮箱(4)的两侧,其中一侧的输出轴端通过联轴器连接液压增速齿轮箱(6)的输入轴(61),液压增速齿轮箱(6)固定于底座(1)上,液压增速齿轮箱(6)的输出轴(66)通过联轴器连接发电机(7),发电机(7)输出电力线缆连接配电箱(10)后再连接用电器(11)。

(二)争议焦点

本申请的争议焦点在于:权利要求1请求保护的方案是否符合《专利法》第二十二条第四款关于实用性的规定?

观点1

本申请通过电池驱动电动机,通过减速箱减速,带动飞轮转动,再通过液压增速齿轮箱的增速,将动力传动给发电机,从而产生交流电供用电器使用。就其技术方案本身来说,不管是本申请中的电动机、减速箱、飞轮、液压增速齿轮箱还是发电机在运行的过程中都会造成大量的机械能损耗,也就是说,本申请的电力输出必然是大于电力输入的,造成了能量损耗。相较于现有技术中,将直流电转化为交流电的逆变器,其能量损耗较大,明显无益、脱离社会需求,因此,本申请权利要求所要求保护的技术方案是明显无益、脱离社会需要的发明,不具备专利法第二十二条第四款规定的实用性。

观点2

本申请的技术方案所涉及的电力转换为蓄电池输出的直流电依次经过电动机、减速齿轮箱、飞轮、液压增速齿轮箱、发电机后输出三相交流电,上述电力转换实现了直流电到三相交流电的转换,能够在产业上制造和使用,并且该电力转换发电设备使用两段式离合器,降低了设备的震动和冲击,使用双飞轮设计,使飞轮转动平稳,设备震动减轻,使用液压增速齿轮箱,提高设备发电能力,整个设备运行平稳可靠、维护方便、适用范围广,具有积极的作用,其产生的经济、技术和社会的效果是所属技术领域的技术人员可以预料的积极的、有益的效果。因此本申请的技术方案具备实用性。

（三）案例分析

《专利审查指南》第二部分第五章第 2 节有关"实用性的概念"指出："能够产生积极效果，是指发明或者实用新型专利申请在提出申请之日，其产生的经济、技术和社会的效果是所属技术领域的技术人员可以预料到的。这些效果应当是积极的和有益的。"另外，要求申请专利的发明或实用新型能够产生积极效果，并不是要求发明或实用新型毫无缺陷；通常情况下，任何技术方案基于不同的考量因素都可能存在其优势和不足，都不可能是完美无缺的。如果其产生的经济、技术和社会的效果是可以预料的积极的、有益的效果，就应当认为其符合实用性关于"能够产生积极效果"的规定。

具体到本申请，其将直流电经过一系列机械设备转换为交流电，设备震动减轻，运行平稳。虽然现有技术中存在实现直流电到交流电变换的逆变器，但是本申请是实现相同功能的另一种实现方式，即使相比于现有的逆变器，其存在能量损耗稍大的缺陷，但是本申请的电力转换发电设备在产业中能够制造，同时其产生的经济、技术和社会的效果也是所属技术领域的技术人员可以预料的积极的、有益的效果。因此，不应将现有的逆变器作为比较基础，本申请的电力转换设备与现有的逆变器是实现直流到交流变换的两种不同设备，两者各有优缺点，两者控制方式不同，生成的电能质量不同，体积不同，成本也不尽相同，本领域技术人员可根据实际需要，比如成本考虑、应用场合、对设备的体积要求、电能质量的要求，而选择相应的电力转换设备，本申请的电力转换设备并非明显无益、脱离社会需求。

（四）案例启示

若一项申请的技术方案的产品在产业中能够制造或者使用，同时其产生的经济、技术和社会的效果是所属技术领域的技术人员可以预料的积极的、有益的效果，则本申请具备实用性。另外，要求申请专利的发明或实用新型能够产生积极效果，并不是要求发明或实用新型毫无缺陷，不能因为该产品存在缺点或者不足之处，否认该技术方案具备实用性。

第三节　修改超范围

在实质审查程序中，为了使申请符合《专利法》及《专利法实施细则》的规定，对申请文件的修改可能会进行多次。不论申请人对申请文件的修改属于主动修改还是针对通知书指出的缺陷进行的修改，都不得超出原说明书和权利要求书记载的范围。

一、基本原则

审查员对申请人提交的修改文件进行审查时，要严格遵循《专利法》第三十三条的规定。

其中，原说明书和权利要求书记载的范围包括原说明书和权利要求书文字记载的内容和根据原说明书和权利要求书文字记载的内容以及说明书附图能直接地、毫无疑义地确定的内容。申请人在申请日提交的原说明书和权利要求书记载的范围，是审查上述修改是否符合《专利法》第三十三条规定的依据，申请人向专利局提交的申请文件的外文文本和优先权文件的内容，不能作为判断申请文件的修改是否符合《专利法》第三十三条规定的依据。但进入国家阶段的国际申请的原始提交的外文文本除外。

按照规定提出的分案申请，可以保留原申请日，享有优先权的，可以保留优先权日，但是不得超出原申请记载的范围。

普通申请依据《专利法》第三十三条审查修改是否超范围，分案申请依据《专利法实施细则》第四十三条第一款审查修改是否超范围。

二、典型案例

案例3-3-1：一种光和无线信号相互辅助的波束赋形方法和装置

（一）相关案情

本申请涉及一种光和无线信号相互辅助的波束赋形方法和装置，属于通信技术领域。

1. 本申请的技术方案

本申请涉及一种光和无线信号相互辅助的波束赋形方法和装置，现有技术中的波束赋形方案为了实现高精度的波束追踪，信道策略和反馈的开销会很大，影响了系统容量和资源分配的灵活性，并使得信号处理变得复杂。

本申请为了改进波束赋形性能，提供了一种光和无线信号相互辅助的波束赋形装置，其包括硬件和软件两部分，其中硬件部分包括：基带及射频接口、增益控制、波束赋形天线阵、摄像装置四个部分，软件部分的功能除了传统的增益控制和波束赋形功能外，还有一个功能是将摄像头拍摄到的服务区视频或图像进行处理，从中获取有助于无线侧进行波束赋形的信息，而无线侧获取的用户信号信息也有助于优化处理摄像头拍摄到的服务区视频或图像。

其工作方式为：

（a）校准：无线覆盖范围和光拍摄范围的校准，摄像头拍摄画面中位置与波束方向的校准。校准除了系统初始化时要做之外，还应该能够根据波束赋形的效果变化情况自动进行定期或事件触发式的校准。

（b）系统不断监控摄像头拍摄画面跟踪用户方位的准确性，该准确性反映了基于光辅助进行波束赋形的准确性，当该准确性下降到一定程度时，系统将工作模式变为原有的只依赖于无线信号进行波束赋形参数估计的方式。摄像头拍摄效果变差时，可考虑变换频段，例如夜晚的时候可以变为采用红外线拍摄等。

（c）分析拍摄的画面，对潜在用户或移动台位置进行跟踪，并预先计算对应的波束赋形天线参数配置。

本申请通过控制摄像装置捕获潜在用户的位置或位置及姿态的改变进行波束赋形或波束改变及增益调整，从而改进波束赋形的性能。

2. 权利要求的相关内容

原始权利要求 1：一种光和无线信号相互辅助的波束赋形和增益调整的方法和装置，其特征在于，通信的一方利用摄像头采集通信的另一方发出的可见光、红外线或其他光信号，提取辅助无线波束赋形及增益调整的信息；亦可反过来利用无线信号辅助光信号进行波束对准。

修改后的权利要求 1：一种光和无线信号相互辅助的波束赋形和增益调整的装置，其特征在于，通信的一方利用与其天线位置相同的摄像头采集与其进行视距通信的另一方发出的可见光、红外线或其他光信号，提取辅助无线波束赋形及增益调整的信息；亦可反过来利用无线信号辅助光信号进行波束对准。

（二）争议焦点

本案的争议焦点是：修改后权利要求 1 限定了"与其天线位置相同的摄像头"，即摄像头与其天线位置相同，该处修改是否超范围。

（三）案例分析

《专利法》第三十三条规定了申请人可以对其专利申请文件进行修改，但是，对发明和实用新型专利申请文件的修改不得超出原说明书和权利要求书记载的范围。

申请人在修改权利要求 1 时增加了技术特征"与其天线位置相同的摄像头"，经核实，本申请的原始权利要求书没有记载"与其天线位置相同的摄像头"。本申请的原始说明书中记载的是"波束赋形、增益调整模块的功能是，根据图像分析模块所计算得到的通信对端视距条件下的位置，从而进行波束赋形或增益赋值；或当摄像装置与天线阵列不共址时，在通信对端与天线阵列非视距，而摄像装置仍能拍摄到通信对端的情况下，根据图像分析获得的通信对端位置变化或姿态变化进行波束调整或增益调整"，可见本申请的说明书仅记载了通信对端与天线阵列在视距条件下，或者摄像装置与天线阵列不共址且通信对端与天线阵列非视距条件下，均可进行图像分析对端位置变化或姿态变化进行波束调整或增益调整；另外，本申请的说明书附图记载了天线阵列、摄像装置与各个处理模块之间的交互，也不涉及天线阵列、摄像装置的位置关系，其他附图也不涉及摄像装置。因此，本申请的原始说明书和权利要求书均不涉及摄像装置与天线阵列之间的位置关系，修改后的权利要求 1 中限定的"与其天线位置相同的摄像头"未直接记载在本申请的原始说明书和权利要求书中，也不能根据本申请的原始说明书和权利要求书文字记载的内容及说明书附图直接地、毫无疑义的确定，因此，不符合《专利法》第三十三条的规定。

（四）案例启示

《专利法》第三十三条规定申请人可以对其专利申请文件进行修改，但是，对发明和实用新型专利申请文件的修改不得超出原说明书和权利要求书记载的范围。在判断申请人对专利申请文件的修改是否超范围时，应当首先核实修改的内容是否超出了原说明书和权利要求书记载的范围，如果申请人修改的技术特征在原说明书和权利要求中没有明确的文字记载，则应该进一步判断其是否可以通过原说明书和权利要求记载的内容以及说明书附图直接地、毫无意义的确定。就本案而言，新增的技术特征"与其天线位置相同的摄像头"未记载在原始申请文件中，也不能从原始说明书和权利要求记载的内容直接地、毫无疑义的确定，由此判断该修改超范围。

案例 3-3-2：远程车辆编程系统和方法

（一）相关案情

本案涉及一种远程车辆编程系统和方法。

1. 本申请的技术方案

本申请涉及一种车载诊断系统。车载诊断（OBD）系统允许车辆用户或技术人员获取车辆内有关各个模块和子系统的重要信息，这种 OBD 系统通常可以通过位于车辆仪表盘（dash）底部的数据链路连接器（DLC）获取。在传统的维修设置中，技术人员采用专用的、与车辆的连接器连接的扫描工具，从车辆子系统中读取用于诊断目的数据，同时也能够根据需要重新编程车辆子系统。在现有技术中，对于不同车辆的不同通信协议，技术人员需要使用不同的扫描工具与对应的信号进行兼容，并且大部分的扫描工具是直接连接到车辆的数据链路连接器的手持设备，所以技术人员必须在车辆本身附近或车辆里面进行服务，在一个典型的修车厂环境里，这可能麻烦或不安全。本领域中有两种典型的扫描工具。一种典型的"售后"扫描工具具有有限的性能，为了维持恰当的燃料效率和排放，只能与特定的模块和子系统相配合，所述特定的模块和子系统例如发送机控制模块和变速器控制模块。通常，这些售后扫描工具只限于与由 SAE J2534 指示的系统相配合。这些售后扫描工具一般没有能力对众多其他车辆模块和子系统进行读、分析、操作和重编程。另一方面，制造商自定义的扫描工具是一种设计用于与车辆内的所有模块和子系统配合的扫描工具，并且提供对这些模块和子系统进行读、分析、操作、编程和重编程的能力。当然，跟限制性的售后扫描工具相比，拥有和维修制造商自定义的扫描工具更昂贵。举例来说，扫描工具硬件本身更贵，但是更重要的是，为了利用最新的编程软件，制造商自定义的扫描工具需要每日、每周、或每月更新软件。相应地，如果技术人员希望为特定的车辆制造商提供广泛的服务，那么他必须购买和订阅制造商自定义的扫描工具，由此他才能够获取最新的软件更新。为了解决上述问题，本领域需要允许技术人员从远程位置通过车辆的ODB接口对车辆进行维修和编程的系统和方法，并且该方法和系统不需要商店或修车厂为每个特定的车辆品牌和／或型号购买许多昂贵的扫描工具就可以对车辆编程。

基于上述问题，本发明提供了一种远程车辆编程系统和方法，通过在车辆处设置车辆通信设备，在远程计算机端设置对应的远程通信设备，使得车辆通信设备获得车辆的引脚信息，并将引脚信息转化为网络兼容的车辆数据包，通过双向通信链路传输到远程通信设备，远程通信设备将车辆数据包还原为引脚信号，从而传输到计算机系统，以解决通信协议不同需要不同的扫描工具，以及只能在车辆附近进行通信的问题。

如图3-8所示，本发明的通信引脚设备包括两个通信设备，以下称为"CIDs"。CIDs的目的在于在位于一个位置的目标车辆的车辆连接器和位于第二位置即远程位置的扫描工具或计算机之间创建双向通信链路，这样技术人员能够对目标车辆远程编程。图中示出了汽车CID201和远程CID202。汽车CID201有插口211、通信处理器241和调制调解器261，远程CID202有插口212、通信处理器222和调制调解器262。

汽车CID201通过插口211与汽车连接器101连接。插口211被配置与汽车连接器101的引脚102连接，这样引脚102呈现的车辆信号就可以被CID201接收，并且被通信处理器241处理。通信处理器241包含能够使输出引脚信号221转换成网络兼容数据包、汽车数据包251的操作逻辑，调制调解器261能够通过计算机网络将汽车数据包251传输到远程CID202。

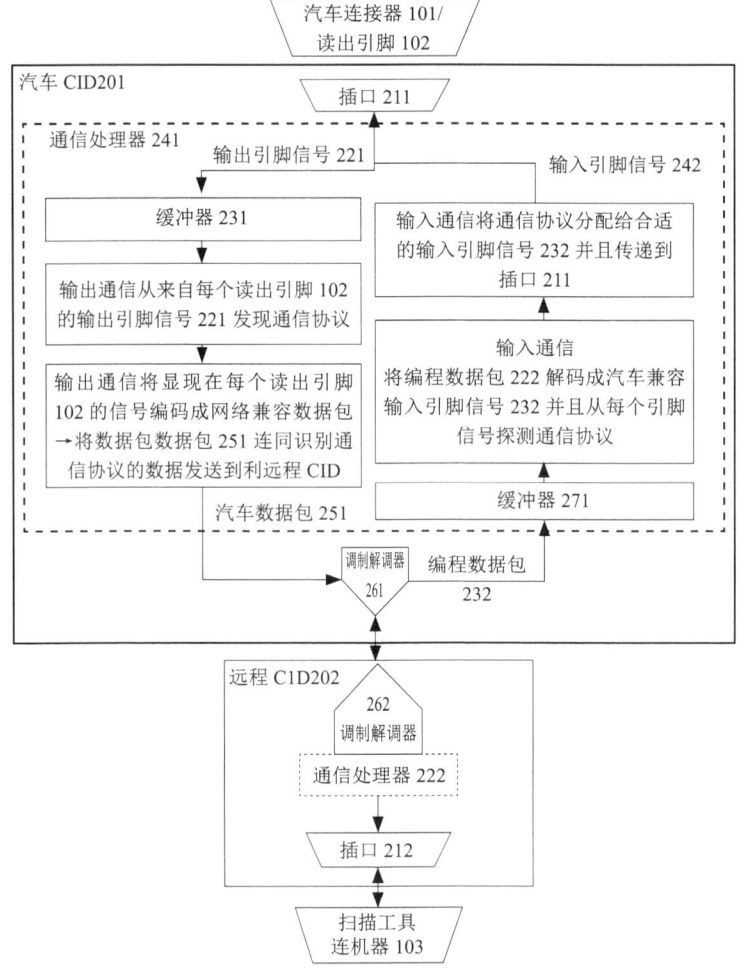

图 3-8 本发明的通信引脚设备示意图

远程 CID202 与扫描工具或计算系统通信，从而插口 212 与扫描工具连接器 103 连接，扫描工具连接器 103 有与上面描述的汽车连接器 101 相同的引脚配置。相应地，远程 CID202 能够通过调制解调器 262 请求和接收汽车数据包 251（来自汽车 CID201 的调制解调器 261），通信处理器 222 处理该数据包，并且将它转换成引脚信号，然后引脚信号被传送到扫描工具或计算机系统（通过扫描工具连接器 103）用于分析和编程。汽车数据包 251 为远程 CID201 提供"读"数据，并且能够被用于判断给定车辆子系统的当前状态，也能够用于判断那个子系统是否存在错误、异常或其他问题。

相应地，技术人员能够利用扫描工具或计算机系统通过双向通信链路向车辆发送编程指令。例如，将编程指令通过扫描工具连接器103经由插口212从扫描工具或计算机系统发送到远程CID202。当编程指令最初是引脚兼容的信号时，远程CID202中的通信处理器222采用与上面描述的关于汽车CID201大致相同的方式转换该信号，然后通过双向通信链路（即调制调解器262到调制调解器261）将网络兼容的编程数据包232转发到汽车CID201。汽车CID201接收编程数据包232并且将它重新转换成车辆兼容的输入引脚信号232，该输入引脚信号通过插口211和汽车连接器101之间的连接被传递给该车辆。

汽车CID201和远程CID202能够进行双向信息交换。车辆数据即汽车数据包251被发送到远程位置，然后技术人员就可以对它读取、分析和处理，并且能够将新的车辆数据集编程数据包232发送回目标车辆。一旦建立了双向通信链路，根据情况和需要的编程任务，车辆或远程位置中的任何一方都可以发起数据传递。所述远程CID202向汽车CID201请求输出引脚信号信息，然后这些输出引脚信号信息就作为汽车数据包251被传输到远程CID202。

2. 权利要求的相关内容

修改后的权利要求1：

1. 用于对车辆的一个或多个子系统远程编程的系统，包括：

具有多个引脚的车辆连接器，所述引脚与所述一个或多个子系统进行通信；

连接到所述车辆连接器的车辆通信设备；

所述车辆通信设备和远程通信设备之间的双向通信链路；

连接到所述远程通信设备的计算机系统；

其中，所述车辆通信设备配置为：

接收所述引脚上出现的一个或多个输出引脚信号，所述输出引脚信号包含与一个或多个所述子系统相对应的数据；

将所述一个或多个输出引脚信号转化成网络兼容车辆数据包；

通过所述双向通信链路将所述车辆数据包传输到所述远程通信设备；

其中，所述远程通信设备配置为：

将所述车辆数据包重新转化成所述一个或多个输出引脚信号；以及

将所述一个或多个输出引脚信号传输到所述计算机系统；以及

其中，所述计算机系统与所述车辆连接器利用标准 OBD 通信协议连接到连续的双向通信中；并且其中所述计算机系统由所述连续的双向通信利用标准 OBD 通信协议启动以积极地并连续地与所述子系统通信、扫描和编程所述子系统，就如同所述计算机系统位于所述车辆附近一样。

（二）争议焦点

增加的技术特征"计算机系统由所述连续的双向通信利用标准 OBD 通信协议启动以积极地并连续地与所述子系统通信、扫描和编程所述子系统"中，涉及的"连续"的双向通信，是否超出了原说明书和权利要求书的范围？

针对以上问题，存在两种不同的观点：

观点 1

对于新增的该技术特征，在说明书中仅记载了 OBD 系统采用的多种不同的通信协议，经查询在说明书中记载的部分通信协议是同步传输，同步传输包括两种常见形式：同步顺序传输，请求应答的方式传输（在传输数据帧时，字符与字符之间的传输是同步无间隔的。第一种方式明显是连续传输，而第二种方式明显是非连续传输。同步传输并非能够一定推导出连续传输，因此"通过 OBD 通信协议连续地与子系统进行通信"并未记载在原说明书及权利要求书中，也并不能从原说明书和权利要求书及说明书附图中直接、毫无疑义地确定，所以该修改超出了原说明书及权利要求书的范围。

观点 2

本案的重点是车辆与远端之间建立双向通信，通过双向通信传递数据是实现对车辆的远程控制，而并不是传输协议的传输机制。因此不应将"连续"理解为每个同步传输的时钟信号皆有数据传输。因此本申请中的"连续"不超范围。

（三）案例分析

根据《专利审查指南》第二部分第八章第 5.2.1.1 节的规定："在实质审查程

序中，为了使申请符合专利法及其实施细则的规定，对申请文件的修改可能会进行多次。审查员对申请人提交的修改文件进行审查时，要严格掌握专利法第三十三条的规定。不论申请人对申请文件的修改属于主动修改还是针对通知书指出的缺陷进行的修改，都不得超出原说明书和权利要求书记载的范围。原说明书和权利要求书记载的范围包括原说明书和权利要求书文字记载的内容和根据原说明书和权利要求书文字记载的内容以及说明书附图能直接地、毫无疑义地确定的内容。"

由本案说明书可知本申请的技术方案旨在通过建立一个双向通信链路，将由车辆的车辆连接器读出的信号传送到远程，在远程进行读取、分析和编程，再通过该双向通信链路将编程指令发送到车辆。根据本领域技术人员的常规认知，连续的双向通信是指一旦数据传输启动后，在传输过程中是连续的，在未启动数据传输时，不需传送数据，不存在连续传输的可能性。结合本申请的技术方案可知，当扫描工具位于远程位置与远程通信设备建立连接之后便会启动数据的传输，数据在车辆端和远端进行同步传输，这种传输过程是相连接续的，直到数据传输完毕。因此，"连续的双向通信"是本领域技术人员可以从原申请文件中直接地、毫无疑义地确定的，因此不存在修改超范围的缺陷。

（四）案例启示

在进行修改超范围的判断时，需要基于发明的整体技术方案进行理解，站位本领域技术人员，基于本领域技术人员的常规认知，从而正确判断修改是否超出了原申请文件的范围，而不应当过于机械地去理解技术本身，从而带来了判断上存在的偏差。

第四节　总　　结

公开不充分、实用性以及修改超范围法条属于实质审查中的事实认定法条，需要我们在对申请文件的创造性进行审查之前就做出准确认定。以上三节以实际案例为基础，探讨了在应用上述三个法条时的原则。总体而言，在判断的时候都需要充分站位本领域技术人员，基于申请文件充分公开的内容，整体把握发明的技术方案，避免在判断时拘泥于权利要求的记载或者仅着眼于技术细节而出现偏差。

第四章

其他法条审查

除了上述三章探讨的专利法保护的客体问题、创造性问题、公开不充分、实用性和修改超范围的问题外，权利要求应当清楚、得到说明书的支持、独立权利要求应当包含必要技术特征及驳回时机的问题，同样是在实质审查过程中，易成为探讨焦点的问题。本章将结合多个实际案例，对上述问题中可能存在的争议焦点进行分析，并结合《专利法》《专利审查指南》的规定，阐述考量上述问题时需要注意的要点和难点，同时结合案例给出案例启示。

第一节　权利要求应当清楚

专利法第二十六条第四款规定："权利要求应当以说明书为依据，清楚、简要地限定要求专利保护的范围。"

一、基本原则

权利要求是否清楚，对于确定发明或者实用新型要求保护的范围是极为重要的。一方面，在专利申请的审查过程中，审查员主要是根据权利要求书的相关内容来判断其是否清楚地限定出权利要求的保护范围，并对其进行审查。另一方面，从专利权人的角度来看，权利要求书的相关内容是专利权人用来明确其权利要求范围的依据，更是用于判定是否侵权的主要依据；从公众的角度来看，只有权利要求是清楚的，才能明确告知公众权利范围的边界，进而使得公众在实际生产和专利申请过程中，能够合理避开已有的专利权，避免侵权，更加合理有效地利用社会资源。

权利要求清楚包括三个层次。

第一，每项权利要求的类型应当清楚，一方面权利要求所要求保护的主题名称应当能够清楚地表明该权利要求的类型是产品权利要求还是方法权利要求，不允许采用模糊不清的主题名称，另一方面权利要求保护的主题名称还应当与权利要求的内容相适应。

第二，每项权利要求所确定的保护范围应当清楚，权利要求记载的各个技术特征以及各个技术特征之间的关系应当清楚，不能使用含混不清或者会产生歧义的措辞。

第三，构成权利要求书的所有权利要求作为一个整体也应当清楚，权利要求之间的引用关系应当清楚。

二、典型案例

案例 4-1-1：一种具有新型读取标签算法的读卡器

（一）相关案情

本申请涉及一种具有新型读取标签算法的读卡器，属于射频识别技术领域。

1. 本申请的技术方案

本申请涉及一种具有新型读取标签算法的读卡器，现有技术中在利用读取协议对读到标签的 EPC（产品电子码）进行 CRC（循环冗余校验）校验时，如果失败了，则丢弃该 EPC。本申请的读取算法则不会丢弃该错误的 EPC，把错误标签存到读卡器内部的滑动窗口，可以在该滑动窗口自动恢复错误标签。

本申请的读卡器具有两种读取模式：

（1）单标签模式，当前环境中只有一个标签响应读卡器，其工作模式为先从一堆标签中随机选择一个跟读卡器通信，如果读取到的标签能够通过 CRC 校验，则该会话结束，正确读取到标签。否则把这个错误的标签加入滑动窗口，然后根据窗口中的数据恢复出标签，再进行 CRC 校验，如果通过则正确读取了标签。否则查看是否达到了最大的读取次数，没有达到则再读取一次该标签，否则重新选择一个标签重复该读取过程。

（2）多标签模式，当前环境中有多个标签响应读卡器，其工作模式为从一堆标签中随机选择一个跟读卡器通信，如果读取到的标签能够通过 CRC 校验，则正确读取到标签。否则把这个错误的标签加入滑动窗口，然后对这个窗口中的数据进行智能分类，对刚刚读取到的这个标签的那一类数据进行恢复标签，再进行 CRC 校验，如果通过则正确读取了标签。否则重新选择一个标签重复该读取过程。

本申请的多标签模式能够很好地和当前最流行的读取协议 Class-1 Generation-2 protocol 兼容，单标签模式则提供了更高的读取效率。

2. 权利要求的相关内容

1. 一种具有新型读取标签算法的读卡器的实现方法，其特征在于，所述方法包括：

该读卡器的读取标签的算法可以自动恢复错误标签；该读卡器有可以保存过去读到的错误 EPC 的滑动窗口，该滑动窗口是保存最近一段时间内读取到的错误 EPC（产品电子码）；

该读卡器的读取模式有两种：单标签模式和多标签模式。

（二）争议焦点

本案的争议焦点是：权利要求 1 是否清楚？

观点 1

根据权利要求 1 的技术方案的整体内容可以确定权利要求 1 "实现方法"实际为读卡器工作方法，整体上可以确定权利要求 1 是清楚的。

观点 2

本领域技术人员并不能确定权利要求 1 的技术方案是一种工作方法还是操作方法，认为权利要求 1 不清楚。

（三）案例分析

《专利审查指南》第二部分第二章第 3.2.2 节规定："权利要求应当清楚，一是指每一项权利要求应当清楚，二是指构成权利要求书的所有权利要求作为一个整体也应当清楚。"每一项权利要求清楚包括每项权利要求的类型应当清楚,每项权利要求的类型应当清楚,一方面要求权利要求的主题名称应当能够表明其是方法权利要求还是产品权利要求,另一方面要求权利要求的主题名称应当与权利要求的技术内容相适应。

就本案而言,权利要求1的主题名称为"一种具有新型读取标签算法的读卡器的实现方法",本领域技术人员并不清楚"实现方法"是制造读卡器的方法,还是读卡器工作或操作的方法,也即该权利要求的主题名称不清楚。此外,权利要求1是方法权利要求,但其包含的技术内容并不涉及任何工艺过程、操作条件、步骤或者流程等技术特征,也就是说权利要求1的主题名称和技术内容不适应。因此,权利要求1不清楚,不符合《专利法》第二十六条第四款的规定。

(四)案例启示

每项权利要求的类型应当清楚保护两个层次,一是权利要求的主题名称应当能够表明其是方法权利要求还是产品权利要求,本案中,方法权利要求的主题名称是"一种……实现方法",容易引起理解上的歧义,不清楚其是操作方法还是制作方法;二是权利要求的主题名称应当与权利要求的内容相适应,对于产品权利要求,通常应当用产品本身的结构特征来限定;对于方法权利要求,通常应当用工艺过程、操作条件、步骤或者流程等技术特征来限定。

案例4-1-2:一种强制性限制作业人员活动空间的带电作业方法

(一)相关案情

本申请涉及一种强制性限制作业人员活动空间的带电作业方法,属于电力领域。

1. 本申请的技术方案

本申请涉及一种强制性限制作业人员活动空间的带电作业方法,现有技术中存在的缺陷是:在传统的电网运行管理中,工作人员在同塔多回路带电作业施工时,经常遇到上下横担间距较小的情况,无法由工作人员直接进行同塔多回路线路直线绝缘子的更换，并且作业位置上方带电体不能移动，或移动后其有效作业空间允许作业人员进入，但不容作业人员大幅度动作，对作业人员的安全作业存在一定安全隐患时；传统更换绝缘子的方法，通常采用操作杆远程操作或对线路做停电措施，操作杆远程操作，费时费力，工作效率低；而采取停电措施则造成大面积电网断电，严重影响着电网的供电可靠性和供电时间。

本申请的强制性限制作业人员活动空间的带电作业方法包括以下步骤：

（1）申请停用线路重合闸，核对线路双重名称和杆号；

（2）明确作业分工、安全措施及注意事项；

（3）工作人员采用兆欧表检测绝缘工具的绝缘电阻，检查承力工具是否完好灵活；

（4）1#电工携带绝缘传递绳登塔至作业位置上方横担，系、挂好安全带，将绝缘传递绳在横担适当位置安装好，2#电工登塔至作业位置，3#电工登塔进行塔上监护；

（5）地面电工通过绝缘传递绳将强制绝缘限位装置和绝缘操作杆传递至作业位置，1#、2#电工配合悬挂强制绝缘限位装置，1#电工移动至导线水平位置，并系、挂好安全带；

（6）2#电工与地面电工相互配合，将绝缘提线器、可调式导线保护绝缘绳传递至工作位置，并与1#电工相互配合安装好绝缘提线器和可调式导线后备保护绳；

（7）1#电工用绝缘操作杆取出导线侧碗头锁紧销后，2#电工用绝缘承力提线器提升导线，1#电工用绝缘操作杆脱离绝缘子串与导线侧碗头的连接；

（8）2#电工将导线下落约10～20 cm，2#电工在横担侧第二片绝缘子处系好绝缘传递绳，并取出横担侧绝缘子锁紧销；

（9）2#电工与地面电工相互配合操作绝缘传递绳，将旧的绝缘子串放下，同时新绝缘子串跟随至工作位置；

（10）2#电工安装好新绝缘子串横担侧锁紧销，并提升导线配合1#电工用绝缘操作杆安装好导线侧球头与碗头并恢复锁紧销；

（11）2#电工检查绝缘子串锁紧销连接情况，并检查确保连接可靠；

（12）2#电工拆除绝缘提线器和可调式导线后备保护绳，依次传递至地面；

（13）1#电工配合地面电工拆除强制限位器传递至地面，塔上电工检查塔上无遗留工具后，背绝缘传递绳平稳下塔；

（14）整理工器具，清理现场，恢复线路重合闸。

本申请通过在作业位置上方悬挂强制限位装置，有效地实现了限制作业人员在作业过程中的活动范围，防止作业人员因动作过大身体进入安全间隔范围内，保障作业人员与带电体间保持安全距离，避免空气间隙不足导致的人身意外伤害或电网电气设备损坏等安全事故的发生，从而实现在不停电状态下，作业人员有效到达待更换绝缘子处进行同塔多回路绝缘子更换的操作，操作简便、安全可靠，更换效率高。

2. 权利要求的相关内容

1. 一种强制性限制作业人员活动空间的带电作业方法，其特征在于：它包括如下步骤：

1）申请停用线路重合闸，核对线路双重名称和杆号；……

14）整理工器具，清理现场，恢复线路重合闸；所述强制限位装置包括安全限位机构和悬挂机构，所述安全限位机构可采用申请人在先申请的多回路杆塔带电作业安全限位器，申请号为201120419585.2，所述悬挂机构可采用申请人在先申请的多回路带电作业安全限位器悬挂装置，申请号为201120419583.3，所述绝缘承力提线器包括导线提线器、提线器固定机构、提线器丝杠操作机构和提线器绝缘连接构件，其中，所述导线提线器可采用申请人在先申请的带电作业双导线提线器，申请号为201120419591.8；所述提线器固定机构可采用申请人在先申请的输电导线提线器固定装置，申请号为201120419589.0；所述提线器丝杠操作机构可采用申请人在先申请的输电导线提线器丝杠操作装置，申请号201120419580.X；所述提线器绝缘连接构件可采用申请人在先申请的输电导线提线器绝缘拉板，申请号为201120419586.7。

（二）争议焦点

本案的争议焦点是：权利要求中引用专利文件，其保护范围是否清楚？

观点1

一般而言，由于所引用专利文件一般都包括了大量的技术方案和技术信息，并不能明确实质上引用了专利文件中具体哪一个技术方案，所以此种情况的引用会导致权利要求的保护范围不清楚。就本案而言，权利要求1中的安全限位机构、悬挂机构、绝缘承力提线器均采用了引证专利文件的方式做限定，例如"所述安全限位机构可采用申请人在先申请的多回路杆塔带电作业安全限位器，申请号为201120419585.2"；悬挂机构、绝缘承力提线器的限定方式与之类似。以安全限位机构为例，申请号为201120419585.2的专利文件的权利要求书中包含4个技术方案，本领域技术人员不清楚权利要求1的安全限位机构实质上引用了专利文件中具体哪一个技术方案，这种情况的引用会导致权利要求的保护范围不清楚。

观点2

虽然权利要求中的引证专利文件中含有多个权利要求，引用的专利文件说明书中也含有多种技术方案，如果本领域技术人员不能够清楚明了或者判断引证专利文件中所公开的某些技术方案是否能够应用到本申请中并解决相应的问题，那么权利要求存在不清楚的问题。

就本案而言，以安全限位机构为例，虽然申请号为201120419585.2的专利文件的权利要求书中包含4个技术方案，但这4个技术方案均能应用到本申请并解决相应的问题，应当将这4个技术方案理解为本申请的并列技术方案，权利要求是清楚的。

（三）案例分析

权利要求1中的强制限位装置包括的安全限位机构、悬挂机构、绝缘承力提线器均引证了其他专利申请文件进一步限定。上述引证明确了引证的文件是专利申请并写明了专利申请的申请号，例如"所述安全限位机构可采用申请人在先申请的多回路杆塔带电作业安全限位器，申请号为201120419585.2"，且权利要求1中的六篇被引证专利申请的公开日均早于本申请的公开日；考虑到引证内容显然是申请人本人在申请日时已完成的发明，申请人并无故意隐瞒的恶意。因此，虽然本案的引证方式撰写不尽规范，但根据引证可以直接唯一地确定到相关文件，应视为本申请已经对相关文件作出明确唯一引证，即认为本申请中记载了所引证文件中的内容。

权利要求中引证的专利文件中含有多个权利要求，其说明书中也包含多个技术方案，虽然引证专利文件有唯一指引，但由于引证专利文件包括多种技术方案，本领域技术人员不清楚权利要求1的技术方案实质上引用了专利文件中具体哪一个技术方案，这种引用会限定出多个保护范围不同的技术方案，导致权利要求1的保护范围边界不清晰，从而导致权利要求不清楚，不符合《专利法》第二十六条第四款的规定。

（四）案例启示

《专利审查指南》第二部分第二章第3.2.2节中规定："每项权利要求所确定的保护范围应当清楚"，保护范围清楚一方面要求权利要求的所用词语的含义对于本领域技术人员而言是清楚的，另一方面要求每一项权利要求的保护范围边界清晰。对于通过引证专利文件形式撰写的权利要求，即使引证的专利文件有唯一指引，由于引证的专利文件中有多个技术方案，这种引用会限定出多个不同保护范围，导致权利要求不清楚。

《专利审查指南》第二部分第二章第2.2.3节"背景技术"对引证专利文件作如下要求：

"引证专利文件的，至少要写明专利文件的国别、公开号，最好包括公开日期；引证非专利文件的，要写明这些文件的标题和详细出处。"，还规定了"引证文件还应当满足以下要求：（1）引证文件应当是公开出版物，除纸件形式外，还包括电子出版物等形式。（2）所引证的非专利文件和外国专利文件的公开日应当在本申请的申请日之前；所引证的中国专利文件的公开日不能晚于本申请的公开日。（3）引证外国专利或非专利文件的，应当以所引证文件公布或发表时的原文所使用的文字写明引证文件的出处以及相关信息，必要时给出中文译文，并将译文放置在括号内。"

《专利审查指南》第二部分第二章第2.2.6节"具体实施方式"部分规定："应当注意的是，为了方便专利审查，也为了帮助公众更直接地理解发明或者实用新型，对于那些就满足专利法第二十六条第三款的要求而言必不可少的内容，不能采用引证其他文件的方式撰写，而应当将其具体内容写入说明书。"

有鉴于此，若权利要求中引证专利文件的撰写方式限定出了多个保护范围，引用的专利文件说明书中也含有多种技术方案，这种引用会限定出多个保护范围不同的技术方案，导致权利要求不清楚，不符合《专利法》第二十六条第四款的规定。对于由上述原因导致的不清楚，如果对本领域技术人员而言，引用的专利文件中的上述多个技术方案明确完整，且均可适用于本申请的技术方案，申请人可以将任意一个或多个技术方案补入权利要求中以克服不清楚的问题。

第二节　权利要求应当得到说明书的支持

根据《专利审查指南》第二部分第二章第3.2.1节的规定：权利要求书应当以说明书为依据，是指权利要求应当得到说明书的支持。

一、基本原则

权利要求书中的每一项权利要求所要求保护的技术方案应当是所属技术领域的技术人员能够从说明书充分公开的内容中得到或概括得出的技术方案，并且不得超出说明书公开的范围。权利要求通常由说明书记载的一个或者多个实施方式或实施例概括而成。权利要求的概括应当不超出说明书公开的范围。如果所属技术领域的技术人员可以合理预测说明书给出的实施方式的所有等同替代方式或明显变型方式都具备相同的性能或用途，则应当允许申请人将权利要求的保护范围概括至覆盖其所有的等同替代或明显变型的方式。对于权利要求概括得是否恰当，审查员应当参照与之相关的现有技术进行判断。

在理解和使用不支持法条时，应当站位本领域技术人员，判断权利要求的上位概括是否能够解决本申请所要解决的技术问题，并达到相同的技术效果，如果本领域技术人员能够得出说明书公开的内容的等同替代或者明显变形方式都能解决该技术问题，并达到相应的技术效果，则不应由于说明书仅给出了一种具体的事实方式，就认定其得不到说明书的支持，而应当允许申请人进行合理的概括。

二、典型案例

案例 4-2-1：一种图像处理方法

（一）相关案情

本申请涉及一种运用头发识别技术的图像处理方法。

1. 本申请的技术方案

本申请涉及身份识别中的头发识别技术。现有的头发区域识别方法通过对头发建立颜色模型，如采用 YCbCr 色彩空间，对各种颜色的发型进行统计从而建立颜色模型，如果像素的颜色范围落在颜色模型内则识别为头发区域。进一步地，在颜色模型的基础上还可以引入纹理特征一起识别头发区域。但不论只采用颜色模型还是在此基础上引入伦理特征，上述现有技术受限于头发的样本，如果样本不全，则识别效果也不好，而且会受到周围环境影响，如遇到和头发颜色接近的情况就会出现误识别，如果头发是染色的就基本识别不了。

为了解决采用头发样本模型进行识别时误差较大的问题，本申请提供一种图像处理方法，首先获取到人脸识别后的包括人脸区域和头发区域的第一区域的图像，除去了大部分背景，避免了背景对识别可能带来的影响。其次对第一区域的图像进行识别，获取第一区域的图像中的头顶区域的图像，确定头顶区域的图像中的头发区域即第二区域，由于头顶是头发生长的部分，头顶区域更便于获取头发的图像。进一步在预处理后的原始图像中获取对应第二区域的图像，并获取到头发的特征参量，从而根据该特征参量对原始图像识别，得到完整的头发区域即第三区域的图像。本申请的头发识别方法通过获取图像本身的头发的特征参量作为整体识别的依据，不会出现采用预定模型受限于样本而不能识别或环境干扰等问题，使头发的识别更准确。

2. 权利要求的相关内容

（1）权利要求 1。一种图像处理方法，其特征在于，包括：

对图像进行预处理，并通过人脸识别获取处理后图像中的第一区域的图像；其中，所述第一区域包括人脸区域和头发区域；

对所述第一区域的图像进行识别，获取所述第一区域的图像中的头顶区域的图像，确定所述头顶区域的图像中的第二区域；其中，所述第二区域为所述头顶区域中的头发区域；

根据所述第二区域在原始图像中获取对应所述第二区域的图像，并获取图像中头发的特征参量；

根据所述特征参量对原始图像进行识别，获取第三区域的图像；其中，所述第三区域为完整的头发区域。

（2）权利要求5。根据权利要求2所述的图像处理方法，其特征在于，对所述第一区域的图像进行识别，获取所述第一区域的图像中的头顶区域的图像，确定所述头顶区域的图像中的第二区域，包括：

根据图像颜色，对所述第一区域的图像进行聚类分割，得到多个子图；

对所述多个子图进行过滤筛选，确定模型子图和第二区域。

（3）权利要求6。根据权利要求5所述的图像处理方法，其特征在于，所述对所述多个子图进行过滤筛选，确定模型子图和第二区域，包括：

根据所述识别信息，分别将每个子图的所述人脸区域按照第二预设规则扩展，得到扩展区域并获取扩展区域的图像；

获取所述扩展区域的图像的像素值和所述人脸区域的图像的像素值，并进行对比，确定对比结果小于或等于第一阈值的子图；

根据所述识别信息，分别将每个子图的所述人脸区域按照第三预设规则扩展，得到头顶区域并获取头顶区域的图像；

获取所述头顶区域图像的像素值和面积值，并进行对比，确定对比结果大于或等于第二阈值的子图；

确定同时达到所述第一阈值和所述第二阈值的子图为模型子图及所述模型子图的第二区域。

（二）争议焦点

权利要求1中仅提及"获取所述第一区域的图像中的头顶区域的图像，确定所述头顶区域的图像中的第二区域；其中，所述第二区域为所述头顶区域中的头发区域"，并未限定对第二区域的判断方式。权利要求5、权利要求6为权利要求1的从属权利要求，其进一步限定了对"第二区域"判断方式。权利要求1的上述特征是否符合《专利法》第二十六条第四款关于权利要求应当得到说明书充分支持的规定？

针对以上问题，存在两种不同的观点：

观点1

权利要求1对第二区域的确定方法概括了一个较为宽泛的范围，而说明书仅记载了如权利要求5、权利要求6所述的通过聚类分割并结合两个阈值判定确定第二区域的这一种确定方法，因此权利要求1得不到说明书的支持。

观点2

权利要求1记载的内容已经能够解决头发样本模型进行识别时误差较大的问题，因此权利要求1可以得到说明书的支持。

（三）案例分析

根据《专利审查指南》第二部分第二章第3.2.1节的规定："权利要求书应当以说明书为依据，是指权利要求应当得到说明书的支持。权利要求书中的每一项权利要求所要求保护的技术方案应当是所属技术领域的技术人员能够从说明书充分公开的内容中得到或概括得出的技术方案，并且不得超出说明书公开的范围。"

权利要求通常由说明书记载的一个或者多个实施方式或实施例概括而成。权利要求的概括应当不超出说明书公开范围。如果所属技术领域的技术人员可以合理预测说明书给出的实施方式的所有等同替代方式或明显变型方式都具备相同的性能或用途，则应当允许申请人将权利要求的保护范围概括至覆盖其所有的等同替代或明显变型的方式。对于权利要求概括得是否恰当，审查员应当参照与之相关的现有技术进行判断。

本申请说明书中记载了"获取第一区域的图像中的头顶区域的图像，确定头顶区域的图像中的头发区域即第二区域，由于头顶是头发生长的部分，头顶区域更便于获取头发的图像。这样，就可进一步地在预处理后的原始图像中获取对应第二区域的图像，并获取到头发的特征参量，从而根据该特征参量对原始图像识别，得到完整的头发区域，即第三区域的图像，通过获取图像本身的头发的特征参量作为整体识别的依据，不会出现采用预定模型受限于样本而不能识别或环境干扰等问题，使头发的识别更准确"，即本申请通过获取头发区域图像中头发的特征参量，根据该特征参量对原始图像识别就能够解决头发样本不准导致的识别不准的技术问题。权利要求1中包含上述图像处理步骤，故能够解决本申请所要解决的技术问题。同时，本领域技术人员知晓，除本申请记载的聚类分割和阈值过滤筛选的方法外，本领域中还包括灰度阈值分割、边缘分割等其他图像分割和筛选方法，其均能获得头发区域。因此，权利要求1能够得到说明书的支持，符合《专利法》第二十六条第四款的规定。

（四）案例启示

在理解和使用不支持法条时，当说明书实施例仅公开了该上位概括中的一种实施方式时，不能一味地要求申请人将权利要求保护范围限定到实施例的范围，而是应当站位本领域技术人员，同时参照与之相关的现有技术，合理预测说明书给出的实施方式的所有等同替代方式或明显变型方式，来判断权利要求的上位概括是否能够解决本申请所要解决的技术问题，并达到相同的技术效果。

案例4-2-2：存储装置的控制器及资源优化方法

（一）相关案情

本申请涉及一种存储装置的控制器及资源优化方法，属于存储器领域。

1. 本申请的技术方案

本申请涉及一种存储装置的控制器及资源优化方法。现有技术中，存储系统的应用性能和所收到的IO强度、数量、大小息息相关，在高强度IO访问的情况下，随着时间的推移，存储系统就会产生资源碎片，此时存储系统就会进行动态的碎片整理，以优化资源，保证应用性能。很多SSD控制器都包含垃圾回收的算法来保证性能的稳定。但现有的存储系统在做资源回收整理优化的时候必须要考虑到应用对存储时时刻刻的访问，以及对性能产生的可能影响。因此，在不知道应用会如何访问存储的情况下，存储系统会限制使用最优化的资源回收算法的，保证能在突然有高强度应用访问时的响应性能。

本申请通过主机在运行非连续性业务时，在其间歇时间通过该业务应用层直接下发 IO 暂停命令，使存储装置暂停 IO 访问操作。主机下发的 IO 暂停命令包括业务时间间歇参数和资源回收强度参数，存储装置可根据这些参数在 IO 暂停的时间里选择更优化的资源回收算法执行资源回收，以便使存储装置具有更优化的配置，有效提升存储装置的读写性能。

2. 权利要求的相关内容

1. 一种存储装置的资源优化方法，其特征在于，所述方法包括：

接收主机应用发送的 IO 暂停命令，所述 IO 暂停命令携带业务时间间歇参数和资源回收强度参数；

根据所述业务时间间歇参数和资源回收强度参数执行对应的资源回收算法。

（二）争议焦点

本申请的争议焦点在于：权利要求 1 中的"业务时间间歇参数"和"资源回收强度参数"是否概括范围过宽，是否能够得到说明书支持。

针对以上问题，存在两种不同的观点：

观点 1

说明书中记载了业务时间间歇参数包括了 IO 访问的暂停时间及恢复时间等，资源回收具体可以是对存储装置的垃圾回收，其强度参数包括需要回收的垃圾块或页的数目。上述权利要求中概括的两种参数是上位概括，本领域技术人员有理由怀疑如果业务时间间歇参数是指非暂停时间及恢复时间，如果其指的是业务的其它运行时间，那么参数在这种情况下来执行资源回收时，不能达到提高存储装置的更优化配置的效果，得不到说明书支持。同理，对于资源回收强度参数而言，用来表示强度的参数有很多种，如果是跟硬盘回收块无关的参数，那么同样达不到本申请所声称的技术效果，得不到说明书支持。

观点 2

说明书中记载了业务时间间歇参数包括了 IO 访问的暂停时间及恢复时间等，由于固态硬盘上的所有业务如读写、静态磨损均衡、动态磨损、垃圾回收等，都需要访问 IO，所以根据 IO 来判断业务间歇时间就能完成本申请中的方案，即使以其他形式确定业务间歇时间,也最终会把这个IO间歇时间传递给控制器设置为业务间歇时间参数,用于控制资源回收。因此"业务时间间歇参数"不仅仅只是"IO访问的暂停时间及恢复时间"。针对"资源回收强度参数",说明书已经记载了"资源回收可以是对存储装置的垃圾回收,强度参数包括需要回收的垃圾块或页的数目",并且本申请的背景技术中也提到了存储系统就会进行动态的碎片整理,以优化资源,那么说明书内容和权利要求的技术方案也必然基于对垃圾块或者垃圾页这些基础概念的层面进行解释。由于在权利要求书上下文和说明书中有充分的解释,本领域技术人员也惯常使用,因此,权利要求1中"业务时间间歇参数"和"资源回收强度参数"概括合理,权利要求1能够得到说明书的支持。

(三)案例分析

判断权利要求能否得到说明书的支持,应当是所属技术领域的技术人员判断权利要求保护的技术方案能否从说明书中充分公开的内容中得出或概括得出,并且不超出说明书公开的范围。判断过程中,需要站位本领域技术人员,充分考虑说明书中公开的信息,结合本领域技术人员的知识和能力,进行合理判断。

具体到本申请,就"业务时间间歇参数"而言,虽然说明书具体实施例的记载为"业务时间间歇参数包括了IO访问的暂停时间及恢复时间等",其与权利要求中的记载不完全一致,但站位本领域技术人员,结合其普通技术知识能够确定固态硬盘上的所有业务(如读写、静态磨损均衡、动态磨损、垃圾回收等)都需要访问IO,无论是哪种业务,最终会把IO间歇时间传递给控制器,IO访问的暂停时间和恢复时间实际上与所有的业务时间间歇参数相关联,本领域技术人员可以确定,除本申请具体实施中记载的"IO访问的暂停时间及恢复时间"外,采用"业务时间间歇参数"也能解决相同的技术问题,权利要求1的上述概括是合理的。

就"资源回收强度参数"而言,虽然其与说明书中的表述不完全一致,但本申请说明书已经记载了"资源回收可以是对存储装置的垃圾回收,强度参数包括需要回收的垃圾块或页的数目",本领域技术人员知晓资源回收通常指垃圾回收,说明书也限定了强度参数是针对垃圾回收而言的,因此资源回收强度参数就是指存储装置的垃圾回收强度参数,本领域技术人员通过说明书上下文可以确定申请人的本意，该权利要求能够得到说明书的支持。

因此，权利要求 1 中"业务时间间歇参数"和"资源回收强度参数"概括合理，权利要求 1 能够得到说明书的支持。

（四）案例启示

判断权利要求能否得到说明书的支持，应当是所属技术领域的技术人员判断权利要求保护的技术方案能否从说明书中充分公开的内容中得出或概括得出，并且不超出说明书公开的范围。判断过程中，需要站位本领域技术人员，充分考虑说明书中公开的信息，结合本领域技术人员的知识和能力，进行合理判断。如果所属领域技术人员根据说明书公开的内容能够获得实现权利要求的技术方案并解决相应技术问题，则即使权利要求的技术方案与说明书的文字记载不完全一致，权利要求也能得到说明书的支持。

案例 4-2-3：一种 SOI MOSFET 总剂量模型参数确定方法

（一）相关案情

本申请涉及一种 SOI MOSFET 总剂量模型参数确定方法，属于器件集约模型参数提取技术领域。

1. 本申请的技术方案

在空间探测中，太空中的各类射线会对电子产品产生不可逆破坏，从而使空间仪器失灵。SOI（Silicon-On-Insulator）是一种绝缘体上硅技术，其很好地降低了空间粒子对电路造成的单粒子翻转、单粒子闩锁等辐射效应，但由于其仍然存在大量的硅、二氧化硅界面，因而使得辐射粒子在这些界面产生大量的冗余电荷，导致电子器件不能工作在正常工作区。故对基于 SOI 器件的电路进行辐射工艺加固与设计加固成为必要。

MOSFET（Metal-Oxide-Semiconductor Field-Effect Transistor，金属—氧化物半导体场效应晶体管）集约模型是一种将 MOSFET 器件物理效应描述为数学方程，并通过参数提取形成可供电路大规模 EDA 仿真的模型。SOI MOSFET 集约模型是一种可以用于仿真 SOI 器件的集约模型，通过这种模型可以为电路设计者提供可行可靠的辐射加固电路设计方案，减少辐射测试次数，大幅缩短设计周期与研发资金投入。

现有的 SOI MOSFET 总剂量集约模型是基于在主晶体管外围加子电路的基本思路而建立的宏模型，而宏模型的建立必须通过参数提取才能得到对应工艺的可用于仿真的集约模型。其包含器件辐照测试数据采集与参数提取两大部分，其参数提取过程比较复杂。

为此，本申请提供一种 SOI MOSFET 总剂量模型参数确定方法，用于解决现有技术中 SOI MOSFET 总剂量集约模型参数提取过程复杂、精确度不高的问题。其具体步骤为：

步骤 S1：获取 SOI MOSFET 在不同剂量辐照下开、关两种工作状态下的转移特性数据与传输特性数据。所述 MOSFET 为 PMOS 或 NMOS。其中，转移特性数据包括前栅电压与源漏电流关系，传输特性数据包括源漏电压与源漏电流关系。

以 0.13 微米 SOI CMOS 工艺中 1.2V NMOS 为例，进行 SOI MOSFET 总剂量模型参数提取，包括如下过程：采用钴 60 辐照源进行辐照测试，全部器件使用 ON（开）、OFF（关）两种测试偏置状态。ON 偏置时，各端口电压为 V_drain＝V_source＝V_body＝V_substrate＝0V，V_gate＝1.2V（工作电压），OFF 偏置时，各端口电压为 V_drain＝V_source＝V_body＝V_substrate＝V_gate＝0V，辐射的时间根据不同的剂量率而确定，保证器件接受的总辐射剂量为 100k、400k、700k、1000k（单位均为 rad/SiO_2）。然后，将辐照达到指定剂量的器件取下，使用半导体参数测试仪测量器件的转移特性与传输特性两组数据。其中，转移特性数据包括前栅电压与源漏电流关系，传输特性数据包括源漏电压与源漏电流关系。

步骤 S2：筛选步骤 S1 得到的数据，并导入测试数据到参数提取软件。具体筛选步骤如下：1) 采用行业通用方法计算每组测试数据各个剂量点的阈值电压；2) 如果该组数据的阈值电压变化随剂量增大而单调减小，则选取该组数据。本步骤中，还包括设置器件的工艺参数、几何参数及类型参数，并包括仿真没有辐照前的器件转移特性，并根据得到的亚阈值斜率值对所述工艺参数中的亚阈值斜率参数进行修正的步骤，修正之后重新仿真本底电流。

步骤 S3：提取上边角等效晶体管参数及场氧侧壁等效晶体管参数。所述上边角等效晶体管参数包括上边角栅氧厚度、上边角阈值电压、上边角阈值电压偏移、上边角迁移率、上边角剂量饱和因子、上边角饱和速度及上边角宽度中的一种或多种；所述场氧侧壁等效晶体管参数包括场氧侧壁栅氧厚度、场氧侧壁阈值电压、场氧侧壁阈值电压偏移、场氧侧壁迁移率、场氧侧壁剂量饱和因子、场氧侧壁饱和速度、场氧侧壁宽度及弱反型系数中的一种或多种。

步骤 S4：导出总剂量集约模型卡文件。

步骤 S5：导入各个单点的总剂量模型到所述参数提取软件，生成全区域的总剂量 Bin 模型卡文件。

步骤 S6：采用总剂量物理模型描述文件、电路网表文件及所述总剂量 Bin 模型卡文件进行器件转移特性仿真。具体地，仿真不同剂量辐照条件下，SOI MOSFET 的漏电流 IDrain 随前栅电压 VFrontGate 的变化曲线。

本申请主晶体管的参数采用工业标准流程进行参数提取，总剂量模型参数提取不会对主晶体管模型参数产生影响，两者是独立的，与传统的参数提取方法相比，细化了物理模型中各个区域的敏感参数，提高了参数拟合的准确度，可以准确地拟合出 SOI MOSFET 受总剂量辐射效应影响时在亚阈值区产生的 hump 效应，由于模型以 Bin 模型卡的形式存在，可以仿真全区域尺寸器件总剂量效应。

2. 权利要求的相关内容

1. 一种 SOI MOSFET 总剂量模型参数确定方法，其特征在于，包括如下步骤：

S1：获取 SOI MOSFET 在不同剂量辐照下开、关两种工作状态下的转移特性数据与传输特性数据；

S2：筛选步骤 S1 得到的数据，并导入测试数据到参数提取软件；

S3：提取上边角等效晶体管参数及场氧侧壁等效晶体管参数；

S4：导出总剂量集约模型卡文件；

S5：导入各个单点的总剂量模型到所述参数提取软件，生成全区域的总剂量 Bin 模型卡文件。

（二）争议焦点

本申请的争议焦点在于：本申请所要解决的问题是，在 SOI MOSFET 总剂量集约模型建模过程中，器件辐照测试数据参数提取过程比较复杂。在器件辐照测试数据参数提取过程中，说明书具体记载了采用钴辐照源进行辐照测试，并给出了具体电压设置方式，使得器件处于偏置状态。然而，权利要求 1 仅限定了"获取 SOI MOSFET 在不同剂量辐照下开、关两种工作状态下的转移特性数据与传输特性数据"，并未具体限定 MOSFET 在偏置状态下的电压设置，权利要求 1 是否未能以说明书为依据，存在不支持的问题？

观点 1

本申请中，转移特性数据包括前栅电压与源漏电流关系，传输特性数据包括源漏电压与源漏电流关系，因此，MOSFET 在偏置状态下的电压具体设置会影响器件辐照测试数据参数提取，本领域技术人员难于预先确定和评价权利要求 1 中所概括的除本申请的特定实施方式之外的其他方式均能解决其技术问题，达到其技术效果。因此，权利要求 1 得不到说明书的支持。

观点 2

对于 MOSFET 器件的开与关的控制，可以通过控制 MOSFET 器件栅极的触发电压实现，触发电压为一特定的数值范围，属于半导体器件领域的公知常识，只要控制触发电压，确保 MOSFET 器件处于导通与关断两种工作状态即可。因此，权利要求 1 能够得到说明书的支持。

（三）案例分析

《专利审查指南》第二部分第二章第 3.2.1 节规定："权利要求应当以说明书为依据，是指权利要求应当得到说明书的支持。权利要求书中的每一项权利要求所要求保护的技术方案应当是所属技术领域的技术人员能够从说明书充分公开的内容中得到或概括得出的技术方案，并且不得超出说明书公开的范围。"，还规定了"如果所属技术领域的技术人员可以合理预测说明书给出的实施方式的所有等同替代方式或明显变型方式都具备相同的性能或用途，则应当允许申请人将权利要求的保护范围概括至覆盖其所有的等同替代或明显变型的方式。"

具体到本申请，现有的 SOI MOSFET 总剂量集约模型是基于在主晶体管外围加子电路的基本思路而建立的宏模型，而宏模型的建立必须通过参数提取才能得到对应工艺的可用于仿真的集约模型。其包含器件辐照测试数据采集与参数提取两大部分，其参数提取过程比较复杂。为解决上述问题，本申请采用的关键技术手段为，获取 SOI MOSFET 的相关测试数据，进而提取上边角等效晶体管参数及场氧侧壁等效晶体管参数，再导出总剂量集约模型卡文件，并通过测量多种尺寸的 SOI MOSFET，生成全区域的总剂量 Bin 模型卡文件。

而在器件辐照测试数据采集与参数提取的过程中，MOSFET 器件处于开、关两种工作状态是获取转移特性数据与传输特性数据的必备条件，因此，该特征属于本申请的关键技术手段。本领域中，MOSFET 器件是一种可以广泛使用在模拟电路与数字电路的场效晶体管，例如，常见的应用包括，管理电源的通断、管理某电路是否接地或用于设计反馈电路。MOSFET 依照其"通道"（工作载流子）的极性不同，可分为"N 型"与"P 型"的两种类型，通常又称为 NMOS、PMOS，二者工作原理相反。此处以 NMOS 为例，其工作原理为：当栅—源电压为 0 时，即使加上漏—源电压，总有一个 PN 结处于反偏状态，漏—源极间没有导电沟道，所以这时漏极电流为 0；若此时在栅—源极间加上正向电压，则产生一个从漏极到源极的 N 型导电沟道，形成漏极电流。因此，本领域中把开始形成沟道时的栅—源极电压称为开启电压。由此可见，本申请说明书中对于 MOSFET 的 V_drain、V_source、V_body、V_substrate 电压值的具体设定，仅仅为了使得 MOSFET 处于开启或关闭状态，而这样的设定是本领域所公知的。因此，权利要求 1 中，将其概括为"获取 SOI MOSFET 在不同剂量辐照下开、关两种工作状态下的转移特性数据与传输特性数据"是本领域技术人员能够从说明书充分公开的内容中得到或概括得出的技术方案，并且没有超出说明书公开的范围，所以权利要求 1 不存在不支持的问题。

（四）案例启示

权利要求可以对说明书所记载的内容进行概括，但这样的概括应当以说明书为依据。在具体判断时，应站位本领域技术人员分析说明书中所记载的技术方案，从发明所要解决技术问题出发，准确把握关键技术手段。当怀疑可能存在

"某些数值的设定除本申请的特定实施方式之外的其他方式不能解决其技术问题"时，应当认真分析技术方案的工作原理，判断该数值设定在本申请技术方案中的实际作用，以进一步确定其具体的数值是否为本申请的关键技术手段。

第三节　缺少必要技术特征

《中华人民共和国专利法实施细则》（以下简称为《专利法实施细则》）第二十条第二款规定："独立权利要求应当从整体上反映发明或者实用新型的技术方案，记载解决技术问题的必要技术特征。"

一、基本原则

《专利审查指南》第二部分第二章第 3.1.2 节进一步指出："必要技术特征是指，发明或者实用新型为解决其技术问题所不可缺少的技术特征，其总和足以构成发明或者实用新型的技术方案，使之区别于背景技术中所述的其他技术方案。判断某一技术特征是否为必要技术特征，应当从所要解决的技术问题出发并考虑说明书描述的整体内容，不应简单地将实施例中的技术特征直接认定为必要技术特征。"

二、典型案例

案例 4-3-1：家居智能鞋架

（一）相关案情

本申请涉及一种家居智能鞋架，属于计算机领域。

1. 本申请的技术方案

本申请涉及一种家居智能鞋架，现有技术中的智能鞋架为非电动开闭，放入和取出鞋子都比较麻烦，同时难以标记。这增加了找鞋子的时间，且难以做到有效为鞋子杀菌除臭。

本申请提供一种家居智能鞋架，如图4-1所示。一方面，通过控制模块控制电动伸缩杆、压力传感器、存鞋按钮、取鞋按钮来开闭鞋盒，可以方便存取鞋；另一方面，通过在鞋架设置活性炭填充层、紫外线杀菌灯、香薰瓶、杀菌按钮，可以有效为鞋子杀菌除臭。本申请的家居智能鞋架的工作方式为：存鞋时，按下存鞋按钮12，微处理器接收到按钮信号通过控制模块控制电动伸缩杆4伸长，按顺序开启鞋盒2上的盒盖3，每次只开启一个鞋盒2，盒盖3开启过程中，放置板7外端滑块8沿滑槽6移动。待盒盖3完全打开后，放入鞋子，鞋子的重力施以压力传感器11压力，压力传感器11的压力检测值传输给微处理器，当压力值高于某一限值，微处理器便通过控制模块控制电动伸缩杆4回缩，重新合上盒盖3；取鞋时，按下具有与盒盖3表面的第一编号标签15相对应的第二编号标签16的取鞋按钮13，取鞋按钮13控制相应鞋盒2内的电动伸缩杆4伸长，取出鞋子。鞋盒2内的活性炭填充层内填充的活性炭能够在一定程度上吸附鞋子气味，香薰瓶10内的香薰精油或香薰混合液散发出来的香薰能够为鞋子增香除味；需要杀菌时，则可以按下杀菌暗流，开启紫外线杀菌灯进行杀菌。

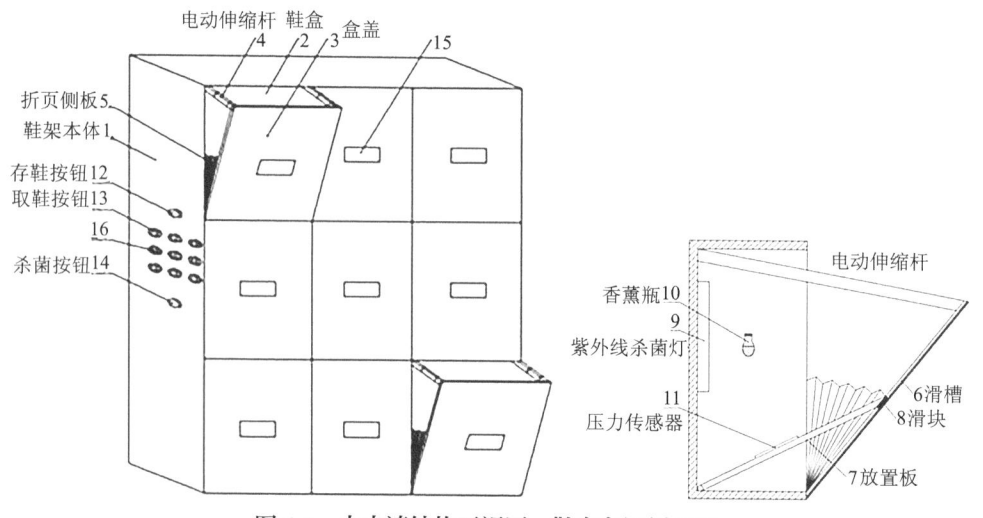

图 4-1　本申请结构正视图、鞋盒左视剖面图

2. 权利要求的相关内容

1. 一种家居智能鞋架，包括鞋架本体，其特征在于，包括：

所述鞋架本体上设置鞋盒，所述鞋盒前表面开口处设置盒盖；所述盒盖上边缘两端通过电动伸缩杆固定连接所述鞋盒内后表面上端；所述鞋盒左右内侧面前侧边与所述盒盖内表面左右侧边下部之间设置折页侧板；所述盒盖内表面左右边缘内侧设置滑槽，所述鞋盒内设置放置板，所述放置板上边缘左右端通过球铰连接滑块，所述滑块滑设在所述滑槽中，所述鞋盒内后表面设置活性炭填充层，所述活性炭填充层左右两侧对称设置紫外线杀菌灯；所述鞋盒内侧面设置香薰瓶，所述放置板中心处设置压力传感器；所述鞋架本体侧面设置存鞋按钮、取鞋按钮和杀菌按钮；所述压力传感器电连接微处理器，所述微处理器电连接定时器、所述存鞋按钮、所述杀菌按钮和控制模块，所述控制模块电连接所述电动伸缩杆和所述紫外线杀菌灯。

2. 根据权利要求1所述的一种家居智能鞋架，所述盒盖下边缘通过铰链或固定转轴连接所述鞋盒内底面前边缘，所述放置板下边缘通过固定转轴或铰链固定在所述鞋盒内后表面下边缘。

（二）争议焦点

本申请的争议焦点在于：权利要求1是否缺少必要技术特征？是否需要将从属权利要求2的特征补入权利要求1中？

针对以上问题，存在两种不同的观点：

观点1

本申请要解决的技术问题是存取鞋不方便，而要解决上述技术问题，盒盖和放置板必须能够与鞋盒之间转动连接，由此从属权利要求2限定部分的特征"所述盒盖下边缘通过铰链或固定转轴连接所述鞋盒内底面前边缘，所述放置板下边缘通过固定转轴或铰链固定在所述鞋盒内后表面下边缘"是解决其技术问题的必不可少的技术特征，应当将其记载到独立权利要求1中。

观点2

本申请要解决的技术问题是存取鞋不方便，当前的权利要求1限定的技术方案已经体现出控制模块通过电动伸缩杆、压力传感器、存鞋按钮、取鞋按钮来电动控制鞋盒的开闭，能够解决传统的手动存取鞋不方便的问题，即目前的权利要求1足以解决存取鞋不方便的问题，不存在缺少必要技术特征的问题。

（三）案例分析

本申请声称要解决的技术问题是"存取鞋不方便"和"难以有效为鞋子杀菌除臭"，要解决的这两个技术问题相互独立。

就"存取鞋不方便"的技术问题而言。首先，权利要求1记载的技术方案已经体现出控制模块通过电动伸缩杆、压力传感器、存鞋按钮、取鞋按钮来电动控制鞋盒的开闭，相对于现有技术中非电动开闭的鞋架，具有存取鞋方便的优点，即目前的权利要求1足以解决存取鞋不方便的问题，使之区分于背景技术的技术方案。其次，虽然权利要求1中限定了放置板上边缘与盒盖之间通过滑块、滑槽实现滑动连接，没有限定放置板下边缘和盒盖下边缘与鞋盒的连接方式，但是本领域技术人员知晓，无论放置板下边缘和盒盖下边缘与鞋盒采用哪种连接方式，带有盒盖的鞋盒要实现存取鞋，盒盖必然能够被打开。从属权利要求2限定的盒盖和放置板与鞋盒之间的转动连接方式只是实现盒盖打开的若干具体实施方式中的一种优选方式，并不是唯一方式，例如放置板下边缘可沿鞋盒内壁向上运动且盒盖下端与鞋盒的连接处可以伸缩，也可以实现盒盖打开。因此，从属权利要求2的附加技术特征不是权利要求1解决其技术问题必不可少的技术特征。

就"难以有效为鞋子杀菌除臭"的技术问题而言。权利要求1已经限定了鞋架设置有活性炭填充层、紫外线杀菌灯、香薰瓶、杀菌按钮，能够体现出鞋架可以有效为鞋子杀菌除臭。

当一个发明存在多个技术问题时，只要独立权利要求请求保护的技术方案包括了能够解决其中一个技术问题的必要技术特征，就不认为该权利要求缺少必要技术特征。

综上所述，当前的权利要求1的技术方案足以解决"存取鞋不方便"或"难以有效为鞋子杀菌除臭"的技术问题，不存在缺少解决技术问题的必要技术特征的问题。

（四）案例启示

《专利法实施细则》第二十条第二款规定"独立权利要求应当从整体上反映发明或者实用新型的技术方案，记载解决技术问题的必要技术特征"，其中必要技术特征是指，发明或者实用新型为解决其技术问题所不可缺少的技术特征，其总和足以构成发明或者实用新型的技术方案，使之区别于背景技术中所述的其他技术方案。是否缺少必要技术特征应站位本领域技术人员，从所要解决的技术问题出发，来判断技术方案是否能够解决申请人声称的技术问题，而优选方案是对具体技术方案的进一步选择，通常可将其撰写成从属权利要求。

案例 4-3-2：一种笔记本外壳

（一）相关案情

本申请涉及一种笔记本外壳，属于计算机领域。

1. 本申请的技术方案

本申请涉及一种笔记本外壳。现有技术中的笔记本外壳存在多个技术问题：（1）笔记本外壳主要由金属材料冲压制成，外观有金属光泽，较为美观，但易腐蚀；（2）无法在笔记本上壳调节 LED 屏的开启和亮度；（3）由于笔记本的上壳带 LED 屏，需要平稳的运输环境，为了保持平稳，装入的减震材料过于浪费；（4）笔记本通常需放在电脑包中带走，携带不方便。

本申请为了解决上述技术问题，提出了一种改进的笔记本外壳，具体结构如下图 4-2 所示，由外向内依次为耐磨层、防腐涂料层和金属部，解决了易腐蚀的问题；通过在外壳设有显示屏开关 8 和显示屏亮度按钮 9，从而能够实现在笔记本外壳开启 LED 屏并调节其亮度；外壳 1 两侧凹槽 3 由可移动盖板 4 盖合，不用时盖合以实现美观，使用时开启；通过在笔记本的中空连接部 6 设置为环状，将中空连接部往外拉，弹性部件伸长，环状的中空连接部 6 可固定至立柱，可以保证平稳运输笔记本；通过在笔记本外壳侧部 1 设置提拉凹槽 10，使得凹槽 10 于提拉构件嵌合，从而能够方便携带笔记本。

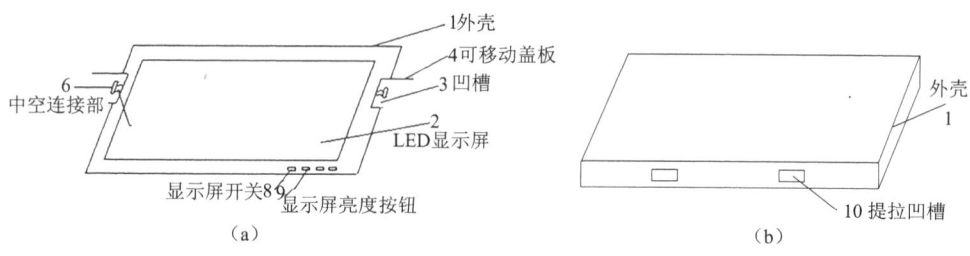

图 4-2 本申请笔记本外壳结构示意图

2.权利要求的相关内容

1.一种笔记本外壳，包括外壳、设置于外壳内的 LED 显示屏，其特征在于：包括对称设置的外壳两侧凹槽，所述的外壳两侧凹槽由可移动盖板盖合，外壳两侧凹槽内设有相互连接的弹性部件和中空连接部；所述的外壳由外向内依次为耐磨层、防腐涂料层和金属部。

（二）争议焦点

本申请的争议焦点是：权利要求 1 是否缺少必要技术特征？

观点 1

权利要求 1 的技术方案不能解决无法在笔记本上壳调节 LED 屏的开启和亮度、平稳运输笔记本和方便携带的技术问题，应当将解决上述技术问题的必要技术特征补入权利要求 1 中。

观点 2

权利要求 1 的技术方案包含技术特征"所述的外壳由外向内依次为耐磨层、防腐涂料层和金属部"，其能够解决笔记本金属外壳易腐蚀的技术问题，只要该技术方案包含了解决一个技术问题的必要技术特征，该权利要求就不存在缺少必要技术特征的问题。

（三）案例分析

《专利法实施细则》第二十条第二款规定："独立权利要求应当从整体上反映发明或者实用新型的技术方案，记载解决技术问题的必要技术特征。"《专利审查指南》第二部分第二章第 3.1.2 节对必要技术特征进行了定义。必要技术特征是指"发明或者实用新型为解决其技术问题所不可缺少的技术特征，其总和足以构成发明或者实用新型的技术方案,使之区别于背景技术中所述的其他技术方案"。

申请人在本申请背景技术中提出现有技术存在多个技术问题,归纳如下:(1)笔记本金属外壳易腐蚀;(2)无法在笔记本上壳调节LED屏的开启和亮度;(3)运输过程中为了保持平稳,装入的减震材料过于浪费;(4)携带不方便。根据本申请说明书记载可知,本申请通过将外壳由外向内依次设置为耐磨层、防腐涂料层和金属部,解决了技术问题(1);通过将外壳设有显示屏开关和显示屏亮度按钮,解决了技术问题(2);通过将中空连接部设置为环状,中空连接部往外拉,弹性部件伸长,环状的中空连接部可固定至立柱,解决了技术问题(3);通过在外壳侧部还设有提拉凹槽,提拉凹槽与提拉构件嵌合,解决了技术问题(4)。

本申请说明书声称的所要解决的四个技术问题相互独立,而当前的权利要求1已经记载了解决技术问题(1)的必要技术特征"外壳由外向内依次为耐磨层、防腐涂料层和金属部"。虽然权利要求1不包括解决上述技术问题(2)至(4)的必要技术特征,但权利要求1的技术方案能够解决一个技术问题,足以使该技术方案区别于背景技术中的技术方案,应当认为该权利要求并不缺少解决技术问题的必要技术特征。

(四)案例启示

独立权利要求应当从整体上反映发明或者实用新型的技术方案,记载解决技术问题的必要技术特征。这里的"技术问题"是指专利说明书中记载的发明或实用新型所要解决的技术问题,其是说明书背景技术中记载的存在的技术问题。当一个发明或实用新型存在多个技术问题时,只要独立权利要求请求保护的技术方案包括了能解决其中一个技术问题的必要技术特征,足以使该技术方案区别于背景技术中的技术方案,则不应认为该独立权利要求缺少必要技术特征。

第四节 驳回时机

《专利审查指南》第二部分第八章第6.1.1节对驳回申请的条件进行了规定:

"审查员在作出驳回决定之前，应当将其经实质审查认定申请属于专利法实施细则第五十三条规定的应予驳回情形的事实、理由和证据通知申请人，并给申请人至少一次陈述意见和/或修改申请文件的机会。"

一、基本原则

《专利审查指南》第二部分第八章第 6.1.1 节对审查意见通知书的次数以及第一次审查意见通知书的驳回条件有相关要求："驳回决定一般应当在第二次审查意见通知书之后才能作出。但是，如果申请人在第一次审查意见通知书指定的期限内未针对通知书指出的可驳回缺陷提出有说服力的意见陈述和/或证据，也未针对该缺陷对申请文件进行修改或者修改仅是改正了错别字或更换了表述方式而技术方案没有实质上的改变，则审查员可以直接作出驳回决定。"

对于第二次审查意见通知书后驳回的条件则规定如下："如果申请人对申请文件进行了修改，即使修改后的申请文件仍然存在用已通知过申请人的理由和证据予以驳回的缺陷，但只要驳回所针对的事实改变，就应当给申请人再一次陈述意见和/或修改申请文件的机会。但对于此后再次修改涉及同类缺陷的，如果修改后的申请文件仍然存在足以用已通知过申请人的理由和证据予以驳回的缺陷，则审查员可以直接作出驳回决定，无须再次发出审查意见通知书，以兼顾听证原则与程序节约原则。"

由上可知，专利审查程序中的驳回程序要求遵循请求原则、听证原则和程序节约原则。在当前"提质增效"工作中，如何既提高审查效率、避免不必要的审查资源的浪费，又不违背上述原则是审查实践中的难点问题。下面拟用若干案例来说明驳回时机判断中要考虑的各项因素。

二、典型案例

案例 4-4-1：

（一）相关案情

某案审查过程如下：

第一次审查意见通知书：采用对比文件 1 评述权利要求 1-3 不具备专利法第二十二条第三款规定的创造性；其中，从属权利要求 2、3 为均引用独立权利要求 1 的并列从属权利要求；

申请人答复：未对申请文件进行修改，仅陈述意见；

第二次审查意见通知书：采用对比文件 1 评述权利要求 1-3 不具备专利法第二十二条第三款规定的创造性（审查意见与第一次审查意见相同）；

申请人答复：对申请文件进行修改，将说明书中内容补入原权利要求 1。

（二）争议焦点

本申请的争议焦点在于：申请人答复第二次审查意见通知书后是否符合驳回时机？

（三）案例分析

根据《专利审查指南》第二部分第八章第 6.1 节关于驳回决定的规定："如果申请人对申请文件进行了修改，即使修改后的申请文件仍然存在用已通知过申请人的理由和证据予以驳回的缺陷，但只要驳回所针对的事实改变，就应当给申请人再一次陈述意见和／或修改申请文件的机会。但对于此后再次修改涉及同类缺陷的，如果修改后的申请文件仍然存在足以用已通知过申请人的理由和证据予以驳回的缺陷，则审查员可以直接作出驳回决定，无需再次发出审查意见通知书，以兼顾听证原则与程序节约原则。"

具体到本申请，由于申请人将说明书的内容补入权利要求 1，此时修改导致了事实改变，且申请人修改新补入的说明书中的内容在之前的第一、二次审查意见通知书中均未进行评述，此时假设驳回，驳回所针对的事实是改变的，不符合听证原则。应按照《专利审查指南》的规定，给申请人再一次陈述意见和／或修改申请文件的机会。若再次修改涉及同类缺陷，修改后的申请文件仍然存在足以用已通知过申请人的理由和证据予以驳回的缺陷，则可以直接做出驳回决定，无需再次发出审查意见通知书，以兼顾听证原则与程序节约原则。

（四）案例启示

如果申请人对申请文件进行了修改，即使修改后的申请文件仍然存在用已通知过申请人的理由和证据予以驳回的缺陷，但只要驳回所针对的事实改变，就应当给申请人再一次陈述意见和／或修改申请文件的机会。

案例 4-4-2：

（一）相关案情

某案审查过程如下：

第一次审查意见通知书：采用对比文件 1 评述权利要求 1，权利要求 4，权利要求 5，权利要求 8 不具备专利法第 22 条第 2 款规定的新颖性；采用对比文件 1 结合对比文件 2 以及公知常识评述权利要求 2-4，权利要求 6-8 不具备专利法第二十二条第三款规定的创造性；

申请人答复：对申请文件进行修改，将从属权利要求 2 和权利要求 6 补入独立权利要求 1 和权利要求 5，形成新的权利要求 1-6；

第二次审查意见通知书：采用对比文件 1 结合对比文件 2 以及公知常识评述权利要求 1-6 不具备专利法第二十二条第三款规定的创造性；

申请人答复：对申请文件进行修改，将权利要求 1 中的技术特征"触摸点的面积和／或形状"修改为"触摸点的形状"，即删除"触摸点的面积"的技术方案。

对比文件 1 公开了"触摸点的面积和／或形状"的技术方案。

（二）争议焦点

本申请的争议焦点在于：申请人答复第二次审查意见通知书后是否符合驳回时机？

（三）案例分析

根据《专利审查指南》第二部分第八章第 6.1 节关于驳回决定的规定："但对于此后再次修改涉及同类缺陷的，如果修改后的申请文件仍然存在足以用已通知过申请人的理由和证据予以驳回的缺陷，则审查员可以直接作出驳回决定，无需再次发出审查意见通知书，以兼顾听证原则与程序节约原则。"

具体到本申请，申请人答复第一次审查意见通知书对申请文件做出修改，修改后的权利要求1和4实质上是原始权利要求2和6；申请人答复第二次审查意见通知书再次对申请文件做出修改，但第二次审查意见通知书已经评述过上述修改后的技术方案，即修改后的技术方案不具备创造性的事实、理由和证据已告知过申请人，因此，事实已经实现听证，理由和证据也未发生变化，此时，申请人的意见陈述和/或证据不具有说服力，且本申请不具备授权前景的情况下，为兼顾听证原则与程序节约原则，无须再次发出审查意见通知书，可以驳回。

（四）案例启示

若申请人修改后的技术方案存在的缺陷在前次审查意见通知书中已经指出，申请人的意见陈述和/或证据不具有说服力，且本申请不具备授权前景的情况下，可以驳回。

第五节　总　　结

权利要求书是确定发明创造的保护范围的基础法律文书，是专利申请文件中最重要的内容之一。在发明专利具备授权前景的前提下，还应对发明专利申请进行全面审查，从而确保专利权保护范围的合理性和稳定性。上述章节分别从权利要求应当清楚，能够得到说明书的支持，独立权利要求应当记载解决技术问题的必要技术特征等方面，以实际案例为基础，探讨了非三性法条审查时需要考量的原则和要素。而上述章节仅列举了非三性法条审查中的常见类型，对于具体的案件，还需要根据案件的具体情况依法进行判断。

参考文献 / REFERENCE

[1] 郭永菊. 电学领域专利审查疑难案例评析 [M]. 北京：知识产权出版社,2017：1-17.

[2] 国家知识产权局专利复审委员会. 以案说法——专利复审、无效典型案例指引 [M]. 北京：知识产权出版社,2018：15-26.